人文经济学的江南模样

洪银兴 等◎著

江苏人民出版社

图书在版编目(CIP)数据

人文经济学的江南模样 / 洪银兴等著. -- 南京 : 江苏人民出版社，2025. 3.(2025.4 重印) -- ISBN 978-7-214-30197-0

Ⅰ. F127.5

中国国家版本馆 CIP 数据核字第 2025JY0792 号

书　　名	人文经济学的江南模样
著　　者	洪银兴　等
责任编辑	强　薇　薛耀华　王暮涵　陈　颖
装帧设计	融蓝文化
责任监制	王　娟
出版发行	江苏人民出版社
地　　址	南京市湖南路 1 号 A 楼，邮编：210009
照　　排	江苏凤凰制版有限公司
印　　刷	江苏凤凰新华印务集团有限公司
开　　本	652 毫米×960 毫米　1/16
印　　张	24.75　插页 2
字　　数	310 千字
版　　次	2025 年 3 月第 1 版
印　　次	2025 年 4 月第 2 次印刷
标准书号	ISBN 978-7-214-30197-0
定　　价	88.00 元

目　录

总　论

人文与经济相互促进的逻辑

2023年全国两会期间，习近平总书记在参加江苏代表团审议时指出："上有天堂下有苏杭，苏杭都是在经济发展上走在前列的城市。文化很发达的地方，经济照样走在前面。可以研究一下这里面的人文经济学。"[①]2023年7月，习近平总书记在苏州市考察时指出："苏州在传统与现代的结合上做得很好，不仅有历史文化传承，而且有高科技创新和高质量发展，代表未来的发展方向。"[②]在这里，习近平总书记以苏杭地区的现代化实践诠释了人文经济学的内涵。人文经济学课题提出后，对此不同学科有不同的解读。我们认为，根据习近平总书记的重要讲话精神，这里讲的人文经济学，既不是人文学科，也不是经济学科，而是人文与经济的相互交融、相互促进、相得益彰的理论和实践的学理性表达。现实中不是所有地方都能做到人文与经济的良好结合的。有的地方文化繁荣但经济未必发达，有的地方经济发达但文化并不繁荣。关键是寻求经济和人文相互转化的逻辑和机制。以苏杭为代表的江南地区经济发达文化繁荣，可以说是人文经济学的一个实践样本。本书主要从理论和实践的结合来研究经济和人文两者相互促进、共同繁荣的深层逻辑和内在机理，从而探讨体现物质文明和精神文明相协调的中国式现代化的现实模样。

---

①② 杜尚泽、潘俊强：《总书记关注的这个题目，有中国的未来》，《人民日报》2023年7月10日。

苏杭地区不仅是指苏州和杭州,还包括苏州和杭州周边地区。这个地区文化基本上同属于江南文化。本书考察的范围仅限于苏州及周边的无锡、常州、南通等地区,这些地区即江南的江苏地区。由于本书的研究主要基于对无锡样本的调研,因此所用的资料中无锡会多些,但表达的思想在江南地区有代表性。

一、经济和人文共同繁荣是中国式现代化的重要表征

研究人文经济学的缘起在于寻找经济发达地区的人文密码,从而关注“人”和“文”对中国式现代化的推动作用。研究江南地区经济发达的文化密码和文化繁荣的经济密码,实际上是寻求中国式现代化的内在动力。

中国式现代化是物质文明和精神文明相协调的现代化。中国式现代化不只表现在经济上进入世界强国之列,还表现在建成文化强国。在丰富人民物质生活的同时丰富人民精神世界是中国式现代化的重要内容。这不仅关系到现代化的目标设定,也是实现现代化目标的原动力所在。物质文明和精神文明是相互促进、相辅相成的,体现物质变精神和精神变物质。人文发展需要经济基础,经济发展需要人文支撑。一方面,促进经济发展的人文精神基于深厚的文化积淀;另一方面,优秀传统文化的承继和创新性发展,本身需要经济支撑。在现实中,两者之间的相互促进有自发的潜移默化的因素,但政府因势利导的组织和引导不可或缺。有的地方文化底蕴很深但没有转化为经济的繁荣,有的地方经济发展水平很高但文化相对落后,其中的重要原因就在于缺少有意识的引导和组织。

中国式现代化包含文化现代化,即建设文化强国。文化现代化与经济现代化是有区别的。经济现代化有个追赶西方发达国家的问题,文化现代化虽不排斥对世界优秀文化的学习和交流,但不完全是追赶

发达国家，更不是文化的西化，而是体现文化自信。中国式的文化现代化包括哪些内容？中国有五千年的文化底蕴和积淀，有条件在保持传统文化优势的基础上，高起点发展体现时代和科技特征的社会主义文化，推动中华优秀传统文化创造性转化、创新性发展，实现习近平总书记在党的二十大报告中提出的“发展面向现代化、面向世界、面向未来的，民族的科学的大众的社会主义文化”。文化现代化的内容包括三个方面：一是传承历史文化，二是融合现代文明，三是科技创新。以此为内容的文化现代化，可以转化为强大的物质力量。苏杭地区的人文经济学，就是中国式经济和文化现代化相互促进的典型代表。

习近平总书记早在 2009 年 4 月考察苏州昆山时就指出：像昆山这样的地方，包括苏州，现代化应该是一个可以去勾画的目标。[①] 苏杭地区在农耕时代就被称为鱼米之乡，后来是中国最早产生资本主义萌芽的地区。农村素有家庭手工业传统，加之受近代工业文明的影响，苏南农村的商品经济意识较强，这些是当年苏南乡镇企业发展的社会基础。苏杭地区也成为中国最早工业化的地区。在现代化国家新征程上这个地区又走在前列。这种经济现象的背后必然有人文因素。

在苏杭地区产生的中华优秀传统文化是不断创新和演进的文化。江南优秀传统文化在改革开放背景下得到了创新性发展。这些文化遇上合适的经济环境就会爆发出磅礴的力量，精神变物质，成为该地区经济发展的强大动力。仔细研究苏杭地区改革开放以来取得的巨大成就，不难从这些优秀传统文化中找到成功的基因和密码。例如：对实体经济的坚持，苏南模式的兴起，开放型经济的蓬勃发展，都体现了该地区崇尚实业、义利兼顾、崇文重教、开放包容的优秀传统文化的创造性转化和创新性发展。显然，文化现代化不是丢弃传统文化，而

① 管爱国等主编：《率先现代化的昆山之路》，人民出版社 2012 年版，第 1—2 页。

是传承历史文化和创新现代文化，将马克思主义基本原理同中华优秀传统文化结合，使之成为中国式现代化的强大支撑。

苏南地区的经济发展及现代化水平处于中国前列。苏南紧靠国际经济中心上海，城镇密集，交通运输便利，尤其是文化教育发达，集聚辐射能力强。进入新时代以来苏南地区的现代化水平走在全国前列是不争的事实。苏州、无锡、常州、南通目前都是 GDP（国内生产总值）万亿城市，2023 年苏州 GDP 达到了 24653.4 亿元，全国城市排名第 6，设区市排名全国第 1。无锡实现 GDP 15456.19 亿元，在全国 26 座 GDP 万亿城市中，近年稳定在第 14 位；若论人均 GDP，无锡达 20.63 万元，在万亿城市中居于前列。南通是江苏省内第 4 个 GDP 万亿城市。常州地区生产总值 10116.4 亿元，成为江苏省内第 5 座 GDP 万亿之城，且人均 GDP 达到 18.84 万元，成为全国人均 GDP 前十强城市之一。

苏南各市的经济发展各有优势和特色。就利用外资来说，苏州凭借其优越的营商环境吸引外资投资企业近 2 万家，累计使用外资超 1600 亿美元，位居全国第三（设区市第一）。尤其是多家世界 500 强企业落户苏州。就新质生产力来说，苏州的生物科技和数字经济，无锡的集成电路和先进制造，常州的新能源，均居全国前列。无锡凭借其科技实力吸引尖端高科技企业落户，处于世界算力前列的神威·太湖之光超级计算机安装在国家超级计算无锡中心。处于国家顶尖水平的集成电路研发生产基地也在无锡。无锡的物联网领先全国，形成全国唯一的物联网领域的先进制造业集群。中国自行设计、自主集成研制的“蛟龙”号载人潜水器落户在无锡。国产 3A 游戏《黑神话：悟空》的 PV 动画出自无锡国家数字电影产业园。2024 全国十强县级市，6 个在苏南，包括苏州的昆山、张家港、常熟、太仓，无锡的江阴、宜兴。2024 年地区生产总值超过 5000 亿的县级市全国仅 2 个，一个是苏州的昆山，一个是无锡的江阴。

苏南的经济强有其经济基础，但不能忽视其文化的基因。人文的发达创造了苏南经济繁荣的奇迹。江南地区的文化教育水平从古到今都很发达，尤其是近代以来。研究该地区经济和文化相互促进共同繁荣所包含的人文经济学，可以发现其内在的逻辑是文化—人—经济。三者在相互促进相互转化中实现共同繁荣，即以文化人，以人化经，以经育文。这是对物质文明和精神文明相协调的现代化的历史和现实的写照。按此逻辑可阐述经济与人文间的深层次关系，从中探讨物质文明与精神文明相协调、相促进的规律，特别是探讨经济现代化水平较高的地区的文化基因。这种研究对推进物质文明和精神文明相协调的中国式现代化具有重要的样板价值。

二、江南地区经济繁荣的优秀传统文化基因

习近平总书记提出的马克思主义基本原理同中国具体实际相结合的一个重要方面就是马克思主义基本原理同中华优秀传统文化的结合。习近平总书记指出中华优秀传统文化的重要元素包括“天下为公、天下大同的社会理想，民为邦本、为政以德的治理思想，九州共贯、多元一体的大一统传统，修齐治平、兴亡有责的家国情怀，厚德载物、明德弘道的精神追求，富民厚生、义利兼顾的经济伦理，天人合一、万物并育的生态理念，实事求是、知行合一的哲学思想，执两用中、守中致和的思维方法，讲信修睦、亲仁善邻的交往之道等”①。这些中华优秀传统文化的重要元素在江南文化中得到了充分体现。

2020 年 11 月 14 日，习近平总书记在全面推动长江经济带发展座谈会上指出：“长江造就了从巴山蜀水到江南水乡的千年文脉，是中华

① 习近平：《在文化传承发展座谈会上的讲话》，《求是》2023 年第 17 期。

民族的代表性符号和中华文明的标志性象征，是涵养社会主义核心价值观的重要源泉。要把长江文化保护好、传承好、弘扬好，延续历史文脉，坚定文化自信。”①本书所考察的江南水乡文化是长江文化的重要组成部分。处于江南的苏州、无锡、常州等城市都有2500年左右的建城史，都是国家历史文化名城。吴地文化绵延，包括长江文化的涵养。

江南各个地区文化都十分厚重，内容非常广泛。本书只是根据探寻经济发展的文化基因的需要，依据人文学者长期研究的成果，把江南地区近代以来对经济发展具有重要促进作用的优秀传统文化概括为以下几个方面。

（一）崇尚实业

苏杭地区近代以来就是工商业发达地区。中国最早出现资本主义萌芽的地区就是江南，由此产生了崇尚实业的工商文化。这种文化反过来促进了当地工商实业的发展。最为典型的是无锡的荣氏兄弟、杨氏家族，南通的张謇，常州的盛宣怀、刘国钧等。他们都是办实业起家的代表。荣德生曾针对当时的文化时弊指出：“吾国文学，重在科举，得一第后，便入政界。其次或攻美术，身擅薄技，已堪温饱，不做经济生活思想。”针对“自海禁大开，各国满载百货而来，易我黄金而去，致国力日衰，生活维艰”，他明确地说：“中国要富强，非急速变成一个工业化国家不可。”荣氏兄弟本人就放弃了科举应试，去上海做学徒，开钱庄，逐步走上创办实业之路。荣氏创办的“私立”学校，其宗旨也是为企业培育管理人才，为社会输送懂科学、有技术的工商创业人才。他的办学宗旨为：“国学为之基，而后更研科学，更新学制，注重实业，企图生产。”这些工商先驱的共同特点就是在本地区兴办实业，从而在

---

① 《习近平在全面推动长江经济带发展座谈会上强调 贯彻落实党的十九届五中全会精神 推动长江经济带高质量发展》，《人民日报》2020年11月16日。

本地形成实业家群体，“实业救国”，造福乡梓。江南地区的工商文化就是这么一代一代接力传承的。改革开放以后苏南的民营企业家纷纷在本地开办乡镇企业亦是对这种崇尚实业的工商文化的传承。

（二）以义为先、义利兼顾

江南地区的文人所极力倡导的家国情怀对当地的实业家影响至深，从范仲淹的“先天下之忧而忧，后天下之乐而乐”，到顾炎武的“天下兴亡，匹夫有责”，再到顾宪成的“家事国事天下事，事事关心”，都体现了江南人以民以国为本的家国情怀。司马迁在《史记》中记载，范蠡在“三致千金”后，“分散与贫交疏昆弟”，为后世商人树立了义利兼顾、富而行义的榜样。这种文化就是习近平总书记概括的以义为先、义利兼顾的正确义利观。江南文化在义与利的关系上更强调义利兼顾、先义后利。江南近代工商业者所具有的许多优秀精神品质，与这些思想都有着渊源。在此文化熏陶下，江南地区的工商先驱在积累了一定财富之后，不会像有的地方的有钱人那样，回到家乡建一座自己的“大院”，而是不遗余力地致力于改变家乡贫穷落后的面貌，比如捐资办学，“教育救国”。不仅办中小学，而且办大学。如张謇办私立南通医学专门学校和南通纺织专门学校（现南通大学），盛宣怀办南洋公学（现上海交通大学），荣德生、荣宗敬兄弟及其后人办私立江南大学（现江南大学）。他们造桥铺路、捐款赈灾、兴办新学等。这种文化就是习近平总书记在考察南通张謇博物馆时肯定的：“张謇在兴办实业的同时，积极兴办教育和社会公益事业，造福乡梓，帮助群众，影响深远，是中国民营企业家的先贤和楷模。”① 改革开放以后，乡镇企业家在兴办实业的同时在当地建小城镇，为农业剩余劳动力就地向城镇转

① 《习近平赞扬张謇：民营企业家的先贤和楷模》，中国政府网，2020 年 11 月 13 日，https://www.gov.cn/xinwen/2020-11/13/content_5561189.htm。

移提供各种基础条件，从而创造了就地建城镇的城镇化道路。这正是对以义为先、义利兼顾文化的传承和创新。

（三）崇文重教

在江南传统文化中有吴文化的“耕读传家”之风，明代顾宪成的“风声雨声读书声声声入耳，家事国事天下事事事关心”的对联挂在有着900多年历史的东林书院依庸堂里。这种“耕读传家”之风代代相传就形成崇文重教之风。江南地区在历史上一直都是文化繁荣的地方，不仅有着优美的自然风光，还有大批文人墨客聚集于此。崇文重教成为当地人的普遍信仰和行为准则。崇文就是崇尚学术。江南文化社会中的知识分子主要从事文学、诗词、书画、戏曲、曲艺等文化艺术活动，崇尚知识和学术，尤其是将儒家经典和文学经典奉为圭臬。由此历代都涌现出引领文坛的名人和作品。例如六朝陆机的《文赋》、刘勰的《文心雕龙》、顾恺之的绘画，唐代张旭的狂草，明代王阳明的心学、吴门四家的书画，清代乾嘉学派的朴学等。苏州评弹和昆剧、无锡锡剧不断推陈出新，从古到今都深得民众喜爱。在这样的文化背景下，人们普遍认为学问和教育是致富、提升个人品德和社会地位的必经之路。重教即重视教育。宋代以后，江南地域书院纷起，文风日盛。“天下第一件好事还是读书”，“寒可无衣，饥可无食，至于书不可一日失”的家训深入人心，代代相传。江南地区是中国古代教育机构最为发达、教育制度最为完善的地区之一，家长和社会都非常重视子女教育，视教育为人生至关重要的一环。江南地区的父母相信通过良好的教育可以提高孩子的才智和品德，培养出一代又一代优秀的人才。自从科举制度创立以来，江南诞生的科举状元几乎半分天下。近代以来江南地区不仅自发兴办各类新式学校，而且中国最早的一批留学生大都出于此地。一些家境殷实的家族更是热衷于将子女送出国留学，留学归来的江南学子大部分成为近代中国和新中国的科技文化先驱。

时至今日，江南地区依旧是全国科教高地和人才高地。基础教育发达，考上名牌大学的人数也最多。现代两院院士中这一地区人数最多，“双一流”大学占比最高。不同类型的职业教育院校高度集聚，而且普遍水平较高，因此这一地区培养了大批大国工匠。这是现在大批高端制造业集聚于这一地区的重要原因。

（四）开放包容

江南滨江沿海，有对外开放的天然优势。江南是后开发地区，是历代大规模移民潮的重要目的地。大规模人口迁移对于江南而言，不仅是人力、物力、财力的流入，更是一种持续动态化的经济、文化、社会全面开放，成就了江南开放包容的文化。

近代江南地区开放文化的形成不能不提及作为洋务派重要代表的无锡籍人士薛福成的开放思想。随着洋务运动的兴起和资本主义工商业在中国的产生，薛福成曾两度出任洋务派代表人物曾国藩、李鸿章的幕僚。薛福成通过对重农抑商、重义轻利等传统观念的批判，为在中国建立起近代工商业积极制造舆论、寻找理论依据，向国人阐述了振兴商务、发展资本主义工商业的迫切性和必要性。薛福成围绕对外开放提出的经济思想包括三个方面内容：首先，“兴贩运之利”——发展近代交通业；其次，“兴艺植之利”——发展商品性农业；再次，“兴制造之利”——发展进口替代工业。同时还主张学习西方科学技术，提出重视科技人才、兴学育才、派留学生的建议。① 洋务派的这些开放思想文化实际上是同工商文化结合在一起的，对当地在对外开放中发展工商业影响很大。

说到开放文化不能不说上海的作用。上海原先是苏州府的一部分，1843 年开埠，仅用 10 年时间便取代广州成为全国最大的对外贸易

---

① 参见叶世昌《近代中国经济思想史》（上册），上海财经大学出版社 2017 年版。

口岸。到1937年全国抗战爆发前，在不到一个世纪的时间里上海从一个偏居海隅的县城发展为中国第一大城市和世界级的大都市。全国将近一半的对外贸易发生在上海，主要的外国银行和大企业都在上海设立中国或远东总部。1895—1911年，所有在开放口岸创立的华资现代工厂中，约有三分之一设在上海。上海处于开放的前沿，由此形成的开放文化溢出到周边的苏杭地区。洋务运动的积极参与者大多是苏南实业家，如无锡的薛福成、常州的盛宣怀等。苏南的商家纷纷进入上海办厂和办洋务，从中学习外国技术和管理，开启了中国民族资本主义工商业的发展进程。这一地区也就成为半殖民地半封建的中国最早产生资本主义萌芽的地区，形成近代苏杭地区开放包容的文化。正因为这种文化传承，中国一改革开放，苏南就依托上海这个世界大都市迅速进入开放的最前沿。

三、以文化人促进人的现代化

人文经济学以人为中心。与西方式现代化单纯追求物质层面的现代化不同，中国式现代化是物质文明与精神文明相协调的现代化，不断促进人的全面发展。党的二十大报告指出："物质富足、精神富有是社会主义现代化的根本要求。物质贫困不是社会主义，精神贫乏也不是社会主义。"根据建成富强民主文明和谐美丽的社会主义现代化强国目标，中国式现代化就是要"促进物的全面丰富和人的全面发展"。人的全面发展就是人的现代化，人的现代化既涉及富裕人民，也涉及以文化人。人的精神文明程度的提升，即人的思想、素质、观念和思维的现代化，这既是现代化的目标，也是现代化的手段。不能设想一个国家和地区在经济上达到现代化后还是文化的沙漠，也不能设想人在物质上富有但精神上空虚会成为现代人。从江南地区的现代化实践看，文化也有一个从近代到现代的演化过程。文化的现代化使人成为现代人,从而成为推动现代化的主体。

(一) 以文化人

文化实际上是一种道德观和价值观。文化的作用在于以文化人,并在此基础上以文化经。从苏杭地区的传统和实践来看,人文与经济融合就体现在以价值观、道德观涵养人,即以文化人,并在此基础上实现以人促进经济发展。从人的现代化水平可见文化的传承和创新对经济现代化的决定性作用。

在中国式现代化进程中,以文化人的作用在于对各个市场主体的经济行为进行人文精神的熏陶和引导。这对推进中国式现代化有十分重要的意义。中国式现代化所要促进的人的现代化,就是要以社会主义核心价值观为引领,用社会主义核心价值观铸魂育人,建设具有强大凝聚力和引领力的社会主义意识形态,巩固和壮大奋进新时代的主流思想舆论,坚定中国式现代化的理想和信念。

公民道德是人的现代化之本。党的二十大就提高全社会文明程度提出实施公民道德建设工程,弘扬中华传统美德,加强家庭家教家风建设,加强和改进未成年人思想道德建设,推动明大德、守公德、严私德,提高人民道德水准和文明素养,由此形成中国式现代化坚实根基和力量。

人文精神的涵养在于解决人的价值观和道德观问题。经济学中一直有“经济人”假设,最为典型的是亚当·斯密在其《国富论》一书中提出的“看不见的手”假说:每个人都只关心自己的利益,在一只看不见的手的指引下,最终实现社会的利益。于是就有市场经济就是追求自身经济利益之说。殊不知亚当·斯密在发表《国富论》的同时又发表了《道德情操论》,他在书中指出:人类的行为动机是基于追求利益的。我们的行为是出于对自己的利益和幸福的追求。但是,我们也会考虑到他人的利益,因为我们的同情心会使我们关注到他们的利益和幸福。这本书的出版在一定程度上更正了长期以来人们对市场经济单纯追求私人利益的价值观的误读。诺贝尔经济学奖得主诺斯在解释制度变迁时指出,将什么都解释为人们按自我利益行事的理论,不能解释问题的另一面,即社会利益的实现并不都是在大家追求自身利益中实现的。诺斯所推崇的企业不是仅仅追求自身的利润目标,还应有主动实现社会目标的意识形态。“其基本目的在于促进一些群体不再按有关成本与收益的简单的、享乐主义的和个人的计算来行事。”①这种意识形态主要是指社会强有力的道德和伦理法则。

崇文重教的文化传统必然导致公民传统美德和文明水准的提升。中华传统美德是中华文化的精髓。这种文化传统不仅提高了人的精神文明程度,同时促进了经济发展所需要的人力资本积累。

人的观念达到现代水准是实现中国式现代化的主观条件。现代人是具有现代知识、现代观念、现代思维方式和现代行为方式的人。就如诺贝尔经济学奖得主缪尔达尔指出的,“现代技术不是得到和使用一种工具问题。现代技术跟随现代思想而出现。你不能以古代的思想去掌握现代工具”②。理念、观念就是一种文化。人的观念现代化是指人的心理态度和价值观念从传统向现代的转化。中华文明之所以能绵延不断就在于其文化的不断创新,即创造性转化、创新性发展。江南文化底蕴深厚,弘扬优秀传统文化不等于墨守成规。一定的文化都是适应一定的经济基础和生产力水平的。现代文化的养成又会反作用于经济基础和生产力发展。推进中国式现代化必然需要冲破传统思想观念的障碍和束缚。这就是文化的创新和发展。进入新发展

---

① [美]道格拉斯·诺斯:《经济史中的结构与变迁》,上海三联书店、上海人民出版社 1994 年版,第 11 页。

② [瑞典]G. 缪尔达尔:《亚洲戏剧》,转引自[澳]海因茨·沃尔夫冈·阿恩特《经济发展思想史》,唐宇华、吴良健译,商务印书馆 1999 年版,第 199 页。

阶段，需要突破在低收入发展阶段的发展理念，从而克服发展范式上的路径依赖。其中包括：从故步自封不思进取的观念转向勇于改革创新的观念，从过去单纯追求高速度的增长观念转向高质量发展观，从掠夺自然资源、支配自然的观念转向保护自然并与自然和谐共生的绿色发展观念，从追求一部分人的富裕转向全体人民共同富裕的理念。应该说，在现代化国家新征程中处于前列的江南地区，其发展观念的转变必然伴随着文化的创新，从而成为这个地区转变发展方式的强大推动力。

基于苏杭地区优秀传统文化不断推进文化现代化的研究，进一步研究中国式现代化中文化发展与经济发展的关系，可以发现，从文化到经济，中间的过渡环节是以文化人。

（二）以文涵养企业家

企业家是经营者，但经营者不一定是企业家。企业家是具有企业家精神的经营者。根据企业家的一般定义，企业家是具有创新精神的经营者。根据江南地区的实践，现代企业家是推动中国式现代化的引领者。近代以来，苏杭地区不仅涌现的企业家数量多，而且具有企业家精神的儒商多。他们不仅传承了中华优秀传统文化，而且创新了现代企业家文化，具体包括以下两种文化：

一是崇尚实体经济的工商文化。江南地区的实业家都推崇在本地办实业的工商文化。近代以来，江南文化有从重农到重工商的转变。中国近代以来的民族工商业大多是在江南地区起家的。虽然在后来的一段时间里民族工商业沉寂过，但这种文化没有被磨灭，一有时机就会显露出来。即使在人民公社时期也有作为乡镇企业前身的社队企业。改革开放一开始冒出来的乡镇企业被邓小平同志称为“异军突起”，很快就迅猛发展。尤其是在脱实向虚盛行时，这里的企业家大多坚守以制造业为主体的实体经济。我们还注意到，当年创建乡镇企业的企业家的二代接班人不仅基本上都接上了实体经济的班，而且进一步推动实体经济的转型升级，而不像一些地方的富二代转向搞虚拟经济。显然，江南地区实体经济发达就是崇尚实业的结果。正因为如此江南才成为中国制造业的基地。

二是家国情怀。这是企业承担社会责任的文化。企业文化是企业家道德观、价值观的体现。企业竞争力在一定意义上可以说是企业文化的竞争力。企业不只是赚钱的机器，企业活动所要实现的价值不仅是物质价值，还要实现文化价值。企业唯利是图是一种文化，企业承担社会责任也是一种文化。乡镇企业和城镇化在江南地区最早破冰，绝非偶然。家国情怀古而有训。乡镇企业家创业一成功就在本地建城镇，在小城镇积极兴办教育和社会公益事业，转移当地农民，被费孝通称为"小城镇大问题"。被誉为苏南模式精髓的集体富裕，就是农民企业家对家国情怀文化的传承和创新，也是江南地区人文精神在新时代的延续。

（三）以文汇聚科学家、教育家

俗话说，一方水土养一方人，进一步说是一方文化育一方人。基于崇文重教的文化，江南地区从古到今都是人才辈出之地。以无锡为例，近代以来在各界都涌现出领军人才。科技界，有中国电机、无线电和航空教育的奠基人之一顾毓琇，力学、应用数学、中文信息学奠基人之一华蘅芳，在应用数学、力学、物理学等领域取得重要成就的钱伟长、周培源，被称为中国近代化学先驱的徐寿，被誉为当代毕昇的计算机专家王选。文化艺术界有著名史学大师钱穆，著名学者、作家钱锺书，著名画家徐悲鸿。从无锡走出来的老一代经济学家有陈翰笙、王寅生、张锡昌、钱俊瑞、薛暮桥、孙冶方、姜君辰。最为典型的是这里是院士之乡。截至 2021 年，两院院士中苏州有 105 人，无锡有 95 人，常州有 61 人。宜兴是院士最多的县级市，诞生了 30 多位院士。近代以来，在江南文化熏陶下成长起来的这些文化名人为中国的经济、科技和文化的现代化作出了重大贡献。

江南地区“耕读传家”之风代代相传，延续至今而且有新的发展。江南的教育尤其是基础教育在全国一直名列前茅。每年考上名牌大学的学生居全国前列。人们曾担心：每年从这里走出许多优秀学子，进来大批从外地转移来的农民工，会不会降低当地的人口素质。现实证明这种担心是多余的。在江南地区，无论是劳动者的受教育年限还是接受过高等教育的人口，其比重均处于全国前列。改革开放以来外资蜂拥进入这一地区，江南地区成为外资最为集中的地区。近年来高科技企业也大量入驻这一地区，这主要源于崇文重教传统积累起的丰富的人力资本对外资和高科技项目的吸引力。随着这里的产业的升级，不仅从研究型大学毕业的学子越来越多地来到江南，高端产业的聚集也吸引了大批高端人才，再加上受崇文重教之风的熏陶，高学历人才普遍得到重视。由此高端创新创业人才汇聚江南就不足为奇了。

近年来，这一地区的崇文重教文化又有了新的发展，这就是崇尚科教。一方面，从重视基础教育拓展到高等教育。截至2022年底，苏州已与中国科学院、清华大学、北京大学、南京大学、上海交通大学、中国科学技术大学、浙江大学、中国人民大学、西安交通大学、东南大学、西北工业大学、湖南大学、南京航空航天大学、河海大学、厦门大学以及牛津大学、新加坡国立大学、加州大学洛杉矶分校、南洋理工大学、悉尼大学等200多所国内外大院大所开展形式多样的合作，并建设南京大学苏州校区、中国人民大学苏州校区。无锡、常州也积极扩大与大学的合作共建。另一方面，引进各类高科技研究院所和高科技研发中心，建设各类产学研创新载体，实施产学研合作项目。国外高科技人才也向这一地区集聚。无锡有“中国科研高地看江苏无锡”之美誉。驻无锡的中字头的国家级科研实体就有中国船舶科学研究中心、中航雷达与电子设备研究所、中国电子科技集团公司第五十八研究所、中国航发控制系统研究所、中国石化石油勘探开发研究院、中国一汽无锡油泵油嘴研究所、江南计算技术研究所、中国船舶重工集团公司第七〇三研究所无锡分部等,此外还有无锡物联网产业研究院等,这些科研实体覆盖船舶、航空、集成电路等高科技领域。研究型大学和高端科研机构的集聚,大大增强了该地区的科技和产业创新能力。

江南不仅通过文化教育促进了人的现代化,而且通过招揽人才集聚了科技人才和创新创业人才,由此推动江南地区科教资源高度集聚、高科技企业高度集聚、新质生产力发展迅猛。苏州的人工智能和生物医药、无锡的集成电路与先进制造、常州的新能源等体现新质生产力的高端产业项目,成为因地制宜发展新质生产力的典范。

(四) 以文培育大国工匠

江南地区崇尚文教的文化,培养了江南人凡事认真对待、一丝不苟、精益求精的工匠精神。据苏州大学王卫平教授主编的《江南文化概论》[①]所述,明代张瀚《松窗梦语》卷四中的一段话典型地反映了江南吴地文化的这一特点:“吴制服而华,以为非是弗文也;吴制器而美,以为非是弗珍也。四方重吴服,而吴益工于服;四方贵吴器,而吴益工于器。”明代万历年间的王士性曾经指出,江南人“既繁且慧,亡论冠盖文物,即百工技艺,心智咸儇巧异常。虽五商辏集,物产不称乏,然非天产也,多人工所成,足夺造化”。清中期纳兰常安对苏州的百物制造极为推崇,认为“故苏之巧甲于天下”。明代有“吴装最善,他处无及焉”的评价。工巧则推苏州。清代更有“装潢以本朝为第一,各省之中以苏工为第一”的说法。乾隆《元和县志》卷十《风俗》有谓:“吴中男子多工艺事,各有专家,虽寻常器物,出其手制,精工必倍于他所。女子善

---

① 王卫平主编:《江南文化概论》,苏州大学出版社 2023 年版,第 126 页。

操作，织纴刺绣，工巧百出，他处效之者，莫能及也。”江南百工不仅技术精湛，有“精细雅洁”的美誉，而且品类繁富，诸凡苏绣、制玉、缂丝、苏扇、苏灯、苏雕等“苏式”“苏作”产品，皆形成品牌，誉满天下。苏州的丝绸和刺绣、无锡的惠山泥人和宜兴陶瓷、常州的梳篦等“可谓甲于今古，冠乎天下矣”。所有这些都是历代工匠精神的积淀。由此形成了全国各地对“苏式”“苏作”“吴品”“吴样”产品的追捧。工匠精神作为一种职业素养，是中华优秀传统文化的重要组成部分。这种精益求精的传统工匠文化与现代科技结合形成现代工匠精神。在工业化、现代化建设中的工匠早已不限于苏州刺绣、惠山泥人、宜兴陶瓷、常州梳篦之类的工艺美术师，而是掌握现代制造业中的高精尖技术的工匠，但精益求精、技术高超的工匠精神得到进一步的传承和创新。江南地区产品因其高质量也成就很多高端品牌。处于国内领先水平的高端制造产业在江南高度集聚，很大程度上与该地拥有大批现代工匠和具有工匠精神的劳动者大军密切相关。

归结起来，以文化人在于中华优秀传统文化孕育了教育家精神、科学家精神、企业家精神、工匠精神，并哺育了具有科学家、教育家、企业家精神和工匠精神的劳动者大军，由此产生了以人化经的效果。这是精神变物质的过程，产生了巨大的物质力量。

四、苏南模式文化成为现代发展和营商环境活力之源

文化不是固定不变的，会随着经济社会发展而演进并产生新的文化。因此促进江南经济发展的文化有古代文化、近代文化，还有现代文化。一种文化一旦产生就会长期起作用并反作用于经济。农村改革初期是乡村工业化阶段，发展乡镇企业出现不同的模式，在苏州周围产生苏南模式，在杭州周边产生温州模式。现在经济发展进入新时代，无论是苏南模式还是温州模式均已完成历史使命，但其文化根深

蒂固，深刻地影响着当地的发展，成为经济发展的活力之源。就苏南模式文化来说，突出表现在以下五个方面：

一是江南乡镇企业的“四千四万”精神。改革开放伊始产生的乡镇企业生于市场、长于市场。在当时计划经济一统天下的背景下，乡镇企业只能在计划经济的夹缝中寻找生存之道。由此，历史上面向市场的创业文化再次萌生。“四千四万”精神是苏南人开拓市场、艰难创业的写照。其内涵就是国务院总理李强在十四届全国人大一次会议闭幕后的记者会上所讲的：“当年江浙等地发展个体私营经济、乡镇企业时创造的‘四千’精神：走遍千山万水、说尽千言万语、想尽千方百计、吃尽千辛万苦。”①“四千四万”精神成为江浙企业面向市场找资源找市场的精神标志，在各个发展阶段都有表现。20 世纪 80 年代中后期，中央实行沿海开放战略，并且开发开放浦东。苏南企业继续发挥“四千四万”精神，不失时机地抓住了这一历史机遇，利用滨江沿海的区位优势与上海浦东形成对接，外资、外贸、外经（“三外”）一齐发展，全面对外开放，对接国际找资源找市场，建成了“外资高地”。新时代“四千四万”精神虽然与改革开放初期形成的“四千四万”精神在表述方式、具体内涵上有所不同，但在深层次上都蕴含着解放思想、抓住机遇、开拓创新、艰苦创业、奋发图强、精益求精的精神特质，成为后来各个发展阶段变不可能为可能的活力和动力之本。

二是企业改革文化。苏南企业充满活力有其文化背景。苏南乡镇企业起步时大多是集体性质。1984 年，无锡堰桥的“一包三改”创举石破天惊：“一包”即对所有社队工业企业实行经营承包责任制；“三改”即改干部任命制为选聘制、改固定工制为合同工制、改固定工资制

① 《李强总理出席记者会并回答中外记者提问》，中国政府网，2023 年 3 月 13 日，http://www.gov.cn/gongbao/content/2023/content_5747261.htm。

为浮动工资制。堰桥"一包三改"吹响了乡镇企业改革史上的第一声嘹亮号角,极大激发了乡镇企业发展的内在动力。基于这种企业改革文化,乡镇企业后来均改制为股份制或股份合作制,并且发展为公司制的现代企业制度。

三是集体富裕文化。苏南模式的重要特征是集体富裕。这种文化如今演进为共同富裕文化。在共同富裕文化的影响下,苏南地区推动共同富裕的途径除了发展经济扩大就业面以外,还有富起来的群体采取多种方式助学助困,提供本地区居民都能享受的各种公共服务,造福乡梓。因此这个地区是国内最为富裕、收入差距最小的地区。

四是创新文化。苏南模式时期,当地乡镇企业严重缺乏技术资源。乡镇企业创造了"星期天工程师"模式,也就是从上海、苏州、无锡等城市吸引工程师利用星期天来乡镇企业解决技术问题。现在这种吸引外地科技资源的模式作为创新文化延续了下来。尤其是进入新时代之后,科技创新资源的源头是研究型大学和科研机构,创新文化进一步演化为"星期天科学家",吸引科学家来解决产业创新的科学问题,目标是发展进入国际前沿的新质生产力。与此相应,企业与大学、科研院所构建的产业创新平台在这个地区如雨后春笋般涌现。近年来,苏州的生命科学和数字经济产业,无锡的集成电路和先进制造产业,常州的新能源产业,均处于全国前列。这些都离不开创新文化的推动。

五是诚信文化。现代化的营商环境不仅指法治环境,还涉及文化环境(既涉及人的文化水准,也涉及诚信文化),两者相辅相成。在制度经济学中道德规范属于非正式制度安排。市场经济是契约经济,相互信任的社会关系网络是不可多得的社会资本。资本、客商流向哪里?讲诚信守信用的营商环境能产生外资拥至、客商云集的效应。诚信文化所形成的互惠性的社会关系网络使得实施合同、规范和维持市场秩序最为高效，从而降低交易成本和制度性摩擦，降低法治成本，这不仅符合市场经济规则，也是对资本和人才的重要吸引力。这种诚信文化不是一朝一夕形成的，需要长期的文化积淀所形成的社会共同遵从的道德规范。江南地区成为外商投资企业和高科技企业集聚地的重要原因也在于此。

显然，改革开放初期形成的苏南模式已经成为一种文化绵延至今，成为制度和营商环境的活力之源。

五、以经育文增加文化供给

文化发展需要经济基础。人文经济学包含经济对人文的支持和促进。江南地区无论是经济还是文化从古至今都走在前列。该地区经济与文化共同繁荣，说明对地区价值的评价不能单看以 GDP 为代表的经济价值。地区（城市）的价值，不仅在于其经济价值，还包括其文化价值。两者相辅相成、相互促进，而且可以相互转化。提升地区的文化价值，同时也在提升地区的经济价值。提升地区的文化价值需要增加地区文化供给，为了使文化对经济发展起到持续不断的推动作用，需要经济反哺文化。增加文化供给是需要经济投入的。江南地区的实践证明，经济和文化的投入不是此消彼长的关系，而是正相关的，甚至有共同倍增的效应。经济基础越是雄厚，文化投入越是充足，文化供给越是充分，产生的效益越是明显。

（一）文化遗产在保护和传承中光大价值

文化遗产是中华民族的代表性符号和中华文明的标志性象征，是涵养社会主义核心价值观的重要源泉。文化遗产是中华文明之瑰宝，有物质的，也有非物质的。保护文化遗产的时代意义，正如 2024 年 8 月习近平总书记就北京中轴线等成功列入《世界遗产名录》作出的重要指示中指出的，这“对于建设物质文明和精神文明相协调、人与自然和谐共生的中国式现代化具有积极意义，为世界文明百花园增添了绚丽的色彩”①。他要求，“要持续加强文化和自然遗产传承、利用工作，使其在新时代焕发新活力、绽放新光彩，更好满足人民群众的美好生活需求”②。光大文化遗产的价值，既要挖掘其历史价值，也要开发其经济价值。当然，文化遗产的挖掘、保护和利用是需要大投入的。

江南地区历来文化荟萃，文化名人多，文化遗产也极为丰富。苏州、无锡、常州等地在保护文化遗产的同时充分发挥了其历史和时代价值，有力地促进经济社会发展，充分满足人民对美好生活的需求。最为突出的是苏州的平江历史街区、无锡的惠山古镇街区、常州的青果巷街区等。

苏州有 2500 多年的建城史。其在改革开放一开始就将明确的保护古城、建设新城的城市建设思路一以贯之。尤其是面积约为 116.5 公顷的平江历史街区。据相关资料，现存的整体布局与宋代《平江图》基本一致，仍然保持着“水陆并行、河街相邻”的双棋盘格局以及“小桥流水、粉墙黛瓦”的江南水城风貌，积淀了极为丰富的历史遗存和人文景观。其中，有世界文化遗产耦园 1 处、人类口述和非物质文化遗产代表作昆曲展示区中国昆曲博物馆 1 处，省市级文物古迹 100 多处，城墙、河道、桥梁、街巷、民居、园林、会馆、寺观、古井、古树、牌坊等 100 多处，古代城市景观风貌基本保持原样。2023 年 7 月 6 日，习近平总书记来到平江历史文化街区考察调研，详细听取苏州古城保护及平江历史文化街区保护、修缮、利用情况汇报。他说，今天又看了传统文化街区，到处都是古迹、名胜、文化，生活在这里很有福气。苏州在传统与现代的结合上做得很好，不仅有历史文化传承，而且有科技创新和

①② 《习近平对加强文化和自然遗产保护传承利用工作作出重要指示强调 守护好中华民族的文化瑰宝和自然珍宝 让文化和自然遗产在新时代焕发新活力绽放新光彩》，《人民日报》2024 年 8 月 7 日。

高质量发展，代表未来的发展方向。他对当地负责同志讲，平江历史文化街区是传承弘扬中华优秀传统文化、加强社会主义精神文明建设的宝贵财富，要保护好、挖掘好、运用好，不仅要在物质形式上传承好，更要在心里传承好。①

文化遗产保护与经济深度融合，不仅能够有效保护文化遗产，还能焕发其历史价值，展示城市形象，产生现实经济价值。尤其是将文化遗产保护与旧城改造、城市更新等有机结合，并作为文旅项目开发，如无锡惠山古镇街区。据相关资料，惠山古镇始于唐代，兴盛于明清，延续至近现代，时间跨度长达 1000 多年。景区总面积约 3.5 平方公里。文物古迹众多，有风景名胜景点 200 多处。战国时春申君饮马处、江南四大名园之一寄畅园、民间音乐家阿炳墓园。独具特色的惠山祠堂群景观承载着惠山古镇独特的文化与灵魂。祀主涉及 80 多个姓氏、180 多位历史人物。其中，除了纪念开发江南的始祖泰伯、仲雍、季札的至德祠外，有十多位主祀官居历代宰相、尚书之高位，如楚相春申君黄歇，五代时期的吴越王钱镠，唐相李绅、陆贽，宋相司马光、王旦、范仲淹、李纲，明代兵部尚书于谦、秦金，清代尚书嵇曾筠、嵇璜等。这些祠堂不仅是见证无锡历史沧桑变迁的“活化石”，也成为无锡人引以为傲的“露天历史博物馆”。现在这些文化遗产不仅得到了有效的保护，而且扩大为历史文化街区，其中包括文物古迹区、锡惠名胜区和山林保护区，同时成为各地游客旅游、休闲、购物的胜地。

文化遗产的保护还有对历史文化遗产的挖掘和恢复重建。最为突出的是常州市于 2012 年启动的青果巷修缮保护项目。据相关资料，常州的青果巷始建于明万历九年（1581）前，青果巷街区内以明、

① 《习近平在江苏考察时强调 在推进中国式现代化中走在前做示范 谱写“强富美高”新江苏现代化建设新篇章》，《人民日报》2023 年 7 月 8 日。

清、民国时期的建筑为主，拥有1处世界文化遗产、3处全国重点文物保护单位、5处省级重点文物保护单位、6处市级重点文物保护单位、39处一般不可移动文物，分布有名宅故居、祠庙殿宇、桥坊碑石、林泉轩榭、古井码头、戏楼剧场、学堂校舍，是常州国家历史文化名城的"活化石"。青果巷是常州文脉之地，文风兴起于唐代，先后走出了近百名科举才俊和一大批近现代名人，遍及政治、文学、艺术、教育、实业、科学等众多领域，有着"江南名士第一巷"的美誉。古有明代文学家、首倡"唐宋八大家"之说的唐顺之；近代走出了史良、盛宣怀、赵元任、周有光等政界文化界名人。常州在修建青果巷历史文化街区时，除了修建名人故居（如史良故居、盛宣怀故居）外，尤其重视文化遗产的挖掘和展示，如在唐顺之住宅建唐荆川纪念馆，在赵元任住宅建赵元任艺术中心，在周有光住宅建周有光图书馆，等等，为市民和游客了解常州本土文化提供了场所及渠道，让人们能够从建筑的演变和空间的布局中感悟历史。青果巷历代名人住宅的保护和整修，不仅把当地的文化遗产有效保护了下来，而且以此为基础扩大发展为街区，各具地方特色的传统品牌的工艺、食品商家进入，使之成为文化旅游品牌街区。在这里，有常州梳篦等非遗业态，也有青果剧场、青果屿见书房等文化空间，还有时尚买手店、珠宝店、潮玩店等商铺，使各类旅游者到此既受到优秀传统文化的熏陶，又能享受美好生活、尽情消费。

上述历史文化街区的案例说明，深入挖掘文化遗产，在保护中利用文化遗产，在利用文化遗产时推动中华优秀传统文化创造性转化、创新性发展，以经育文同时达到以文化经的效果。

（二）依托现代科技发展文化产业

经济和文化相互促进的接合部就是文化产业的蓬勃发展。文化产业兼有文化和经济两重属性，是经济发展的重要组成部分。文化产业发达体现了文化和经济共荣。特别需要指出的是，文化产业能够成为一个国家和地区的软实力，关键不仅在于其所传承的优秀传统文化，还有创新与现代科技融合的现代文化。在坚持正确的政治方向和主流价值观的前提下，文化产业的现代化需要传承优秀传统文化并能创新现代文化，还需要科技的支撑，也就是“优秀传统文化＋现代文明＋现代科技”。文化产业传承优秀传统文化绝不是简单地复制古董，而是利用各种现代技术手段，依靠高科技和创意促进影视戏剧作品、体育品牌、书刊、名胜古迹等各种文化载体现代化。这样既传承了优秀传统文化，又发展了经济，更好地满足人民对美好生活的文化需求。

江苏作为经济大省，其文化产业也名列全国前茅。江南地区制造业发达，目前文化产业在当地 GDP 中的占比还不是很高，但其总量和增长率均居全国前列。随着现代化进程的推进，文化产业的主导产业地位会越来越明显。目前，无锡已形成 8 个文化产业重点领域，拥有 18 个省级以上挂牌文化产业园区、4 万多家文化市场主体、2 万多家文化产业企业，其中规上文化企业近千家。2023 年，无锡文化产业实现营收 4000 多亿元，增加值达 701 亿元，位居全省前列，仅灵山胜境、拈花湾两大景区就带动 1 万多人就业。无锡文化产业的特色是文化产业的科技含量更高。全市共有国家文化和科技融合示范基地 1 家，省重点文化科技企业 32 家。各个文化产业园区内，正频繁出现大模型、人工智能、文化元宇宙、人工智能生成内容（AIGC）等高科技企业。在影视传媒、数字文化制造、文旅融合、文化创意等领域形成发展优势。无锡制定的《关于贯彻落实国家文化数字化战略实施方案》抢先布局数字文化新业态。根据不完全数据统计，无锡和数字经济相关的文化企业已占规上文化企业的近四成，首个第五代移动通信技术（5G）智慧虚拟拍摄联合实验室已落地无锡。

科技赋能文化产业现代化，值得一提的是无锡国家数字电影产业园。无锡早就是重要的影视拍摄基地，如水浒城、唐城等，但这些主要是复制古代建筑。国家数字电影产业园则是依托数字技术，吸引国内外一流的数字电影制作公司和数字影视产业公司入驻，英国E3D、澳大利亚zSpace、美国Base FX、加拿大摩科影业等一批国外知名公司与国内企业合作成立的数字影视软件研发、制作公司相继入驻。该产业园以数字电影拍摄为龙头，以数字后期制作为支撑，着力打造集电影申报、拍摄、制作、发行、交易等功能于一体，具有国际先进水平的数字电影科技研发、制作及人才培育的国际知名数字影视产业基地。目前已入驻以软件及服务外包、影视动漫文化、传感网络、教育培训为主的创意创新产业企业800多家。数字电影产业园将高端电影产业与文化旅游完美融合，并依托数字经济，大力发展以数字影视为引导的数字文化产业，坚持“科技拍摄＋数字制作”的定位，产业链覆盖影视业上下游，近年来成为“爆款”的《中国医生》《中国机长》《人世间》《封神第一部》《流浪地球》《长津湖》等影视作品都是在这里制作的，因而有“无锡影都”之称。电视剧《人世间》获评中宣部第十六届“五个一工程”优秀作品奖。《封神第一部》获第十七届“五个一工程”优秀作品奖。

数字技术促进文化产业发展的典型案例是无锡的一家数字技术公司采用大数据、云计算、区块链等数字技术为宜兴紫砂茶壶确定制作人知识产权，并在线上提供紫砂壶制作大师作品的识别服务。其作用不仅在于保护制作人知识产权，也在保护消费者权益，并且扩大文化产品市场，有力促进了文化实体经济发展。

文化产业不仅在城市推进，乡村振兴也为文化产业发展提供新空间，反过来促进了乡村的产业振兴。典型案例是无锡市阳山镇桃源村，这里以生产水蜜桃闻名。这个村在农民宅基地流转基础上腾出空间统一规划创建文化艺术村等农文旅示范项目，构建“观赏游玩＋生态休闲＋文化产业”共同体。吸引各方文化人进村建美术展览馆、文创工作室、数字经济平台、乡村自媒体孵化基地，建设乡村振兴培训基地，探索以文化产业振兴乡村的经验。文化产业与乡村振兴的结合不仅振兴了乡村的产业，还振兴了乡村的文化，富裕了当地村民。

（三）政府和市场协同以经育文

党的二十届三中全会要求：聚焦建设社会主义文化强国，坚持马克思主义在意识形态领域指导地位的根本制度，健全文化事业、文化产业发展体制机制，推动文化繁荣，丰富人民精神文化生活，提升国家文化软实力和中华文化影响力。[①] 这就明确了增加先进文化供给和建设文化强国的方向。其路径既涉及文化事业，也涉及文化产业。所有这些都依托经济发展提供的经济基础，尤其是不能离开政府和市场的协同推动。

从江南地区现代化的实践来看，文化底蕴深厚，以及江南人对文化和教育的重视即“耕读传家”的文化代代相传，是经济文化共同繁荣的客观条件或者说是必要条件，其充分条件是组织和发展能力。从全国范围来看，就传统文化资源来说，各地都有，甚至不少地方要强于江南地区。但江南地区的文化供给要强于其他地区，其原因除了经济基础强于其他地区外，重要的是强政府与强市场的协同推动。在经济和文化之间、在现代文化和传统文化之间起串联作用的，不仅有政府的组织作用，也有市场的导向作用，两者协同就能对传统文化的传承和现代文化的供给产生强大的组织力和推动力。优秀传统文化的挖掘与传承涉及政治导向和规划，这是政府的功能。集中力量办大事反映举国体制的优势。文化项目的市场价值的评价则是市场功能，文化项

---

① 《中共中央关于进一步全面深化改革 推进中国式现代化的决定》，中国政府网，2024 年 7 月 21 日，http://www.gov.cn/zhengce/202407/content_6963772.htm。

目的投资是市场导向的企业行为，市场导向下文化产业高端化，正是江南地区强市场的体现。

据相关资料，无锡现拥有各级文物保护单位467处，其中全国重点文物保护单位34处，省级文物保护单位74处，市县级文物保护单位359处，文物资源总量位于江苏省前列。2023年无锡出台《无锡市"百匠千品"非物质文化遗产传承创新工程三年行动计划(2023—2025)》，选树100名具有工匠精神的代表性传承人，重点扶持惠山泥人、留青竹刻、锡剧、精微绣4个项目，对非遗传习对象给予生活补助支持，为非遗传承培养后备力量。在全市高职院校设立非遗传承人工作室18个，推进全市70所中小学开办非遗传承课堂，设立"小锡班""二胡班"等特色班级，累计培训学员13万多人。2023年，无锡有18个项目入选第五批江苏省非物质文化遗产代表性项目名录，认定首批市级非遗工坊15家，非遗系统性保护和创新性发展水平持续提升。

按照"宜融则融、能融尽融"的思路，无锡推动非遗与旅游深度融合发展，从"名迹、名人、名居、名(镇)村、名城"等五个维度组织开展江南文化保护的"五名"工程。推出"跟着非遗游无锡"等多条主题体验研学线路，连接起数百个传承传习点和非遗项目，推动历史文化遗址、非遗集聚街区、非遗工坊和村落"串珠成链"。惠山古镇非遗研学游、"中国陶都·陶醉之旅"入选"水韵江苏"非遗主题精品旅游线路。宜兴善卷洞景区、清名桥古运河景区、拈花湾景区入选江苏省无限定空间非遗进景区示范项目；清名桥历史文化街区、宜兴市丁蜀镇西望村入选"全国非遗与旅游融合发展优选项目名录"。

在推进现代化的进程中，江南地区增加现代文化供给的内容包括：一是推出更多增强人民精神力量、满足各种文化消费层次需求的各类文化产品。其中包括群众喜闻乐见的优秀传统文化产品。不仅使苏州评弹、昆山昆剧、无锡锡剧、惠山泥人、常州梳篦等优秀传统文化作品推陈出新，更推出坚持以人民为中心、满足现代各类人群美好生活需要的现代文化作品。二是建设提供更多公共文化服务、群众广泛参与的现代化文化设施。近年来，无锡着力建设中华优秀传统文化传承发展体系，积极推进长江、大运河两大国家文化公园建设；无锡美术馆、无锡市文化艺术中心、交响音乐厅等重大公共文化设施全面开建。三是健全现代公共文化服务体系和文化空间。除了无锡梅园、蠡园等免费向公众开放外，截至2024年，无锡市已有65处省级“最美公共文化空间”，有效满足了人民群众日益增长的精神文化需求。据2024年度江苏省“最美公共文化空间”打造对象名单，无锡共有16处“颜值”与“内涵”兼具的公共文化空间上榜。其中包括以文化名人钱锺书命名的锺书城市客厅、盲人图书馆、无锡市家谱馆、图书馆、博物馆、文化馆、美术馆、城市书房、非遗工坊等场所。所有这些文化事业都是需要很大投入的，体现了经济对文化的反哺。

除了对传统文化的挖掘和传承外，江南地区还创新打造了不少“无中生有”的文化景点。如无锡的灵山大佛、南京的佛顶宫等都是花巨资打造的，都已成为享誉世界的佛教文化的重要景点。常州恐龙园是一座以恐龙为主题，集博物、科普、娱乐、休闲及表演于一体的综合性游乐园，有“东方侏罗纪公园”之称，2010年被评为国家5A级旅游景区，后又接连获得“国土资源科普基地”“优秀全国科普教育基地”等称号。

归结以上对江南地区经济和文化共同繁荣的理论和实践的分析，可知人文经济学不是新的学科概念，而是人文与经济相互交融、相互促进、相得益彰的理论和实践的学理性表达。以苏杭为代表的江南地区经济发达、文化繁荣，是人文经济学的实践样本。中国式现代化包含文化现代化。中国式文化现代化的内容，一是传承历史文化，二是融合现代文明，三是高科技创新。以此为内容的文化现代化，可以转化为强大的物质力量。江南地区经济和文化相互促进共同繁荣所包含的人文经济学的内在逻辑是文化—人—经济，即以文化人，以人化经，以经育文。江南地区近代以来对经济发展具有重要促进作用的优秀传统文化可以概括为崇尚实业，以义为先、义利兼顾，崇文重教，开放包容几个方面。改革开放以后出现的苏南模式新文化是营商环境的活力之源，包括："四千四万"精神，企业改革文化，集体富裕的文化，创新文化和诚信文化。从文化现代化到经济现代化的过渡环节是以文化人，包括：以文化培育价值观道德观，以文涵养企业家，以文汇聚科学家、教育家，以文培育大国工匠。经济和文化的投入不是此消彼长的关系，而是正相关的。以经育文增加文化供给突出表现在三个方面：一是文化遗产在挖掘、保护和传承中光大价值；二是加强文化设施建设，满足人民的文化需求；三是依托现代科技发展文化产业。强政府与强市场的协同推动对江南地区人文与经济相互促进起到了重要的推动和导向作用。

（执笔人：洪银兴）

第一章

江南历史上的经济发展和文化繁荣

江南地区作为人文经济学的典型样本，考察其风貌，大要有三：一是经济发达，千余年来，大宗商品生产发达，工艺精巧独步全国，商品流通畅达，从而赋税甲天下；二是人文荟萃，含英咀华，文化成就辉煌璀璨，文化积累极为丰厚；三是人文与经济互动最为频繁，相得益彰，相互裨益，大师设计与工匠精神有机融合，文人与工艺大师频繁往来，关系密切，从而炒热市场，产业做大做强，长期拥有海内外广阔市场。

一、经济发达，赋税甲天下

先秦时期，江南尚属"饭稻羹鱼"之地，长时期"火耕水耨""厥田下下"，尚未得到开发。晋室江东立国，衣冠南渡，先进文化技术萃于东南，农业经济开发曲尽其利，卑下瘠薄之地转而成为《隋书·地理志》中描述的川泽衍沃、有陆海之饶的富庶之地。唐末五代军阀混战和南北争战，江淮之间饱受兵燹之苦，日趋衰落。相比之下，南方地区相对稳定，尤其是立足江南核心区域的吴越钱氏政权，为维持江南的稳定、促进社会经济的持续发展、走向海洋世界作出了重大的贡献。从唐末钱氏的"保境安民"到最终的"纳土归宋"，富庶的两浙之地被完整地纳入统一王朝，既避免了战争的破坏，也维护了国家的统一。

随着唐末和两宋之际大量衣冠南渡，江南成为财赋重地，南宋时又成为京畿要区。在相对安定的唐中期到南宋末年的整整五个世纪中,"吴人老死不见兵革",江南平原地区得到了高度开发,不少新耕地被开发出来。两宋时期江南水利建设特别是塘浦水利得到高度重视,农业耕作技术获得迅速发展,亩产量大幅提高,农民生活较为稳定,地方经济实力大大增强。江南成为全国最为重要的经济中心,国家财政更加依赖江南的挹注。江南不独自给有余,而且每年提供上百万石漕粮,并有大批余粮运销到邻近的浙东和由海道输向北方地区,成为向邻近地区输出稻米的重要产区。北宋时,民间已有"苏常熟,天下足"的说法。南宋时,民间更有谚语"苏湖熟,天下足",人称江南"陆海之利""灌溉之利"皆"甲于天下"。南宋人陆游更将金陵与会稽列为荆、扬、梁、益、潭、广等地城市不敢比肩的"巨镇"。都城杭州自不待言,即如苏州,"井邑之富,过于唐世,郛郭填溢,楼阁相望,飞杠如虹,栉比棋布","冠盖之多,人物之盛,为东南冠",成为"天下之乐土",一片自给自足的景象。社会经济和文化生活得到前所未有的发展,江南在全国的地位陡然上升。

(一)精耕细作

江南人稠田窄,号称寸金地,可耕地有限,人们多注重的是精耕细作,挖掘地力。精耕细作的程度大为提高,是江南农业生产方面的一大特色。

在土地的利用上,人们千方百计把山地、草坡、河荒、滩涂改造成圩田、梯田、湖田、沙田等。如吴县光福一带,道光《光福志》载:"凡山之无磊石者,濒湖之可筑岸者,悉皆耕种",菱塘岸、永安塘、西华塘,都筑堤为田,而元墓山、穹窿山,除石削壁,自下而上,筑成梯田。

在土地的田间管理上,老农说,"种田先做岸,种地先做沟",这是经验之谈。"盖高乡不稔,无沟故也;低乡不稔,无岸故也,是池塘为高乡之急务。大约有田百亩,必辟十亩之塘以蓄水而防旱。堤岸为低乡之急务，大约有田百亩，必筑三尺之圩以泄水而防潦”[1]。这些有关蓄水防旱、泄水防涝的经验之谈抓住了水乡苏州田地管理的特点，具有一定的理论指导意义。

在耕作制度上，人们充分利用当地无霜期长和水资源丰富等优点，尽量提高复种指数。一是选育和种植早熟高产品种。农历五月插秧、九月收获的“早白稻”，是从占城稻演变过来的一种中稻。明后期以来江南普遍种植，到清前期，苏州仍然大面积种植。当时水稻品种甚多，乾隆《苏州府志》记载有箭子稻、香子稻等 37 个品种，比明中期多了 8 个品种。仅吴江一县就有水稻品种 108 种。清中期，苏州一府的水稻品种多达百余种，这是前代所没有过的。如一种名叫“百日种”的水稻良种，又名“西番籼”，米质优良，一年两收，康熙末年开始在苏州葑门外二十四都试种。二是注意季节茬口，合理安排种植。苏州地区一般都是秋熟种水稻，夏熟种三麦（大麦、元麦和小麦）和油菜籽（当地称春花）。这是长期以来江南人民摸索出来的种植作物的最佳时间，米麦、菜油、烧柴都得以解决。这样的作物结构，去掉低洼田、秧田、休闲田等，复种指数在 1.5 以上。复种率的提高，大大增加了单位面积产量和粮食总量。

在耕作技术的提高上，人们讲究改进工具，提高种植水平。水稻的中耕过程耘田、荡，是既苦又累的农活。清初新采用了耘荡、耘爪，既提高了功效，又降低了劳动强度，备受欢迎，人称“今得此器，劳逸不啻天壤，乃知何事不可为便巧”[2]。秧苗由秧田移至大田，秧根入土深则难拔，入土浅则易枯萎，影响移植后返青。为解决这一矛盾，“农人于播种之始，则撒秧于一处，以浮灰轻盖之。既长，则另分而插莳，所

---

① ［清］钱泳：《三吴水利赘言》，《清经世文编》卷一一一《工政一七》，中华书局 1992 年版，第 2683 页。

② ［清］陆世仪：《思辨录辑要》卷十一，清光绪江苏书局刻本，第 10 页。

以顺其浅深之性也”。[①] 不但省力省工，而且移植后能迅速返青。插秧时，为保证密度，有些地方“每人俱以绳约，使不过五寸。故其田秧棵密而分行整，收获亦倍”。这是用秧绳以确保插莳棵数。也有的地方有秧缰，以限制莳秧时移动的距离，作用与秧绳相似。有些地方还用撮谷法种植水稻，即不播秧苗移栽，而是直接用插秧法将一撮一撮谷种插入大田中。由于不受移植影响，免除了拔莳苗的中衰过程，因而“种必倍收”。

耕作技术和种植水平的提高，使单位面积产量大为增加，一般的田，每亩收米二石多，麦一石多，一些“湖荡间膏腴去处，地辟工修者”，可得米 3.6 石之多。这样的产量，在同时期的其他地区是很少见的，所以雍正、乾隆年间人士尹会一在《敬陈农桑四务疏》中提到，“南方地窄人稠，一夫所耕，不过十亩，多则二十亩。力聚而功专，故所获甚厚”。力聚就是投放充裕的劳动力，功专就是精耕细作。江南地区靠这两条获取农业高产。

在所有制结构上，地权分化，一田二主。永佃制的发展和地权的进一步分化是清代前期苏州农业生产关系变化的一个特色。江南租佃生产关系一向较为发达，定额租和货币地租也出现较早，随着农产品商品化的发展和佃农经济独立性的提高，苏州地区的永佃制和田底与田面权的分离至迟在明代中叶就已产生。

目前最早的文献记载见诸苏州府属常熟县的紧邻江阴县。正德《江阴县志》载：“下农无寸土一椽之业，全仰给于上农，耕稼其田而输之租，谓之佃户。其佃人之田，视同已业，或筑场圃，或构以屋庐，或作之坟墓其上，皆自专之，业主不得与问焉。老则以之分子，贫则以之卖

---

① 乾隆《吴江县志》卷五《风俗》。

于人，而谓之‘木崔 ’，得之财谓之‘上岸钱’，然反多于本业初价。如一亩银二两，‘上岸钱’或三四两。买田者，买业主才得其半，必‘上岸’乃为全业。”这至少说明两点，一是佃户在向业主交纳租谷的前提下已经获得了永远耕种土地的权利，以至视同己业，在业主的土地上建筑屋圃，老则传之子孙，贫则出卖于人，业主也“不得与问”。二是伴随着这种永佃权，形成了业户只拥有田底、佃户拥有田面权的地权的分割，由于地权的分割，土地买卖时如买业主，实际只是买到了田底权，只有田底、田面一起买，才得全业。明末清初人顾炎武《日知录》说：“吴中之民，有田者什一，为人佃作者什九。”光绪初年吴江周庄镇人陶煦在其《租核》中说：“吴中之田，十九与绅富共有之也。”他又说，“租田又有所谓田面者。起种田或力不能自耕，则出赁于人，亦必入顶首钱若干，谓之顶去田亩，然后按额征租”。前者表明地权的分割程度，后者表明地权的集中程度。10％的土地底面合一或底面不分，业主既有大土地所有者，也有三亩五亩的小土地所有者。90％的底面分离的土地也同样如此。

（二）多种经营

到了明后期，江南人多田少的矛盾较为突出，每年上交的赋税又居全国首位，因此仅凭土地种植或单一的农业生产结构，无法养活日益增多的人口和交纳繁重的赋税。江南地区土地肥沃，气候温暖，自然条件较为优越。农民在业农之外，因地制宜，充分利用地力，发挥各种优势，兼营多种副业、手工业，形成农副工兼营的综合型产业结构。以农业为主的综合型产业结构，是清前期江南农业经济结构上的特色。

如苏州一府，清代前期，农民“耕渔之外，男妇并工捆屦、擗麻、织布、采石、造器。梓人、甓工、垩石工，终年佣外境”，体现了当地农民终岁勤劳、农副工各业兼营的特色。府属吴县，“饶地产，山有松薪，圃有果实，条桑育蚕。四五月间，乡村成市，故赋税易完”。[①] 吴江、震泽一带，同明代一样，农民仍然在业农之外，“或捕鱼、采薪、埏埴、担荷，不肯少休”。如常熟，农家“田事少暇，男则捕鱼灌园，女则擗绩纺织”。吴县的唯亭镇，“四隅之民，工商佃农外各习手艺，东隅业织夏布，东南隅业毛毯，南隅业织蒲蒌，西南隅业织芦席，西北隅业织纱，间有业毛毯、编帘切纸者”，可谓家家兼业，各具特色。

如明中期的江阴，“东南数乡，皆纺花为纱，率三日成一匹，抱鬻于市，而其不业布的良信等乡，擗蒲编芦以自活。东边香山一带，皆织草为履”。清前期的无锡，入清以来，天授、兴宁二乡，“男子力田，勤于贸易，妇人执女红，啬而近陋”；新安乡，“农隙织席以鬻于市，亦不废业”；景云乡，“为农为圃为陶”。清前期的宜兴，地方志书记载：“茶户以谷雨日赛茶神，入山采茶，俗谓开园。其他业竹器者在张渚、湖汶诸镇，业窑器者在丁山、蜀山诸山，业冶铁者在张渚、滁里诸市，业石工者在永丰、均上等山，而其种苎芋烧石灰造纸料渔舟猎户蚕桑摇织之事，各就所居为业，勤者富，惰者贫，其大较也。”[②]

在沿江沙地和在地形高起的常熟、昭文、嘉定、昆山和镇洋的大部分地区，以种植棉花、纺纱织布为主。每到秋冬，村镇之间，家纺户织，机声轧轧，闻名海内的各色布匹捆载远销到全国各地。在沿太湖地区和毗邻浙江嘉兴和湖州府的吴江、震泽的不少地方，以种桑养蚕、缫丝织绸为主。在四周乡村缫丝织绸基础上兴盛起来的盛泽、震泽等市镇，是江南著名的丝绸重镇，远商巨贾，蜂攒蚁聚，丝绸交易量十分可观。在属于吴县的太湖中洞庭东西山，以蚕桑、水果、花木种植为主。在太湖、淀山湖、阳澄湖、白蚬江、陈湖和其他水网地区，以渔业为主，

---

① 〔清〕蒋延锡等：《古今图书集成 · 职方典》卷六七六《苏州府部 · 风俗考》，民国二十三年中华书局影印本，第 24 页。
② 嘉庆《重修宜兴县旧志》卷一《疆域志 · 风俗》。

“或以簖，或以网，或用叉，凡河豚鳗蟹之属，四时不绝”，“小民赖以资生”。

直至当代，农家兼业情形仍然存在。无锡张泾南片农家，即使在“文化大革命”时期，各家各户仍兼有各种手艺营生，如黄泥湾村以做吃饭桌出名，联丰大队杜冲桥村金姓以卖豆芽菜出名，邻社东湖塘华歧村以卖布出名，本村则有木匠、裁缝、白铁匠、剃头匠、漆匠、箍桶匠、厨师等，种类齐全。不过，这些匠人实际上都是季节性从事上述工作，只有在农闲时节才会外出打工。

江南农民正是依靠当地的各种地理优势，通过辛勤的劳动，赡养家室，供纳赋税，维持简单再生产，使江南经济走在全国前列。诚如苏州地方文献所言：“谋生之方不专仰于田亩，以故即遇俭岁，犹守庐墓保妻子，不轻去其乡也。”[①]由此可见，清代前期苏州农村以农业为主兼营其他副业手工业的综合型产业结构，不但体现了当地农民谋生的路子较为宽广，而且反映了它是适应当时当地的生产力发展要求的。在这种产业结构下，个体小农可以在生产过程中对人力物力精打细算，对家庭劳力作适当分工，使男女老幼各得其所；在时间安排上忙闲不空，早晚兼用，手工业原料又基本自给，可以节约成本，节省人力和时间，获得较高收益，这种结构在当时发挥出最大的经济效益，小农经济从而经久不衰。

（三）商业性农业

商业性农业的发展，是清代前期江南农业经营上的特点。商业性农业既是商品经济发展到一定程度的产物，又反过来促进商品经济发展。江南商品经济发展水平高，在明代商业性农业就获得了较大发展，到清前期，商业性农业较之过去地域上更为广大，作物种类有所增

① 乾隆《唐市志》卷上《风俗》。

加，生产规模有所扩大，其重要地位更为突出。

棉花是江南最为重要的商业性农作物。棉花在宋代已在闽广及陕西地区种植，元代植棉技术逐渐由南方传入北方，到元中后期棉花已在全国较大范围内广泛种植，进入明朝后，“其种乃遍布于天下，地无南北皆宜之，人无贫富皆赖之，其利视丝枲盖百倍焉”①。所谓“遍布天下”，实际上主要集中在河南、山东、湖广和江南的松江、太仓、嘉定、常熟等地。与松江府相邻的太仓州全境，昆山、镇洋、新阳县的部分地区，多属高岗沙瘠土地，最适宜棉花种植。根据地方文献，嘉定县植棉面积约达80%，太仓县约达70%，崇明约达65%。其他数县植棉比例也较高。常熟县明代植棉主要集中在西北境，到清代中期扩大到东北境、东部，甚至东南境的唐市等地也普遍种植。

桑树是江南地区仅次于棉花的商业性农作物，它主要集中在吴县的沿太湖地区和吴江、震泽两县邻接嘉湖的地区，常熟县也有少量种植。吴江蚕桑一枝独秀，到乾隆年间，“丝绵日贵，治蚕利厚，植桑者益多。乡村间殆无旷土，春夏之交，绿阴弥望，通计一邑，无虑数十万株云”②。吴县植桑的主要地区是洞庭东西山，清中期，该地“乡人比户蚕桑为务”。桑叶不但供给当地养蚕，还远销太湖南岸各地，新丝出市，蚕农将丝负贩到苏州城中的新丝行。明代的丝绸生产，仅仅集中在江南、川中、山西潞安、福建泉州和漳州、广东广州等少数区域，而尤以江南的杭州、嘉兴、湖州和苏州部分属县最为兴盛，到明后期，只有江南和四川的蚕桑生产与丝绸生产处于主导地位。江南蚕桑产区，实际也集中在湖州、嘉兴、苏州沿太湖地区和杭州部分地区，也即清初唐甄所说的“北不逾淞，南不逾浙，西不逾湖，东不至海，不过方千里”的范围。

---

① 〔明〕丘濬：《大学衍义补》卷二十二《治国平天下之要 · 制国用 · 贡赋之常》，《景印文渊阁四库全书》第712册，第336页。

② 乾隆《吴江县志》卷五《物产》。

实际能向外地输出丝原料的只有江南和川中，而能向海内外输出大量生丝的实际只有江南。万历时人张瀚在其《松窗梦语》中说，杭、嘉、湖丝绸之府，“虽秦、晋、燕、周大贾，不远数千里而求罗绮绸币者，必走浙之东也”。清初思想家唐甄在其《潜书》中说：“吴丝衣天下，聚于双林，吴越闽番至于海岛，皆来市焉。五月，载银而至，委积如瓦砾。吴南诸乡，岁有百十万之益。”说的就是这种情形。

席草是江南地区特有的商业性农作物。席草的最大种植地是长洲县的浒墅关一带，所产席草供附近几乡妇女织席之用。清初因“其利倍于春熟”，吴江县的震泽、平望等地就多“不治春熟而植席草者”。据说到后来甚至供应虎丘、浒墅等地织席所用。可见种植席草的经济效益相当高。

农民种植这些商业性农作物，当然首先和主要的是为了满足交纳赋税和赡养家室的需要，他们出卖商品与市场发生联系，是为了购买必需的生活资料和生产资料，以维持简单再生产，这种商品行为是为买而卖，仍然是自给自足条件下的商品经济。但还有另一种情况，即商业性农业中有一部分，及部分农民经营商业性农业不但为了自身生活和维持简单再生产，而且为了发财致富，扩大再生产，获得交换价值，这种生产完全受市场机制支配，随经济效益而转移，所谓“利厚”“利倍春熟”就反映出人们从事商业性农业基于获利动机。清前期，确实有一部分农民从商业性农业中发财致富，经济地位迅速上升。有人概括雍正年间常熟的情形是，“其起家，大抵本富十之六，末富十之四，奸富十之一”[①]。本富起家应该包含经营商业性农业而获利致富的农户。

（四）商品经济

江南不但棉织业、丝织业、书籍刻印业非常兴盛，工艺生产业亦一

---

① 光绪《常昭合志》卷六。

枝独秀。自明中期起，江南逐渐成为全国最大和最为重要的蚕桑丝绸生产基地与棉纺织业基地。明代商品生产最突出的是棉布和丝绸的生产，且都集中在江南一隅。

江南是丝绸之府。吴伟业《望江南》之一云："江南好，机杼夺天工。孔翠装花云锦烂，冰蚕吐凤雾绡空，新样小团龙。"自明代中期起，全国商品生产形成专业分工区域，产地与销地进一步脱节，作为民生衣着最为重要的棉布和丝绸的生产基地，均集中在江南一隅。苏州、杭州和南京成为丝织生产最为发达的三大城市。丝织业成为明代苏州最为重要的手工行业，丝绸是明代苏州最有名气的特产商品，"苏杭之币"。万历二十九年(1601)应天巡抚曹时聘说，苏州是"家杼轴而户纂组"。丝绸作坊主和雇工之间，"大户张机为生，小户趁织为活……大户一日之机不织则束手，小户一日不就人织则腹枵。两者相资为生久矣"，"机户出资，织工出力"，[①]形成较为明确的先进生产关系。清代苏州的丝织生产更加发达，乾隆年间《元和县志》记载，苏州东城"比户习织，不啻万家，工匠各有专能，计日受值"。鸦片战争前后，苏州民间生产普遍采用"账房"领织的方式，盛产元青缎，销往全国乃至外洋。

江南是棉布生产基地。明清时期，棉花种植和棉布生产集中分布在松江一府，苏州府常熟、太仓、崇明等县，嘉兴府嘉善、平湖等县和常州府无锡、江阴、武进等县。苏州府城连同附郭三县其实并不出产棉布，西洋、中亚各国盛称的"南京布"其实并不产自南京。棉布织成后，需经踹密光洁、染色等后整理工序，方能批发销售。明代布匹踹染还分散在苏、松府城和枫泾、朱泾、朱家角等棉布生产大镇，清代康熙年间起，转移集中到苏州城西阊门外上下塘。这些棉布字号，是由从事

---

① 万历二十九年七月丁未《明神宗实录》卷三六一，台北"中央研究院历史语言研究所"1962 年校印本，第 6741 页。

棉布收购、委托踹染加工和大宗批销布匹的商业资本在运作。其数量在康熙三十二年(1693)有 76 家,牌记 81 家,康熙四十年有 69 家,康熙五十四年有 72 家,康熙五十九年有 43 家,乾隆四年(1739)有 45 家。经营者绝大部分是徽州商人,通常经营十数年乃至数十年,个别长达数百年。棉布字号将收购来的白布发放到 450 多处踹布作坊踹实平整,委托染坊染色,然后投放到市场。根据每家字号加工布匹的平均能力,可知交易兴盛时每天 15 万匹的布匹基本上是由苏州棉布字号加工的。

当时除了江南,棉花和棉布生产基本是脱节的。江南是全国最大的棉布生产地区,每年向全国各地输出几千万匹棉布。其营销范围,松江布最广,覆盖了华北、西北、东北、华中和华南的广大地域。万历时商人说:"至于布匹,真正松江,天下去得。"[①]意思是说,只要是松江布,可以畅销于各地。明代嘉定棉布,"商贾贩鬻,近自杭歙清济,远至蓟辽山陕"[②]。明代常熟棉布,"用之邑者有限,而捆载舟输,行贾于齐鲁之境常十六"[③]。但由于区域内调剂和向福建等地输出,江南每年要从华北地区输入北花,甚至从湖广地区输入襄花。山东、河南等植棉区由于不善织布,每年要从江南大量输入棉布,而向江南等地源源输出棉花。由于棉布生产集中在江南一隅以及全国棉花和棉布生产的脱节,就形成了"吉贝则泛舟而鬻诸南,布则泛舟而鬻诸北"的商品花、布流通。

江南是最负盛名的书籍刻印中心。明清时期,全国刻印书籍最为有名的是江南、北京和福建三地。三地之中,江南苏州、南京、杭州、湖州以及无锡、常熟等地,地域广,刻书多,质量最佳。明后期,文献学家浙江兰溪人胡应麟在其《少室山房笔丛》中认为:"吴会、金陵擅名文

① 〔明〕余象斗:《三台万用正宗》卷二十一《商旅门》,万历三十七年刻本。
② 万历《嘉定县志》卷六《物产》。
③ 嘉靖《常熟县志》卷四《食货志》。

献，刻本至多，巨帙类书，咸会萃焉。海内商贾所资，二方十七，闽中十三，燕、越弗与也。然自本方所梓外，他省至者绝寡，虽连楹丽栋，搜其奇秘，百不二三，盖书之所出，而非所聚也。”清前期吴江人袁栋说：“印板之盛，莫盛于今矣，吾苏特工。”明中期起，江南地区刻书藏书蔚成风气，刻印书籍以版本优、校勘精、质量高、价值昂贵、方法先进、刻工水平高超驰名海内外，成为全国最重要的刻印中心。雕版印刷之外，铜活字、木活字印刷在全国独居鳌头，彩色套印也在全国领先。作为文献大省的江苏，明清时期的苏州、南京、扬州、常熟、无锡等地也是全国的书籍流通中心，汇聚了各个门类的书籍，数百年间畅销于海内外，尤其是日本市场的书籍主要来自江浙地区。大量书籍输入使得价格便宜，也使得书籍的种类更加丰富齐全。

江南木器制造加工业独步全国。自明代起，苏州器具制作之精巧，绝对天下第一。时人一致认为，苏州的小木器及家具制造最为发达，式样最为古朴雅致。香楠在楚中和川中原产地只用来开板造船，而到了苏州人手里，则用以拆取以为其他物料，打造成各种器具，谋求更高的商品附加值。后来流行到全国的明式家具，实际上就是苏式家具。

清代，苏州木器制造业同其他行业一样，建立起了同行组织，在约束同行的同时，开展行内慈善救助。该业先于水木作的大木匠业，于嘉庆十五年(1810)即在吴县憩桥巷内捐建小木公所房屋 12 间，供奉鲁班祖师。道光元年(1821)，苏州府衙允准同业所议禁约，同业竖碑，列名的匠人有领头禀文兼司事的陈余棋、冯圣舆，司事陈贞炎、周观志等 24 人。道光二十四年，小木器业捐资修理公所，议定规条十条。捐款列名的有王观泰、张玉春等 67 人。十条章程，要义有三：一是其时苏州小木器业的同业组织，对内限制发展、对外排斥竞争的成分已较淡薄，无论外来还是本地工匠，均可开张作铺；二是如要开新铺，必须加入同行组织，交纳行规钱；三是学徒出师后，可以新开作铺，可以新带徒弟，诚然首先要加行规钱。这些说明，清代中后期苏州水木作业的内部管理约束是较为严格规范的。

其他工艺各业精美绝伦。如玉器雕琢，明后期江南特别是苏州的玉器雕琢已达全国最高水平。明末宋应星在《天工开物》中更说："良玉虽集京师，工巧则推苏郡。"入清以后，苏州的玉器雕琢更加发达，规模大，水准高，高手多，苏州成为清前期全国首屈一指的琢玉中心，玉器制造业特别发达。苏州玉业作坊集中在城西北部的阊门专诸巷及天库前吊桥一带，明末以来即集聚了手艺高超的琢玉高手，"专诸巷"就成为苏州玉器的代名词，吊桥因此被称为"玉器桥"。自阊门专诸巷一带南至学士街，琢玉作坊麇集，"珊瑚、玳瑁、玻璃等物，追琢极精"。不同玉器商行和琢玉手工业者分为开料行、打眼行、光玉行等明确的专业分工，各坊各有特色，专做翠玉、白玉、黄玉、新玉等。连乾隆帝都知道专诸巷玉工的精湛雕琢技艺，多次赋诗赞扬苏州玉工技艺。

如绣作、裱褙作、漆作，以及乐器和铜铁金银器加工业，乃至眼镜、钟表制作等，"无不极其精巧"。如眼镜制造，明后期从西洋引进后，清初苏州就成为眼镜制造中心。清初，吴江生员孙云球精通测量、算指、几何之法，兼采西方和杭州等地制造之法，扩大眼镜种类，有老、少、花、远、近光之类，多达 72 种，又有远镜、火镜、端容镜、焚香镜、摄光镜、夕阳镜、显微镜、万花镜等，并著《镜史》行世。各种眼镜因人而需，"量人年岁、目力广隘，随目配镜，不爽毫发，人人若于有生以后天复赐之以双目也"。孙制眼镜，其法传授给苏州人褚三山。后来，当地普遍制造，各处流行，稀罕之品转为普通之物，价格迅速下降。清前期，苏州眼镜更上万副、十数万副地出口到日本，成为输日的重要商品。

总之，明清时期，江南艺事之精，独步全国，而且其风未艾，能工巧匠传承不绝。明中期苏州人王锜感慨道："凡上供锦绮、文具、花果、珍羞、奇异之物，岁有所增，若刻丝累漆之属，自浙宋以来，其艺久废，今皆精妙。”清初吴伟业《望江南》词谓：“江南好，巧技棘为猴。髹漆湘�香垫几，戗金螺钿酒承舟。钑镂匠心搜。”康熙《苏州府志》自诩：“吴人多巧，书画琴棋之类曰‘艺’，医卜星相之类曰‘术’，梓匠轮舆之类曰‘技’，三者不同，其巧一也。技至此乎，进乎道矣。”乾隆《元和县志》也标榜：“吴中男子多工艺事，各有专家，虽寻常器物，出其手制，精工必倍于他所。女子善操作，织纫刺绣，工巧百出，他处效之者莫能及也。”道光《苏州府志》更得意地说：“至于百工技艺之巧，亦他处所不及。”苏州工艺百业，鬼斧神工，出神入化，充满艺术韵味，由技术而臻于道的境界。

（五）市镇兴盛

明中期起，江南各地迅速崛起一批批市镇。江南市镇初兴于宋元时期，但无论是各级官府所在地，还是新兴的经济活动中心，基本上都是税务征收点。明清时期江南市镇进入新的发展阶段，在农家副业手工业经济基础上兴起一个个新的商品生产或流通中心，形成各种类型、各种层次、各具功能的专业市场。城镇化和市场化成为明清时期江南最为突出的经济发展特征。

明清时期江南市镇的发展，大体上经历了三个阶段，即明正德嘉靖年间、清乾隆年间和同治光绪年间。第一阶段体现为大批市镇在村落的基础上迅速形成，第二阶段体现为市镇数量的增加和市镇规模的扩大，第三阶段主要体现为市镇数量的增加和内部结构的变化。无论哪个阶段，绝大部分市镇的兴起和形成，都是商业性农业、商品生产、商人活动和商业发展的结果。

马克思认为：“在资本主义社会以前的阶段中，商业支配着产业。”①明

① 马克思：《资本论》，《马克思恩格斯全集》第25卷，人民出版社1974年版，第369页。

清时期江南的商品生产，也是由商业支配着的，甚至是由商人支配着的。商业的发展程度和商人的活跃程度决定了商品生产的程度。明清时期江南农家棉布、丝绸等的生产是商品生产，需要通过市场获得交换价值，农户等生产者生产什么商品、生产何种品种何种式样的商品，就完全取决于市场的需求，就有赖于商人的经营，日益受商业资本控制。马克思还说："商人资本的任何一种发展，会促使生产越来越具有以交换价值为目的的性质，促使产品越来越转化为商品。"[①]以交换价值为目的的商品生产，必然受市场的支配，必然仰仗于商人资本的活动。明清时期，江南农家的生产受商业资本支配主要体现为三个方面。

一是农家的生产结构视市场需要而转移。二是农家的生产纳入了商人资本组织的庞大的商品生产体系。江南广大乡村以至市镇的棉布生产，虽然是生产者在自己的家中展开的个体生产，却是在统一的市场体系中进行的，是由商人资本控制着的。徽州、洞庭等地的棉布商人明代时在南翔、朱泾、枫泾等著名棉布市镇，清代时先在南翔后在苏州，开设棉布加工字号，按照一定的规格收购布匹，按照统一的要求组织踹染加工，再按照各地市场的具体要求分类批发销售。生产者是在按商人的要求进行生产。各地市镇发达的丝绸生产，也是由广大生产者和徽州、洞庭商人共同经营的结果。三是生产者必须为满足市场要求而生产。商人是市场活动的主体，也是市场的营造者、时尚的引领者。他们预测行情，创造商机，按照市场的要求订货，并因此对产品的种类式样有具体的要求。生产者的商品要有销路，就必须满足市场的要求，就必须按商人制定的品种式样生产商品。江南各地的丝绸生产，因为"一省有一省所行之货"，"西路所行之货，其绸匹至长至重，

---

① 马克思：《资本论》，《马克思恩格斯全集》第25卷，人民出版社1974年版，第365页。

其绫纱绢□至轻至短，例系预付牙行定”，机户接受商人的委托生产。① 明中后期起，江南各地纷纷改进丝绸织造方法，竞添品种纹样，更显示了商人引导商品生产的作用。山西、陕西、山东、福建、广东等省和徽州、宁国、洞庭、宁波、绍兴等地商人活跃在江南广大丝绸、棉布市镇，生产型市镇的繁盛程度与商人的活跃程度相一致，本身就说明了江南农家的生产是受商业资本支配的生产。

（六）财赋重地

随着人口的大量增加，在相对安定的唐中期到北宋末年的三个半世纪中，江南平原地区得到了高度开发，不少新耕地被开发出来。北宋时期江南水利建设特别是塘浦水利得到高度重视，农业耕作技术获得迅速发展，亩产量大幅提高，农民生活较为稳定。农业以及后来手工业商业的发达，造就了江南提供赋税的雄厚实力，江南成为历史上最为突出的重赋区。

韩愈认为“赋出天下而江南居十九”，这说明随着全国经济中心地位的确立，江南重赋在八九世纪之交就已初肇其端。庆历三年（1043），参知政事范仲淹说：“臣知苏州日，点检簿书，一州之田系出税者三万四千顷，中稔之利，每亩得米二石至三石，计出米七百余万石，东南每岁上供之数六百万石，乃一州所出。”在江南，太湖地区尤为重要。景祐三年（1036），范仲淹说：“苏、常、湖、秀，膏腴千里，国之仓庾也。”熙宁元年（1068），人称“京师兵储、禄廪之出入，一皆仰给于东南。兹又为东南之剧，岁入之粟，它郡莫加厚焉”。元丰七年（1084），苏州人朱长文称，“吴中地沃而物夥”，苏州为“衣冠之所萃聚，食货之所丛集”之地，“原田腴沃，常获丰穰；泽地沮洳，寝以耕稼。境无剧盗，里无奸凶。可谓天下之

① 康熙五十年《杭州府仁和县告示商牙机户并禁地棍扰害碑》，陈学文《中国封建晚期的商品经济》所附碑文，湖南人民出版社 1989 年版，第 120 页。

乐土也”，一派自给自足的繁荣景象。元祐七年(1092)，吴县县尉郭受称，“厥今天下经用之所资，百货之所植，东南其外府也”。北宋文豪苏轼说：“勘会本路，唯苏、湖、常、秀等州出米浩翰，常饱数路，漕输京师。自杭、睦以东衢、婺等州，谓之上乡。所产微薄，不了本土所食。里谚云：‘上乡熟，不抵下乡一锅粥。’盖全仰苏、秀等州商贩贩运以足官私之用。”[①]两宋之际，江南稻作农业更加发达，水田亩产高达米二三石，为江南崛起成为全国经济重心赋税中心提供了可能。

其时江南不独自给有余，而且每年提供上百万石漕粮，并有大批余粮运销到邻近的浙东和由海道输向北方地区，成为向邻近地区输出稻米的重要产区。王炎就奏称：“若夫两浙之地，苏、湖、秀三州，号为产米去处，丰年大抵舟车四出……若苏、若湖、若秀，凡居人，素有储蓄者。”朱熹在南康军救荒，就采用到浙西收籴米粮和招徕浙西等地客贩解决问题。粮食的商品率更高。谚语称颂：“天上天堂，地下苏杭。”苏杭地区开始成为最佳人居地区，其时的太湖地区，继续享有“苏湖熟，天下足”的美誉。

到明中期，经济名臣丘濬则说：“以今观之，浙东西又居江南十九，而苏、松、常、嘉、湖五府又居两浙十九也。”嘉靖时，礼部尚书顾鼎臣也说：“苏、松、常、镇、嘉、湖、杭七府，财赋甲天下。”可见其时江南税额更高，地位更加重要。江南赋税独重的局面，清代依旧。正因为如此，明廷将江南倚为“外府”，清代视江南如“家之有府库，人之有胸腹”，倍加关注，牢加控制。[②]

具体而言，洪武二十六年(1393)，全国赋税总额为 2944 万多石，

---

① ［北宋］苏轼：《论浙西闭籴状》，佘冠英等主编《唐宋八大家全集 · 苏轼集（中）》，国际文化出版公司 1997 年版，第 1137 页。

② 参见范金民《赋税甲天下：明清江南社会经济探析》，生活 · 读书 · 新知三联书店 2013 年版。

而江南八府为685万多石，江南占全国总额的23.27%，也就是说，在明代，各地上交给朝廷的税粮，每5石就有1石多是由江南提供的，江南以十六分之一的田土交纳了近四分之一的税粮。其中赋税最多的苏州、松江二府，每年交纳403万多石，占全国总额的将近14%。从此以后，江南一直是全国提供赋税最多的地区，号称“财赋甲天下”。后来税粮比重虽有所下降，但江南赋税独重的局面，直至清末始终未有变化。

赋税总额中，以本色交纳的粮食即漕粮，又以江南比例最高。每年400万石漕粮，江南八府所交约为160万石，占总额的40%。本色粮食中，专供宫廷食用、号称“天庭玉粒”的白粮，明清两代通计为20万石，则指定由江南沿太湖的苏州、松江、常州、嘉兴、湖州五府分担，解进宫廷供用库、酒醋局和光禄寺等处，以供内廷饮食需用。白粮以本色解运，在明代由指定的解户解运，即民运进京，负担极重，大体上以四石之力完一石之额，成为江南最为繁重的徭役，破身亡家者极为常见，清代改民运为官兑官解，业户和江南地方负担大为减轻。

从两浙居江南之十九，经苏、松、常、嘉、湖五府居两浙之十九，到明中期江南居全国五分之一以上的税粮；从北宋“苏湖熟，天下足”，经元代江南的诸多“积谷翁”“野皇帝”和元末明初的沈万三，到明中后期的邹百万、安富豪，在在说明，江南千余年来的繁荣，前五百年靠的是农业发达。而农业发达基于水利良好，水利是江南农业、江南经济的命脉。然而从长时段来看，人文重地江南，自先秦时代特别是六朝至清末，江南的传统经济总体上一直处于持续发展状态，实现这种发展的途径和形式前后是不一样的，不断变化的。大约直到明中期，江南经济的发展，主要靠的是农业经营；明后期直到清中期，主要靠的是农业商业性经营和工商业的发达；而进入近代，近代工业的商品生产又占据了极为重要的地位。

二、含英咀华，文化称辉煌

江南范围不算广袤，但地域文化丰富灿烂、博大精深，在中华优秀传统文化中熠熠生辉。明中期苏州人文徵明说，吴地“浑沦磅礴之气，锺而为人，形而为文章，为事业，而发之为物产，盖举天下莫之与京。故天下之言人伦、物产、文章、政业者，必首吾吴”。

早在六朝时期，江南地域文化在玄学、文学、绘画、书法、数学、医学和史学等方面即取得突出成就。陆机的《文赋》、刘勰的《文心雕龙》、萧统的《昭明文选》、刘义庆的《世说新语》，鲍照的山水诗，沈约、谢朓等人的“永明体”诗歌，顾恺之、陆探微的绘画，沈约的《宋书》等，显示出江南地域文化形成时期的绚丽多姿和深厚根基。单是诗歌“永明体”，就开创了诗歌声律化的新时代，“不仅为当时的文坛注入了新的气息，树立了新的美学风范，更为唐诗的辉煌奠定了基础，开创了中国诗歌史的新时代”①。

自唐至元，江南地产丰穰，家不乏珍，宗工巨匠，“更仆不能悉数”。地方文献记载，浙西自钱氏吴越开国，风俗大盛，“唐宋诸贤以名士之咏歌，发山川之佳秀，乃大著于天下”。宋室南渡，衣冠萃至，文运弘开，州县之学，兴盛于江浙之间，而尤盛于苏州、湖州，从此，“声名文物，转为江南”。诗词创作，极为丰夥；吴歌杂曲，被之管弦；书画文物，闻名海内，影响后世深远的元四家，全部诞生在吴地。人文向江南集中的趋势甚为明显。

入明以后，吴地“人才冠于天下，名公巨贤先后接踵”。直到盛清，人称“吴中人文甲于海内，黉宫肄业之士射策大廷，裒然为举首者后先

① 景遐东：《江南文化传统的形成及其主要特征》，浙江师范大学江南文化研究中心《江南文化研究》第 6 辑，学苑出版社 2012 年版，第 46 页。

相望也”。整个江南，或以经术见优，或以文章取重，诗文大家前后相继。江南人文之盛甲于东南，江南地域文化进入全盛期，恣肆汪洋，璀璨夺目。

据学者对两宋列传人物、词人、画家、儒者的统计，以太湖地区为中心的江南地区大多在全国处于领先地位。

如文学家，今人梅新林依据曾大兴《中国历代文学家的地理分布》和谭正璧《中国文学家辞典》统计，元代杭州路和平江路是文学家最多的两个路，明代拥有著名文学家的府州，苏州第一，197 人；杭州第二，72 人；常州第三，65 人；嘉兴并列第六，49 人；松江第八，48 人；湖州第九，41 人，应天第十二，35 人。清代出现著名文学家的府州，苏州第一，178 人；杭州第二，173 人；常州第三，134 人；嘉兴第四，93 人；松江第六，60 人；太仓州第八，49 人；湖州第十，44 人；镇江第十六，27 人；江宁第十九，24 人。[①] 毫无疑问，明清时期以苏杭为中心的江南地区文学家最为集中。

如诗人，清初钱谦益《列朝诗集》，共选录有明一代二百余年约两千名诗人的代表作，经统计，扣除皇帝、藩王、僧道、香奁诗作者及外国人等 332 人，在 1668 人中，江南人共 501 人，占总数的 30%。乾嘉时人舒位撰有《乾嘉诗坛点将录》一书，列举乾隆、嘉庆时期著名诗人 108 人，其中江南地区多达 61 人，占总数的一半以上。其中，明代王韦、顾璘与陈沂被誉为“金陵三俊”，苏州则有“皇甫四杰”；清代“海内之言诗者，于吴独盛”，常州号称“诗国”。即如女诗人，今人研究其地域分布，发现江苏省的女诗人绝大多数集中在以太湖为中心的常州、苏州、镇江、松江府及太仓州，即江苏省的长江以南、镇江以东

① 参见梅新林《中国文学地理形态与演变》，上海人民出版社 2014 年版，第 99—127 页。

地区。[①]

如古文家，在中国文学史上占有重要地位的唐宋派，领袖人物几乎都是江南人。苏州吴宽、王鏊倡导于前，钱塘田汝成、武进唐顺之、昆山归有光继起于后，太仓王世贞、归安茅坤、德清胡友信、应天焦竑、太仓二张（张溥、张采）、常熟钱谦益等前后相继，堪称盛事。

如考据家，清初顾炎武初肇其端，到清中期苏州惠氏三世治经，树起"吴学"大旗，与"皖学"相颉颃。后来嘉定钱大昕、王鸣盛、陈瑑等考据成果斐然，三吴经学走向极盛。如陈瑑，于《诗》《书》《礼》《易》《春秋》《孝经》等皆有所发明，尤以疏解经义发为文章，冠绝一时。

如史学家，明代海盐郑晓、太仓王世贞、南京焦竑、乌程朱国桢、上海王圻、苏州陈仁锡、华亭陈子龙等，清代无锡顾祖禹、昆山徐元文、华亭王鸿绪等，均有代表性史著留传后世。清代前期三大史评著作，即赵翼《廿二史札记》，钱大昕《廿十二史考异》，王鸣盛《十七史商榷》，作者都是江南人。

如书画家，清中期无锡钱泳说，明代江南士大夫，大约"不以直声廷杖，则以书画名家"。明代江南人士，绍承"南宗"元四家的风格，明初有华亭的沈度、沈粲兄弟，稍后有"浙派"代表人物戴进，明中期有沈周、唐寅、文徵明、祝允明"吴门四家"，后来居上的是董其昌开创的"华亭派"。清初有娄东的王时敏、王鉴、王原祁和常熟的王翚"四王"，更与常州恽寿平、常熟吴历合称清六家；有钱塘蓝瑛和长期活动在杭州的陈洪绶；有南京龚贤和"金陵八家"。书家在清中期则有娄县张照和钱塘梁同书等人，篆刻则前有丁敬、蒋仁、黄易、奚冈"西泠四家"（亦称"浙派四家"），后有陈豫钟、陈鸿寿、赵之琛、钱松"西泠后四家"，后世并称"西泠八家"。

---

① 陆草：《论清代女诗人的群体性特征》，《中州学刊》1993 年第 3 期。

1949年底，龚方纬先生搜集清初直到民国年间的书画金石家资料，共得8970人。今据以检索出江南各府州人共4429人，其中苏州府1474人，常州府739人，松江府494人，杭州府477人，嘉兴府466人，镇江府219人，太仓州212人，江宁府199人，湖州府149人。[①] 可以肯定，自清初直到民国年间的书画金石名家，江南人占了整整一半。就书画金石名家的分布而言，其主要集中在江南各府州城和附郭县中，当在2400人左右，约占60%。但若深究其具体情形，也有例外。如常州府的无锡、金匮县多至328人，远超府城及附郭县的216人；苏州府的常熟、昭文县多至324人，足可与苏州城及附郭县的人数相抗衡；上海一县多至206人，占了全松江府的42%。江浙地区的书画家和收藏家的地域分布也呈现出相当一致的现象。徐沁《明画录》收录画家约800人，江苏约占370人，其中苏州约有150人，南京约有70人，松江约有50人，常熟、太仓约各有30人。

如文物收藏鉴赏家，明代苏州王鏊、王延喆父子，无锡安氏、华氏，丹阳嵇应科，太仓王世贞、王世懋兄弟，嘉兴项元汴，秀水程季白，嘉兴李日华，南京姚汝循、胡汝嘉，松江朱大韶，华亭董其昌，清代苏州张丑、潘祖荫、吴大澂、顾文彬父子，镇洋毕沅兄弟，太仓陆时化，钱塘高士奇，湖州吴云、庞元济，嘉兴汪爱荆、汪砢玉父子和张廷济等人，江南可能是收藏鉴赏家人数最多、收藏最丰之地。

以学术团体学派论，江南学人"非得于师友之渊源，则得于家庭之传习"[②]，群体力量特别强大，后先相继，别出一格。明后期的东林学派，抱道教时，关心国是，志在世道人心。继之而起的复社，振衰起颓，阐扬文艺，其中皎然君子，苦苦撑柱于残山剩水之间。入清则浙西词

① 龚方纬：《清民两代金石书画史》，宗瑞冰整理，凤凰出版社2014年版。
② 乾隆《震泽县志》卷二十五《风俗一 · 崇尚》。

派、常州文派、吴学考据，常州经文学派、华亭派等，各有源流，别出机杼，多倡新说，在诗文、词翰、舆地、史学、考据、书画等各个方面，都独树一帜，辉映东南，影响及于全国乃至东亚。

以地域论，如明代苏州，洪武时高启、杨维桢等四隽，领袖诗坛；永乐、宣德年间，王、陈诸人，跻鑳词林；英宗、孝宗之时，徐有贞、吴宽、王鏊等人，执掌朝政，主握文柄，天下操觚之士，向风景服，靡然而从。其时，当地人沈周、祝允明、都穆、文徵明、唐寅、徐昌穀、蔡九逵先后继起，声景比附，吴下文献于斯为盛，彬彬乎蔚为大观。嘉靖以后，黄勉之、王履吉、陆浚明、皇甫子安、袁永之等人，仍能力追先哲，刻意著述。万历以后的 50 年，江南士大夫"相率薄文藻、厉名行，蕴义生风，坛墠相望"。如清代常州，后人褒美其乡前贤道："吾乡乾嘉诸儒，其经学、古文、词章、宦绩，无不诸美毕具。"[①]如明代常熟，明初有吴讷、张洪等人，以名德清节主持风教。如清代常州，涌现出的文人大师不胜枚举，晚清名士龚自珍曾以"天下名士有部落，东南无与常匹俦"形容之。如明清吴江，大雅之才，前后相望，振藻扬芬，周、袁、沈、叶、朱、徐、吴、潘，"风雅相继，著书满家，纷纷乎盖极一时之盛"。

杏花春雨，灵山秀水，涵育着一代又一代诗文才艺之士。明代江南，驰骋疆场的赳赳武夫百不见一，而峨冠博带的饱学之士却如积薪，陈陈相因，后来居上，文史成就远超其文治武功。

诗文是江南文士的看家本领。吴县进士徐祯卿是反对三杨"台阁体"的"前七子"之一，又与著名画家、书法家祝允明、唐寅和文徵明合称"吴中四才子"。其诗"熔炼精警，为吴中诗人之冠"。有"娄东三凤"之称的张泰、陆釴和陆容，诗名仅次于当时最负盛名的李东阳。王韦、顾璘与陈沂，雅称"金陵三俊"，与稍后的宝应朱应登又称南直隶"四大

① 光绪《武进阳湖县志》，程中行序。

家”，在明后期的江南诗坛具有重要影响。长洲（今属苏州）皇甫涍兄弟四人，好学工诗，称“皇甫四杰”。清初宜兴人陈维崧在词坛上享有重要地位，人称“国初以来，江左言词者，无不以迦陵为宗，家娴户习，一时称盛”。太仓有“娄东十子”，以诗闻名，其中黄与坚为十子之首，王揆等则为中坚。乾隆初年老名士长洲人沈德潜，以诗名于时，其诗中正和平，颂扬圣德，为台阁体诗人代表，尊为“诗之正宗”，“名动四裔”。乾隆中期苏州、上海一带的王昶、钱大昕、王鸣盛、曹仁虎、赵文哲、吴泰来、黄文莲七人以能诗名，号称“吴中七子”。常州人赵翼，《清史稿》推许他“所为诗无不如人意者”，礼亲王昭梿称道他“诗才清隽”。乾隆后期阳湖人孙星衍因为诗文优长，被“江左三大家”之一的袁枚赞为“天下奇才”。嘉庆时苏州人陶樑，与诗坛大家董国华齐名，有“陶董”之目，又与倾动当时东南诗坛的王昶、孙星衍、赵翼等为师友。乾、嘉之际，又有常州词派崛起。创始人是张惠言，中坚是周济、左辅、李兆洛等人。该派尊崇词体，强调寄托，直到清末词坛仍深受其影响。此外，顺治时阳羡（今宜兴）人蒋景祁，康熙时华亭（今属上海）人黄之隽，无锡人顾栋高、顾光旭、顾奎光、顾敏恒、邹炳泰等，均在词坛有出色表现。蒋景祁的词气势开阔，黄之隽的词情厚而笔奇，顾栋高、姚之骃的词则以劲峭老辣见长，分占清代词坛一席之地。乾隆时丹徒人王文治，“自少以文章书法称天下”，与以诗鸣江浙间的袁枚声华不相上下。常州人孙星衍诗词之外，又深究经、史、文字、音训之学，旁及诸子百家，主持浙江诂经精舍，“舍中士皆以撰述名家”。常州人洪亮吉，学问渊博，以诗与里人黄景仁并称“洪黄”，以经学与里人乾隆进士孙星衍并称“孙洪”，与黄、孙等合称“毗陵七子”。可以说，清代江南人赋诗为大家者，灿若繁星。凡此可以概见诗文最为江南文人之长。

江南文章大家也为人瞻目。古文称家者，在明代几乎全是江南人，清代仍由江南人绍其余绪。在中国文学史上占有重要地位的唐宋派，领袖人物大多是江南人。苏州吴宽、王鏊倡导于前，武进唐顺之、昆山归有光继起于后，太仓王世贞、应天焦竑、太仓二张（张溥、张采）、常熟钱谦益等前后不绝，堪称盛事。王世贞、钱谦益更是文史大家，前者主文坛二十年，“声华意气笼盖海内。一时士大夫及山人、词客、衲子羽流，莫不奔走门下。片言褒赏，声价骤起”。后者则高举诗文大旗，俨然一代诗宗，领袖东南文坛数十年。康熙初年长洲人汪琬，与同县人监察御史董文骥等为“海内名能诗之士”外，绍承顾炎武经世致用之学，为一代古文大家，“岿然揽古文魁柄”。昆山人叶方蔼，生平服膺王士禛诗、汪琬文，而其“实兼有二家之长”。状元长洲人韩菼，其文“横被六合”，时人比作唐代韩愈，康熙赞其“学问优长，文章古雅，前代所仅有”。长洲人尤侗，登第前即因文优被顺治帝叹为“真才子”，致仕后家居，“以诗文缣素请者，户外屦恒满”。状元常熟人汪应铨，熟读经史，“发为文章，苍古典奥，诗渊源选体，出入于韩、苏，书法圆劲秀逸，人争宝之”。探花无锡人秦蕙田，通经能文章，尤其精“三礼”，撰文“博大宏远，条贯赅备”。洪亮吉又留意于声韵训诂，擅长考订，尤精地理之学，于边疆沿革最为专门，更重视社会实际，提出人口增长过速是造成社会危机的重要原因，具有前瞻意识。

文史不分家。明代中后期起，私人修史蔚成风气。在杰出的史家中，江南文人独占鳌头。海盐人郑晓、太仓人王世贞，南京人焦竑、苏州人陈仁锡、常熟人钱谦益，上海人王圻、徐光启、陈子龙等，蔚为壮观。这些史学家，怀有强烈的使命感和责任感，注重当代，立足现实，考订严谨，强调直笔，开当代人修当代史的一代风气。他们广泛搜集材料，评论人物得失，探讨明代治乱的经验教训，差不多在各体史书的编纂方面，均有代表性成就。日后由思想大家顾炎武振臂高呼的经世致用思想，早就体现在他们的史学理论和丰富的史籍中了。入清后，江南文士身与其事，评论古今，著述辉煌。康熙帝下诏修《明史》，昆山人徐元文、叶方蔼，华亭人王鸿绪，先后充总裁，充分显示了江南进士群中多史家的优势。在官修史书中最享盛誉的《明史》，基本上是在江南人任总裁下告成的。乾隆、嘉庆时的三大史评著作，全部出自江南人之手。这就是，嘉定人王鸣盛的《十七史商榷》、嘉定人钱大昕的《廿二史考异》和常州人赵翼的《廿二史札记》。《清史稿》说钱大昕于“文字、音韵、训诂、天算、地理、氏族、金石以及古人爵里、事实、年齿，瞭如指掌……典章制度昔人不能明断者，皆有确见”。以这样的功力撰成的史评著作，自然在史坛享有地位。赵翼则力图总结一个时期的历史趋势，阐发社会史或制度史的通则，探究盛衰治乱之源，已不仅仅局限于就史评史的范围。这种从历史的长时段总结盛衰治乱的高屋建瓴之作，有着重要的学术价值和社会价值，“有体有用”，发挥了儒学的经世致用作用，一定程度上体现出盛清江南文士的经世意识。

论到书画，自然不能不提及元四家、明中期的吴门派、明后期的华亭派、清初的院画派。元代无锡人倪瓒的画，以平淡天真、幽秀旷逸、意境悠远为特征，明中期受到全社会追捧，以有无收藏倪画为“雅”“俗”之辨。明末上海人董其昌，“以自然刚健之姿，雄浑超逸之态，左右明末乃至清代近三百年的书法”，在中国书法史上居有开一代风气的显著地位。[①] 董氏之画也集宋元诸家之长，出神入化，与顺天米万钟南北辉映，时人即有“南董北米”的盛誉。康熙时，常熟人蒋廷锡，工书善画。清代特别是清初画坛，江南人俨然正宗高座，康熙时代著名的院画家，全部是江南人，即太仓人王鉴、王时敏、王原祁和常熟人王翚。王原祁得其祖父著名画家王时敏亲授，对于黄公望浅绛法独有心得，晚年又笃好吴镇墨法，既得明代华亭派创始人董其昌画法之神，又得王时敏绘画之形，迥出时辈之上，受命鉴定宫廷内名迹，充当《书画谱》

① 任道斌：《董其昌系年》，文物出版社 1988 年版，前言。

《万寿盛典》总裁，为院画派一代大家。王翚主持了大型绘画工程《康熙南巡图》。稍后的常熟人蒋廷锡，善画花卉，多用逸笔写生，“点缀坡石，无不超绝”。雍正时武进人邹一桂，工花卉画，是“南田三绝”恽格后的大家，曾作《百花卷》进呈乾隆，乾隆为题百花句。

清代书坛，最负盛名者也多江南人。华亭（今属上海）张照，官至刑部左侍郎，长期入直内廷，博学工书，为一代之雄，乾隆帝将其列入五词臣，并作《怀旧诗》论其书法，极为推许。海宁陈元龙，官至大学士，其书法也优，尤工楷书，乾隆、嘉庆之际最负盛名的书法家梁同书认为，“本朝人不以书名而其书必传者”，陈元龙是二人之一。海宁陈邦彦，“行草出入二王而得香光神髓，即颜、欧、虞、褚及宋四家，无不研究，遇真迹必拨冗仿写，无间寒暑。书名倾动寰宇，夷酋土司，金瀸玉巑，咸欲邀公尺幅以为家宝”①。其书法屡次得到康熙褒奖。乾隆初年的内府书籍、秘殿珍藏，都由其掌管。直到晚清，常熟翁同龢，书法自成一家，为世所宗。

乾嘉考据，成绩斐然，最著者，皖派吴派而已。吴县惠氏，父子进士，祖孙三世治经，惠周惕为创始者，惠士奇为继承者，惠栋是发展者。惠氏治经，从古文字入手，重视声音训诂，以求经书本意，又以古字古音非经师不能辨，乃强调“古训不可改”，“经师不能废”，从而专宗汉儒。惠氏矫正宋明理学空谈虚妄流弊，疏证文字经书本义，在经学史上有廓清之功。其弟子江声、余萧客等都是苏州人。吴派更有后进嘉定钱大昕，博采众长，发扬光大，“不专治一经，而无经不通，不专攻一艺，而无艺不精”，被人叹为“学究天人，博综群籍，自开国以来蔚然一代儒宗”。阮元甚至说：“国初以来，诸儒或言道德，或言经术，或言天文，或言地理，或言文字音韵，或言金石诗文，专精者固多，兼擅者尚

---

①《清史稿》卷四八一《儒林二》。

少。惟嘉定钱辛楣先生能兼其成。”[①]钱大昕的贡献，不独成就了乾嘉考据各方面的业绩，而且先后主持钟山、娄东、紫阳书院，为紫阳书院山长长达16年，门下从其学者2000多人，从而造就了十分壮观的学术群体。

乾嘉考据学推进了学术，但远离社会现实，无关民生疾苦，于是有今文经学的常州学派兴起。常州人庄存与，兼治六经，尤长于春秋公羊学，发挥《春秋》中的微言大义，借援古今时势，主张“约文以示义”，在乾隆时期诸儒中别立一派，成为清代今文经学的首倡者，开创了标划学术时代的常州学派。其侄乾隆进士庄述祖，“抱其明智通辨之材”，治经研求精密，于世儒所忽不经意者，深思独辟，推见本源。嘉庆时常州人刘逢禄，少从外祖父庄存与、舅父庄述祖学，尽得庄氏之学，与其表弟嘉庆举人长洲人宋翔凤高树今文经学大旗，常州学派至是蔚为大观。刘逢禄治经，精于《春秋公羊传》，力主西汉董仲舒、东汉何休之说，恪守今文师法，倡“大一统”“张三世”“三科九旨”之说，寻求微言大义，对清末今文经学及改良主义思潮的兴起产生了深远影响，康有为撰《新学伪经考》也受其影响。道光进士仁和人龚自珍，从刘逢禄学今文经学，探求微言大义，阐述变易进化观点，与林则徐、魏源等同倡经世致用，走在了时代前列。

明代的戏曲作家，江南人如太仓王世贞、无锡邹迪光、吴江沈璟、昆山梁辰鱼、苏州李玉辈，都为一代戏曲高手，在他们引领下的昆山派、吴江派，在艺苑占有重要的席位。突出的是，明后期的江南缙绅，很多人都妙解音律，工于审音度曲，致仕后，往往以其聪明，寄之剩技，将其资财浪掷于丝竹之场，家蓄戏班，广坐命伎，成为一时风尚。他们以其财富、地位、嗜好，及其影响力，使得“四方歌曲，必宗吴门”，江南

① ［清］钱大昕：《十驾斋养新录》，阮元序。

成为全国戏曲表演、佳丽云集的重要场所。

江南园林，集中体现了江南人的聪颖和智慧，也是明代江南士大夫奢侈享受的典型侧面。明代中后期起，江南士大夫竞治园亭。时人何良俊描述其盛况道："凡累家千金，垣屋稍治，必欲营治一园。若士大夫之家，其力稍赢，尤以此相胜。大略三吴城中，园苑棋置，侵市肆民居大半。"[①]一时间，园林如雨后春笋般涌现。明代江南上百处园林，考其主人，多是位至显要、财大气粗的进士。缙绅所置园林，其规模、气派，其结构，其罗致的奇峰异石、名花珍草，自非一般庶民地主所能比肩。即如留存至今的上海豫园而言，时人描述道，当时"朱门华室，亦如栉比，崇墉不可殚述，而独称潘氏为最。如方伯公所建豫园，延袤一顷有奇。……大江南绮园，无虑数十家，而此堂宜为独擅"[②]。其主人就是位至四川右布政使的潘允端。再如苏州葑门内一园，也"广至一二百亩，奇石曲池，华堂高楼，极为崇丽。春时游人如蚁，园工各取钱方听入"[③]。其主人则是浙江参议苏州人徐廷禄。

嘉靖时起，全国兴起文物古玩时髦物件的收藏之风，倡率者据说就是江南缙绅，王世贞所谓"大抵吴人滥觞，而徽人导之"，或谓"滥觞于江南好事缙绅，波靡于新安耳食"。整个江南，"好聚三代铜器，唐宋玉、窑器、书画"，蔚成风气。嘉靖中，华亭双鹤张氏、文石朱氏，上海研山顾氏，将"江南旧迹珍玩，收藏过半"。苏州王延喆，家聚三代铜器多达万件。对于明后期的收藏之风，嘉兴人沈德符评论说："如吴中吴文恪之孙，溧阳史尚宝之子，皆世藏珍秘，不假外索。延陵则嵇太史应科、云间则朱大史大韶，吾郡项太学、锡山安太学、华户部辈，不吝重赀收购，名播江南。南都则姚太守汝循、胡太史汝嘉，亦称好事。若辇下

① ［明］何良俊：《何翰林集》卷十二《西园雅会集序》。
② ［明］范濂：《云间据目抄》卷五。
③ ［明］沈瓒：《近事丛残》卷一，《明清珍本小说集》。

则此风稍逊……间及王弇州兄弟，而吴越间浮慕者，皆起而称大赏鉴矣。近年董太史其昌最后起，名亦最重，人以法眼归之，篋笥之藏，为时所艳。”①江南缙绅是收藏兴趣最浓、人数最众、最具法眼者。他们以其深厚的文化底蕴和雄厚的经济实力，搅得藏品和书画市场狼烟四起，价格一再飙升，书画市场空前繁荣。江南也成了假冒伪劣藏品的渊薮，那些著名才士、能工巧匠的社会地位也大升，甚者至列座公卿大僚之间。②

综上所述，明代江南进士仕途顺畅，布列朝野，成为明朝统治机构的重要组成部分，在中央和地方各级政府的决策和运转过程中发挥了重要的作用，维系和延长了明朝的统治。江南文士流品不一，人品且杂，是一个多面体，但识大局、持大体者后先相继，为国家为民族抱残守缺，表现出高度的责任感和沉重的使命感。他们提倡并践行立足现实，敦尚气节，崇正实学，关心国计民生，发展社会经济，体现了明代江南文士的主流风貌，深深地激励和影响着后人。直至清末，当地人翁同龢说：“大江南北人才甲天下，其文章亦关系天下风气。”外地人黄绍箕说：“本朝士大夫之学问、词章，一切风气，大概皆江南人主之，上而至于圣学圣治，无代无江南人密赞。”江南士大夫，文化素养优，知识起点高，经济实力巨，有利条件多，在学术文化领域十分活跃，以其博学多闻，赋诗填词，作文撰史，写字画画，审音度曲，藏书籍，砌园林，收古玩，使得富庶的江南更加多姿多彩，熠熠生辉。他们不但在传统的诗文、书画、经史、收藏等领域卓有建树，发扬光大，而且在清代竖起丰碑的考据学、今古文经学领域，也与皖派各树大旗，业绩骄人，垂范后世，大师辈出。江南士大夫是国家统治队伍中不可或缺的重要力量，也是

① 〔明〕沈德符：《万历野获编》卷二十六《玩具》，中华书局 1959 年版，第 654 页。

② 参见范金民、张学锋《江南地域文化历史演进研究概述》，《地域文化研究》2024 年第 2 期。

江南乃至中华文化的重要参与者和杰出贡献者，他们的文化学术活动代表了清代学术发展的方向。

三、相得益彰，人文经济学

人文经济学，旨在说明经济发展、文化繁荣和社会进步持续推进之路。至迟自南宋以来，江南经济发展、文化昌盛和社会进步，始终走在全国最前列，江南成为人文经济学的典型样本。在江南社会的持续发展过程中，经济活动中渗透着浓郁的人文智慧，经济产品中充满着厚重的人文因素，经济发展中体现着强烈的人文精神，经济与文化、社会与人文相互促进，经济为文化繁荣提供基础，文化为经济发展注入动力，经济发展和文化繁荣共同发展、共同进步。

江南人文环境独优，元代地方志书形容无锡之地，"土地沃衍，有湖山之胜，泉水之秀，商贾之繁，集冠盖之骈臻。其民多闻习事，故其习尚夸美"，"三代以来，承太伯之高踪，踵季子之遐躅，其后才贤辈出，孝义迭见，犹足有观采。其平原广野尽为良田，川泽足以资灌溉之利，鱼米足以益富羡之饶，男耕女织，生业是勤。岁产之盛，实登侯封，是以衣食足而礼义备，民生敏于习文，疏于用武，盖其性然耳"。[①] 明末清初文坛领袖常熟人钱谦益论到书画大家沈周卓然成家的优裕地利条件时说："其产则中吴文物风土清嘉之地，其居则相城有水有竹、菰芦虾菜之乡，其所事则宗臣元老周文襄、王端毅之伦，其师友则伟望硕儒，东原、完庵、钦谟、原博、明古之属，其风流弘长则文人名士，伯虎、昌国、徵明之徒。有三吴、西浙、新安佳山水以供其游览，有图书子史充栋溢杼以资其诵读，有金石彝鼎法书名画以博其见闻，有春花秋月名香佳茗以陶写其神情。烟风月露，莺花鱼鸟，揽结吞吐于毫素行墨

① 至正《无锡县志》卷一《风俗》。

之间，声而为诗歌，绘而为绘画。”[①]康熙中期，苏州人沈寓更颇为得意地说：“东南财赋，姑苏最重；东南水利，姑苏最要；东南人士，姑苏最盛。……苏为郡，奥区耳。山海所产之珍奇，外国所通之货贝，四方往来千万里之商贾，骈肩辐辏。”[②]直到道光年间，军机大学士穆彰阿论其座师潘世恩的成长之地苏州时也说：“盖闻文章之事关乎其人之学之养，而其所由极盛而不已者，则非尽其人之学之养为之，而山川风气为之也。江南乃古名胜之区，其分野则上映乎斗牛，其疆域则旁接乎闽越，而又襟长江而带大河，挺奇峰而出秀巘，故其灵异之气往往钟于人而发于文章。”

如此环境优美、物产丰饶、人文荟萃、文化昌盛、交通便捷兼擅其胜之区，自然是其他地域难以想象的。人以地名，江南人挟其地域优势，较易出人头地。万历时，有人问宁波人薛冈，吴士与越士哪个地区之人更易出名，薛冈毫不犹豫回答是吴地之人。江南多饱学之士很可能优先沾了江南之光。江南钟灵毓秀、物华天宝，为经济发展、人才辈出、文化灿烂提供了优越的条件和深厚的基础。

明后期，文坛领袖湖广京山人李维桢说，江南“奇技淫巧日盛。一巾一履，一笺一簏，递出新制，海内靡然仿效矣”。乾隆初年，浙江巡抚纳兰常安说：“广东匠役，亦以巧驰名，是以有‘广东匠，苏州样’之谚，凡其所制，亦概之曰‘广作’。然苏人善开生面，以逞新奇，粤人为其所役使，设令舍旧式而创一格，不能也，故苏之巧甲于天下。”

（一）大师设计与工匠精神有机融合

从历史上看，江南各业尤其是手工工艺行业，无不渗透着文人的心血，文人亲自设计、谋划，交由营造大师实施，体现出大师设计与工

---

① ［明］钱谦益：《初学集》卷四十，《四部丛刊初编》。
② ［清］沈寓：《治苏》，《皇朝经世文编》卷二十三《吏政九》。

匠精神的有机融合。

园林砌筑方面最为突出。苏州名园狮子林，砌筑于元代至正年间，据说是僧人延请朱德润、赵善长、倪瓒(元镇)、徐幼文等共商叠成，后来大画家无锡人倪瓒在明初还画了《狮子林图》，写了五言诗。《狮子林图》以墨笔描绘了狮子林的一角，画中假山堆叠、树木掩映，几处厅堂建筑错落排列，其中一间供奉着一尊佛像。又有人说，狮子林叠石疏泉，皆出倪高士之手，故玲珑奇险，得峨眉山、雁荡山景趣，后来的造园者，没有能够赶得上的。

明代成化、正德年间(1465—1521)，雅有学养的洞庭东山富豪王延喆，为表孝养之心，在苏州阊门内，为官至大学士的父亲王鏊营造怡老园，工程营筑完全体现了园主的意愿。

明代最有名气的苏州园林拙政园，设计师是大名鼎鼎的吴门画派的文徵明，为营构此传之后世的名园，文徵明先后画了 24 幅设计稿。

苏州徐泰时，是明代嘉靖二十年(1541)进士，官至尚宝卿，在阊门外置有东园。东园中的假山，是由周秉忠砌筑的。周秉忠，字时臣，号丹泉，是著名园林营造大师。其子周廷策，字一泉，号伯上，也是明末的假山砌筑名手。当时“江南大家延之作假山，每日束脩一金”，因此而家业大起，生息至万。东园之外，周廷策还为徐泰时塑了苏州报恩寺内的地藏王菩萨像，并与文徵明的外孙薛益合作书画，设计营造了苏州的洽隐园等园林，还应吴亮邀请为其三弟吴奕造园。武进人吴亮，万历二十九年(1601)进士，官至大理寺少卿，在其《止园集》中，有几首题赠周廷策的诗文，对周廷策许诺，“肯教家弟能同乐，让尔名声遍九寰”，说得相当直白，他的延誉式诗文，必定会对周廷策的名声响遍全国大有益处。

明代常熟最有名的园林是钱岱的小辋川，园主是隆庆五年(1571)进士，官至监察御史，任过学政，擅长诗文，亲自设计并精心营构了此名园。

嘉定南翔镇李流芳，万历三十二年(1604)举人，是颇负时誉的诗人和书画家。他亲自设计了自家园林檀园，“一树一石皆手自位置，一门群从并著风雅”。

上海人张涟，是万历时最负盛名的叠石大师，有山人雅号，“大江以南好事家无不延揽山人”。南京刑部尚书太仓王世贞的弇山园、工部郎中上海人李逢申的横云山庄、吏部郎中吴江吴昌时的竹亭、太常寺少卿太仓王时敏的乐郊、礼部尚书常熟钱谦益的拂水山庄等名园，均是由他营构的。明代太仓最有名的园林，就是王世贞的弇山园。弇山园由“东弇”“中弇”“西弇”三园组成。中弇、西弇由叠石大师张涟营造，东弇由吴姓山师营造，而王世贞不但亲自设计，而且逐日与张涟商酌切磋，日夜督促。

明代上海最有名的园林，当是万历时潘允端[嘉靖四十一年(1562)进士，官至布政使]的豫园。其园“延袤一顷有奇。内有乐寿堂，深邃广爽，不异侯门勋贵。……大江南绮园无虑数十家，而此台宜为独擅。堂之左，即方伯公读书精舍也，内列图史宝器玩好之物，如琼林大宴，令人应接不暇，足称奇观”。该园由潘允端亲自设计，张涟营造。

万历中期，上海陈所蕴营构日涉园(在上海县城南)，先由张涟垒石，但园主在任上，“仍手一籍授山人曰：某所可山，某所□□沼，某所可堂宇亭榭，某所可竹树蔬果，山作某某法，池沼作某某法，堂宇亭榭作某某法，竹树蔬果作某某法，一一指诸掌上”。张涟去世，园主又延聘叠石水平可与张涟抗衡的曹谅砌筑。万历四十一、四十二年，又延请顾姓山师大事葺治，增加景点。其时园主已致仕在家，主人与建筑师不时筹划商酌。

太仓王时敏，是万历时大学士王锡爵之孙，翰林院编修王衡之子，明末清初著名画家，清初院画家“四王”之一，在明末清初的画坛上有着重要地位。他专门改建了祖上传下来的东园，砌筑了乐郊园，所有工程都是张涟营造的，但王时敏与王世贞一样，从设计到施工，精心算计，罄尽了心智。

清初院画家“四王”之另一家，常熟人王翚，执当时画坛之牛耳。苏州城阊门内后板厂坐落着名绣谷的园林，主人是官至朔州知州的蒋深。园中“亭榭无多，而位置颇有法”，据说就出自王翚手笔。

无锡最负盛名的园林非寄畅园莫属。康熙初年由翰林学士秦松龄改建，垒石凿涧者是张涟的侄儿张鉽。“园成，而向之所推为名胜者，一切遂废。厅事之外，他亭榭小者，率易其制，而仍其名，若知鱼槛之类是也。又引二泉之流，曲注层分，声若风口，坐卧移日，忽忽在万山之中。盖自端敏迄今二百余年，虽中更盛衰，而未尝易姓，故论者以为难焉。”①

清后期，江南园林再兴，江南士大夫休闲在家，讲究生活，“大治园林花木泉石，极一时之盛”。

俞樾，字荫甫，自号曲园居士，浙江德清人，清末著名学者、文学家、经学家、古文字学家、书法家。道光三十年(1850)进士，任翰林院编修。移居苏州后，于同治十三年(1874)秋，俞樾在马医科巷营建春在堂新屋，并于屋旁隙地叠石凿山，辟为曲园。

苏州人顾文彬，道光二十一年(1841)进士，官至浙江宁绍台道。同治、光绪之际营筑怡园，数年间不定地指示儿子顾承，授以筑园之法及具体要求，“顾东难以遽退，姑分窗格与做，但一则不可透付钱，二则须时常监视，倘不合式，立即斥退，断不可迁就。南院推广之后仍只立三峰，不立石笋，留为种树地步，甚合我意”。要顾承与聘请的匠人钟

---

① 康熙《无锡县志》卷七。

星、王寿发随时商酌，并授意“南院石工将此告竣，堆石之法宜疏不宜密，稍有空处甚好，不必砌满也”，“至于堆假山，仍须汝在场指点，不能任令匠人为之，此辈胸中安有丘壑？况要造园，必须先画图样，何处造屋，何处堆石，成竹在胸，方能动手。又须先造屋而后堆石，若先堆石必致碍造屋地步”。

晚清常州人赵烈文，移居常熟，光绪二年(1876)营构赵园。由其日记记载可知，他聘请苏州石工，“逐日与石工商量”甚至清晨解衣盘礴，“亲立石于东峰，始有彼此相揖之势”。改日，看到石作头魏春泉所作远心堂及微书屋下石岸不合矩方，两处建筑皆邪迤失正，乃决定“撤屋重造，定下月开工”。直到光绪十二年二月初六日，所造静圃落成，赵烈文自我总结：“余初定全园结构……连日与土木诸工昕夕计算，刻无暇晷”，从设计到施工，全程主导。

现有研究表明，苏州私家园林的建设由于文人的设计参与，对苏州的明式家具所取得的杰出成就起了不可或缺的作用。由于主要是私家花园，大多业主都亲自参与了规划与设计，所以也渗透了这些文人雅士的文化修养和艺术追求，这类园林建筑物内所使用的家具也同样受到封建士大夫和文人的重视，因而从室内的陈设到家具的设计乃至材料的选择都体现了当时文人的审美情趣和爱好。例如著名的“吴门画派”对苏作的构思和审美特点发挥了十分重要的作用。这些文人雅士寄情于山水胜迹和田野风光，追求宁静高远的画风，这种文人的意识和修养，对官府园林乃至民居私宅起了很重要的潜移默化的指导作用，极大地促进了苏作在选材、款式、造型、功能等方面的设计和修缮。

紫砂制作是又一典型。如今闻名全球的紫砂壶，是宜兴最负盛名的工艺品，也可视为江南人文经济学的又一典型之作。前后涌现出供春，董翰(号后溪)，赵良(亦作梁)，元畅(或作袁锡)，时朋(亦作鹏)及子大彬（号少山），李养心（字茂林）及子仲芳，徐士衡（字友泉），欧正春，邵文金、邵文银，蒋时英（字伯荾），陈田卿、陈信卿，闵贤（字鲁生），陈光甫、陈仲美，沈士良（字君用），邵盖，周后溪，陈俊卿，周季山，陈挺生，承云从，沈君盛，陈辰（字共之），徐友泉、徐令音，项真（字不损），沈字澈等名手。

民国初年人总结，紫砂制作共经历了四个重要阶段，起始于供春，光大于时大彬，昌益于陈曼生，改良于瞿应绍。其中每一步，或每个阶段，均可见文人设计构思或文化渗透的作用。

据考证，供春是明中期人，原来只是吴仕的家僮，出名后人称龚春。吴仕字克学，号颐山，宜兴人，正德九年（1514）进士，以提学副使擢四川参政，很有学养。供春制壶，经过长年潜心钻研，方以制大壶擅名。供春能从家僮成长为制壶大师，显然其主人吴仕在文化艺术上予以了指点。紫砂制造第二代大师时大彬，号少山。最初仿照供春制作大壶，逐渐得手。后来游览太仓，听说名士陈继儒与王世贞等品茶试茶之论，“乃作小壶，几案有一具，生人闲远之思，前后诸名家，并不能及”。大彬之壶，“其制朴而雅，砂质温润，色如猪肝”，以为特色。到清初，时大彬砂壶被人称为“绝技”。到了清代嘉庆年间，陈鸿寿（字曼生）任溧阳知县，正好善制砂壶的良工杨彭年（大鹏）创为捏嘴，不用模子，虽随意制成，亦有天然之致，一门眷属，并工此技，陈鸿寿为之题其居曰“阿曼陀室”，公余之暇，辨别砂质，创制新样，画十八壶式与之。陈本人及其署中幕客江听香、高爽泉、郭频伽、查梅史等人纷纷为之题铭，因而人称“曼生壶”，远近闻名。过了三十年，上海瞿子冶（应绍）欲烧砂壶，请设计师邓奎（字符生）至阳羡监造。子冶善兰竹，有诗书画三绝之称，邓奎则善篆隶，又将紫砂制作水平恢复到昔日水准。

可以说，紫砂壶从创制到光大，形制从大改小，从当地有名到推向全国，每一步都凝聚了文士的智慧。

（二）文人称誉推介名人名作名品，提高其作品及作者的知名度

江南手工艺各业，多有文人极力称誉推介，诸多工匠及其作品经名人鼓吹推崇广为人知，从而享有崇高知名度。

在江南，历代徽州制墨名手及其名品如方于鲁、曹素功、汪近圣、罗小华及詹氏墨、胡开文墨等，均有文人现身说法，为之延誉。著名藏书家黄省曾之侄黄德水，就曾赋诗《送方于鲁》。无锡人邹迪光，曾赠诗制墨高手程幼博。其一："何物款吾庐，昂藏志气舒。哦诗大历后，吐论建安余。红剖经霜橘，青分过雨蔬。隃麋得尔赠，白练好裁书。"其二："仓皇候颜色，颠倒着衣裳。把酒严更动，烧灯子夜长。多君能守黑，愧我未抽黄。珍重投琼意，临池学仲将。"邹迪光甚至还招饮程幼博到他的园亭愚公谷，在其名楼蔚蓝亭中，表明"知君墨采盘胸臆，愿乞隃麋作锦湍"之心迹。明末清初，常熟人孙永祚，曾为造墨名手方玄卿赋诗，赞颂其高超技艺，称颂方氏及所制名墨，诗谓："廿载江湖老名下，尽识方君墨隐者。拾得昆仑象罔珠，文人诗客相追趋。云气淋漓烧作汁，浓香不散松膏粒。玄霜夜捣铁杵鸣，碧烟秋扫瓴篝湿。琼屑新团螺色沉，漆光旧暗龙文侵。有时乞赋感意气，赠我双函不用金。"

江南尤其是湖州善琏，以制作各种毫毛笔著称，畅销全国乃至海外，而历代笔工，多有文人为之延誉。明末清初著名笔工为强端甫，孙永祚赋诗《赠笔工强端甫》，诗谓："强君强君住管城，应驱蒙恬十万兵。斫来梁苑竹多瘦，逐得中山兔尽惊。七尖锐射秋末雨，珠光圆拂春毫雾。空传晋代鼠须石，不数香山鸡距赋。"清初笔工钱叟最有名，一代词学正宗嘉兴秀水人朱彝尊赠文给他，称他"所制羊毛笔，最为得法。予识叟且二十年，每出游，辄橐置叟笔百余自随，恒恐其尽。持以作字，藉藉之妙，不知有笔在吾手中，而法度生焉"。晚清时，寓居苏州的湖州人吴云，是金石收藏家，专用苏州杨春华父子所制之羊毫笔。

苏州石工章文，世工镌刻，凭借书画大师文徵明的褒扬，声价不断提高。

明末，琢玉大师濮仲谦，文坛领袖钱谦益曾赋诗相赠，说濮仲谦“少将楮叶供游戏，晚向莲花结净因”。

清初有唐陶山，也曾仿古制茗壶，著名诗人、收藏家吴骞有诗赠赞。

总之，明清时期的江南文人，与当地工艺大师保持着密切联系，频繁互动，不吝笔墨，为名作高手造势。典型者如万历时期的苏州闻人王穉登，李维桢为其撰墓志铭，评价：“法书名画古鼎彝器与技能工巧青楼歌舞依倚就声价者，非先生品题不踊贵，筐篚包匭上交私觌陈庶侈者，非先生手笔不为腆，故先生一日之内临文十四，对客十六，而精神意气略无厌倦。人过吴中，或不见先生，则共嘲曰俗子，而闽粤间尊响之尤甚，贩夫持先生八行尺幅归，乡人迫欲得之，酬善贾数倍。……环先生而居者借其名以赝售，不至糊口四方。”[①]其时江南各业琳琅满目的新品名品，既是工艺行业精益求精打造出来的，也是众多文人巨擘不遗余力推介出来的。

（三）文人为大师作工匠传记铭文，高度评价，以激励后继者

明中期，镇江文人谈长益，曾为供春作传，供春的事业赖以为人所知。前述苏州石工章文的墓志铭，是文坛领袖王世贞撰写的，王称墓主“有儒者风”。

明后期，嘉定竹刻名家是朱鹤（号松邻）、朱缨父子，而朱缨的墓志铭，是由同县人徐学谟撰作的。徐学谟，嘉靖二十九年（1550）进士，官至礼部尚书。在朱缨的墓志铭中，徐学谟褒扬朱鹤“为人博雅嗜古，而特工雕镂之伎”，又说朱缨，能世其父业，发扬光大，“生而聪颖绝人，即

① 〔明〕李维桢：《王百穀先生墓志铭》，《大泌山房集》卷八十八。

席松邻之技，辄能师心变幻，务极精诣，故其技视松邻益臻妙境”，其古仙佛像诸类作品，“刀锋所至，无论肌理肤发，细入毫末，而神爽飞动，恍然若见生气者”。[①]

万历后期，官至南京太仆寺少卿的上海人陈所蕴，重金聘请垒石大师张涟为之营构日涉园，工程竣工之日，张涟已是八十高寿，张涟的一众友人请陈所蕴撰文，并拟制锦为张涟寿。张涟却说：“南阳徼有天幸，获事陈先生，供扫除役，诚得陈先生一言，荣踰华衮，然无用制锦为也。”陈所蕴欣然命笔，即为张涟撰写了《张山人卧石传》。在传文中，陈所蕴着重概括传主造园垒假山的高超水平，称：“山人幼即娴绘事。间从塾师课章句，惟恐卧，至濡毫临摹，点染竟日夕，忘寝食，用志不分，乃凝于神，遂擅出蓝之誉矣。居久之，薄绘事不为，则以画家三昧法试垒石为山……大都转千钧于千仞，犹之片羽尺步，神闲志定，不啻丈人之承蜩，高下大小，随地赋形，初若不经意，而奇奇怪怪，变幻百出……山人既擅一时绝技，大江南北多好事家，欲营一丘一壑者，咸曰不可当世而失山人，竿牍造请无虚日。山人所欲往……与其所裒石多寡，胸中业具有成山，乃始解衣，盘薄执铁，如意指挥群工，群工辐辏，惟山人使，咄嗟指顾间，岩洞溪谷，岑峦梯磴，陂坂立具矣。”在陈所蕴笔下，一代造园大师的出神入化之功跃然纸上。

入清，一代思想大家黄宗羲、诗文大家太仓人吴伟业、文学家安徽桐城人戴名世等，均为张涟专作传记。黄宗羲在《张南垣传》中称，张涟学过绘画，通画法，以绘画之法用之于假山垒砌，先在心中筹划，一一布置妥当，“于是为平冈小坂，陵阜陂陁，然后错之石，缭以短垣，翳

① 上海市嘉定区地方志办公室编：《嘉定历史文献丛书 第 3 辑 练川名人画像》，上海书店出版社 2014 年版，第 20 页。

以密篠，若是乎，奇峰绝嶂，累累乎墙外。而人或见之也，其石脉之所奔注，伏而起，突而怒，犬牙错互，决林莽，犯轩楹而不去，若似乎处大山之麓，截溪断谷，私此数石者，为吾有也。方塘石洫，易以曲岸回沙，邃闼雕楹，改为青扉白屋，树取其不凋者，石取其易致者，无地无材，随取随足。……涟为此技既久，土石草树咸能识其性情，每创手之日，乱石如林，或卧或立，涟踌躕四顾”。等到施工时，工匠前来请示，张涟正与客人谈笑，漫应道：“某树下某石，可置某所。”手不再指，“若金在冶，不假斧凿”，人以此服其精，“三吴大家名园皆出其手”。到后来，“东至于越，北至于燕，请之者无虚日”。[①] 戴名世在《张翁家传》中也称，张涟以倪瓒、黄公望绘画笔法，营构园林有巧思，一石一树，一亭一沼，经其指画，即成奇趣，“虽在尘嚣中，如入岩谷”，从而“四方争以金币来购”，“诸公贵人皆延翁为上客，东南名园大抵多翁所构也”。张涟及其子侄能够在明后期至清前期大约百年之间，享誉全国，被延聘至各地为达官贵人营建名园，当与诸多思想大家，或诗文大家或学术名流为其不停地吹捧，大造声势，有着紧密的关系。后来之营造者，自然会以之为榜样，借助文人的生花妙笔和褒美之词，不断地开辟出作业机会，提升营造水平。

（四）文人与工艺大师频繁往来，关系密切，从而炒热市场，做大做强

大约自明中期起，士人与匠人的关系日见热络，文人与商人觥筹交错，互相挹注，相得益彰。明后期，国子监祭酒陆氏，宏奖风流，高朋满座，席上若无竹刻名家朱鹤，即心情不乐。明末清初的文坛领袖钱谦益和吴伟业等人，与造园大师张涟私交甚深。吴伟业与张涟常常日相过往，甚至可以互相取笑。

---

① ［清］黄宗羲：《张南垣传》，《撰杖集》。

在商业领域，更不待言，文人势尊，掌握话语权，商人多金，有财力优势，江南文人与洞庭商人、苏州文人与徽州商人，关系最为热络，互动最为频繁，时人以“蝇之附膻”来形容士商关系。明后期的江南商品市场，人称由吴人滥觞，由徽商推波助澜，在士人和商人的通力合作、大肆炒作下，收藏品市场在内的各类工艺品商品市场极为红火，久盛不衰。

（执笔人：范金民）

第二章

江南经济发展和文化繁荣的传统文化基因

江南地区之所以能成为人文经济学的典型样本，推原其故，约有数端：一是江南之地天泽为惠，地利条件、自然禀赋特别优越，江南地域江河湖海流贯全境，塘浦港渠成网，水运特别发达，交通特别便利，更有土地肥沃，人民终岁勤动，精耕细作，产量较高。二是江南之地崇文重教，人才辈出，人才甲天下，千余年来尤其是明清时期，科举教育发达，学校教育先进，社会教育（含家族教育）普及，书院教育兴旺，培育人才成效明显；科举考试最为成功，功名显赫，科第冠海内；科考以外，“苏作”技艺之巧甲天下，大师名医声闻于时，科技人才群星璀璨，文化水平整体较高，引领时尚走在时代前列。三是江南人耕读传家，奉行实业传衍世泽，秉承耕读为本，世代传承；耕读结合，“书包翻身”；各业皆本，重视治生；重视教育，助学办学。四是江南各业精益求精，创新兼匠心，大师设计与工匠精神有机融合，创新与实干巧妙结合；实行品牌战略，不断推出驰名商标，打造无形资产，开拓营造市场。五是江南社会崇尚务实，与时俱进，重视实业，讲求经世致用；全社会注重技能，并且付诸实际应用；尤其体现为观念新颖，拓宽就业门路，实事求是开眼看世界，学习“本事”，创办实体经济等做法。各种因素正向叠加，使得江南地区始终走在时代前列，持续引领着发展方向。

一、天泽为惠，自然禀赋优

人们习称的江南，北依江，东濒海，南临钱塘江，运河贯穿南北，沟通着全国其他地区，以至全世界。浩渺的太湖犹如一颗日夜跳动的心脏，调节水资源，滋润着江南大地。江南水乡，宣泄太湖之水有三条大川，东出嘉定、松江为吴淞江，东北出昆山、太仓为刘家河，更东北出吴县、常熟为白茆河。境内有淀山湖、阳澄湖、漕湖、石臼湖、固城湖、氿湖、尚湖、独墅湖等湖泊，以及宛山荡、陆家荡、鹅真（又作肫）荡、黄埭荡、白荡、盛泽荡等河荡。黄浦、七浦塘、元和塘、昆山塘（又名娄江）、杨林塘、盐铁塘等塘浦纵横交错，无数大大小小的河川犹如人的血脉密布全身，贯通全境，通江达海。如此地利之优越，水量之丰沛，交通之便利，大自然之馈赠，世所罕见，难有其匹。水是千余年来江南经济发展的源源不竭的自然动力，是江南社会持续兴盛的命脉，也是人们日常生活的有机纽带，更是江南扩大对外联系走向世界的便捷通道。

（一）水利是江南农业的命脉

江南经济发展的基础是其发达的农业，而水利是江南农业发展的命脉。《宋书》史官总结江南之兴起，归因于水网地区水田丰美，称“地广野丰，民勤本业，一岁或稔，则数郡忘饥。会土（会稽）带海傍湖，良畴亦数十万顷，膏腴上地，亩值一金，鄠、杜之间不能比也”。这一段议论，概括了江南自东晋开国直到南朝宋孝武帝大明（457—465）末年时，江南依赖自然地利，处于迅速开发和耕种田亩的过程，人们一切生活所需包括所谓养生送死之具，莫不出于田亩收入。隋代，江南苏州等地，“川泽沃衍，有海陆之饶”。唐代苏州一带，“厥田上中，土宜在民，地利乎水”。江南经济发展有赖丰沛水量，依靠的都是农田水利的发达及其有效利用。

自北宋起，直到明中期，江南一直处于农业经济的开发过程中，北宋时期江南水利建设特别是塘浦圩田水利得到高度重视，农业耕作技术获得迅速发展，水稻亩产量大幅提高，农民生活较为稳定。

自北宋中期起，以苏州、湖州、秀州三州为中心，江南地区开始大规模兴修圩田。南宋人多田少，向水要田，圩田进入大规模建设。宁宗庆元二年（1196），户部尚书袁说友等奏称："今浙西乡落围田相望，皆千百亩，陂塘淹渎悉为田畴"。华亭淀山湖阔四十余里，孝宗淳熙年间（1174—1189），经官佃买，修筑岸塍，围裹成田两万余亩。南宋范成大说："吴中自昔号繁盛，四郊无旷土，随高下悉为田。人无贵贱，往往皆有常产。"①这些两宋时人的论述，清楚地说明其时江南稻作农业的发展情形。

圩田大规模兴筑，变水为田，水田面积大增，产量又高。景祐三年（1036），范仲淹说："苏、常、湖、秀，膏腴千里，国之仓庾也。"庆历三年（1043），范仲淹又奏称，他任苏州知州时，"一州之田，系出税者三万四千顷。中稔之利，每亩得米二石至三石，计出米七百余万石"。无论"苏湖熟，天下足"，还是"苏常熟，天下足"，都充分说明北宋时江南太湖流域的稻作农业最为发达，其收成好坏对全国都有影响。显然，萌芽于中唐，经由五代、北宋，以一年两熟为基本形态的复种连作制，至南宋在江南等经济发达地区趋于成熟，江南农业尤显重要。

直至明代中期，江南各地仍处于不断开发之中。无锡之东鹅湖，有明初没官田 500 亩，永乐时陷没，正统时应天巡抚周忱许民复垦，因力乏而止，田陷而赋存，均于里甲，一方病之。明中期，当地富豪华会通发粟 2000 石，募民筑堤捍湖，陷没之田悉出而成膏腴，他又募众垦耕附近的胶山，荒地都成可耕之地。胶山乡的安国，在灾馑之年，采用以工代赈做法，开挖河池，凿渠引水，改善地利，变荒田为沃土，河池中又获鱼芡茭蒲之利，走的是典型的耕稼致富之路。时属常熟、今属锡

---

①〔南宋〕范成大：《吴郡志》卷二《风俗》，江苏古籍出版社 1986 年版，第 13 页。

山的羊尖，有荒田万亩，自东至西，横亘数里，一望无际，从洞庭东山移居而来的席氏散居其地，“垦荒积粟，致产数万”。

其时江南不少地方特别是常州东部直到苏州，农田水利仍在兴建过程中，农业积累仍是经济发展的主要途径。嘉靖后期，太仓人王世贞在其著作中记载，严嵩之子严世蕃曾与人屈指当时天下富家，积资在 50 万两白银以上者居首等，共有 17 家。而在此之前，无锡邹望家资将近百万，安国家资超过 50 万，如果按照严世蕃“富家”的标准，安国早就进入全国首等富家的行列了。17 家富豪，大多数是权贵、勋戚、太监，只有来自无锡的邹、安两家是平民富豪，也从一个侧面反映出农业生产与江南经济发展的关系。

（二）水网是江南地区生产生活的血脉

江南水乡，河湖塘浦贯通全境，通江达海，运河贯穿南北，沟通着全国其他地区，以至全世界。江南水网借由自然地利条件依凭水道交通而展开，是江南地区生产生活的血脉，成为人们对外联系的基本通道。四通八达的水道是江南对外商运的大通道和生命线，沟通了江南与全国乃至海外的经济联系，是江南社会持续发展的命脉，也成为江南融入全球经济的纽带，深刻影响着世界经济一体化后江南经济的发展进程。

明代万历中期，浙江临海人王士性在其《广志绎》中说，江南“泽国之民，舟楫为居”，“商贾舟航易通各省”。当代地方志书描述，“吴县东部是‘开门见河，出门乘船’的水乡地区。民国时期，大部分近处步行，远处乘航船……50 年代航船由轮船代替。60 年代……水乡地区有挂桨机（机动）船”。这是民国以来江南水乡的出行方式。近人丰子恺描述江南水乡地景：“倘从飞机上俯瞰，这些水道正像一个渔网。这个渔网的线旁密密地撒布无数城市乡镇，‘三里一村，五里一市，十里一镇，廿里一县。’用这话来形容江南水乡人烟稠密之状，决不是夸张的。”①

历史上，自南宋特别是明代中期以来，江南水乡因应区域内外交通方式，崛起了星罗棋布式的大大小小的市镇，水道将这些市镇串联起来。这些市或镇，其名称就体现出了鲜明的水乡特色，往往因泾、泽、河、湖、港、湾、荡、渡、塘、桥、洲、埭等而命名。以当代市管县前的无锡县 35 个乡为例：以桥名镇的，有查桥、厚桥、八士桥、张泾桥、长安桥、堰桥、钱桥；以塘名镇的，有东北塘、东湖塘、藕塘；以湾名镇的，有石塘湾；以港名镇的，有港下；以荡名镇的，有荡口；以水名镇的，有西漳、前洲、胡埭、雪浪等，占了一半。又如吴县 19 个镇，镇名直接显示河流水道的，有浒墅关、木渎、横泾、北桥、黄埭、斜塘、蠡墅等，也占将近一半。其余即使镇名不以水显示，其实也都依水而建，因河成镇。这些依河而兴的市镇，外形反映出河塘潆回贯通的水乡特色，基本都沿河或穿河而建，或呈一字形（一河两街型：如黄渡、乌青、硖石、安镇、张泾、东湖塘、长泾），或呈十字形（如梅李），或呈丁字形（如塘栖、王店），大的市镇或呈若干个十字形。如吴江县平望镇，人称“地交吴越千帆集，岸积鱼盐一市哗”。湖州府乌程县南浔镇，北运河与南、北二市河在镇中相交，形成十字港状。两条水道交叉、十字中分，是江南市镇的典型格局之一。这些市镇，地处水运交通要道，实际上就是江南农家出售农副业剩余产品甚至大宗商品、补充日常生活或工业用品的场所，四周乡民以此为中心开展副业商品生产活动，依靠这类市场从外地或更高层级市场输入生产生活必需品，开展“本经济单位内”的生产生活。明中后期，江阴东南各乡，“皆纺花为布，率三日成一匹，抱鬻于市”。太仓赵市，明人李杰说，凡近市之民，“有而求售焉者，无而求

① 丰子恺：《辞缘缘堂》，《丰子恺自述》，上海三联书店、上海人民出版社 2021 年版，第 97 页。

市焉者”。在市镇附近的农家，通常借助水道交通，即能基本满足日常生活生产需要，“不日之间已遂所求”。清前期，无锡地方官员上报称：“浒墅关北二三百里以内，民居生齿日繁，积终岁辛勤血汗所出之米麦、豆粮、花布、鸡豕，完租办赋，养老育幼之赀，以有易无，此往彼来，熙熙攘攘，无日蔑有。”[①]江阴东南各镇因更接近常熟，农船装载石米匹布斗麦斤花，前往附近市镇易银，“各乡农民仅以土产载赴常熟易银，以为公私应需之用”[②]。常熟地势稍偏，康熙时县令奏报：“常熟一邑，僻处海隅，地非冲要，从无远商巨艘往来，而民间日用油糖杂货，俱从苏郡撺贩。”[③]这些都是地方小市场区域内江南农家的生活场景，农家是在附近市镇完成“以有易无”交换活动的，很长历史时段内，江南农家就是在“本经济区域内”生活的，并通过水道对外联系。

在江南，大宗专业商品（如丝绸、棉布）生产区的民众，在明中期商品生产持续发展后，其生产生活展示出更为繁复壮观的景象。

丝绸重镇苏州府吴江盛泽镇，明末小说《醒世恒言》描述：“镇上居民稠广，土俗淳朴，俱以蚕桑为业。男女勤谨，络纬机杼之声，通宵彻夜。那市上两岸绸丝牙行，约有千百余家，远近村坊织成绸匹，俱到此上市。四方商贾来收买的，蜂攒蚁聚，挨挤不开，路途无伫足之隙；乃出产锦绣之业，积聚绫罗之地。江南养蚕所在甚多，惟此镇处最盛。”三孔石拱桥白龙桥上桥联“风送万机声莫道众擎犹易举，晴翻千尺浪好从饮水更思源”，留存至今。

另一邻地嘉兴王江泾镇，明末小说天然智叟《石点头》载：“话说嘉兴府，去城三十里外，有个村镇，唤做王江泾。这地方北通苏、松、常、镇，南通杭、绍、金、衢、宁、台、温，西南即福建、两广。南北往来，无有

---

① 〔清〕王允谦：《上督抚各宪请裁浒墅关口岸折稿》，乾隆《金匮县志》卷七《增辑》。
② 道光《江阴县志》卷四《关榷》。
③ 苏州博物馆等合编：《明清苏州工商业碑刻集》，江苏人民出版社 1981 年版，第 246 页。

不从此经过。近镇村坊，都种桑养蚕织绸为业。四方商贾，俱至此收货。所以镇上做买卖的，挨挤不开，十分热闹。”同县双林镇，双溪贯镇而过，是通往嘉兴、湖州二府之捷径，“双溪左右延袤数十里，俗皆织绢，于是四方之商贾咸集以贸易焉”。

介于嘉湖苏三府六县，为乌程和桐乡两县共辖的乌青镇，“当水陆之会，巨丽甲他镇，市逵广袤十八里，列置四门……名为镇而具郡邑城郭之势，苏、松、嘉、湖，六通四辟”。所以然者，只因附近盛产丝经，“有头蚕二蚕两时，有东路、南路、西路、北路。四乡所出，西路为上，所谓七里丝也，北次之。蚕毕时，各处大郡商客投行收买，平时则有震泽、盛泽、双林等镇各处机户零买，经纬自织……本镇四乡产丝不少”。①

嘉定县的南翔镇，是著名的棉布重镇。镇中为十字港，四条水道即横沥、上槎浦、走马塘和封家浜相交于镇中心，分别通向刘家河和吴淞江。明后期“多徽商侨寓，百货填集，甲于诸镇”。

松江府娄县和金山县共辖的朱泾镇，也是棉布加工重地。镇当黄浦与泖水交汇处，系江南交通要冲，镇中河道纵横交错，朱泾流经镇中。青浦县的朱家角镇，又名朱溪，西南通泖湖，东北接三分荡，而漕港亘其东北，北连昆山县境，是明清时期颇负盛誉的棉布业重镇。

无锡乡镇，各地织作的棉布，乾隆时“坐贾收之，捆载而贸于淮、扬、高、宝等地，一岁所交易，不下数十百万”。常熟的布匹，“捆载舟输，行贾于齐鲁之境常什六，彼氓之衣缕，往往为邑工也”。道光时，“岁产布匹计值五百万贯，通商贩鬻，北至淮扬，及于山东，南至浙江，及于福建”。江阴的棉布，是一种厚实的平机布，可“当大一例通行”，周庄、蒋桥、华墅“所去者，各盐场与江南江北”。常州与江阴沙头布，“号为江阴野路，所去者止邳州及淮北淮西”，主要销向苏北地区。因

① 万历《乌青镇志》卷七《土产》。

此清中期，江阴西城外，“秋季木棉告登时，商贩骈集”。南城外石子街，“多布牙聚居，淮扬大贾就地采买焉”。萧岐镇，“四方贸布者踵接”。

上述江南民众的日常生活生产，无论市场层级如何，也无论如何发生对外联系，毫无疑问，都是借由自然地利条件依凭水道交通实行的。水是贯通江南民众对外联系的血脉，在江南人民的日常生产生活中不可须臾或缺。

（三）水道是江南对外商运大通道和生命线

江南的对外通道主要有三条：贯穿南北的大运河、横亘北境的长江和透迤南北的东部海道。

明代永乐九年（1411），大运河全线贯通，直到19世纪后期运河淤塞的将近5个世纪中，运河始终是全国最为重要的南北货物大通道，物流畅达，盛况空前。明中期的大运河，“吴艭越艘，燕商楚贾，珍奇重货，岁出而时至，言笑自若，视为坦途”。嘉靖、隆庆时，江西人李鼎说，运河中，“燕赵、秦晋、齐梁、江淮之货，日夜商贩而南；蛮海、闽广、豫章、南楚、瓯越、新安之货，日夜商贩而北。……舳舻衔尾，日月无淹”。[①] 直到清代乾隆末年，皇帝也说：“向来南省各项商贾货船运京售卖，俱由运河经行。”[②]

清前期，华北、江北的豆麦、杂粮、梨枣、棉花等，南方的丝绸、棉布、木材、瓷器、书籍、铅铜币材等，仍然通过运河流通。山东、河南、安徽的豆、麦、棉花、豆饼、油、苎麻，山东的梨枣、烟叶、茧绸、腌货，河南的酒曲、棉花、钉铁、药材、碱矾、烟叶，江苏北部的酒曲、杂粮、腌腊制品，北方以至边境的皮张，新疆的玉石，仍然通过运河大量南运，而江

---

① ［明］李鼎：《李长卿集》卷十九《借箸篇 · 永利第六》，万历四十年豫章李氏家刻本，第10页。

② 乾隆五十九年五月辛亥《清高宗实录》卷一四五三，中华书局1986年版，第28390页。

南的绸布、书籍、杂货、工艺品，仍然扬帆北上。

明代江南丝绸和棉布销往全国各地，主要有两大通道，一条经运河，过江涉淮而北走齐鲁大地，供应京师，达于边塞九镇，以山东临清为转输中心；一条出长江，经湖广、四川而沿途分销于闽、粤、秦、晋、滇、黔广大地域，以安徽芜湖为绾毂之地。明后期，徽商和江南洞庭商人就以临清为根据地，长时期大规模从事棉布贩运活动。而山西陕西商人也经由运河，长途跋涉，将江南棉布贩运到北地乃至中亚。明末，人称上海一县的棉布，每年流通者不下百万两银。其时运河物流就呈现出“棉则方舟而鬻诸南，布则方舟而鬻诸北”的独特景象。清初上海人叶梦珠说，标布“俱走秦晋京边之路”，在华北地区有着广泛的销路。清中期，江南棉布奄有广阔的海内外市场，人称：“冀北巨商，挟资千亿，岱陇东西，海关内外，券驴市马，日夜奔驰，驱车冻河，泛舸长江，风餐水宿，达于苏常，标号监庄，非松不办，断垄坦途，旁郡相间。吾闻之苏贾矣，松之为郡，售布于秋，日十五万匹焉。”①销向全国的江南棉布，仅松江一地，就可能每年高达三四千万匹。

长江运输兴起于明代中期，其时长江上游以至川楚云贵地区的木材、矿产等，通过荆州、九江、芜湖等关，顺流而下。到了清前期，南京城西北一带的长江中，“帆樯出没，不可纪极，上下两江，旅舟商舶，络绎奔凑”。来自长江上中游的上千万石米粮经由江南运河源源输往苏州杭州，难以计数的竹木、板材经江宁、镇江进入运河，通过无锡、苏州输往江南各地，粮食甚至接济浙东、福建缺粮地区。清朝前期，江南和浙东、福建粮食缺口增大，常年间，“大都湖广之米辏集于苏郡之枫桥，而枫桥之米间由上海、乍浦以往福建，故岁虽频祲而米价不腾”。毫无

---

① 〔清〕钦善：《松问》，《清经世文编》卷二十八《户政三》，中华书局 1992 年版，第 694 页。

疑问,明清时期进入长江的物货,几乎全部是进入运河南北分流输向各地的。

东部的南北海道兴起较晚。康熙二十三年(1684)六月,清廷宣布废除海禁,开海贸易。次年,上海县城小东门外设立江海大关,统辖吴淞、刘河等处22个海口分关。从此,海运贸易获得合法地位,以上海为中心的南北洋航线尤其是北洋航线迅速发展起来,商品流通格局和规模迥异于前,沿海贸易出现前所未有的繁盛景况。清中期,沿海道北上的南船,向江南输出木材、糖、烟、薯粉、靛青、纸张、胡椒、苏木、药材、笋干及各种鲜果、海货、洋货等,向闽广地区运回丝绸、粮食、棉花、棉布、酒及各种工艺品等。福建、广东、浙东商人以上海、乍浦为终点,或以上海为中转,大规模参与华南与江南、华北、东北的商品流通。江南与山东、关东之间,形成以豆为主的北货南下及以布为主的南货北上的流通格局;江南与闽粤之间,形成花布、绸缎与蔗糖、洋广杂货的对流格局。

明清时期江南的这种对外商品流通大格局,立足于发达的商品生产。明中期起,江南经济由农业作物种植为主转向手工业商品生产为主,江南逐渐成为棉布和丝绸两大商品生产基地与书籍等文化用品制造中心。松江一府、太仓一州,常熟、江阴、无锡等县为棉布的主产地,每年织作棉布成亿匹;苏州、嘉兴、湖州、杭州等地每年生产的价值多万两白银的蚕丝,苏州、嘉兴、湖州、杭州以及南京织作的价值数百万两白银的绸缎,苏州、杭州、湖州、南京等城市和常熟、无锡、太仓等地刻印的难以计数的书籍,借由上述三大通道销往全国乃至世界各地。而江南每年食用和工业用粮所需的一千多万石米粮,上千万石华北、东北豆粮,上百万石的华北、江淮杂粮,难以计数的木料、板材、纸张、棉花等原材料,成亿斤的食用蔗糖,也借由上述三大通道源源输入。可以毫不夸张地说,明中期以来的江南,既是全国交通最为发达之地区，更是全国商品生产和商品流通最为发达之地。

江南大宗商品如丝绸、棉布等出口到世界各地，更说明了这一点。江南丝绸自明后期以来一直拥有广阔的海外市场。明后期走私出口的中国丝绸，清一色来自江南地区，直到清前期，其势未艾。乾隆二十年(1755)，福建巡抚钟音奏报："吕宋夷商供称广州货难采买，所带番银十五万圆要在内地置买绸缎等物，已择殷实铺户林广和、郑得林二人先领银五万圆带往苏杭采办货物。"[①]四年后，两广总督李侍尧奏报："外洋各国夷船到粤，贩运出口货物，均以丝货为重。每年贩买湖丝并绸缎等货，自二十万斤至三十二三万斤不等。其货均系江、浙等省商民贩运来粤，卖与各行商，转售外夷。"[②]在江南丝绸销往西洋各国的出口业务中，江浙、广东商帮极为活跃。直至近代，江南水乡农家的生产一直受到世界经济风潮的影响。茅盾的短篇小说《春蚕》，写于1932年11月，连同以后发表的《秋收》《残冬》合称为《农村三部曲》。《春蚕》讲述了浙东一户普通的蚕农老通宝一家在春蚕季节紧张、艰辛、充满希望与焦虑的劳作，通过他们赢得春蚕的空前丰收反而进一步负债、卖地的结局，形象地反映了20世纪30年代初期世界经济大危机时代江南农村经济凋敝、农民丰收反而致贫的残酷社会现实。

与此同时，江南棉布的海外市场也在日益扩展。明后期起，西方各国将江南棉布盛称为"南京布"。清中期，外销欧美的南京布，在1786—1832年间，每年为百余万匹，价值约为白银四五十万两。从1775—1781年，俄国输入的南京小土布，占其进口总量的52.2%，在

---

① 《福建巡抚钟音奏》，《史料旬刊》第12期《乾隆朝外洋通商案》，故宫博物院文献馆1930年铅印本，第427页。

② 《两广总督李侍尧折》，《史料旬刊》第5期《乾隆二十四年英吉利通商案》，第158页。

18 世纪最后 20 年间，南京小土布每年出口俄国超过了 300 万匹，价值在一百五六十万卢布以上，成为中俄易货贸易的价值尺度。

上述江南经济发展的最具标志意义的国内外贸易，均是通过三大水运通道完成的。水道的畅通和水运的便利低成本，是江南商品生产和商品流通持续发展的基本保障，无论是运河沿线的中州棉花、江淮杂粮的南下和江南棉布、江浙书籍的北上，还是长江中游米粮与长江下游的绸布对流，甚至东部沿海南洋航线的蔗糖和北洋航线的饼豆在上海港的集聚，都是以水道为自然地利借由人力得以展开的。明后期，人称位于运河沿线的苏州枫桥和南濠，运河南端的杭州、湖州，南京上新河等地，都是“天下大马头”，“最为商货辏集之所”。清前期，曾有徽商形容“汉口为船马头，镇江为银马头，无锡为布马头”[①]。乾隆初年两江总督那苏图说，苏州北郊的浒墅关，“为扬关、浙关、浙海关等处中道，凡南货北行，北商南贩，最为衡衢”。嘉庆中期江苏布政使庆保也说：“商贾辐辏之地，上达苏、松、嘉、湖各府，下由常州、镇江一带出口，皆系必经之路。”运河流通或江河联运，成为观察全国商品流通的参照物，在现代交通兴起以前，水道商品流通成为江南对外商品流通的晴雨表。江南商品生产兴盛期和经济快速发展时期，也正是运河、长江和沿海海道通畅时期。水道关系江南经济发展和社会进步，便捷细密的水运通道确保了江南对外通道的畅达无阻。纵横贯通的河湖塘浦以至通江达海的三大水运通道，沟通了江南与全国乃至海外的经济联系，成为江南融入全球化经济的纽带，深刻影响着世界经济一体化后江南经济的发展进程。

二、崇文重教，人才冠海内

江南经济和文化同频共振，共创辉煌，也在于江南拥有最为丰厚

---

① ［清］黄卬：《锡金识小录》卷一《备参上 · 力作之利》。

壮观的人力资本，这是创造经济成就和文化成就的基本力量。

（一）崇尚文教，特色鲜明

1. 崇文重教

崇尚文教，一直是江南地域文化鲜明的特色。江南尤其是苏南地区崇文重教根深蒂固，读书喜学有着悠久的传统。早在北宋中期，名臣范仲淹说："夫善国者，莫先育材；育材之方，莫先劝学。"同时期苏州人朱长文说："自本朝承平，民被德泽，垂髫之儿皆知翰墨，戴白之老不识戈矛。"

明代苏州，人称"家家礼乐，人人诗书"。太仓是"街坊子弟习举业者彬彬郁郁"。昆山是"家知读书，人知尚礼"；上海是"田野小民生理裁足，皆知以教子孙读书为事"。明后期昆山人归有光说："吴为人材渊薮，文字之盛，甲于天下。其人耻为他业，自髫龄以上皆能诵习。举子应主司之试，居庠校中，有白首不自已者。江以南其俗尽然。"①如常熟，万历末年人姚宗仪说，其时"家读户诵，庠校之所养，恒余五百，应童子试，尝千三百，显为名宦，处亦不失名士"②。甚至 15 世纪末年途经江南的朝鲜人崔溥，也从当地人那里了解到，"江南人以读书为业，虽里閈童稚及津夫水夫皆识文字"③。这些概括，正是江南人热衷科举的写照。

入清后，人说江南大地"虽闾阎贱隶处力役之际，吟咏不辍"。上海是"家弦歌而人诗礼"。清初常州府科考人数独多，有人说，不是天助就是地脉使然，而陈瑚并不认同，认为是常州人"父兄教其子弟，子弟之所以承教于父兄，皆以读书明经为急务。其于制举业也，行之以

① ［明］归有光：《震川先生集》卷九《送王汝康会试序》，上海古籍出版社 2007 年版，第 191 页。

② 崇祯《常熟县志》卷三《风俗》。

③ ［朝鲜］崔溥：《漂海录》，葛振家点注，社会科学文献出版社 1992 年版，第 194 页。

勤,而习之以敏,口不绝吟,手不停披,简练揣摩,必中当世之好,风檐寸晷,每遇一题,则如成诵之心,借书于手"①。在常熟,"士之习诗书者,诵读之声比户相闻","子弟皆幼而读书,每有司较童子试,辄及千人"。在常州,"士人多以读书世其家",郡中士人崇师喜读书者,"弦诵之声比屋而是"。清中期,文学家孙原湘为家乡常熟写诗,有"莫笑耕夫多识字,梁时便有读书台"句。晚清时,两朝帝师翁同龢撰写家训对联:"绵世泽莫如为善,振家声还是读书。"著名讽刺小说家常熟曾朴的曾园,正厅取名为"归耕课读庐"。常熟历史文化街区书台公园内楹联为:"五六月间无暑气,百千年后有书声。"所有这些描述,其义皆一,都说明江南人好读喜学,尊师重教,蔚然成风,习俗使然,整体文化素质较高。

2. 教育发达

一是系统发达的学校教育。江南学校教育,可以追溯至春秋时期孔子弟子子游传布儒学于江苏。唐代江南始有地方性官学。两宋江南地方官学设立较为普遍,形成江南教育史上的第一个高峰。元代江南文教较为兴盛,儒学以外,还有蒙古字学、医学、阴阳学等。明代江南的教育机构除国子监以外,还有地方府州县卫学、基层社学,以及民间塾学和社会义学等,逐次展开,构成完备的教育体系。清承明制,江南府州县学教育秩序稳定。明清时期,地方学校教育立足于为科举输送人才,教育内容均为以程朱理学为标准的四书五经,教育事业与科举考试相伴而行,正常展开,为科举考试源源输送人才。进入近代,因西方各国设学堂以科学教士,国势强盛,中国有识之士乃大力呼吁更张旧制。同治初年,京师设立同文馆,为全国

① 〔清〕陈瑚:《确庵文集》卷十一《读书堂会业序》,四库禁毁书丛刊编纂委员会《四库禁毁书丛刊》第 184 册,北京出版社 1997 年版,第 352 页。

学堂之萌芽；上海设立广方言馆，为江苏学堂之萌芽。甲午以后，设立学堂之说益昌，光绪二十四年（1898）朝廷明谕提倡，二十七年又饬令各省督抚切实举办。三十一年科举罢废，兴学列入官员考成，官绅合力通筹，次第创建。至光绪、宣统之间，自三江师范学堂至各地中、小学堂，公私男女学校遍于全省，其学制与内容迥异于旧式学校，江苏学校教育进入崭新的阶段。

在读学生，宋元无定额。元代从儒户中选出“三十岁以下者，各个坐斋读书”。集庆路学，生徒常至二百人。镇江路学，曾“选官民子弟八十人，朝夕肄业”。生员在学，实际上可以享有免除本身徭役的特权，有固定的廪膳。明代，洪武初规定，地方府学 40 名，州学 20 名，县学 10 名，月廪食米每人 6 斗，仍免其家差徭二丁。洪武二十年（1387），令增广生员，不拘额数。生员专治一经，以礼、乐、射、御、书、数设科分数。清承明制，顺治九年（1652）命礼部颁卧碑于天下学宫。生员额数，视人文之多寡，分大、中、小学，大学 40 名，中学 30 名，小学 20 名。不久，改为府视大学，大州、县视中学减半，小学四五名。康熙九年（1670），定大府、州、县仍旧额，更定为中学 12 名，小学七八名。后屡有增广。江南各地学额，康熙二十八年（1689）定，府学 25 名，大学 20 名，中学 16 名，小学 12 名。雍正元年（1723）定额，人文最盛之地，大学与府学同，中学照大学，小学照中学。

地方又有社学。元朝统一后，社学推广到江南各地，各地普遍建立。但旋兴旋废，社学不久就趋于衰落。明洪武八年（1375），诏令各地府州县每五十家设社学一所；十六年，“诏民间立社学，有司不得干预”，“延师以教民间子弟，兼读《御制大诰》及本朝律令”。设立之初，各地闻风响应，纷纷建立。苏州一府，城市乡村共建社学 737 所。

二是塾学、族学和义学较为普及。官方或公办学校以外，地方又有家族所办塾学、族学和义学。清代昆山地方文献记载，“邑人最重读书，十室之聚，必有乡塾以教童蒙。为士者必兼习五经及四子书，有废学者，乡党弗齿，士弗与友也”。[①] 族学基本形态可分为两种。一种是面向本族内贫寒而无力上学者的专门性族学，这种族学具有“义学”的性质。另一种是专门面向族中优秀子弟的族学。为检验族中子弟的课业进度和教学质量，家族制定了严密的监管和定期抽查、考察的督课或会课制度。著名经济学家吴敬琏先生所在的武进薛墅吴氏家族曾经出过10位进士，家族专门设有“律成堂家课”，一年四课。族中能文者，无论进入县学与否都要参与，女婿、外甥也一律上课。每年逢清明后一日、端阳后一日、中秋后一日、十月朔后一日，会集大宗祠课考，编号糊名给卷，请族中德高望重老宿前辈监场。题目包括：四书文一篇、六韵应制诗一首，尽一日之长缴卷。课考卷送请县中名师裁定甲乙，拆卷对号，填名课簿，登明何年何月何期第几卷，并将名列前茅的二十人悬牌大堂左侧，以示荣耀。自第一名至第五名，次第发给花红，以资奖励。每年四课，至咸丰十年（1860）春因太平天国与清政府的战争才一度中断，同治后再度复兴。道光十五年（1835）十月，吴孝铭在《谱序》中称：“家课已五百余期，学风之盛，与金坛王氏、储氏相颉颃。”

三是书院教育兴盛。府州县卫学、儒学以外，江南书院教育发达。直到北宋天圣年间，江南地区才开始出现书院，晚于全国不少地方，但发展迅速，数量众多，规模宏敞，自南京、苏州、常州等通都大邑到一般府县城以至市镇，均有书院矗立。江南书院有稳定资金来源，官方出资最多，社会各界也予资助，因而实力雄厚，生徒待遇优渥，从学习内容、讲习方式、肄业目标，到山长水平、所出人才，均富有特色，在全国书院教育中占有极为突出的重要地位。

书院本以切磋学问、昌明正学、掌握时务知识为旨归，但明清时期

---

① 民国《昆新两县续补合志》卷一《风俗》。

尤其是清代，书院教育多以举业为重。各书院编订有《课艺》，汇集士子的优等习作，作出评点，以为士子撰作时文的范本。具有丰富科场经验和科考成功经验的山长的评点，以及日常讲评，对于生徒的应考极为有用。潘遵祁主持苏州紫阳书院多年，编集《课艺》多达十七编，每集皆有评点。清代的大量举子就经由书院教育在科考中取得良好成绩。诚然，直到清末，书院仍然保留着保存古学、崇尚学术的一面，在探讨学问、钻研学术、形成学术成果方面发挥了作用。

3. 作育人才

江苏教育发达，体系完备，人才众多，教材质量在全国最优，且起引领作用，在教育思想领域也有一席之地。最值得称道的，就是胡瑗的“苏湖教法”。景祐二年(1035)，范仲淹奏准设立苏州郡学，泰州人胡瑗被聘为郡学教授，从其游者常数百人，其教法人称“苏湖教法”。胡瑗制定条规，苏州官学成为各地郡学的表率，人称“天下郡县学莫盛于宋，然其始亦由于吴中。盖范文正以宅建学，延胡安定为师，文教自此兴焉”。后来湖州知事滕宗谅奏立湖州州学，胡瑗又被聘为教授，前往就学者常数百人。胡瑗提出“明体达用”的主张，认为只有“明夫圣人体用”，才能“以为政教之本”，并将“明体达用”作为教育目的，教授诸生，长期实践。胡瑗所谓“体”，包括孔子之道和一切善言善行两个方面。胡瑗在苏湖设教二十余年，制订详细的教学科条，摸索出一套行之有效的教学办法。如分斋教学法、因材施教法、讲授教学法、直观教学法、娱乐教学法、激励教学法、言传身教法、游学考察教学法等，方法多样，理念先进。“苏湖教法”培养了大批有用人才，其弟子科考极为成功，而且形成胡门风格，观其学生言行，即知其出自胡瑗之门。

清代江南书院多是科举教育型书院，书院山长都是科考的行家里手，他们传授相应知识和经验，从而成功地培养了一批又一批科举之士和文才。清代钟山书院山长如杨绳武、夏之蓉、钱大昕、卢文弨、姚鼐、朱琦、程恩泽、胡培翚、仁泰诸人，苏州紫阳书院山长如陈祖范、沈德潜、彭启丰、钱大昕、吴省兰、石韫玉、朱琦、翁心存、俞樾、潘遵祁等，正谊书院山长如吴廷琛、朱琦、翁心存、冯桂芬等，安定书院山长如王步青、储大文、陈祖范、邵泰、沈起元、杭世骏、蒋士铨、吴珏、赵翼、吴锡麒等，梅花书院山长如姚鼐、蒋宗海、洪梧等，太仓娄东书院山长如秦大成、卢文弨、钱大昕、王昶、段玉裁、王祖畬等，这些人，均是当时东南学术的人望。如沈德潜出掌紫阳书院时，门下号称多士。钱大昕、朱琦、俞樾，皆以博洽导士。钱大昕为紫阳书院肄业生，晚年又掌教紫阳书院 16 年，且终于紫阳，尤为盛事。冯桂芬殚力经世之学，亦以紫阳肄业生为两院院长，士林尤为推重。卢文弨曾为常州龙城书院山长，后又出掌江阴暨阳书院，门下多通材。姚鼐主讲钟山书院最久，以古文义法教弟子，管同、梅曾亮等传其文笔，天下号为桐城派。李兆洛尤有声于时，道光时期主讲暨阳书院前后 18 年，精神内核是“治实用之学，撰有用之书”，造就了群英荟萃的盛况。曾国藩恢复金陵，首延宗师李联琇为书院山长，辞章之士鹊起。

4. 藏书丰富

江南地区为文献渊薮，书籍刻印和流通极为发达，书籍收藏事业从而持续兴盛，藏书名家辈出。南宋苏州人叶梦得石林书屋，无锡尤袤遂初堂，苏州朱长文乐圃，江都李衡乐庵；元无锡倪瓒清閟阁，昆山顾德辉玉山佳处，苏州袁易静春堂，溧阳孔文升有益斋；明昆山叶盛箓竹堂，苏州吴宽丛书堂、文氏愿贤堂，无锡邵宝泉斋、华珵尚古斋、安国桂坡馆，太仓陆容式斋、王世贞小酉馆，上海陆深绿雨楼，华亭何良俊清森阁，南京司马泰怀洛楼，常熟赵琦美脉望馆、毛晋汲古阁、钱谦益绛云楼，上海潘允端天然图书楼；清常熟钱曾述古堂、席鉴扫叶山房、张海鹏借月山房、王应奎柳南草堂、瞿镛铁琴铜剑楼，昆山徐秉义培林堂、徐乾学传是楼，吴县惠氏红豆山房、吴泰来遂初园、黄丕烈士礼居、顾广圻思适斋、顾沅艺海楼、潘祖荫滂喜斋，吴江彭桐桥静坐斋，镇洋毕沅灵岩山馆，阳湖孙星衍平津馆，武进李兆洛静补斋，无锡秦蕙田味经书屋，江阴王谦吉环山楼、缪荃孙艺风堂，南京黄虞稷千顷堂，甘氏津逮楼、陈作霖可园，上海李心怡味经楼，都是藏书名家，家藏书籍多在万卷以上。突出者如明上海何良俊藏书四万卷，清南京黄虞稷藏书八万余卷；清江宁甘国栋津逮楼，常熟张金吾和陈揆，毕沅灵岩山馆，均不下十余万卷。此外，明武进唐顺之，清昆山徐元文，常熟冯舒、冯班兄弟，苏州蒋重光、叶昌炽，江阴王堃等人，皆以藏书丰富著名。

（二）人才甲天下

1. 科第冠海内

江南"家弦户诵"的风气，"人人诗书"的盛况，由来既久，泽被自广，诞生出一批批科场得意者。清末江苏巡抚陈夔龙在《梦蕉亭杂记》中将此归结为江南进士辈出的一个原因，认为"其间山水之钟毓，与夫历代师儒之传述，家弦户诵，风气开先，拔帜非难，夺标自易"。

江南教育发达，全社会文化水平较高，江南人更好学勤学、重教重考、擅长科考，目标十分明确，这就是以科举为首业，以登第入仕为最终目的。仕宦之家要保持家业不坠，仕途不绝，富贵长久，读书登第是最为有效最为可靠的途径，而且较之贫寒下户更为迫切更有危机感，如万历时王士性所谓"缙绅家非奕叶科第，富贵难于长守"，所以江苏缙绅之家世代科举之家极为繁多。当然，对寒门小户来说，科考则是其摆脱贫困或扩大财富、跻身上层行列的唯一途径。部分由于耕种田亩或经营工商业得法，积累了一定的财富，有实力聘请塾师，使其子弟走科举攻读之路，从而崛起于村夫野老之间，跻入缙绅行列。

江南经济发达，凭着相对雄厚的经济实力、发达的文化教育，以及优越的自然条件和便利的信息传播，江南士子在全国竞争激烈的科举考试中持续胜出，人数多、比例高，功名显赫、仕宦成功，成为全国最为著名的地域人文集团，遍布在中央政府和地方机构的各个部门，在国家政治、社会发展、经济进步和文化创造等各个方面发挥出独特而不可或缺的作用，对后世的文化传承和社会发展也产生了深远的影响。

宋代江南经济得到进一步开发，成为全国经济重心所在，强大的经济实力提供了坚实的科举考试的经济基础，江南应考中第者人数繁多，科举在江南地区呈现出繁荣景象，形成江南科举史上的第一个高潮。

进士是科举考试的最高功名，是科举盛衰的集中体现。北宋江南进士 1079 人，常州 493 人，平江府 234 人，镇江府 114 人，嘉兴府华亭县 40 人，江宁府 37 人。南宋江南进士 1299 人，常州府 536 人，平江府 413 人，镇江府 106 人，江宁府 97 人，嘉兴府华亭县 48 人，真州 39 人。进士数量的统计表明，科举考试兴起时的唐代，苏州成绩最为突出，润州其次，常州、扬州、昇州也不遑多让。科举考试趋于成熟的两宋时期，常州府（含江阴军）由唐代的第二升为第一，考取进士 1029 人；平江府由唐代的第一退居第二，考取进士 647 人，镇江府第三，考取进士 220 人；江宁府考取 134 人。

元代按族群与区域配额两种方式考试，名额按蒙古、色目、汉人、南人分配，开考又晚，直到仁宗延祐元年（1314）才恢复考试。前后仅科考 16 次，合计录取进士 1139 人，平均每科仅录取 71 人，只有元统元年（1333）一科取足百人之数。其中录取南人大约 284 人，其中集庆路 14 人，常州路 13 人，平江路 7 人，松江府 3 人，镇江路 2 人。常州功名最盛的地位，由集庆路取代，苏州更退居至第四位。

明朝洪武四年（1371）开始恢复科举考试，停顿几科后，于洪武十八年再行开考，此后每三年举行一次，科举考试趋于定型，前后开考 89 科。清朝自顺治三年（1646）沿用明代科举考试之法，三年一考，并不时举行恩科加试，科考次数较明朝为多，不计满洲翻绎科，前后开考 112 科。

据《明清进士题名碑录索引》统计，明清两代自明洪武四年（1371）首科到光绪三十年（1904）末科，共举行殿试 201 科，外加博学宏词科，不计翻绎科、满洲进士科，共录取进士 51681 人，其中明代为 24866 人，清代为 26815 人。江南共考取进士 7877 人，占全国的 15.24%。其中，明代为 3864 人，占全国的 15.54%；清代为 4013 人，占全国的 14.95%。总体而言，明清两代每 7 个进士，就有 1 个以上出自江南。这么高的比例，毫无疑问在全国独占鳌头。

江南进士不但数量在全国遥遥领先，而且其科试名次在全国最为显赫，号称“天子门生”的状元，明代 89 人，江南八府，苏州 7 人，常州 4 人，松江 3 人，杭州、嘉兴和湖州各 2 人，应天 1 人，共达 21 人，占全国近四分之一。其中弘治三年（1490）、六年、九年，万历十一年（1583）、十四年、十七年，万历三十八年、四十一年、四十四年，曾经 3 次连续三科的状元由江南人荣膺，堪称异数。明代文魁（状元、榜眼、探花三鼎甲加会元），南直隶和浙江占了将近一半。正统三年（1438），江南不但首开状元记录，而且连同二甲、三甲之第一名，皆为苏州府人，同科一郡三传胪，亘古未闻。仅苏州一地，到万历时会元已多达 7 人，文史大家王世贞叹为“吴中盛事”。

清代江南魁星更是光芒四射。状元 112 人（不计 2 个满状元），江南各府，苏州 29 人（含太仓州 5 人），常州 7 人，湖州 6 人，杭州 5 人，镇江 4 人，江宁和嘉兴各 3 人，松江 1 人，总共多达 58 人，占半数以上。特别是苏州一地，占了一半之一半以上。苏州状元之多，以致被当地文人汪琬自诩为“苏州土产”，令揶揄苏州少特产的同僚张口结舌。康熙末年的江苏布政使杨朝麟也感叹道：“本朝科第，莫盛于江左，而平江一路，尤为鼎甲萃薮，冠裳文物，兢丽增华，海内称最。”顺治四年

(1647)，武进吕宫首膺清代江南状元。其后自顺治十五年到康熙三十三年的14个状元，清一色全是江南人。仅隔3科，自康熙四十五年到五十七年的6科状元，也被江南人包揽。顺治、康熙年间的29个状元，江南占了23个。此后虽然几乎由江南人垄断状元的局面稍稍被打破，但乾隆十六年到三十四年的9个状元，江南仍多达8个。乾隆五十五年到六十年，嘉庆四年到七年，又两次连续三科的状元为江南人夺得。自嘉庆十四年起，江南状元连绵不绝的盛况不再，44个状元，江南人只有12个，其中只有咸丰十年到同治二年三科状元全系江南人。状元以外的鼎甲榜眼和探花，清代江南也多达39人和52人，分别占35%和46%。清代三鼎甲，有15科由江南人包揽，而又集中在乾隆四十六年以前。顺治四年到康熙二十七年的16科探花，只有2科不是江南人。112个会元，江南多达53人，将近半数，苏州一地就多达17人。由解元、会元而状元连中三元者，清代全国仅2人，苏州人钱棨是其一，"三元坊高竖学宫道左"，天下荣之。

因为江南三鼎甲特多，所以一地同科或一门再及第者，所在多见。父子鼎甲，自古稀见，苏州一地，即有3对：明代太仓王锡爵与王衡，清代吴县缪彤状元与缪曰藻榜眼，镇洋汪廷玙与汪学金父子探花。兄弟鼎甲，堪称难得，顾炎武之外甥、昆山徐氏兄弟三人，元文为顺治十六年状元，乾学为康熙九年探花，秉义为康熙十二年探花，"同胞三及第，前明三百年所未见也"；武进庄存与、培因兄弟，一为乾隆十年榜眼，一为乾隆十九年状元。常熟翁同龢与其侄曾源先后为状元。长洲彭定求与其孙启丰，祖孙状元。元和(今属苏州)吴廷琛为嘉庆七年状元，其族侄钟骏为道光十二年状元。同县一榜及第：溧阳县，崇祯十六年科榜眼宋之绳、探花陈名夏；昆山县，顺治十六年状元徐元文、探花叶方蔼；德清县，康熙九年状元蔡启僔、榜眼孙在丰；钱塘县，雍正八年状元周澍、探花梁诗正；阳湖县，乾隆七年榜眼杨述曾、探花汤大绅；武进县，乾隆十年状元钱维城、榜眼庄存与。以天下之大，一榜三鼎甲，一县有其二，江南居然有此六县。

江南聚族而居，殷实大族在科考中最富竞争力，因而明清江南进士不但分布极不均衡，极为集中，而且还集中在有限几姓几族之中。就明清两代而论，整个江南之顾、潘、浦、蒋、沈、金、陶、周、郁、严、陆、俞、钱氏等家族，考中进士特多。顾姓进士在全国共为 279 人，江南多达 191 人，占 68%。沈姓进士全国共为 582 人，江南多达 375 人，占 64%。陆姓进士全国 330 人，江南为 209 人，占 63%。浦姓进士全国仅为 16 人，只有 1 个不是江南人。郁姓进士全国 24 人，江南为 18 人，占四分之三。钱姓进士全国 306 人，江南为 180 人，占 58.82%。蒋姓进士全国 303 人，江南 110 人，占三分之一强。金姓进士全国 283 人，江南为 108 人，占 38.16%。陶姓进士全国 135 人，江南为 32 人。周姓进士全国 1083 人，江南为 197 人。严姓进士全国 150 人，江南为 58 人。俞姓进士全国 174 人，江南为 67 人，都占相当高的比例。

此外，明清两代苏州府之归，无锡之秦、邹、毕，宜兴之路、任、储、徐，海宁和钱塘之汪，溧阳之狄，丹阳之姜、荆、贺，金坛之于，武进之恽、薛、庄，海宁之查，丹徒之茅，长洲之韩、皇甫，吴江之叶，上海之乔，长兴之臧，嘉兴之项；明代武进之白，太仓之王，海宁之祝，乌程之闵，平湖之屠，常熟之瞿；清代常熟、仁和、钱塘之翁，无锡之嵇，昆山之徐，长洲和溧阳之彭等，都是世代科第不绝的簪缨望族，探杏折桂代有闻人。可以说，就家庭背景而言，江南进士主要出身于那些阀阅大家。

著名者浙江海宁陈家，自明正德初年(1506)到清同治 300 多年间，13 世科第，“登进士第者三十一人，榜眼及第者二人，举人一百有三人，恩、拔、副、岁、优贡生七十四人，征召者十一人，庠生及贡、监生几及千人;宰相三人,尚书、侍郎、巡抚、藩臬十三人,京官卿寺、外官道府以下,名登仕版者,逾三百人”[①]。无锡秦蕙田家族,秦松龄顺治十二年(1655)中进士。松龄子道然中康熙四十八年(1709)进士,靖然中康熙五十一年进士。道然子蕙田乾隆元年(1736)中进士。蕙田长子秦钧,中乾隆十九年进士。蕙田侄孙泉乾隆三十四年中进士。清前期以科第甲族迅速崛起,颇有功名。无锡嵇氏,嵇曾筠康熙四十五年(1706)中进士,官至文华殿大学士兼吏部尚书总督江南河政。曾筠子璜雍正八年(1730)中进士,官至文渊阁大学士,曾任河东河道总督,与父同为治水名臣。璜子承谦中乾隆二十六年进士。无锡邹氏,邹龙光万历八年(1580)中进士,龙光孙式金崇祯十三年(1640)中进士,式金弟兑金中子忠倚中顺治九年(1652)状元,忠倚孙升恒康熙五十七年中进士,一桂雍正五年传胪,升恒孙奕孝乾隆二十二年中进士。无锡侯氏,万历八年,侯先春中进士,自此侯氏“科第蝉联,衣冠鹊起,云礽繁衍,蔚为望族”。先春孙鼎铉中崇祯十年进士,曾孙侯曦中顺治十五年恩科进士,侯杲中顺治六年进士,侯曦曾孙侯钧中乾隆十年进士,侯杲曾孙侯钤登嘉庆十三年(1808)进士,十六世孙侯桐中嘉庆二十五年进士。侯氏自明万历到清嘉庆后期,甲科不断,蔚为官宦望族。无锡泾里顾氏,顾宪成中万历八年进士,官至文选司郎中,其弟允成为万历十一年进士,宪成玄孙开陆中康熙四十五年进士,五世顾仔中康熙五十七年进士,六世维铸中雍正三年进士、维坊中乾隆元年进士,八世顾皋中嘉庆六年进士,九世凤仞中咸丰二年(1852)恩科进士。江阴缪氏,马嘶镇缪昌期家族,昌期中万历四十一年进士,官至左春坊左谕德,昌期第四子太白中崇祯十二年进士,玄孙诜中康熙四十五年进士。缪氏另一支,申港镇缪庭槐家族,缪润乾隆十九年中进士,其子嗣辈缪琪和缪晋

---

① 〔清〕陈其元:《庸闲斋笔记》,中华书局 1989 年版,第 16 页。

同为乾隆四十年进士，孙子辈缪庭槐中嘉庆十年进士。缪霖中嘉庆十三年进士，曾孙荃孙为光绪二年(1876)进士，更是清中后期江阴极为著名的科甲望族。宜兴徐氏，徐溥为景泰五年(1454)榜眼，弘治五年(1492)为首辅；晚清时，徐氏再振，徐家杰为道光二十七年(1847)进士，家杰次子致靖光绪二年中进士，致靖长子仁铸光绪十五中进士，仁铸弟仁镜光绪二十年会元，家杰弟鸣皋同治七年(1868)中进士，半个世纪中科名甚隆。宜兴路氏，路云龙万历八年中、云龙子文范崇祯元年中、文范子进崇祯元年中，路朝阳崇祯十三年中、路仍起康熙四十八年中、路衡康熙五十四年中、路觐雍正八年中、路应廷嘉庆二十二年中、路履祥光绪二年中进士，前后绵延近三百年。如吴江分湖之叶氏家族，自明代成化二十三年(1487)叶绅以进士起家，到乾隆五十四年(1789)，前后“七世进士，登乡榜者尤多”，为当地科第最盛之家。长洲彭氏，彭珑于顺治十六年(1659)题名进士后，其子定求于康熙十五年(1676)登状元，其堂侄宁求为康熙二十一年探花，定求孙启丰于雍正五年(1727)夺魁，祖孙状元，“世所罕见”。后启丰子绍观、绍升、绍咸，孙希郑、希洛、希曾，曾孙蕴辉，皆成进士，后人希濂又登九列。有清一代，彭氏先后出了 2 个状元，1 个探花，14 个进士，31 个举人，7 个副榜，附贡生 130 多人。“科目之盛，为当代之冠”，有“昭代科名第一家”之称。同县徐氏，自明嘉靖到清康熙 160 多年间，“以进士为大官者凡四人，举于乡者又数人”。明太仓王氏，锡爵以会元中进士，其弟鼎爵会试第五名，其子衡顺天乡试解元，殿试榜眼，一门高第。华亭王顼龄、九龄和鸿绪三兄弟，都获进士功，荣任学士。嘉兴李氏，明清之际，“百年之间，科名蝉联，衣冠都雅”。清吴县潘氏，潘世恩为乾隆五十八年状元，堂弟世璜为下一科探花，其孙祖荫为咸丰二年探花，其余翰林、进士、举人彬彬不可胜数，李鸿章题匾为“祖孙父子叔侄兄弟翰林之家”，时人有“天下无第二家”之赞。明代常熟一地，钱氏一门，先后出过九个进士；沈、郁、周、冯、朱、赵、瞿、钱、顾九姓曾有过父子进士的记录；章、陈、王、钱、翁、陆、张七姓，为兄弟进士之门；汤、沈、杨、陈四姓系祖孙进士之家；章、王二姓更为兄弟同科进士之家。这些衣冠望族，甲科连绵，登第人数特多，而且屡屡荣膺鼎甲殊荣，在明清江南进士群体中璀璨夺目，成为江南进士群体的一个显著特色。

2. 苏巧甲天下

明代万历时，吏部尚书杭州人张瀚感慨道："今天下财货聚于京师而半产于东南，故百工技艺之人亦多出于东南。"同时期长洲知县江盈科说："姑苏诸技皆精致甲天下。"从此就有"苏巧甲天下"之说，响彻全国。清代中期，地方文献称："吴中人才之盛，实甲天下，至于百工技艺之巧，亦他处所不及。"按照地方文献的说法，吴地诸作，已由"技""术"升华至"艺""道"的境界，充满文化底蕴，渗透着人文愿景。总而言之，手工技艺各业能工巧匠辈出，工艺大师绵绵不绝。

按照明后期人士王世贞和张岱的说法，雕琢玉石琥珀玛瑙的夏白眼、贺四、李文甫、陆子刚，治犀的鲍天成，治银器的朱碧山，治锡器的赵良璧，做折扇的李昭、马勋、杨聋石、王松川、谭松坡、陈竹人、马根仙，治彝器的周治，苏州雕刻藤瘿古木湘竹的江春波、濮仲谦，嘉定竹雕的朱氏和封氏，苏州橄榄微雕的夏白眼，核桃微雕的金老、王叔元、杜士元、沈君玉诸人，无锡治犀象的巧匠尤某，都是身怀绝技的高手，海内无人能比，经他们之手而成的精品，出神入化，堪称国宝。

除了这些工艺大师以外，其他各行各业，巧匠高手也衣钵相传，层出不穷。最关民生日用的水木作业，吴地的高手名匠就最有名。苏州香山帮工匠，元中期就有修建玄妙观玉皇阁的张拨天，元末明初有参与建筑都城的苏州洞庭东山的土工张宁，明初时更有营造北京宫殿的苏州香山木工蒯祥、武进木工蔡信、无锡石工陆祥等。蔡某官至司丞，蒯氏官至侍郎，长期修建宫殿至明中期，贡献尤多。陆祥"有巧思，尝用石方寸许，刻镂为方池以献，凡水中所有鱼龙荇藻之类皆备，曲尽其巧”，擢为工部侍郎。

清代前期苏州水木作工匠，如吴人薄子理，性敏悟，所制盘匜，灵动如生。清代中后期苏州的水木作业，虽然大师级匠人很难论定，但有关工匠群体的资料较多。

清前期，苏州水木作业曾在玄妙观东洙泗巷内公输祠设立公所，供奉鲁班仙师，为办公之所，工匠有顾鹤、周尚德、徐学周、黄康侯等35人。清末，有顾松泉、叶春山、顾东山、严锦芳、柳亭兰、范福山、姚坪洲、吴顺兴、朱松堂、唐瑞芳、顾云昌、严永仓、郁仓洲、殷春山、范品泉、唐协和等作16家，水木匠总数当在600人左右。20世纪80年代，苏州胥口文化站的刘慎安、邱仁泉著成《“香山帮”能工巧匠录》，提到的匠人有张升、张仲庆等三十几人。陈从周在《鸳鸯厅大木施工法》跋中记有匠人顾祥甫。沈黎将刘慎安、邱仁泉所集香山帮匠人列表，展示匠人的姓名、年代、籍贯、工种、代表作品、师承或传人。虽然时代偏晚，但足资参考。后来朱启钤辑录了《哲匠录》一书，后由梁启雄、刘敦桢校补，列有贝寿同、柳士英、杨锡缪、黄家骅、吴华庆、汪坦等近今时代的苏州建筑师。

江南尤其是苏州，水木大作以外，更以器具制作之精巧享誉海内。苏州细木家具，用料考究，简洁流畅，不事雕饰，式样古朴，风行全国。水木作的附属各作，如石作、红木梳妆业、油漆髹饰作等，分工细密，人数众多，同业组织较为严密。

苏州漆器同玉器一样，入清后更加有名。漆作有明光、退光等分工，剔红、剔黑、彩添等皆精，而且人数众多，建有同业组织，开展业内救助等慈善活动。道光十七年(1837)，苏州漆业向其性善公所捐款，500多人参与，其中仅居住在阊门上下塘的伙友就多达97人。道光十六年，向公所捐款的伙友多达560人。咸丰元年(1851)，性善公所重修，捐献款物的，有长庆会、信字号等92家。

琢玉业高手繁夥，不少人脱颖而出，技艺水平得以发扬光大。清初有刻玉家周尔森和江皜臣等。雍正时代，造办处有来自南方的玉匠陈廷秀、许国正、杨玉、施仁正、陈宜嘉、王斌、鲍有信、都志通、姚宗仁、韩士良等人。乾隆时代既是全国也是苏州玉业发展的最高峰，苏州的琢玉大师应该人数更众，如世代从事玉业的姚宗仁、平七、朱云章等人，盛名享誉全国。道光年间琢玉工匠徐鸿、朱宏晋等，所琢仕女，体态逼真，似含情微笑，所琢花鸟，栩栩如生，似展翅欲飞，可谓玉雕良工迭出，类多传世珍品。苏州从事玉器业的工匠原来主要是当地人，清中期后，南京玉工在苏州也很活跃，称京帮，与苏帮竞争。两帮分别建有同业公所，太平天国兵燹后，苏州玉业重修崇祀庙宇周王庙，捐款者达830多户。清末，据后人追溯，"苏地业此者三数百，商而工则三千余人"。民国八年(1919)，《苏州总商会同会录·会员商号姓氏录》记有玉器业4家，即杨源记、钰源、王祥源和毛东盛。

书画装裱业亦高手云集，明后期最有名的裱褙匠是汤裱褙，明末则有强百川、虞猗兰、汤毓灵、庄希叔等人，尤敬、徐三泉、王俊溪等人也不遑多让。入清后，有吴蟠、顾生勤等人。乾隆中期，江南书画收藏再掀高潮，裱褙师更有用武之地，苏州从而涌现出一批装裱大师，秦长年、徐名扬、张子元、戴汇昌诸工，道光时吴文玉等人，皆名噪一时。

其他如丝绸业、刺绣业、窑作、铜铁器加工业、紫砂业、泥人捏塑、金银首饰加工、竹雕、核雕、泥人捏塑等，也多高手，大师名匠，绵绵不绝。

（三）名医闻于时

江南人推崇"不为良相，则为良医"的信条，相信"天下技艺之士，莫善于医"。江南总体而言，生活条件好，文化水平高，与此相应，医药保障条件优，医疗水平高，从而医治各科均诞生了众多名医。《清史稿·艺术列传一》中录有医学人物共48位，江南医者30位，其中拥有详细传略的江南医者22人，分别是吴有性、戴天章、徐彬、张璐、高斗魁、张志聪、高世栻、柯琴、尤怡、叶桂、薛雪、吴瑭、缪遵义、王士雄、徐大椿、王维德、陆懋修、王丙、吕震、邹澍、费伯雄等。

早在明初，人称吴地医生最多，到明中期，得名者有苏州的韩公达、韩公茂、盛叔大、刘原博、沈以潜、张致和、钱伯常、刘德美、周原，以及相继而出的葛应雷、张元善、倪维德、朱绅、盛寅、陈公贤，多以儒医称。明前期，常州有钱氏、苏州有陈公赏等；明中期苏州有钱同爱，以小儿科著名；王惟用、韩氏、盛氏、刘氏、李氏、贝氏等以世医著名。苏州名医周南，自南宋起，其祖辈历代皆以医仕，专治妇科，至明中期，“吴中论名医，公必居其列”。无锡世医周家，成化末年周月窗，时称“国手”，征入太医院为医士，“一时医名起于都下，贵戚大臣求治疾者常数骑集于门以候”。宜兴吴氏，所制药饵，为人治疗，也多奇效。甫里陈氏，自南宋至清初，以医术相传，已经十三世。长洲世医戈氏、秦氏，明后期也颇有名。明中期苏州名医朱大泾，世代精于治疗疡症，存心济物。吴门郑氏受业于李东垣，专治妇科。清代吴江平望镇上的潘家，也是世医之家。在潘子和之前，“其先世之传绪也久”，至潘子和，更是“善医”与“精于医”，凭借高超医术，以及对当地百姓的“隐功”，被人比拟为晋朝时的董仙，并替其所居之室挂上“杏林清隐”的匾额。至其孙潘孟文，也能“世其业”，克绍箕裘，医名愈振。

清乾隆时，江南最有名气的医生，非叶天士、薛一瓢莫属。人称“叶以天分胜，薛以学力胜，两不相下”。叶天士治风温及幼科痘疹，“补仲师所未备，救众生之沉冤”，可谓独立医宗矣。常熟梅李镇王敬亭，吴江徐大椿，近代苏州的刘允辉、王天相等，皆是负有盛名的医生。吴县曹氏，子孙世代专长内外科，尤其擅长治疗温病烂喉丹痧，治病辨证精深，处方灵巧，疗效卓著，医名冠于吴中。曹沧洲著有《霍乱救急便鉴》和《戒烟有效无弊法》二书，其门人辑成《曹沧洲医案》数种。光绪三十年（1904），光绪帝病重，诏征天下名医，经江苏巡抚保荐，曹沧洲与青浦名医陈莲舫同被征召入京诊疗，作为御医留京师。苏州谭氏一族，“专看毒门”，其余苏城外科均不如其技。

上海青浦何氏世医，南宋绍定年间（1228—1233）何侃任浙江严州淳安县主簿，任满后归隐于医，成为江南何氏医学世家的第一位医生。此后至今近八百年，何氏家族涌现出有据可考的医生350多人，编纂有医论、医家、方药等著作130多种，“不仅在我国历史上诚无多见，即在世界医史上，亦从未之闻”①。

（四）群星竞璀璨

江南人才重地，不独科第冠海内，技艺甲天下，而且昔日称畴人今日称科学家者，也相当突出，堪称胜景。如科技人才，据阮元《畴人传》、罗士琳《畴人传续编》、诸可宝《畴人传三编》和黄锺骏《畴人传四编》所载天文、数学等各类科技人才统计，明代全国40人，江南13人，江南占32.5%；清代全国252人，江南105人，江南占41.7%。在江南各府的分布，明代13人，杭州、嘉兴二府各3人，苏州、湖州二府各2人，常州、松江、应天三府各1人；清代已知府属的104人，其中杭州府21人，常州府20人，苏州府19人，湖州府12人，太仓州10人，松江府8人，嘉兴府7人，江宁府7人。清中期阮元等人所编的《畴人传》，共收明末以后的各地天文、数学方面的学者220人，籍贯确切可考者201人。其中，江苏75人，浙江44人，江南人占了一半以上。截至2021年，全国两院院士人数，按出生城市排名，前十名依次为宁波（121）、苏州（105）、无锡（95）、上海（92）、绍兴（83）、福州（74）、常州（61）、南通（54）、北京（51）、长沙（47）。这两组数据充分说明，数百年来江南地区

---

① 何时希：《何氏八百年医学》，学林出版社1987年版，第20页。

科技人才众多而密集，江南经济发达、社会进步与科技水平高、科技成就大有着紧密关系。

三、耕读传家，实业衍世泽

耕读传家之本意，是指以种田收入提供读书的条件，读书有成，反过来确保农家维持甚至扩大再生产，亦耕亦读，家业方能代代相传。耕读都是本业，结合得好，就是家业兴旺、历代不坠的不二法门。耕读传家成为江南社会持续发展的基本动力。

（一）耕读为本，世代传承

东林学派的领袖无锡人高攀龙，平时极为注重对家族子弟的训诫教诲。他所作《高子遗书》，留下了大量劝导子孙为人正直、立身端方的家训，用以垂范后人。他在其所著《杂训》中倡导子弟，“为善最乐，读书便佳”。如江阴，清中期县志载，江阴市镇散布坊乡间，虽然肥硗异地，喧阒异形，秀朴异俗，“而敦诗书，重耕织，则四境之所同也”[①]。“重耕识，敦诗书”，自然不独宜兴，整个江南皆是如此。这一概括，实际上典型地总结出了耕读传家在江南社会发展中的重要作用。

耕读为本，体现出来的是江南农家终岁勤动，勤勉治生。明前期，苏州人吴宽文集中有言：“三吴之野，终岁勤动，为上农者不知其几千万人也。晏然处于家庭之间，而矻矻然经营乎方寸之地，其劳尤甚焉者。”[②]清中期，无锡地方志书载：“农民勤力作，无不毛之土，故田之贵数倍于前，而佃不输租，每为业户之累。”这种情形由来已达近千年，又延续到当代。公社化后期，笔者高中毕业，参加生产队劳动，几乎每年大年初一即出工劳动，叫“开门红”，大年三十出工叫“闭门红”，只有除

① 乾隆《江阴县志》卷五《坊乡 · 镇市》。

② 〔明〕吴宽：《匏翁家藏集》卷三十六《心耕记》，〔清〕纪昀、〔清〕永瑢《文渊阁四库全书》第 1255 册，台湾商务印书馆影印版，第 306—307 页。

夕下午不出工，烧年夜饭。广大社员日出而作，日没而息（夏天“双抢”和深秋种麦或农活紧张时常常“开夜工”），终年在田里劳碌。每天上午，队里哨子一吹，社员们陆续出工到田头。南京大学文学院莫砺锋教授回忆其插队干农活的情形，将安徽淮北与江南作比较：“安徽淮北农村的农业劳动跟我们江南不一样，我在江南插队，江南农民的劳动从大年初一干到年三十，一年到头都要下地干活。淮北那儿是懒种田，麦种撒下去以后没有多少田间管理，到时候拿着镰刀去割，所以有大量的农闲时间。”①

（二）耕读结合，“书包翻身”

江南农家，立足本业，耕读结合，以业农收入用于读书科考，力争跻身上流社会，至今民间流传“书包翻身”的谚语。江南的科考教育史，实际上也是一部读书翻身、知识改变命运的历史。“吴郡陆氏，隐于田间而业农者累世矣。世修礼义表然为郡之望，至处士宗博益振其业，乡人尤赖之。”无锡华氏荡口，原来“屋庐弊陋，田园毁顿”，明中期有华庄者，“唯以力田勤家为务，善自节缩衣食为俭约，家以日饶”，其子华昶得以跟从名师游学，力学有闻，考中进士。再如明中期吴县进士陈霁之父，长年督促僮仆耕稼，后来收入滋多，开辟浸广，腴田沃壤，弥跨湖壖，同时积书延师教子，子嗣科考成功。如长洲吴行，世代务农，家境艰难，他内负干力，奋自树植，徙居苏城，朝夕拮据，积二十余年始复故业，同时教子专用儒业，其子吴一鹏，终于考中进士，进入翰林。而嘉靖时吴江人周用，进士出身，秉铨吏部，以清慎著名，考其先世，都是农家。突出者如明中期昆山人李玉，世代为农，家有良田，见儿子聪明绝伦，高兴地说：“吾数十年谋所以为吾业者，而不得。吾家良田，其在此一。吾耕之种之，而食其实矣。”如此则将培养子弟视为

① 莫砺锋：《我的曲折求学路》，《博览群书》2024 年第 9 期。

种植良田。明代后期无锡张泾农民顾学，别号南野，生了四个儿子。南野公家境贫困，据说早年每天只食一餐，居室简陋不蔽风雨，种田之外，在乡里村巷间流动，做过酒人、豆人、染人等，渐渐地才能衣食粗足。顾学家虽贫穷，但粗通文墨，心志高仰，慨然仰慕范仲淹为人，极为重视儿子的教育和培养。他安排长子性成、二子自成在家种田，一生不从事举业，业农治生；三子宪成和四子允成擅长读书，于是将他们送入塾学读书。兄弟两人种田是好把式，泾水之上，灌莽一区，经营40年，开发成较有模样的热闹聚落。他们以长年种田收入养家糊口，资助两个弟弟读书。宪成与四弟读书有出息，是整个家庭集中了有限资源的结果。

直至清末，成长于无锡荡口鹅湖七房桥的钱穆饱含深情地记载："先父之卒，诸亲族群来为先兄介绍苏锡两地商店任职，先母皆不允。曰：'先夫教读两儿，用心甚至。今长儿学业未成，我当遵先夫遗志，为钱氏家族保留几颗读书种子，不忍令其遽尔弃学。'明年冬，适常州府中学堂成立，先兄考取师范班，余考取中学班。师范班一年即毕业，同学四十人，年龄率在三十以上，有抱孙为祖父者。先兄年仅十九岁，貌秀神俊，聪慧有礼，学校命之为班长。"①无锡钱氏之例，哪怕将其置于整个江南，也具启发意义。可以说，耕读传家，实是当时江南，尤其是无锡、常州、苏州等地人才崛起、传承文化的典型之路。

科举考试的机制，使得缙绅阶层倏起倏落，时刻变动。明后期的江南人清醒地意识到，"不读书登第，不足以保妻、子"。正是在这种动机驱使下，世代仕宦之家仍然如履薄冰，聘请名师，课督子弟，研习时文，甚至不惜经商营利，以使子弟无后顾之忧，捐置族田，资助族人读书应考。一代古文大家昆山归有光的祖母、母亲，为了使归家重振，督

① 钱穆：《八十忆双亲 · 师友杂忆》，岳麓书社1986年版，第20页。

促有光功课的情景极为动人。明中期，昆山李氏，值家中落，至脱簪珥为子延师，“夜必篝灯手绩以课业”，直到子、孙考中进士。嘉靖时官至大学士的昆山人顾鼎臣，交代子孙：“我心只望汝读书修行，成身成名，光显祖宗，撑立门户，垂裕子孙。我虽以死殉国，亦无遗憾。勉之！勉之！”[①]清初昆山徐氏三兄弟都荣膺鼎甲，有人将其归因于其父积德所致，其实其母督学之严也是出了名的。后来官至刑部尚书的徐乾学，有慨于世人以土田货财或金玉珍玩、园池台榭传世而子孙不能守，乃筑传是楼，庋藏书籍数万卷，拟传诸子，并殷殷解释其动机即为了让子孙懂得读书应考入仕于保富贵的重要。徐氏此举，正是江南官宦人家希望读书攻举以保长久富贵的典型。

对于寒门小户来说，科考更是其摆脱贫困或出人头地、跻身上层行列的唯一途径，于是母督子、妻励夫，发奋读书者在在有之。如明代苏州有顾一清者，家甚贫，其母“乃脱簪珥资给之，而躬督劝之学”。明代华亭有钱文通者，为诸生时，“游乡学，勤苦特甚，夫人昼夜纺织以资给之，得专意于学问，遂取高科入翰林，以文名于世”。日后官至广东按察司副使的昆山人周济叔，当其未显时，其父令其“从旁诵读，夜分乃寝，率以为常”。清代无锡地区，进士之多甚于明代，这类勤学劝学督学的例子，随处可见。庶民子弟或许因为攻读机会尤其不易，家人的期望更加殷切，寒窗苦读的劲头也就更加充足。诚如时人所言：“贡、监、生元等，奋志芸窗，希心持籍，或贫而辍馆，远道盈千；或老而观场，背城一战。少年英俊，父兄之督责维严；壮岁飞腾，妻孥之属望尤切。”江南人大多是背负着家人的殷切期望搏击于科场的。明清时期江南文运弘开，科第冠海内，正是全社会各阶层都视读书应考为安

---

① 〔明〕顾鼎臣：《顾文康公文草》卷十附家书，《顾鼎臣集　杨循吉集》，上海古籍出版社 2013 年版，第 171 页。

身立命的不二法门所造就的。

耕读传家的执着理念及恪守不渝的品格，不仅限于一家一室之中，而且整个家族也是如此。

著名当代史学家无锡人钱穆在《中国文化史导论》中说，“家族是中国文化一个最主要的柱石”，“中国文化，全部都从家族观念上筑起，先有家族观念乃有人道观念，先有人道观念乃有其他的一切”。江南在中国实行科举取士以后，明清以来，兴起了诸多家族。江南大地，各地聚族而居。如常熟有八大家族，人称“翁庞杨李是豪门，归言屈蒋有名声”。近代无锡，杨氏、荣氏、周氏、薛氏、唐蔡氏、唐程氏是六大民族资本工商业家族。民国《江阴县志》胪列全县各地家族，达一百多个。

明后期的常熟归氏，聚居白茆，是有名的大家族，其家族教育长期秉持耕读传家理念。该族立有训条，凡我诸父昆弟，“力田是务，无扞文网，以劳长吏。岁所收粟，自输赋外，宗人实共有之”。族人恪遵条规，长期耕读传家，族属繁盛。江阴祝塘王氏，数百年间流传族中格言：“读书自是好事，种田亦非下等。凡教子孙者，只此两事为最。”江阴袁氏教导族人：“苟能博得一领青衿，则极贫之家，向为人所不知不闻者，有子入学，便得立在人前，置之齿颊之际。况书香由此而继，不至泯泯无闻矣。”清末常州阳湖（武进）羌土区王氏《家训十六则》，第三条为：“教子孙惟耕、读两项，商贾、技艺皆末业也。”清末江阴澄南东沙王氏《世范》谓：“祖宗创业艰难，守成匪易，垂法后人，惟耕惟读。二百年来我族人从诗书而外，俱以农事为本，而不事浮末，故仰事俯育，可以无虞，亦既庆遗安泽，为其后者守其常业。勤耕耨，时种莳，开源节流，以务本为治生之计，则衣食足而礼义兴，所谓有恒产者有恒心，安在王道之易易，不于此观之哉？”耕读结合，诚如万历《宜兴县志》所说，使得江南“旧家大族能根据数十世以上所从来，相保不艾”。

（三）各业皆本，重视治生

耕读传家，随着社会发展、世代变迁，其意由只有耕读才是本业改变为无论务农还是做工营商等，都是正当职业，也就都是本业，都能传承家业，子嗣瓜瓞绵绵。与同时代其他地域的家风家训相较，明清江南家训崇尚实用、关注治生、各业皆本的特点引人注目，尤其是对业贾经商所持的宽容态度为他地所不及。

自宋代起，苏州人袁采以及吴中叶梦得等人即已纷纷主张，“如不能习儒，则巫医、僧道、农圃、商贾、技术，凡可以养生而不致于辱先者，皆可为也”“治生不同：出作入息，农之治生也；居肆成事，工之治生也；贸迁有无，商之治生也；膏油继晷，士之治生也”。晚明东林党人群体呼吁重视工商实业的发展。诚如清中期嘉兴人钱泰吉所说：“所谓世家者，非徒以科第显达之为贵，而以士农工商各敬其业，各守其家法之为美。”清末宜兴东沙王氏家训也规定：“吾祖以耕读传家，欲绵先泽，读书固为第一。然或资愚质蠢，难图上进，则农为务本，商为逐末，各成一途。又或家无遗橐，资本萧然，即专习一艺，亦无不可。若乃不执一业，游手好闲，趋附则失己，诈骗则害人，即使服食不亏，甚且齿肥衣绣，均为羞辱先祖。故术业不可不务也。”近代大名鼎鼎的工商实业家荣氏，就在其《家训十五条》的“蒙养当豫”条中写道：族中子弟接受教育，“他日不必就做秀才、做官，就是为农、为商、为工、为贾，亦不失纯谨君子”。年轻的荣德生赴上海习业后，当其父亲来沪探望时嘱咐他“勿必学商，可一同回去读书，余《命书》四十五岁有子泮，照汝情形，可读也”时，少年荣德生的回答竟然是：“刻已学商，回去读不成，被人窃笑，不如学商。当留心，亦可上进。”[①]无锡荣家对耕读传家的解释，也是江南地区绝大部分人的看法。

---

① 荣德生：《荣德生自述》，安徽文艺出版社 2014 年版，第 12 页。

（四）重视教育，助学办学

耕读传家，也体现在特别重视教育，致力于兴办学校，或尽力资助教育事业。在传统时代，江南宗族，千百年来，形成根深蒂固的理念和传统。为了耕读传家，族属兴旺，江南各地宗族特别是那些世家大族，大多置有义庄族田，以义田收入，资助读书，奖励科考成功者。

重视教育，致力于教育事业，在江南近现代新式学校教育上，特色尤为鲜明。比如，唐文治于1920年在无锡创建国学专修学校，前后办学30年，是中国20世纪上半叶培养国学精英的摇篮。国专实现了传统书院与现代教育制度的结合，延续了国学命脉，培养了一大批宝贵的国学专业人才，硕果累累，桃李芬芳。又如无锡人荣德生，于1947年创办了私立江南大学，为当今江南大学奠定了基础。

此处再举无锡胡氏为例以作说明。胡雨人，原名尔霖，是北宋著名教育家胡瑗三十世孙，生于同治六年（1867），光绪十七年（1891）中秀才。后留学日本弘文学院师范科，曾参加同盟会。本来专治国学，为一代名师，而一向留意经世之务，东游日本，考察教育，研究师范，转型从事新式教育。回国后，历任北京女子师范学堂校长、江阴南菁书院院长，以及无锡公益工商中学、常州中学、宜兴中学等校校长，并在家乡创办胡氏公学及图书馆。胡雨人一生从事教育，在江南京沪铁路沿线县市城镇，先后手创中学十余所，学风纯良，誉满全省，家乡父老，每一提及，莫不屈指推崇称道。其继娶周韫玉，也热心教育，曾任教于丽则女校和苏州振华女校，举凡修身、国文、历史、地理均能胜任代课，视校事如家事，两校的校长对她都交相称赞。光绪三十四年（1908）秋，协助胡雨人在北京创立女子师范学堂，以斋务长兼教修身，以一身为校之中枢神经，还曾赴日考察著名之女子师范学校。胡雨人“在教育界和马相伯、吴稚晖都是同一时代的人，而且和他们齐名。因此家中的教育工作，所有子侄辈包括媳妇在内，都由雨人公负责带领”。胡雨人之侄胡敦复，早年受教于叔父，接受了启蒙教育。1897 年，当其 12 岁时，南洋公学开办，即领叔父之命考入学习。后进入震旦学院，师从马相伯、蔡元培、吴稚晖等名士，并学习拉丁文。在胡雨人的鼓励下，胡敦复与大妹胡彬夏同赴南京参加江宁学务所举办的官费留学考试，双双考取，在当地传为佳话。家族重教育的传统，使胡氏子弟无论在延续旧学抑或接受新式教育方面均“捷足先登”，受惠良多。尤其提及“女子教育”，胡家也是开风气之先。后来大同学院创办，招收女生，与胡氏的家族传统不无关联。胡氏家族中的不少成员与子弟，或执教于大同，或就读于大同。1927 年，胡敦复主持大同大学，成立校董会，推马相伯为第一任董事长，呈请国民政府立案。当时文学院院长由胡宪生担任，外国文学系主任由胡卓担任，理学院院长为胡刚复，下设数学系，主任由胡刚复兼，哲学教育系主任则由胡敦复自任，其他家族成员也各有职务。此时大同大学，“规模大具，校誉蒸蒸日上”。胡敦复、胡刚复、胡宪生他们的子女也大多就读于大同，有的念附中，有的念大学。以胡敦复之子胡新南为例，“小学毕业后我就跟父亲回到上海，在上海的大同大学附中念初一。……我在大同高中毕业以后，也想去报考公立大学。记得那时我向继母要钱去报名，她问我要钱做什么用？我说要去报考清华大学，正在这时候，父亲刚好走过来，问说：‘他要钱做什么？’母亲说：‘他要去考清华。’父亲听了就说：‘不要给他钱！’又很严肃地对我说：‘我自己办的学校你不念，谁还去念？’被父亲这么一说，我也就没去成清华了，于是进入大同大学化学系就读。”胡氏家族不少子弟的经历与胡新南相似，从中也体现出胡敦复办学的自信。①

---

① 此处有关胡氏办学及受教育情节，参考马学强等《沪上名校：百年大同研究（1912—2012）》，上海辞书出版社 2012 年版。

四、精益求精，创新与匠心

江南之所以经济发达、文化繁盛，而长期引领社会发展方向，与江南文化善自标致、立意创新大有关系。

早在明初，应天巡抚周忱总结江南风尚时说，天下之人出其乡则无所容其身，而苏松之民出其乡则足以售其巧。明中期正德《姑苏志》描述："吴下号为繁盛，四郊无旷土，其俗多奢少俭，有海陆之饶，商贾并凑，精饮馔，鲜衣服，丽栋宇，婚丧嫁娶，下至燕集，务以华缛相高。女工织作，雕镂涂饰，必殚精巧。"《姑苏志》还总结当地风尚："市井多机巧繁华，而趋时应求，随人意指。"康熙时地方文献称，江南"时新品物，按节而出"。

江南能够应时推出时新品物，江南器物制造必殚精巧，首先在于江南人立意创新，不断推出新品。明后期湖广京山人李维桢说，江南大地，凡"棋客、琴师、酒人、博徒、临模、装潢、剞劂、刺绣、雕几，设色之工，几可䌷载，奇技淫巧日盛，一巾一履，一笺一簟，递出新制，海内靡然仿效矣"①。是说各行各业都讲求创新，能够推出新样。因为求新求变，别开生面，不断有新品推出，在同行中一路领先，引领着发展方向。对此，明末清初山阴人张岱深有感慨地说："吾浙人极无主见，苏人所尚，极力模仿。如一巾帻，忽高忽低，如一袍袖，忽大忽小。苏人巾高袖大，浙人效之。俗尚未遍，而苏人巾又变低，袖又变小矣。故苏人常笑吾浙人为'赶不着'。"②到清前期，吴江人袁栋说："苏州风俗奢靡，日甚一日。衣裳冠履，未敝而屡易；饮食宴会，已美而求精。衣则忽长忽

---

① 〔明〕李维桢：《大泌山房集》卷四十八《赠陈昌期序》，《四库全书存目丛书》集部第151册，齐鲁书社1997年版，第518页。

② 〔明〕张岱：《琅嬛文集》卷三《又与毅儒八弟》，岳麓书社1985年版，第142—143页。

短，袖则忽大忽小，冠则忽低忽昂，履则忽锐忽广。造作者以新式诱人，游荡者以巧冶成习。”[①]乾隆初年，无锡人黄卬说，当地妇女头饰“高下大小，随时屡易”。

在提供式样、推陈出新方面，江南是始终走在前列的。乾隆初年，浙江巡抚纳兰常安称，“天下匠役，非规矩不能成方圆，而有神明于规矩之中，变化于运斤之外，殆亦性成之也”。而江南大地，凡金银琉璃绮彩锦绣之属，无不极其精巧，因此统称为“苏作”。与江南手工制造相比，广东的匠役也以巧驰名远近，统称为“广作”。因为式样创意来自苏州，所以民间有“广东匠，苏州样”的谚语流行。江南特别是苏州一带“善开生面，以逞新奇”，广东匠役为江南匠役所驱使，就因为不能舍旧式而创新格。

江南立意创新，善于创新，又匠心独运，精益求精，大师创新与工匠精神有机融合，从而在各行各业中打造出大量驰名品牌。明后期起，江南可能是全国著名品牌最多、最为集中之地。明后期，孙春阳南货、汪益美布匹、孙云球眼镜，以及香山蒯氏大木匠，陆子冈之治玉，鲍天成之治犀，朱碧山之治银，赵良璧之治锡，马勋之治扇，周治之治商嵌，王吉、姜娘子之铜器，雷文、张越之治琴，张成、杨茂、彭君宝之漆器，供春、时大彬之紫砂壶，“汤裱褙”、强氏、庄氏、秦氏、徐三泉、王俊溪、章简父书画装裱和嘉定朱鹤龄之竹雕，无锡泥人，苏州陆墓邹氏、莫氏二家所造蟋蟀盆，数百名高手烧造的御窑金砖，驰名远近，畅销全国乃至海外。

清前期，著名品牌继续不断涌现。丝绸、棉布以外，特色商品食品品牌琳琅满目。乾隆《吴县志》称，吴中食物有因时而名者，有因地而

① 〔清〕袁栋：《书隐丛说》卷十《风俗奢靡》，《四库全书存目丛书》第116册，齐鲁书社1997年版，第530页。

名者，有因人而名者。因人而名者，如野鸭，以蒋姓著，谓之蒋野鸭；薰蹄以陈姓著，谓之陈蹄，今则以陆稿荐出名，而陈不复著名。陆稿荐之薰腊，连京师也盛行起来。钱思元《吴门补乘》加以补充，苏州方物著名前代，其以姓著者，有方羊肉、袁小菜；以混名著者，有野荸荠饼饺、小枣子橄榄；以地名著者，有野味场野鸭、温将军庙前乳腐；以招牌名著者，有悦来斋茶食，安雅堂酏酪。林林总总，不可胜纪，虽为小食，雅负时名。道光时，顾震涛《吴门表隐》系统总述道："业有招牌著名者，悦来斋茶食，安雅堂酏酪，有益斋藕粉，紫阳馆茶干，仰苏楼花露，步蟾斋膏药，丹桂轩白玉膏，天奇斋钮扣，青莲室书笺，世春堂油鞋，天宝楼首饰，锦芳斋荷包，青云室领头，茂芳轩面饼，方大房羊脯，三珠堂扇袋。业有地名著名者，温将军庙前乳腐，野味场野鸭，鼓楼坊馄饨，南马路桥馒头，周哑子巷饼饺，小邾弄内钉头糕，善耕桥铁豆，百狮子桥瓜子，马医科烧饼，锵驾桥汤团，干将坊消息子，新桥堍线香，角直水绿豆糕，黄埭月饼，徐家弄口腐干。业有人名著名者，孙春阳南货，高遵五葵扇，曹素功墨局，钱葆初、沈望云笔，褚三山眼镜，金餐霞烟筒，张汉祥帽子，朱可文香饰，雷允上药材，吴龙山香粉，王素川刻扇，穆大展刻字，谭松坡镌石，黄国本手巾，项天成捏像，程凤翔织补，汪益美布匹，李正茂帽纬，黄宏成绸缎，王东文铜锡，王信益珠宝。业有混名著名者，野荸荠饼饺，小枣子橄榄，曹箍桶芋艿，陆稿荐蹄子，家堂里花生，小青龙蜜饯，周马鞍首乌粉。"苏州的驰名商标，以时、地、人、招牌著名的各种名牌，涵盖了大宗商品、工艺精品和土特产品各个方面。

其中孙春阳南货、汪益美布匹、孙云球眼镜、褚三山眼镜、陆稿荐薰腊、松鹤楼面食、雷允上药材、戈氏半夏、仰苏楼花露、公茂号绸缎、保和堂药店、芳馥斋茶店、仿古斋瓷器、聚茂号银销店、大雅堂书坊、益智堂书坊、美芳馆熟食、大盛号铜器、松茂号绸缎、森禄斋果品、此奥馆酒馆、上元馆糕品、芳风馆纸店、卿云馆扇店、天奇斋帽店，都是百年以上的老字号和远近驰名的品牌。

进入近代以至民国，苏州名店名品老牌子仍多流行，而新品又不断推出。如采芝斋的西瓜子、粽子糖，稻香村的月饼，叶受知的方饼、黄扦糕，陆稿荐的酱肉、酱鸭，生春阳的火腿，温大成的小米籽糖，文魁斋的梨膏糖，詹大有的墨，桂林堂的水笔，二桂堂的旱笔，月中桂的香粉，毛恒丰的扇子，老德和的羊肉，野荸荠的麻酥糖，观振兴的蹄髈面，雷允上的六神丸（专销日本）、痧药，沐泰山的眼药，顾得其的乳腐，杨三溢的人参，张小全的剪刀，马敦和的帽子，恒孚的金饰，西兴盛的鼻烟，松鹤楼的卤鸭面，老丹凤的小羊面，普济堂的疳积药饼、蓬条，吴世美的茶叶，张祥丰的蜜饯，元章的野味，鲍三阳的大炸蟹，潘所宜的豆腐干（别名素鸡），同丰润的酱油，三清殿的洋画张，三万昌的橄榄茶，黄天源的糖烧番薯、脂油年糕，共 35 家名店，40 多种名品，其中不少是新创出来的。

杭州则以杭扇、杭线、杭粉、杭烟、杭剪“五杭”出名，扇店以芳风馆为首，其余则有张子元、顾升泰、朱敏时等，线店有张允升、胡开泰、孙大森、鼎隆、德一等，粉店推裘鼎聚、关玉山、金建侯等，烟店推达昌、陈四禾、迎丰、天润、天隆、玉润等，剪刀店则仅张小泉一家而已。其他如蒋昆丑所制皓纱，张文贵、陆文宝所制毛笔等，均名重京师，畅销各地。南京各色绸缎之外，仰氏扇、伊氏素纸扇，四方崇尚；绸缎廊谈见所和奇望街的汪天然两家出售的黑绉包头，天下闻名；庆云馆出售的折扇，“揩磨光熟，纸料洁厚，远方来购，其价较高”；伍少西毡货、吴玉峰膏药、杨君达海味，亦特别出名。酒店著名者，先后有泰源、德源、太和、来仪诸家，后有便意馆、新顺馆、一品轩等处。其他如湖州冯应科、陆颖、王用古所制毛笔，无锡三凤桥酱排骨、王兴记馄饨等特色名品，更是不胜枚举。

这些百年以上的老店老牌，最有名的是汪益美布匹和孙春阳南货。汪益美布匹由汪姓徽商于明代万历年间创设于苏州阊门，到民国时期一直闻名于世。道光时期，每年销布百万匹，一匹嬴利百文，一年增息银二十万两，“十年富甲诸商，而布更遍行天下”，“二百年间，滇南漠北，无地不以‘益美’为美也”。[①] 这个在苏州开设了至少二百年的棉布字号，采用的特别出名的品牌战略，即以实笃笃的利益诱导衣工，凡是以“益美”布的标牌缴还者，每匹可获银二分，衣工就交口称誉“益美”牌布匹。“益美”业主将收购来的布匹贴上“益美”牌号，益美字号每年派出标牌费 2 万两，销售额达 200 万匹。实际上，益美字号的布匹加工生产规模并没有扩大，布匹的质量也未必就此提高，但其利用人们崇尚名牌的心理，在市场竞争中抢得先机，因而营业额大增。益美字号每年以 2 万两的费用投入宣传，类似今日之广告费用，从而造就了一个从滇南到漠北无地不以其为美的驰名品牌，“益美”成了该字号的利润保证。益美仅此一项，每年就要多投入相当于营业额百分之十的宣传费，是至今仅见的同时期棉布字号品牌宣传的典型。

品牌创立出来后，为应对形形色色的“冒牌”，维护品牌的声誉和市场份额，同业或个人采取了种种应对措施。

一是在生产过程中提倡正当竞争、有序竞争，提高产品质量。二是在案发前与同业订立约束章程、牌谱，规定布业公所公议的范围，挂牌出售和出租的要求，冒牌的处罚规则，适用范围和处罚程度。三是权益遭到侵害后，经营者采取应对措施，维护自身权益。这大体上又有四种形式：第一种是完善商标标识，加大防伪和宣传力度；第二种是被侵权一方动用自身力量直接打假；第三种是通过业内公议力求解决问题；第四种是同业不能解决，约章不能奏效，被侵权一方即向官府呈控。这几种措施，从事前防范，到经营规范，到事后惩处，立此存照，经营者依靠自身的力量、同业的约束和官府的权威，在应对字号商标的

① 〔清〕许仲元：《三异笔谈》卷三《布利》，重庆出版社 1996 年版，第 80 页。

假冒方面，作了种种努力。从实践来看，字号同业和官府的通力合作，对于打击假冒，杜绝冒牌，净化经营环境，是起了相当作用的。这些做法，实际上就是江南文化精益求精内涵的具体诠释。

江南立足创新，不断推出新式新品，打造出一个个驰名远近的著名品牌，营造出极为广阔的商品市场。早在明代万历时，任过吏部尚书的杭州人张瀚在其《松窗梦语》中说："自昔吴俗习奢华、乐奇异，人情皆观赴焉。吴制服而华，以为非是弗文也；吴制器而美，以为非是弗珍也。四方重吴服而吴益工于服，四方贵吴器而吴益工于器。而四方之观赴于吴者，又安能挽而之俭也。"张瀚之意非常清楚，苏州因为服食器用领先全国各地，从而引领了全国服食器用的潮流；因为全国各地追随模仿苏州的服食器用之风，使得苏州器服生产更加精益求精、更加发达领先，也使得全国的生活方式随苏州人的转移而转移。服食器用如此，其他行业当也如此。

与此同时，江南人发挥"善自标致"的特点，将各类品牌奉为标准产品，以此标准衡量他地产品。其做法，诚如万历时王士性在其《广志绎》中所说，江南之人"又善操海内上下进退之权，苏人以为雅者，则四方随而雅之，俗者，则随而俗之。其赏识品第本精，故物莫能违。又如斋头清玩、几案、床榻，近皆以紫檀、花梨为尚，尚古朴不尚雕镂，即物有雕镂，亦皆商周、秦、汉之式，海内僻远皆效尤之"。毋庸置疑，江南时尚的风行、江南强大无比的影响力，是由江南人刻意营造出来的。江南人特别是苏州士人，利用江南商品生产发达、经济实力雄厚、文化底气丰足，乃至自然条件优裕、地域人文集团势力强大等优势，站在时代的制高点上，不断推出新品新样，不断创造着新奇，在此过程中，苏样、苏意就是无与伦比的无形资产，最佳广告。"吴俗善自标致"，江南人擅长发挥和利用各种有利条件，始终牢牢控制着话语权，制定着适合自身、有利于己的江南标准，江南人士及江南制造业一直居于主动和领导地位，他们以雄厚的经济实力、强大无比的文化话语权、高超的时尚欣赏水准、绝对的地域优势和对社会各阶层的无比的影响力，有意无意地掌握和引领着社会时尚，推动着时代发展和社会进步。

五、务实致用，与时俱进取

在耕读传家理念的支配下，江南人蕴积形成了精致、务实的行为方式。无论是两宋江南农业的开发、元明两代江南农业的精耕细作，还是明代中期以来江南农村的多种经营、工商业发展的精打细算，以及近代以来的现代工商业的发展，每个历史发展时段、经济发展路径，都体现出江南人务实致用的特色。

（一）重视实业，讲求经世致用

明后期在无锡一带形成的学术团体东林学派，其领袖顾宪成抱定“立朝居乡，无念不在国家，无一言一事不关世教”的人生宗旨，大力提倡学者应该关注社会、关注现实，经世致用。顾宪成提倡的这一人生价值取向，为士大夫出入进退提出了一个基本标准，就是在朝为官应忠于君王社稷，在地方为政应该心系百姓为之谋利益，致仕居乡应该致力于世道人心。东林学派的《东林会约》《东林商语》等章程，明确讲学的内容和宗旨，是以儒家经史著述为主，兼及科学知识、时政要闻，或商经济实事，或究乡井利害。东林讲学有着明显特点，尤其注重兴贤育才，强调立志做人；博采诸家之长，不执门户之见；重视社会实践，提倡实在学问；关注世道人心，关心国计民生。东林人士不仅讲授儒学大义、实用之用，而且实心践行。顾宪成等东林领袖对地方事务表现出浓厚兴趣，对江南经济发展和社会进步提出了一系列建议。万历三十一、三十二年（1583—1584）间，苏州税棍恣肆横行，税卡林立，重税滥征，严重阻碍了商品生产和商品流通。顾宪成先是致函浒墅关税使，指斥其收税措施不合理、不合法，又修书常州府通判，再次要求严惩害死牙人的凶手。高攀龙居乡，面对日重一日的商税，专门上了揭帖，揭露加倍征收商税的危害。家乡的工商行户遭到税官亲属虐待时，特意致信应天巡抚，强烈要求昭雪无辜。当天启年间江南遭罹严重水灾时，又致信应天巡抚周起元和县令反映灾情严重程度，呼吁请蠲请赈，改征折色，以救民于困苦危难之中。所有这些，都充分体现出东林领袖退居林下仍关心民瘼、为民请命的人文情怀。

关心现实、讲究经世致用的其他典型事例，就是明后期湖州的《沈氏农书》、嘉兴人张履祥的《补农书》、明末上海人徐光启编撰的农业大成之作《农政全书》和陈子龙等人编集的《明经世文编》。这些著作的应时而出，为社会生产特别是农副业生产提供了极为重要的经验和知识，有力地推动了江南的生产和经济发展。

进入清朝，江南人注重实用、讲究经世致用、践行实业的特点更为明显。常州人唐顺之的无锡支后裔，近代著名实业家唐骧廷的祖父唐懋勋，从小继承了家族传统，"少读书，不屑屑于章句之末"。阳湖（今属常州）人李兆洛是著名的文学家、地理学家、方志编纂家和藏书家。其在道光时期于江阴暨阳书院主讲前后共 18 年，精神内核是"治实用之学，撰有用之书"，造就了群英荟萃的盛况。常州今文经学主张经世致用的学术风气，其流波所及，影响后世，无锡城中钱氏是其代表。钱氏在清中期以后有"三世童子师"之说，钱锺书父亲钱基博曾有评述："因为我祖上累代孝书，所以家庭环境适合于'求知'。"钱基博、钱基厚兄弟少时除学习国学外，伯父钱熙元还为两人开设历史及史论课程，教诲侄子"援古证今，有所取法"。钱基厚回忆道："叔兄（钱基博）治兵家言、读史，熟于地理，故凡古今兵事成败得失及其形势厄塞所在，皆能抵掌而谈，言之凿凿。"[①]钱穆祖父手抄《五经》、点批《史记》，钱承沛

---

① ［清］钱基厚：《衣钵集序》，钱基厚辑《孙庵幼年塾课选辑》卷首，1961 年稿本。

以及所聘塾师授钱穆兄弟儒经、史籍、中外地理、《三国演义》等，其广博性和应世性也颇明显。

（二）注重技能，付诸实际应用

正是对实用之学的强调，使得江南地区无论是学校教育、社会教育，还是家族教育、职业教育，相对其他地方都更加注重对技能的教育。对子弟先进行基础教育，培育道德，塑造品格，之后再因材施教，转向专门化的职业教育，成为各家族的共识。如盛宣怀祖父盛隆在《人范须知》中曾言："子弟七八岁，无论敏捷，俱宜就塾读书，使粗知义理，至十五六，然后观其质之所近与其志向，为农、为工、为士，如分业。"①无锡华蘅芳7岁从师，曾被视为"鲁钝之尤"。初学《大学》，读了百遍仍难成诵；14岁时学作时文，更常被塾师涂画大半。如是经年，塾师竟称"此子不可教"，辞别而去。后其父华翼纶回家自课子业，发现并非儿子鲁钝，而是塾师教育不得法，其子读书不能按文意的断续转折来诵读，其不能作文之症结也在于此。于是他"教若汀读书法，每读一文，必按其节拍转折，抑扬顿挫以读之"。经父亲指导，不到两个月，华蘅芳学业已有大进。② 更令人称道的是，华翼纶十分注意因材施教。华蘅芳少时即嗜好数学，且颇有天赋，家中所藏算学书籍，在他14岁时已读不少。明人程大位所著《算法统宗》残本，集宋元以来数学之大成，他竟然几天就读完，并能照其原理运算。华翼纶见此，不仅未以有碍于科举功名而阻止，还特地聘请县中精于数学的邹敬甫为之讲授、指导。华蘅芳、华世芳兄弟能成为数学家，颇得益于此。如果荡口华氏没有经世致用的理念和教育目的，不要说华蘅芳、华世芳兄弟不能成为近代数学宗师，甚至完全可能被"鲁钝之尤"的评价而埋没。

---

① ［清］盛隆：《人范须知》，同治二年刻本。

② 丁福保：《畴隐居士自订年谱》，《北京图书馆珍本年谱丛刊》第197册，北京图书馆出版社1999年版。

可见，江南望族中产生的众多医学世家、工匠世家，实际上也和家风家训中对实用技艺的重视密切相关。

（三） 观念新颖，拓宽就业门路

得益于发达的商品经济，江南的大众生活相对优裕，有些地方、有些时候显得较为奢靡。明后期应天巡抚海瑞，清代江苏巡抚如康熙时汤斌、张伯行和乾隆时的陈宏谋等，布政使如嘉庆中期的胡克家等，都曾推出禁奢整俗措施，倡导俭约禁奢，企求返璞还淳，却始终未见明显成效。

对于历任地方官的禁奢返淳举措，江南地方人士时有不同看法。早在明代嘉靖时，国子监生员上海人陆楫就对黜奢观念与禁奢政策提出了不同于社会一般观念的看法，将个人和一家一姓的财富与社会全体的财富分开看待，认为所谓节俭只能使一人、一家免于贫穷，或者致富，而不能使整个社会富有。陆楫从消费的作用出发，更进一步提出，富人奢侈提供了众多就业机会，反而使民众易于为生。他以他所生活的苏杭地区为例，说："吴俗之奢，莫盛于苏杭之民。有不耕寸土，而口食膏粱；不操一杼，而身衣文绣者，不知其几，何也？盖俗奢而逐末者众也。只以苏杭之湖山言之，其居人按时而游，游必画舫、肩舆、珍羞、良酿、歌舞而行，可谓奢矣。而不知舆夫、舟子、歌童、舞妓仰湖山而待炊者，不知其几。……彼以粱肉奢，则耕者、庖者分其利；彼以纨绮奢，则鬻者、织者分其利，正孟子所谓'通功易事，羡补不足'者也。"①他认为，苏杭一带由于习尚奢靡，逐末者众，才会较为富庶。这种看法注意到消费与生产、流通三者之间的关系，从消费促进生产的角度，强调消费对生产的正面作用。陆楫认为，奢侈为各种商品提供了市场，促进

① ［明］陆楫：《蒹葭堂稿》卷六《杂著》，《续修四库全书》第1354册，上海古籍出版社2002年版，第640页。

了商业繁荣。他认为，江南民众之所以较易为生，不单在于商品生产与流通发达，更在于俗尚奢侈扩大了消费渠道，市易之利也只是为了消费之利。最后，陆楫认为风俗之俭奢，是由于各地贫富不同所致，为政者应该因俗而治，不必强行禁奢。陆楫是历史上提出消费对经济发展有正面作用的第一人，其崇奢论切实地反映了当时江南一带商业繁荣对社会生活的影响。

到清前期，乾隆《吴县志》的编纂者及江南人顾公燮、钱泳、王家相等，都对所谓江南生活奢侈应该限制的说法不以为然。乾隆《吴县志》的编纂者论道："议吴俗者病其奢，而不知吴民之奢亦穷民之所藉以生也。国家太平日久，休养生息之众，人民户口百倍于前。地无不耕之土，水无不网之波，山无不采之木石，而终不足以供人之用，奔走四方，驰驱万里，为商为贾。又百工技艺，吴人为众，而常苦不足。……今之为游民者无业可入，则恐流入于匪类之中。幸有豪奢之家驱使之、役用之，挥金钱以为宴乐游冶之费，而百工技能皆可致其用，以取其财，即游民亦得沾其余润，以丐其生。"乾隆、嘉庆时苏州人顾公燮也说："以吾苏郡而论，洋货、皮货、衣饰、金玉、珠宝、参药诸铺，戏园、游船、酒肆、茶座，如山如林，不知几千万人。有千万人之奢华，即有千万人之生理。若欲变千万人之奢华而返于淳，必将使千万人之生理亦几于绝。"嘉庆、道光之际吴江人张海珊说，其家乡"人浮于田，计一家所耕田，不能五亩，以是仰贸易工作为生"。道光初年，御史王家相说："苏松虽无富庶之实，而犹有富庶之象者，以其地属通衢，商贾云集，有力者权子母以牟利，无力者劳筋骨以谋生，然此皆无田之人也。"嘉庆、道光时无锡人钱泳说："治国之道，第一要务在安顿穷人。……金阊商贾云集，晏会无时，戏馆酒馆凡数十处，每日演剧养活小民不下数万人。此原非犯事，禁之何益于治。……由此推之，苏郡吴方杂处，如寺院、戏馆、游船、青楼、蟋蟀、鹌鹑等局，皆穷人之大养济院。一旦流其改业，则必至流为游棍，为乞丐，为盗贼，害无底止，不如听之。”道光二十九年（1849），主张“斥其华而返之朴”的苏州人袁景澜面对现实，也发人深省地说：“顾吴俗华靡，而贫民谋食独易。彼其挥霍纵恣，凡执纤悉之业，待以举炊，而终身无冻馁者比比也。此亦贫富相资之一端，为政者，殆不可执迂远之见，以反古而戾俗也。”这些看法，无论公私，多形成于被人视为社会风气奢靡的江南地区，充分显示了江南人士实事求是、务实致用、一切从实际出发的一面。这种“贫富相资”、消费推动生产的看法，自明至清在江南始终有人主张，反映出在商品经济发展的过程中，江南人的谋生路子较为宽广，也说明当时江南生活确实较他地“奢侈”，更间接说明江南商品流通市场经济的发达，人们的生活依赖的是市场经济。

到了近代，无锡薛福成、丹徒马建忠和苏州冯桂芬的思想更是江南人务实致用的有力诠释。薛福成在中法战争期间协助提督部署过浙江海防，有一定的实战经验，而后出任驻英、法、意、比四国公使，开眼看世界，较为明了世界发展大势。他撰有《筹洋刍议》，主张变法，赞赏西方君主立宪制度，提出以工商立国，主张允许私人集股办企业，发展民族资本主义。马建忠曾帮李鸿章办洋务，赴印度与英方交涉鸦片贸易事宜，往朝鲜办理外交事务，并任轮船招商局会办、上海机器织布局总办，具有一定的外交经验和较多从事实业的经验。他提出“民富而国自强”的看法，认为对外通商是求富之源，办法是增加出口、调整关税、建筑铁路、开发矿产等。冯桂芬是饱学之士，参与创设了上海广方言馆，先后在金陵、上海、苏州等地书院主讲，尤其重视经世致用之学，提出“以中国之伦常名教为原本，辅以诸国富强之术”的理论，主张采用西学、制造洋器，并且揭露朝政之腐败，提出改革内政、赋税制度及改变漕运之法，成为维新派的先驱。江南人薛福成、马建忠和冯桂芬的这些看法、主张或设想，并不激进，也难称高明，但颇为务实，富于实用，无疑较为适合当时中国尤其是江南的社会经济发展状况，是踩在时代发展的节拍上的。

（四）学习“本事”，创办实体经济

近代，江南人尤其是无锡人纷纷离开家乡前往产业和都会之地上海学生意，或者“学本事”，堪为最具说服力的典型。历史上，无锡一向是农业生产发达之地区，而商品生产和商品经济稍为滞后。进入近代，随着上海因对外贸易迅速发展、现代工业迅速兴起而崛起为全国最大最重要的工商业中心，无锡地区的农业种植大面积改粮为桑，从事蚕丝生产，从而兴起成为新的蚕丝生产基地，与此同时，日益显得过剩的劳动力纷纷前往上海学生意、学本事。本事学成，技术回馈，无锡人更与时俱进，寻找商机，或者在受教之地上海，或者在老家无锡创办实业，走上近代中国民族工业发展的康庄大道，无锡“小上海”的地位由此奠立起来。荣家、薛家、杨家的兴起和其家族实业的急剧发展，不用多说，就是典型事例。

（执笔人：范金民）

第三章

崇文重教的江南文化助推人文与经济

人文经济学以人为中心，既以文化人，又以人化经济。江南自古以来民康物阜，拥有丰富的文化资源和深厚的人文底蕴，是中国历史文化的重要名片。古代江南出现了许多文人雅士，留下了众多文化遗产。在新中国成立之后，江南为中国各个领域的发展输送了大量的人才，也承担起了推动中国新兴产业发展的责任。基于此，就需要重点理解江南崇文重教的基因，正是因为持续发挥教育的积极作用，才使得江南始终拥有开放包容的气质以及敢于创新的勇气。

江南地区崇文重教的文化传统推动了文化与经济的协同发展。进入新时代，江南地区不断强化教育的延伸作用，将文化嵌入经济发展之中，为新质生产力汲取各类要素资源、实现高质量产业发展提供了文化支撑。以无锡为代表的江南城市，凭借自身深厚的文化底蕴，积极探索人文与经济交融共生的路径，为中国式现代化发展提供经验参考。

一、崇文重教的历史传统

千年江南文脉蕴含的思想观念、人文精神、道德规范传承至今，烙印在无锡经济社会发展的进程中。千百年来，崇文重教的历史文化、开放包容的工商文化、敢为人先的创业文化，绘就了无锡崇文重教的文化传统。

（一）崇文重教的历史文化

无锡六七千年前已有先民生息，有文字记载的历史可追溯至3000多年前的商朝末年。汉高祖五年（前202）始置无锡县。清雍正二年（1724）分无锡为无锡、金匮两县。民国元年（1912）无锡、金匮两县合并，复称无锡县。1949年4月23日无锡解放，1953年无锡市为省辖市。1983年3月，实行市管县体制，无锡县、江阴县、宜兴县划为无锡市管辖。

3000多年前，泰伯奔吴，驻足梅里，开辟教化，吴文化就此发祥。吴国第十九世君王梦寿之子季札，贤德高尚，多次让位，“后三让”“季子挂剑”等典故使之美名远扬，司马迁称赞季札“见微而知清浊”，是南方礼乐文化的代表。

隋唐时期，无锡人才开始崭露头角，如著名诗人李绅、小说家蒋防。两宋时期，宋室南渡，北方大批士族落足无锡，崇文重教风气勃兴，县学、书院、学塾等纷纷涌现，教育发展带来科举鼎盛，据统计，两宋时期无锡地区进士及第者多达300人，比如喻樗、蒋捷、蒋重珍、李纲等人。至明代，无锡地区私塾普及化，科举考试人数递增，出现“一榜九进士”“六科三解元”的科考佳话。清代无锡诞生231位进士，其中42人入职国家最高人文机构翰林院。

无锡历来有崇文重教的文化传统，自北宋嘉祐三年（1058）建县学宫起，至清代已共建13所书院。私塾教育在无锡亦蓬勃发展，强氏义塾等机构提供免费启蒙教育，至清末私塾数量已达866所，展现了无锡人对教育的重视。无锡文史英才辈出，铸就深厚文化底蕴，影响历代学术发展。无锡地区自古以来文史英才绵延不绝，科举时期不但状元进士众多，专家学者亦不乏其人。东汉高彪以经学名世，明代安国以出版业著称，其铜活字印刷技术推动了文化的发展。明末清初，计六奇以《明季北略》等史作记录易代之际的变迁，顾祖禹则凭借《读史方舆纪要》奠定历史地理学基础。[①] 秦蕙田继承家学，深入研究古代礼制，著有《五礼通考》。孙洙编撰《唐诗三百首》，影响深远。文献版本目录学领域，无锡更是人才济济，孙修、孙毓修等人均有卓越贡献。丁福保博学多才，涉猎医学、佛学、古钱币研究，堪称文化学术界的奇才。无锡文史英才的成就，不仅丰富了中国的文化遗产，也为后世学术研究提供了宝贵资料。

东林书院与无锡国专，作为无锡文脉的重要载体，共同见证了江南地区学术文化的繁荣与中国传统学术的现代转型。东林书院，始建于南宋，明代重兴，成为东南地区的学术中心。书院强调德性修养、实学实用，将学术与政治、道德与实践相结合，开创了儒家理学传统的新篇章。东林书院不仅是无锡文化的重镇，也是中国书院文化的重要发源地。三百年后，无锡国专崛起，继承并创新传统文化教育。唐文治创办的无锡国专，融合传统书院与现代教育，致力于国学研究与教育，培养了众多文史专家，为继承和发扬民族文化遗产作出重大贡献。[②] 在五四运动后，国专更是在传统文化面临冲击时，承担起文化传承与转型的重任。

虽然经历了历史的风雨，但是无锡近现代崇文重教的文化传统仍然在不断延续。19 世纪末新式教育兴起，以竢实学堂为代表的新式学堂，标志着无锡教育的新阶段。[③] 近代以来，伴随西学东渐、社会转型，无锡教育经历了曲折的百年发展过程，主要可以分为三个阶段。清末时期，新学兴起，杨模办竢实学堂，俞复、吴稚晖等办三等学堂，东林书院改为东林学堂，胡雨人办胡氏公学等，新学以中体西用为指导思想，

---

① 辛德勇：《汉武帝“广关”与西汉前期地域控制的变迁》，《中国历史地理论丛》2008 年第 2 期。

② 徐忠宪：《国学教育家唐文治》，上海交通大学出版社 2022 年版，第 186 页。

③ 无锡市崇安区地方志办公室编：《崇安区志》（内部发行，1991 年），第 313 页。

教授经史子集、英文、算术等。随着新学的发展，女学和师范教育逐渐兴盛，侯鸿渐办竞志女学，杨荫杭办锡金师范，江苏省官办第三师范学堂。此外，无锡地方人士还成立锡金学务公所，裘廷梁为总董，薛南溟为经董，管理新办学堂，提供教育经费。辛亥革命后，国民政府颁布《壬子学制》，确立新教育体制，无锡教育界迎来思想解放，产生各种流派，如黄炎培的职业教育、晏阳初的平民教育、陶行知的生活教育，等等，其中实用主义教育影响最大。实用主义教育的创始人是美国教育学家约翰·杜威(John Dewey)，杜威主张"教育即生活，学校即社会"等原则，以开原乡第一小学为代表的学校积极吸纳杜威的教育思想组织学生开展自治活动，把学校办成社会的雏形。新中国成立后，无锡根据维持现状、逐步改造的方针，改造辅仁等私立中学，修改课程设置，增设政治课、时政讲座，主张教育服务于广大工农兵、革命斗争和经济建设，积极扫除青壮年文盲，参与全国高等院校院系调整，走上经济发展和社会主义建设相结合的道路。

（二）崇文重教产生工商文化

无锡崇文重教的历史文化是其千百年持续繁荣昌盛的内在基因。崇文重教的历史文化又进一步孕育出了开放包容的工商文化。

无锡重视工商业的传统可以追溯到春秋时期。譬如范蠡被后世誉为商业圣祖，世称"陶朱公"。在长期经商过程中，范蠡提出很多经商思想，如"重农不抑末、农末俱利""平粜齐物""与时逐利"等经济主张。

明代中叶，江南地区资本主义商品经济萌芽兴起，大量商业和手工业市镇如雨后春笋般涌现，士不如商的传统观念被打破，市民运动与士大夫党社运动开始结合。与江南经济生机勃勃的景象相呼应，无锡出现一股经世致用的实学思潮。万历二十二年(1594)，顾宪成与其弟顾允成修复无锡东林书院，与高攀龙、钱一本、薛敷教等人在此讲学，他们都继承儒家的经世理念，反对阳明心学的空谈说玄，倡导实学救世。高攀龙提出，“事即是学，学即是事，无事外之学，学外之事也……所以大学之道，先致知格物，后必归结为治国平天下，然后始为有用之学也”①。东林学子还积极顺应工商业发展趋势，放弃重农抑商的传统，主张工商皆本。黄宗羲认为，“世儒不察，以工商为末，妄议抑之。夫工固圣王之所欲来，商又使其愿出于途者，盖皆本也”②。以上务实主张沉淀为无锡人独特的价值观念，成为近代以降无锡民族工商业迅猛发展的重要思想根源。

工商思想的产生与传播使得无锡本土的工商规模逐渐扩大，也使得无锡具有了浓厚的商业氛围。清朝末年，无锡凭借江运、漕运优势，与长沙、芜湖、九江并称为中国四大米市，并享有四大米市之首的美誉。依托米市，无锡粮油加工业在运河沿线形成了生产、加工、仓储、交易一体化的经营模式，成为全国粮食加工业的基地，粮食堆栈容量为东南各省之冠。米市贸易的发展，不仅带动酒肆、茶楼、旅馆等行业繁荣，还有力促进布匹贸易、纺织业和缫丝业的发展。米粮、丝茧等大宗交易频现，于是经营放款与划汇业务的大钱庄出现了。到19世纪90年代，以大钱庄业的金融资本作为支撑，以米、布、丝茧为主要交易内容，与上海市场密切联系的无锡大商市基本形成。

在无锡，第一家近代企业是1895年开办的业勤纱厂，创办人是杨宗濂、杨宗瀚兄弟。早在同治元年(1862)，李鸿章率淮军东下上海后，杨宗瀚即应聘入幕司章奏，杨宗濂则带兵和刘铭传一同作战镇压太平军，二杨均因功擢升道员。1885年刘铭传督台湾军务并任台湾巡抚时，委托杨宗濂总办商务、洋务，并兼开埠事宜；委托杨宗瀚督办全省

① 《东林书院志》整理委员会:《东林书院志》(上)，中华书局2004年版，第89页。
② 《黄宗羲全集》(第一卷)，浙江古籍出版社1985年版，第41页。

水陆营务处兼办台南北铁路。光绪十七年(1891)李鸿章以上海织布局亏耗为由,召杨宗瀚接办。业勤纱厂创办时共有资本白银16万两,其中向江苏省借领积谷公款10万两,筹招存款4万两,杨氏兄弟自筹行本2万两。近代无锡的第二家企业是朱仲甫、荣德生、荣宗敬等创办的保兴面粉厂。荣宗敬和荣德生兄弟随父从业,以经营钱庄发家。其父荣熙泰通过族叔荣俊生结识朱仲甫。朱仲甫在广东当主管税务的厘差,荣熙泰为幕僚。十多年税吏生涯积蓄颇丰,1896年他在上海开设了广生钱庄。1900年秋,朱仲甫由粤卸事回江苏,荣德生见朱仲甫有心兴业,以顺潮流,便邀朱仲甫合作办厂。1905年,荣氏家族等又发起建立无锡振新纱厂。据《乐农自订行年纪事》记载:"发起七人,取名振新。发起人即张石君、叶慎斋、鲍咸昌(大丰布号股东)、荣瑞兴(馨)、徐子仪、余兄弟(荣宗敬、荣德生)共七人,各认3万元,其余分招。……广生生意不差,即提出6万元入股。"荣氏钱庄资本开始大量地转入近代工业,振新纱厂在1907年开工,广生钱庄则于1908年闭歇。

无锡周氏家族则体现了无锡人的艰苦创业精神与回馈乡梓的人文情怀。在清朝时期,周舜卿创下了多个无锡乃至全国第一的事迹,成为无锡工商业的美谈。他的发迹得益于诚信。当他还是煤炭行的办事员时,一次拾到一张英国华贸易的商务代理人所签发的面额1000银圆的支票。1000银圆足够在当时的上海买幢石库门洋房,而急需资金开店的周舜卿却选择迅速归还。这份诚信使得他在后续的商业活动中获得了他人的信任,商业版图不断扩大。在获得财富积累的同时,周舜卿还惠及乡里,带动乡里的百姓共同富裕。1900年,周舜卿在故乡无锡东埄购地近百亩,另辟街道,重建市屋,新造桥梁,开设店铺,创办小学、中学、商业学堂,还大办慈善事业,置义田、设义庄,救助贫苦亲邻。1902年,市镇取名为"周新镇",周舜卿成为第一个出巨资创建乡村新市镇的无锡实业家。除此之外,周舜卿还开设了中国最早的商业储蓄银行,开创了中国金融领域的先例。周舜卿一生生活俭朴,对于慈善事业却往往慷慨资助,出资出力筹办无锡乡公所,为在沪同乡提供联谊场所,帮助排忧解难。后又出资组建无锡旅沪铁工会——世春堂,为无锡在沪1万多人的铁工从业人员维护权利、伸张正义。[①] 周舜卿的仁义胸怀是江南商人群体的一个缩影。

在中国近代史上,江南商人群体表现出了敢于拼搏、救亡图存的爱国精神。仅以无锡为例,就涌现出一大批民族工商业者,他们在纺织、面粉、金融、机械等行业取得了显著的成就,创下了中国近代工商业中的多个第一,为中国民族工商业的发展奠定了坚实的基础。1914年爆发的第一次世界大战给中国民族工商业带来蓬勃发展的机遇,无锡的民族工商业者利用有利的环境和世界大战的机遇,于民国最初的10年,在缫丝、面粉、棉纺织三大行业取得长足发展。到1926年北伐战争前夕,无锡的民族工商业已发展到巨大的规模。民族工商业的大规模发展使当时的无锡派生出六个大的资本系统,即永泰薛氏(丝业),广勤杨氏(棉纺织),申新茂新荣氏(棉纺织、面粉),庆丰唐、蔡氏(棉纺织、面粉),丽新唐、程氏(棉纺织)和裕昌周氏(丝业)。这些家族都诗礼传家,世世代代接受中国的传统文化教育,并在历代科举考试中创造过辉煌。在近代化大潮的影响下,他们能把世家大族固有的向心力、影响力、荣誉观和上进心全部化为开拓新经济事业的助力,把深厚的中华传统文化素养融合进新事业的奋斗之中。1928—1937年,无锡民族工商业空前发展,使无锡成为中国六大工业都市(上海、天津、武汉、广州、青岛、无锡)之一。在这六大城市中,无锡的工厂及资本数

---

① 《无锡工商实业家周舜卿》,江苏省档案馆网站,2020年4月13日,https://www.dajs.gov.cn/art/2020/4/13/art_120_10022.html。

居第五位；工业产值 7726 万元，居上海、广州之后，排第三位；工人数仅次于上海，居第二位。

以薛福成为代表的无锡实业家通过中西方对比，强调工商业于国家富强的重要性，提出诸多发展工商业的建议。特别是甲午中日战争之后，有识之士进一步意识到救亡图存刻不容缓，积极践行“实业救国”“设厂自救”“振兴实业、挽回权利”等行动。列强入侵、国家贫弱的民族危机，激活了无锡实业家的社会责任感和使命感，实业救国、富民强国成为他们奋发创业的内在精神支撑。无锡工商企业家在经营牟利的过程中，既追求经济利益，讲求“创业务须快”“求利务须多”，又坚持“以义取财”“诚信待人”“不苟取”的道德底线，发家致富之后，积极回报社会，实现趋利与向善互塑。

无锡工商文化的传承体现了其崇文重教的文化传统。无锡工商文化超越了单纯牟利性，表现出义利兼顾、开拓创新、务实进取等特征。无锡文化学者汤可可指出：“无锡工商文化并不仅仅是中国传统文化——儒家学说的延续传承，而更重要的是在近现代经济、社会发展的历史背景下，对于新的价值观的创造和建树。”①

如若说崇文重教的历史文化侧重于无锡古代以来的耕读文化，开放包容的工商文化侧重无锡近代以来的工商文化，敢为人先的创业文化则主要源于新中国成立以来尤其是改革开放以来形成的发展乡镇企业的苏南模式。

改革开放初期，为改善人民贫穷落后的生活状况，江南地区勇于突破计划经济体制，借助上海等大城市的技术力量，大力兴办乡镇企业，利用市场机制盘活农村各种资源要素，解决农民就业增收等根本

① 汤可可：《无锡工商文化的基本特征》，载庄若江主编《创业华章——创业文化与地域经济发展》，江苏文艺出版社 2013 年版，第 3 页。

问题，创造了举世瞩目的苏南模式。乡镇工业曾被费孝通先生誉为“草根工业”，完全不同于国有企业和城镇集体企业。它没有计划安排的产品，没有国家分配给的资金，没有固定供应的原材料，产、供、销都是受市场调节的，实行自产自销的模式，这在当时的计划经济体制下无疑是一种创举。1979 年 1 月，无锡县工业供销经理部在苏州地区社队工业大会上的发言中，进一步公开介绍了发扬“四千四万”精神、做好社队工业后勤的做法和经验。同年 11 月 15 日，《人民日报》发表了记者袁养和的调查文章《起家的“秘密”》，称赞这是无锡县社队工业起家的法宝。1990 年《半月谈》杂志中写道：“无锡县乡镇企业经过长年磨炼，已逐步形成了‘四千四万’的顽强精神。”1993 年 2 月 23 日，《解放军报》头版报道：“无锡市乡镇企业有一种‘四千四万’精神。”同一天，《人民日报》头版“今日谈”专栏以《“四千四万”精神》为题，转载了该文。① “四千四万”精神，一经媒体报道，随着络绎不绝的参观学习人流、纷至沓来的各种调研采访，特别是各级各地领导的肯定、赞扬和提倡，加上“以工补农建农”“一包三改”改革等成效和经验的宣传推广，“四千四万”精神在江苏省内外广为传播，影响不断扩大，不仅成为 20 世纪八九十年代促进市场取向改革、推动乡镇企业“异军突起”的强大动力，而且成为各行各业纷纷学习、传扬至今的共同精神财富。

“四千四万”精神能生于无锡、长于无锡，与无锡崇文重教的文化传统、开放包容的工商文化底蕴有着直接关联。泰伯的“至德”“至行”以及让权创业的遗风，铸就了无锡人民宽宏大度、积极进取的价值观念，为无锡的商业文化奠定了坚实的基础。范蠡主张“货殖之利，工商是营”的理念，为无锡的商业发展注入了新的活力，为后世商人树立了榜样。沈万山的重义重利、洞庭商帮的审时度势，说明应把握时机、与

① 杭春燕等：《奋楫者先》，《新华日报》2023 年 4 月 10 日。

时俱进，必须将商业资本向工业资本发展，启迪了无锡工商的新航向，激励着无锡人民不断创新。这些工商文化思想不仅为无锡带来了物质财富，更孕育了无锡人民对经济利益的深刻理解和追求。

“四千四万”精神虽然形成于改革开放初期，但并没有因时过境迁而褪色，在当今时代，反而愈显其精神的珍贵和强大。以“四千四万”精神为特征的无锡创业文化造就了无锡民营经济的发达。2023 年，无锡规上工业企业共有 8495 家，其中民营企业 7290 家，占比 85.8%。在全市 33 个工业行业大类中，民营企业涉及 32 个，主要分布在通用设备、专用设备、金属制品、电气机械等行业，同时也涉及纺织、橡胶塑料制品等劳动密集型行业。2023 年，无锡规上民营工业总产值突破 1.5 万亿元，达到 15667.86 亿元，占规上工业比重 61.6%。以“四千四万”精神为代表的敢为人先的创业文化，是无锡人民在改革开放伟大实践中形成的，是无锡精神的丰碑，更是指向未来的明灯。在“四千四万”精神指引下，崇德向善、崇文重商、经世致用、实业报国等无锡文化特质得到充分弘扬。

崇文重教的历史文化、开放包容的工商文化、敢为人先的创业文化，助推无锡人文经济的高质量发展，实现了无锡传统文明与现代文明的“双向奔赴”。

二、新时代教育科技人才相互促进

一个地区的兴盛，总是以文化兴盛为重要标志。人文与经济交融互促的历史基因始终存续在无锡人的血脉之中。传承好、守护好崇文重教的文化传统，是无锡能够保持高质量发展的城市基因。中国特色社会主义进入新时代以来，无锡进一步传承和发扬人文经济共生共荣的历史传统，探索“以文兴业、以文聚力、以文化经”新路径，夯实教育科技人才的基础性、战略性支撑作用，在推动物质文明和精神文明相协调的现代化道路上不断绽放新的光彩。

（一）教育领域的主要成就

教育发展水平的高低，决定了一个城市今天的民生、明天的科技人才、后天的经济与文化，以及未来的竞争力和可持续发展能力。在教育领域，无锡市奋力推动教育高质量发展，在新征程上高标准建设现代化教育强市，为全面推进中国式现代化无锡新实践夯实“教育基石”。

截至 2024 年 6 月，无锡共有各级各类学校 1109 所，其中，普通高等学校（校区）18 所、中等专业学校（含技工学校）31 所，普通高中 51 所，初中 162 所，小学 235 所，特殊教育学校 9 所，幼儿园 603 所。第七次全国人口普查数据显示，全市常住人口中，拥有大学（指大专及以上）文化程度的人口为 1631740 人，拥有高中（含中专）文化程度的人口为 1260185 人，拥有初中文化程度的人口为 2662453 人，拥有小学文化程度的人口为 1395652 人（以上各种受教育程度的人数包括各类学校的毕业生、肄业生和在校生）。具体而言，与 2010 年无锡市第六次全国人口普查数据相比，无锡市每 10 万人中拥有大学文化程度的人数由 12879 人增加到 21867 人，拥有高中文化程度的人数由 17808 人减少到 16888 人，拥有初中文化程度的人数由 41685 人减少到 35680 人，拥有小学文化程度的人数由 21089 人减少到 18703 人。与 2010 年无锡第六次全国人口普查相比，全市常住人口中，15 岁及以上人口的平均受教育年限由 9.81 年上升至 10.74 年。

无锡历来崇文重教，坚持办有高度、有温度、有效度的教育。其主要成就表现在四个方面：一是综合发展水平走在前列。20 世纪 90 年代初，无锡在全国就率先通过“两基”达标验收。进入 21 世纪，无锡是全省唯一一个被国务院表彰为“全国‘两基’工作先进地区”的地级市。江苏省对市政府履行教育职责督导评价得分无锡保持全省领先。高质量建设全国首批普通高中新课程新教材实施示范区，国家级、省级示范校数量居全省第一。江苏省高品质示范高中建设立项校、培育校数量全省第一。无锡被教育部列入部省共建苏锡常都市圈职业教育高质量发展样板，三次被江苏省政府表彰为“职业教育改革发展成效明显的设区市”。在全国率先出台《关于推进中小学工程教育的指导意见》，无锡作为江苏唯一设区市入选全国中小学科学教育试验区。二是教育综合保障走在前列。无锡召开全市教育高质量发展大会，制定三年行动纲要及系列配套计划，擘画现代化教育强市建设崭新蓝图。完善市、区两级教育投入保障机制，持续保持教育支出“两个只增不减”，2020 年以来全社会累计投入教育经费 1091.12 亿元。实施优化完善基础教育资源布局(2020—2022)三年行动计划，新建学校 108 所。加快教育数字化转型，完善“一中心五平台”数字教育资源服务体系。三是强师队伍建设走在前列。大力弘扬教育家精神，在江苏率先实行大师德培育模式，“四有”好教师省级重点培育团队数量居全省第一。在全省率先建立义务教育教师编制管理新机制，刚性保障义务教育发展用编需求。创新设立名校引才工作室，全市新入职教师中世界排名 200 强和国内“双一流”高校优秀毕业生占比近 40%。加大名师名校长培养，骨干教师占比达 25%，数量与质量均居全省前列。四是文化育人成效走在前列。纵深推进思政教育一体化建设，在江苏率先成立大中小学思政课一体化建设联盟，获评省区域综合示范项目。强化思政品牌“本土化”特色，将思政小课堂和社会大课堂相衔接，探索思政教育载体立体式拓展，形成“线上+线下”“校内+校外”“虚拟+实景”新格局。创新实施中华优秀传统文化教育，充分运用春节、元宵节、清明节、端午节、中秋节、国庆节等时间节点，广泛开展内容丰富、形式多样的传统文化育人活动。实施“行走课堂”，开展“心头上的乡韵”寻访江南文脉主题活动，坚定本土文化自信。实施“实践课堂”，推进“劳模工匠进校园，思政教师进企业”特色主题活动，以榜样力量激励广大学生凝聚强国复兴青春力量。实施“融合课堂”，线下线上宣讲党的创新理论，《无锡教育思政 E 课堂》年均收看人次超 65 万。开展中华优秀传统文化进外籍人员子女学校活动，组织美国青少年体验中华文脉和江南文化。加强社会主义核心价值观教育，以“礼赞祖国华诞，强国复兴有我”为主题开展“我们的节日”活动，引导中小学生体会新时代中国伟大成就。精心设计“开学第一课”，引导中小学生点燃科技梦想，报效伟大祖国。倾情打造“毕业生一课”，组织“高中学生集体毕业典礼”，勉励无锡籍高中毕业生在新时代的广阔天地中施展抱负、茁壮成长。

新时代无锡教育的成就来之不易，其主要经验可以总结为以下几个方面。

一是“五育并举”。无锡在江苏率先成立大中小学思政课一体化建设联盟，积极探索形成一套工作机制、孵化一批品牌活动、打造一批示范“金课”、产出一批优质课程资源、培养一支优质师资队伍，切实发挥思政课立德树人的关键作用。让每一个孩子都拥有高尚的品德、创新的思维、健康的体魄、良好的审美、劳动的习惯，是每一位无锡教育工作者的使命。无锡市教育局主要领导多次指出，无锡素有崇文重教的传统，我们要把这个优良传统传承下去，凝聚学校、家庭、社会教育整体合力，以更高水平强化铸魂和塑能，把无锡教育打造成广大市民引以为傲的闪亮名片。无锡聚力实施党建引领、全面育人、资源供给、品质办学、队伍建设五大行动，落实立德树人根本任务，着力构建高质量教育体系，为无锡现代化事业育先机、筑未来。二是普惠共享。无锡市始终立足于在教育领域以更大力度促进优质和均衡，以普惠共享回应群众热切期盼。无锡持续优化教育资源布局，努力在高原之上筑高峰。无锡市先后实施 3 批 80 所新优质学校培育工程，优质幼儿园覆盖率超90%;高中学位供给率超60%,高质量建设普通高中新课程新教材国家级示范区,国家级示范校、省级示范校数量全省第一;高等教育内涵规模发展开启新局,职业教育改革发展成效明显,教育现代化建设水平位居全省前列。新时代无锡教育始终立足于普惠共享基点,通过更优的前瞻性布局规划、更多的高品质学位供给和更深入的集团化办学探索,让更多孩子能上“家门口的好学校”。三是注重改革创新。无锡认为要真正打造新时代工商名城,就必须从教育入手。2023年5月,无锡在全国率先出台《关于推进中小学工程教育的指导意见》,提出关注学生创新意识、高阶思维和实践能力发展,力争到2035年打造具有示范引领意义的优质课程20个、教育基地30个、重点学校50所,将无锡建设成为国内一流、国际知名的工程教育新高地。

无锡2020年起全面实行“公民同招”,新中考方案平稳落地;巩固拓展“双减”成果,中小学课后服务全覆盖;在江苏率先探索实行民办学校规范办学积分制管理考核,支持和规范民办教育发展。无锡创新启动“我为良师”全员行动和“未来校长”计划,涌现出一批德教双馨的“名校长”和“大先生”。全市中小学现有在职省特级教师、“苏教名家”培养对象等省级以上名师455名,骨干教师数量、质量均居全省前列。同时,无锡大力实施“太湖人才计划”教育高层次人才引育计划,2022年到2023年引进国内外知名高校优秀毕业生1437人,为教育高质量发展赋智蓄能。

(二) 科技领域的主要成就

无锡作为长三角地区的重要城市,正以前所未有的速度推进科技创新,进而塑造了科技与人文的和谐共生。科技创新在无锡不仅是经济发展的引擎,更是推动社会全面繁荣的关键力量。无锡依托其强大的科研实力和产业基础,不断突破技术瓶颈,培育了一批具有国际竞争力的科技企业和高新技术产业，这些创新成果不仅提升了无锡的经济实力，更为城市的可持续发展注入了强劲动力。“科技人文共生”的理念在无锡得到了充分实践，科技创新为无锡带来了经济繁荣和社会进步，而人文精神的滋养则让这座城市更加富有魅力和温度。通过科技创新，无锡不断优化产业结构，提升产业附加值，实现从“无锡制造”向“无锡创造”的转变。

无锡立足于打造生机勃发的科创之城，聚焦“打造国内一流、具有国际影响力的产业科技创新高地”战略定位，聚力打造“465”现代产业集群，重点发展物联网、集成电路、生物医药、软件四个地标产业，高端装备、高端纺织服装、节能环保、特色新材料、新能源、汽车及零部件六个优势产业，人工智能和元宇宙、量子科技、第三代半导体、氢能和储能、深海装备五个未来产业，加快推动产业能级“三大跃升”，统筹推进科技创新“八大行动”，加快培育发展新质生产力。2023 年全市科技进步贡献率超 69%，连续 11 年位居全省第一；全社会研发投入强度 3.38%，创新能力评价排名位居全国区市第 2 位。其具体成就表现为：一是高水平科创企业蔚然成林。充分尊重企业科技创新主体地位，分层次、梯度式壮大创新型企业集群，全面落实研发费用加计扣除等各项科技惠企政策，积极为创新企业孕育成长排忧解难。2021 年到 2023 年累计减免科技税收 492.8 亿元、惠及企业 31819 家次，全市雏鹰、瞪羚、准独角兽培育入库企业分别达 5115 家、2993 家、262 家，有效期内高新技术企业达 6325 家。二是高能级创新平台支撑强劲。着力打造以“国”字号重大创新平台为引领、以各类高水平新型研发机构为支撑的科创平台体系，截至 2023 年底，拥有全国(国家)重点实验室 5 家、省实验室 1 家、省重点实验室 9 家、省级以上“三大创新中心”6 家，累计建设新型研发机构 61 家，锻造“神威·太湖之光”、“奋斗者”号载人潜水器等一批“国之重器”。三是高品质科创空间连片成势。

以最美的山水资源、最佳的核心地段给科创、做科创，大手笔谋划建设太湖湾科技创新带，协同推进梁溪科技城、宛山湖生态科技城等多个科技新城建设，已形成“一带引领、多城联动、全域协同”创新格局，近三年建成投用功能完备的科创载体超500万平方米。四是高效率创新生态加快形成。在江苏省设区市中率先颁布实施《科技创新促进条例》，系统构建科技创新“1＋4”政策体系，从创新型企业培育、创新载体平台建设、关键技术攻关、创新人才引育各方面、各环节给予全面支持，不断厚植创新创业“肥沃土壤”。

新时代以来，无锡在科技创新方面取得了显著成效。一批具有自主知识产权的核心技术和产品相继问世，如物联网技术、集成电路设计、生物医药研发等领域均取得了重大突破。无锡通过产业科技化的推进，产业结构不断优化升级。传统产业通过技术改造和转型升级焕发出新的生机活力，新兴产业则迅速崛起成为经济增长的新引擎。无锡的产业结构呈现出高端化、智能化、绿色化的趋势。在无锡这片创新创业的热土上，创新型企业如雨后春笋般涌现。同时，无锡还培育出了一批具有国际影响力的创新型企业和产业集群，为无锡经济发展注入了强劲动力。随着产业科技化的深入推进，无锡的创新生态日益完善。创新平台、创新服务、创新人才等要素不断集聚和优化配置，为助推经济高质量发展提供了有力支撑。

新时代无锡科技领域的主要经验主要体现为构建科技创新体系、培育创新型企业、优化创新生态等三个方面，这些都得益于无锡不断强化教育作用所带来的新技术的快速传播。通过构建科技创新体系，强化创新平台建设。无锡积极引进和培育高水平的科研机构、高校和创新型企业，建设了一批国家级和省级重点实验室、工程技术研究中心、企业技术中心等创新平台。这些平台为无锡的科技创新提供了强有力的支撑。一是完善创新服务体系。无锡建立健全科技创新服务体系，包括科技咨询、技术转移、成果转化、风险投资等各个环节。通过优化创新服务流程，降低创新成本，提高创新效率，为科技创新提供全方位、全链条的服务。二是深化产学研合作。无锡积极推动企业与高校、科研机构的深度合作，建立产学研用紧密结合的创新机制。通过联合攻关、共建研发机构、共享科研成果等方式，促进科技创新与产业发展的深度融合。培育创新型企业，实施高新技术企业培育计划。无锡制定了一系列优惠政策，支持高新技术企业和科技型中小企业的发展。通过提供财政补贴、税收优惠、融资支持等措施，激励企业加大研发投入，提升自主创新能力。推动传统产业转型升级：无锡积极引导传统产业通过技术改造、产品创新、品牌建设等方式实现转型升级。通过引入先进技术和管理模式，提升传统产业的技术含量和附加值，增强市场竞争力。三是发展新兴产业。无锡紧跟全球科技发展趋势，大力发展物联网、集成电路、生物医药、新能源等新兴产业。通过政策扶持、资金投入、人才引进等措施，推动新兴产业快速发展壮大。持续优化创新生态，营造良好创新氛围。无锡通过举办各类科技创新活动、建立创新文化示范区等方式，营造浓厚的创新氛围。鼓励社会各界积极参与科技创新活动，形成全民创新的良好风尚。四是完善人才政策。无锡制定了一系列吸引和留住人才的政策措施，包括提供住房补贴、子女教育优惠、创业扶持等。通过优化人才政策环境，吸引更多优秀人才来无锡创新创业。五是加强知识产权保护。无锡加大知识产权保护力度，建立健全知识产权保护和维权机制。通过加强宣传教育、提高执法效率等方式，营造尊重知识、尊重创新的良好社会环境。

（三）人才领域的主要成就

城市间的竞争，说到底是人才的竞争。40 多年前，无锡抓住国家允许“科技干部兼职”的政策机遇，抢先探索“星期天工程师”等引才新机制;30 多年前,无锡率先响应国家"加快培育和发展人才市场"的号召,完成市县两级人才市场全覆盖;20 多年前,紧扣第一次全国人才工作会议精神,无锡在全国率先启动海外引才专项工程……可以说,在国家人才政策调整的每次机遇面前,无锡都勇于探索、走在前列。党的二十届三中全会提出,要实施更加积极、更加开放、更加有效的人才政策。近年来,无锡大力实施"太湖人才计划"这一全市最高规格的人才引进和培养计划,持续推出实用高效、解渴有感的人才政策体系,以产业为基础、创新为动力、资金为保障、人才为内核,全力打造人才"凤栖之地"。

无锡要担负起在推进中国式现代化中"走在前、做示范、多作贡献"的光荣使命,进一步实施更加积极、开放、有效的人才政策,努力建成天下英才向往之地和筑梦之城,强化协同教育体制。无锡不断推动青年发展型城市、人才友好型城市建设,致力为每一位来锡创新创业者提供更暖心的环境和更周到的服务,书写城与人同频共振、人与城共赴美好未来的华美篇章。

新时代无锡人才领域建设取得了巨大成就,截至 2024 年 8 月,无锡已连续 5 年获评全国最佳引才城市。截至 2024 年 6 月底,无锡全市人才总量达 221.5 万人,形成包括 18.4 万名高层次人才、2.58 万名留学归国人才和 57.1 万名高技能人才在内的高质量人才队伍;全市在库的人才企业达 1866 家,人才企业入库税款超 230 亿元。无锡连续五年获评"全国最佳引才城市",连续四年获评"全国最佳促进就业城市"。无锡累计吸引 17 位诺贝尔奖得主、50 多位中外院士来锡合作创新创业,107 人入选国家重大人才工程 A 类,55 人入选国家重大人才工程 B 类,610 人入选江苏省"双创人才",拥有江苏省"双创团队"58 个,无锡级领军人才达 2637 人,人才创业企业上市不少于 14 家。截至 2024 年 8 月,无锡累计引育市级领军人才(团队)3000 多个,涌现出李革、许志翰、张雷等一批科技领军人才和药明康德、卓胜微、远景能源等一批领军企业，带动生物医药、集成电路和新能源等重点产业加速发展。在智联招聘发布的“中国城市人才吸引力排名”中，无锡排名始终保持在前十位。最新发布的《中国人才发展现代化指数 2024》显示，无锡位列长三角人才现代化发展水平第五位。

城市发展需要人才，人才崭露头角也需要优质平台。在无锡市滨湖区，全长 11.8 千米的山水东路沿线，集聚了江南大学、东南大学无锡校区等两所“双一流”高校，以及中国船舶科学研究中心、江南计算技术研究所、公安部交通管理科学研究所等 6 个省部属科研院所。依托这些高能级平台，滨湖区大力发展院所经济，加快推进国家实验室、国家重点实验室建设，通过“一院一策”“一所一园”打破院所与社会、企业的“围墙”，创新性推出“湖湾院所联盟”，为人才提供“向上生长”的平台，吸引了数百名行业科技型领军人才，以及一大批海内外高层次人才和创业团队落户发展。

在人才快速流动的巨大洪流中，“留住人”一定程度上比“引来人”更难。近年来，无锡不断整合金融“活水”，强化人才服务，优化人才保障，营造爱才环境，厚植爱才留才生态，努力推动人才与无锡“双向奔赴”。无锡应人才之所需，先后设立 9 个太湖人才系列基金，规模达 15 亿元，累计投资人才项目 65 个，投资总额近 9 亿元；开展“创投无锡”人才金融路演活动，累计服务 138 个项目获得 65.9 亿元融资；推出“人才贷”“人才保”等信用贷款和保险产品，其中“人才贷”在贷总额约 3 亿元，在贷人才企业 141 家。无锡以务实举措解决人才之困。无锡发布《“太湖人才计划”创新创业领军团队和人才引育实施办法》，对实现核心技术产业化、产生重大经济效益和社会效益的项目，给予最高 1 亿元支持；对获得立项的创业领军团队，给予最高 1000 万元支持。无锡想人才之所想，满足人才发展现实需求。无锡推出全市最高规格的人才引进和培养计划——“太湖人才计划”，并持续提档升级，对人才进行科学评价、分类认定，从住、行、游、娱等“关键小事”，到教育、就业、医疗等“人生大事”，对各类人才分类实施服务保障，形成全方位全周期的人才服务体系，真正让人才在无锡无后顾之忧。

无锡聚焦人才安居工程，保障人才能够更加专注于创新。无锡下属市县联动筹集人才公寓，建设“青年人才驿站”，“人才房”优惠购联合 7 家品牌房企让利超 4 亿元；统筹安排高层次人才子女就近入学，2024 年已保障入学 355 人；保障高层次人才就医绿色通道和补充商业医疗保险“太湖人才保”，已累计服务高层次人才 441 人；推出人才咖啡、“太湖人才 · 友好型基地”等一系列人才服务，让城市更加“亲和”“好玩”。无锡发布“强智聚才”工程系列实施办法，分类给予高层次人才最高 500 万元的购房补贴，对青年人才来无锡发展给予最高 6 万元租房补贴和 30 万元购房补贴。无锡对于人才的支持政策再次提档升级，诚意满满的暖心举措让各类人才在无锡安身、安心、安业。

进入新时代以来，无锡坚持“人才是第一资源”发展理念，以区域协同引才、以城市发展聚才、以良好环境留才，推动人才工作与经济发展同频共振、有机融合。无锡坚持把“得人”作为“兴市”“强市”之本，广开进贤之路、广纳四方人才，全力构建引才聚才“强磁场”。无锡将持续推动人才友好型城市建设从梦想“火种”走向现实“火热”，使全球人才版图上的“太湖印记”愈加夺目。

新时代无锡在人才领域所取得的主要成就，其主要经验在于：

一是“锡”心引才。无锡为了让更多青年人才了解无锡产业发展、风土人情，在他们心中种下一颗属意无锡的“种子”。一方面，联动各县（市、区）举办多场青年人才实习、实训、实地调研活动，吸引来自哈佛大学、清华大学等海内外知名院校的近千名高校学子参加；另一方面，以项目资源牵引高层次人才集聚，通过举办太湖杯大赛，承办中国大学生服务外包大赛、中国研究生电子设计竞赛等国家级赛事，面向全球征集超 5000 个创新创业人才项目。自 2017 年起，无锡已举办 6 届“太湖人才”品牌交流大会，累计吸引 186 名诺奖得主和中外院士来锡合作对接，45 个重大创新平台揭牌运营，1.36 万余人才创业项目来锡洽谈对接。

二是“锡”心用才。无锡在人才发展体制机制上进行全方位探索、推动深层次改革，不断构建人人皆可成才、人人尽展其才的人才友好生态。无锡院士小镇“市民”突破 100 多位。特别是在“引进一名院士，带来一个团队，集聚一批领军、紧缺、一线基础人才”的链式聚才模式推动下，无锡“院士经济”取得重大成果。2023 年签约院士项目 14 个，累计建设 56 个院士工作站，人才创新优势正加速转变成为现实生产力。为深化跨区域创新协同、人才协作，无锡在京津冀、长三角、粤港澳大湾区和西三角经济区等国内重点区域，布局建设四大区域创新合作中心，将“锡引力”辐射至国内 30 个项目与人才资源密集型城市，推动实现与 100 个产业链关联的重点高校深度合作。无锡借力四大区域的地缘优势和人才动能，汇聚政策、平台、产业、项目与人才的全链条资源，为城市高质量发展勾勒出一幅创新合作画卷。

三是“锡”心留才。无锡发布“强智聚才”工程五大行动系列实施办法，重点支持青年人才来锡发展、领军团队和人才在锡创新创业，优化人才分类认定标准，精准提供宜居保障、出入境、交通、文旅等服务。无锡以前所未有的力度，为人才提供全方位、多层次的金融支持。发布“太湖人才新质生产力赋能基金”，太湖人才系列基金规模达 15 亿元、撬动社会资金总额超 60 亿元。

“人往高处走”，这个“高”既体现在施展才华的平台高不高、舞台广不广，也体现在服务保障的环境优不优。无锡市拥有坚实的产业基础，正致力于构建国内领先、具有国际竞争力的产业科技创新中心。

在智能网联汽车、商业航天、生物制造、人形机器人、低空经济等前沿领域，无锡为各类人才提供了实现其远大抱负的广阔平台。通过不断优化和升级的人才引进政策、便捷的城市服务设施以及丰富的自然景观资源，无锡为“最强大脑”们创造了无忧的工作和生活环境。

人才是最宝贵的资源。有什么样的人才，就有什么样的城市；人才来到哪座城市，就给哪座城市带来了生机和活力。正是有了海内外英才的合力托举，经济大市无锡才能取得令人瞩目的发展成就。无锡坚持把“得人”作为“兴市”之本，在人才发展体制机制上进行全方位探索、推动深层次改革，加快构建“人人皆可成才、人人尽展其才”的人才友好生态。

无锡以不断深化改革为引领，促进教育、科技、人才深度融合发展，不断塑造无锡高质量发展新动能新优势。城以文兴，成就无锡的过往；以文兴城，开创无锡的明天。千百年来，人文与经济相生相融的淬炼，造就了无锡的独特魅力。历经岁月洗练，崇文重教的文化传统已融入无锡的城市血脉。立足深厚人文底蕴和发达经济基础，新时代的无锡坚定文化自信，秉持开放包容，坚持守正创新，在加速奔向中国式现代化的壮阔航程中，持续探寻人文经济共生共荣的发展密码，谱写“强富美高”新无锡现代化建设新篇章。

三、崇文重教的文化传统助推区域经济高质量发展

崇文重教的文化传统使得无锡得以人才辈出，在竞争愈加激烈的时代环境下，无锡能够脱颖而出，离不开教育对于经济的支撑作用。教育在无形之中融入社会经济生活的各个方面，满足了新产业对于人才的需求，教育也使得人才更加国际化，面向世界和未来，让无锡具备了能够持续竞争的能力。

（一）崇文重教促进工商业发展

无锡自古以来崇文重教的氛围使得商业文化思想始终能够融入家风的传承中，在千年的文脉中蕴含着开放包容的工商文化思想与敢为人先的创业文化，延绵至今，在改革开放的浪潮中不断发扬光大。

1978 年中国开启了改革开放的伟大征程，无锡人敏锐地感受到了改革的春风，纷纷加入了改革开放的浪潮之中，揭开了新中国历史上工商业改革的重要一页，烙印上了无锡的标志。

1978 年 5 月 11 日，《光明日报》以“特约评论员”的名义发表了题为《实践是检验真理的唯一标准》的文章。这篇文章的作者正是无锡人胡福明。该篇文章掀起了中国人对于真理标准问题的大讨论，也为后来的改革开放奠定了重要的思想基础，有助于冲破思想的牢笼，将中国的发展落实到经济发展和解放生产力的正轨上。胡福明所代表的无锡本土知识分子正是以巨大的勇气和担当，勇开思想先河，勇立时代潮头，冲破了思想的禁锢，深刻影响了现代中国的历史进程，开启了全面改革开放的时代，改变了无数人的命运。

在改革开放的时代浪潮中，无锡人在实践中创造了经济发展新模式。乡镇企业异军突起是中国经济改革的重要标志，乡镇企业的崛起代表着无锡工商文化发展的变革，这背后是无锡人在崇文重教的环境中所培养出来的敢于争先的精神气质。

在改革开放的历程中，无锡的工商发展一直都是中国改革开放的重要组成部分。在 1978 年，无锡乡镇企业抓住契机，在政策的支持下开启了改革的步伐。被称为“天下第一村”的华西村创造了“社会主义新农村建设”的典范。华西村原先是一个较为贫穷的村庄，在吴仁宝书记的带领下，华西村在改革开放之际创立乡镇企业，引入先进生产设备，经济建设进入快车道。华西村 1961 年建村时营业总收入 5.91 万元，2018 年底营业总收入 504.4 亿元，增长了

85.35 万倍;1961 年交税 0.85 万元,2018 年底交税 14.86 亿元,增长了 17.48 万倍;1961 年人均年收入 53 元,2018 年底人均年收入 9.05 万元,增长了 1707 倍。[①] 多年的经济建设使得华西村实现了共同富裕,居住环境发生了翻天覆地的变化,创下了多个"第一"的称号,例如中国第一个"电视村"、第一个"电话村"、第一个"空调村"、第一个"汽车村"、第一个"别墅村"等。华西村的成功不是偶然的,是中国特色社会主义下农村发展的典范。为了能够向全国推广华西村的成功经验,华西村开设教学班,与全国的农村分享经验教训。例如,2022 年 9 月,中组部、农业农村部农村实用人才带头人和到村任职选调生培训班在华西干部学院乡村振兴厅举行。可见,华西村的影响力已经在向全国辐射,成了中国乡村振兴的典范,也是中国乡镇企业崛起的缩影。

进入 20 世纪 90 年代,随着中国共产党第十四次全国代表大会正式提出建立社会主义市场经济体制的目标,无锡的企业家们掀起了新一轮企业改革的浪潮。他们将原先的乡镇企业逐步升级,转型升级为具有现代企业特征的企业集团,朝着更加现代化、国际化的方向迈进。例如,在无锡的棉纺织行业中,海澜之家的发展历程颇具代表性。在 20 世纪 80 年代,年仅 28 岁的周建平带领 18 名工人,凭借 30 万元的个人存款,创办了江阴市新桥第三毛纺厂。经过多年的努力,他们进行了多轮改革与创新,最终将企业发展成为全球最大的男装生产基地之一。这一成就不仅令人瞩目,也标志着无锡企业在转型升级道路上迈出了坚实的步伐。周建平在海澜之家的发展过程中,也非常注重企业文化建设,他强调"不断否定自己,永远追求卓越"的企业精神。这种精神和无锡崇文重教的传统、敢为人先的创业文化相契合。另一家

① 杨良敏、马玉荣、蒋志颖:《华西村:"天下第一村"的共富实践》,《中国发展观察》2019 年第 15 期。

在纺织行业中具有代表性的企业是红豆集团。1983 年,红豆集团创始人周耀庭被调往港下针织厂任厂长。他上任后,对企业进行了大刀阔斧的改革,尤其注重对人才的使用和培养,他提出了"一方水土用八方人"的理念,吸引了来自四面八方的优秀人才。通过一系列的改革,1992 年,周耀庭成功建立了江苏省第一家省级乡镇企业集团,即红豆集团,成为现代企业集团的典范。通过不断的技术创新、市场拓展和制度革新,无锡的乡镇企业逐步发展成为全国知名的大型企业集团。这些企业在改革的浪潮中,不仅实现了自身的转型升级,也为无锡乃至整个中国的经济发展作出了重要贡献。这两个案例很好地展现了无锡人开放包容和敢为人先的文化特征。

崇文重教的文化环境使得无锡的乡镇企业在传承和弘扬工商文化的演变中不断进步,培育出了更多优秀的人才,能够适应时代的变化,跟上时代发展的浪潮,及时变革调整生产关系,对当地的经济发展起到了重要的促进作用。

在千年的历史长河中,无锡在崇文重教的环境下形成了具有创新和诚信意识的工商文化思想,在商业活动中体现了浓厚的人文关怀,这种精神延绵至今。崇文重教使得无锡人才辈出,锡商群体不断延伸扩展教育对象,培养人才,通过教育的溢出效应,不仅为无锡的经济发展作出了贡献,为中国的经济社会发展贡献了无锡力量,还使得锡商群体积极开展公益事业,带动全社会共同进步。总结无锡工商文化的精神内涵就能够发现,在崇文重教思想的熏陶下,江南的工商文化始终都伴随着开放包容、义利并举的精神,呈现出爱国、诚信、敢为人先的本质特征。

(二) 崇文重教传统的与时俱进

在时代浪潮中,崇文重教所承载的内容表现出了锐意进取、与时俱进的一面。崇文重教是无锡传统文化的重要基石,这些人文资源是无锡经济发展的根源。在崇文重教的环境下,无锡具备了创新改革的一面,能够及时对传统文化实现再生产。崇文重教也是无锡传统文化发展的助推器,推动了文化产业的进步,并形成了一系列本土特色文化品牌。

在经济科技持续发展的背景下,无锡的传统文化正在不断焕发新的生命力。通过现代科技教育的普及,无锡不断将新的商业模式和新技术引入老字号企业,提升了产品的吸引力,让传统商品再次获得市场青睐,既保留了商品的传统底蕴,又融入了现代的活泼。例如,无锡市玉祁酒业作为一家在黄酒领域具有深厚底蕴的企业,在市场战略上进行了显著的调整和拓展。玉祁酒业在保持其传统黄酒业务的同时,洞察到无锡地区在本土白酒品牌方面的市场缺口,并以此为契机,启动了一系列的创新研发活动。通过与江南大学生物工程学院的科研平台建立合作关系,签署了一份联合开发协议,共同开发具有江南特色的酱香型白酒。每年投入近200万元人民币作为专项研发费用,致力于通过科学研究和技术创新,提升产品的品质和市场竞争力,彰显了企业对传统酿造工艺的尊重和传承,也展示了其在现代市场环境下不断创新和适应的能力。惠山泥人厂也采取了创新的设计理念,将传统文化与现代审美相结合,推出了以"传统经典当代表达"为核心的设计理念。该厂以无锡地区著名的民间艺术形象——阿福和阿喜为原型,设计了一系列全新的城市手办产品,命名为NANIMOMO"有你超甜"系列。这些手办还以盲盒的形式进行销售,增加了产品的趣味性和收藏价值。惠山泥人厂还与多个快消品品牌合作,推出了联名的咖啡、牛奶等产品,以及各类文化创意周边产品,进一步拓宽了产品的市场范围和消费群体。王兴记作为一家无锡本土知名的餐饮企业,也积极迎合年轻消费者的口味和审美趋势。其研发团队通过引入纯天然植物原料,创新性地推出了粉色的"樱花小笼"和绿色的"青绿小笼",

不仅在色彩上吸引了年轻消费者的注意力，也在口味上满足了他们对健康和自然的追求。这些新产品的推出，有效地拓展了小笼包的消费市场，为传统美食注入了新的活力。三凤桥品牌针对年轻人群和休闲消费场景，推出了“无锡味道”休闲礼盒，在包装设计上采用了具有鲜明特色的国潮风格，并巧妙地融入了无锡地方的手绘元素，使得产品在视觉上具有很高的辨识度和吸引力。这些企业在产品创新和市场拓展方面的努力，不仅体现了老字号对传统文化的传承和创新，也展示了在现代市场经济条件下，企业如何通过产品创新和市场定位来满足消费者需求和开拓新市场。通过这些案例，可以看到传统行业在面对市场变化时所展现出的灵活性和适应性，以及传统行业如何通过科研和设计创新来提升产品的市场竞争力和文化价值。

通过现代艺术手段改变传统艺术文化，增强传统文化的传播性。江南的传统艺术文化正是在现有的技术条件赋能下持续增加魅力的。无锡有众多的传统街巷，积累了风云百年的历史厚度，无锡将传统街巷与现代传媒手段融合，开展直播宣讲，让传统街巷焕发新的生命力，拥有了更多的流量。除此之外，无锡多个老字号企业重新定位企业形象，在传统的基础之上积极拥抱科技，传播传统文化。例如，惠山泥人作为无锡地区传统手工艺品的代表，近年来积极拥抱现代科技革新，致力于传统与现代的融合和创新。在这一过程中，惠山泥人不仅保留了其独特的艺术风格和文化内涵，还通过与无锡另一文化符号——锡剧的结合，开创性地将两大文化形式在舞台上融合，打造出别具一格的《惠山泥人》锡剧。这一创新举措不仅丰富了锡剧的表现形式，也使得惠山泥人这一传统艺术形式得以在更广阔的舞台上展现魅力，进一步推广了无锡的人文精神和民俗民情。此外，惠山泥人品牌“王源吉”在南长街开设旗舰店，这一举措不仅为产品销售提供了新的平台，更通过老字号文化展馆的形式，将无锡的历史文物、古法冶炼技术、苏锅制造工艺等重要历史文化元素一一展示，实现了对老字号文化的传承与推广。这种展示方式不仅能够为公众提供了解和接触传统工艺的机会，也促进了文化遗产的保护和传播。在教育和传承方面，穆桂英品牌通过建立“穆桂英非遗传承课堂”，邀请传统糕点非物质文化遗产传承人亲自教授制作技艺，让年轻一代通过体验揉、搓、捏、包、拌、蒸等传统制作过程，感受将面粉转化为糕点的神奇过程，从而更深刻地体验和理解传统老字号文化的魅力。这种互动式的教育方式有效地唤醒了公众对历史人文记忆的感知，促进了老字号文化的传播和普及。通过传统与科技的结合、舞台艺术的创新、旗舰店的设立以及非遗传承课堂的建立，无锡不仅在保护和传承传统文化方面作出了积极努力，也展现了传统文化在现代社会中的活力与适应性，为传统文化的创新性发展提供了有益的探索，更彰显了传统老字号文化的魅力。

依托人才优势，利用现代商业思维模式扩大传统企业的影响力。在现代商业体系中，资本对于人才的要求极高，企业应当设立不同的岗位引才用才。无锡的老字号企业在进入新时代之后不断提升企业的经营能力，积极主动拥抱资本市场，通过市场化的方式激发品牌活力。例如，“王源吉”获得江苏老字号产业投资基金的千万级 Pre－A 轮融资，成为江苏老字号产业投资基金成立以来落地的首个项目。宏凤年糕从 200 平方米的小作坊发展成 2000 平方米的工厂，通过借助互联网开展品牌自播、与网络达人合作带货、为餐饮品牌供货等方式，经过几年的摸索尝试，从仅有三五人观看直播到数十万人同时在线，在清明节、重阳节等糕团销售的旺季，每天仅线上的下单量就接近工厂一天的产能，宏凤年糕的整体销售额翻了数十倍。王兴记、三凤桥、真正老陆稿荐等锡城老字号也都热情拥抱互联网，搞直播带货、短视频推广，借助线上渠道、社交媒体、文旅融合等新营销方式，让产品触及更多年轻消费者，增强品牌影响力和市场竞争力。王兴记携手无锡马拉松，签署合作协议，将产品与文化、体育、旅游有机结合，打造文商旅体消费新场景。

无锡积极利用现代技术和商业模式实现文化繁荣与经济发展双向共生，在人才的助力下，推动老城区文化、商业、旅游资源优势相互融合，让城市的历史文化焕发出新的生命力。

（三）崇文重教实现高质量发展

党的第十八届三中全会提出，加快转变经济发展方式，加快建设创新型国家，推动经济更有效率、更加公平、更可持续发展。无锡积极响应国家产业发展变革的需求，主动开启产业结构的优化升级，实施产业“腾笼换鸟”。为此，无锡积极推进新质生产力的发展，注重对各类资源的整合与汲取，并构建了相应的配套设施。通过实施“一产一基金”“一园一基金”的园区发展模式，促进企业的高质量发展，形成具有特色的产业园区。无锡在持续优化营商环境的过程中，不断推动人才发挥自身优势，助力产业升级。

产业要实现有效转型，需要人才作为基础。正是在深厚的教育基础之上，无锡积极对接外部资源开展自我转型，有效突破了发展瓶颈，基于原先的产业基础不断提升工业发展质量，较快涌现出高质量的技术创新，成为江南发展的典范。

无锡的产业发展经历了改革的阵痛期，经过规划调整之后，在优质教育资源的大力支撑下完成了产业的转型。2007 年太湖蓝藻事件爆发后，无锡市委、市政府加大了环境污染的治理力度，切实从源头上根除破坏水源质量的问题，在牺牲 GDP 增长速度的情况下，无锡对于本土大量污染化工企业进行整顿，在短短的几年内就实现了太湖水质好转，也在治理污染的同时对产业结构进行了优化调整。其间，无锡敏锐地捕捉到了物联网产业的发展前景，将其作为城市产业升级的重要抓手。2009 年无锡获批中国首个传感网示范区，经过多年的探索，无锡逐渐形成全国领先的物联网产业。物联网产业基于信息技术的要素禀赋，需要大量的信息技术人才作为储备支撑。无锡市政府出台多项人才政策，吸引了大量优秀的人才投身于无锡物联网产业的研发之中，这也确保了无锡在物联网产业中的领先地位。

2013 年，江苏省政府发布《无锡国家传感网创新示范区建设三年(2013—2015 年)行动计划》，随后无锡市政府发布《加快全市物联网发展的若干政策意见》，这些政策奠定了无锡高新技术产业的发展方向。2017 年，无锡连续发布多项政策支持物联网产业发展，即《无锡国家传感网创新示范区建设(2017—2020 年)实施意见》《无锡市加快发展以物联网为龙头的新一代信息技术产业三年(2017—2019 年)行动计划》和《无锡市加快发展以物联网为龙头的新一代信息技术产业三年(2017—2019 年)行动计划 2017 年实施方案》。2018，年无锡进一步补充和明确了以物联网为龙头的新一代信息技术产业发展的政策。无锡的物联网产业随着新时代对于信息通信的需求而成为支柱型产业。无锡新吴区是物联网产业发展的重要区域，高新区(新吴区)抓住“互联网+”等战略机遇，统筹推进物联网应用示范、产业发展、技术创新、环境建设各项工作。2020 年底，占无锡高新区园区产业主导地位的物联网产业规模已超过 2000 亿元，约占全国产业规模的 1/10，带动工业用地亩均税收突破 40 万元。无锡高新区物联网产业产值超 1250 亿元。① 数据显示，“十三五”期间，高新区多个产业领域取得突出成效，特别是物联网、集成电路等优势产业在全国影响力显著提升，生物医药、软件和信息服务业产业规模迅速扩大。这些数据表明了无锡的物联网产业已经在国内占据了重要的份额，并且影响了物联网的产业

① 黄胜平、刘勇:《无锡国家高新区智慧产业的实践与探索》，《绍兴文理学院学报(人文社会科学)》2022 年第 3 期。

发展方向。随着物联网产业的不断壮大，无锡审时度势，快速打造物联网的各种应用场景和延伸产业。例如，AI（人工智能）、车联网产业等，提升无锡在物联网产业的龙头地位。因为政策的推动和市场的需求，越来越多的企业、研究机构以及人才汇聚在无锡，为无锡的物联网技术研发和产业化提供了强有力的人才支撑。

无锡根据国家前沿产业发展需要不断升级产业。2023 年 2 月 14 日，无锡发布《关于构建“465”现代产业体系，加快重点产业集群建设的实施意见》，标志着无锡“465”现代产业体系建设正式启动。着力打造由 4 个地标产业、6 个优势产业和 5 个未来产业为核心的“465”现代产业体系，聚焦物联网、集成电路、生物医药、软件与信息技术服务等 4 个产业，打造“高而强”的地标产业；聚焦高端装备、高端纺织服装、节能环保、特色新材料、新能源、汽车及零部件（含新能源汽车）等 6 个产业，打造“大而强”的优势产业；聚焦人工智能和元宇宙、量子科技、第三代半导体、氢能和储能、深海装备等 5 个产业，打造“新而强”的未来产业。

为了快速适应产业发展的需求，无锡建立产业人才创新基地，为产业发展提供持续的动能。在产业人才创新基地中，无锡将教育作为人才可持续发展的根本，为人才提供点对点的专业化培训，以未来产业发展作为主要拓展方向，通过教育持续为产业输送各类技能型人才。

崇文重教的文化传统，为无锡提供了人才支持、技术创新和智力资源，同时也为产业强市建设注入了新的动力。无锡的高等教育和职业教育体系很好地满足了本土的产业发展需求，培养了大量科技人才和技能型人才，除此之外，通过积极引入高水平人才，增强了城市的创新活力，为城市的产业转型提供了强大的支撑力。

教育发展为无锡进一步推进文化产业的复兴提供了大量的人才

储备。无锡将本土丰富的文化资源进行整合，依托历史资源打造了众多的文化产业基地，从而形成聚集效应，为城市的多元化发展夯实了人文基础。无锡市重点面向哲学社会科学、新闻传播、文化艺术和文化遗产保护、文化产业和其他新业态等领域，出台《"太湖人才计划"宣传文化人才引育实施办法》，为无锡市的文化创新提供高质量的专业化人才和创新创业团队，从而带动和引领无锡本土的文化产业发展。

无锡搭建了广阔的应用平台，为人才的创新发展提供展示的机会。随着产业发展的不断深化和市场的变化，无锡扩大了"465 现代产业体系"的内涵，增设未来新兴产业，建立"5+X"未来产业体系，通过产业园区吸引高层次人才入驻，无锡实现了多个未来产业的布局，例如在人形机器人领域，在 2024 年 10 月无锡便在锡山区建立人形机器人产业园区，提前吸引相关人才，为未来产业布局夯实人才基础。除此之外，无锡市还积极对接各类资源，将高水平的人才队伍建设基地驻留在无锡，例如 2024 年工业和信息化部人才交流中心在无锡高新区建设的人工智能与数字化产业人才基地，助力无锡加强产业人才队伍建设。

不断提升政策的吸引能力，形成人才导入型城市。为了吸引留学生来锡创新创业，无锡建立了海外高层次人才服务站，为海外人才发展提供专业化的服务。为了加强人才队伍的稳定性、可持续性，无锡各区纷纷创新人才吸引政策，梁溪区聘任多位专家学者作为专业指导，联合多家企业形成人力资源服务联盟，通过政校企三方联合发力，进一步加强对产业人才的招引和服务力度，实现在企业高速发展、高校人才就业、区域经济提升中发挥人才的推动力。[①]

---

① 陶洁：《海外人才、战略人才、产业人才聚集，江苏无锡建设英才"引育用留"逐梦之地》，《无锡日报》2024 年 8 月 24 日。

无锡崇文重教的人文环境，为人才的创新成果开辟了大量应用的机会与环境，使其能够发挥出自身的优势。人才的发明创造能够体现出城市建设独特的一面，也能够展现出人文的再生产价值，利用科学技术手段不断加强人与自然、城市与自然的和谐共生，有利于实现绿色城市发展理念，推进生态文明建设，让居民在感受科技力量的同时，也感受到无锡的独特魅力。开放的场景应用是科创要素链中的关键一环，无锡为企业新技术应用拓展提供了更加广阔的实验空间，为人才发挥创新才能提供了孵化平台。

在崇文重教文化传统的影响下，无锡重点强化了城市的人文环境建设。通过建设图书馆、博物馆、文化馆等公共文化设施，丰富市民的精神文化生活，举办各类活动充实无锡市民的各类人文需求。无锡在进行人文基础设施建设时，将文化融入城市建设中，扩大人文对于经济以及社会发展的影响。例如，无锡市在 2024 年建立慈善博物馆，凸显了无锡长久以来崇文重教的文化传统，并且采用了现代技术，以 3D 数字技术集成全市多处慈善遗存，创新打造无锡慈善主题的社交应用场景，不仅丰富了市民的文化生活，也提升了慈善名城的城市形象。

无锡在保护和传承传统文化的同时，也鼓励创新文化的发展。无锡通过引入大量文化产业领域的优秀人才，在互联网工程技术以及人才配套措施的加持下，使得大量影视剧的制作人才愿意选择无锡作为工作地点，通过积极释放人才的创新能力，在城市建设中不断赋能，提升文化产业的生命力。为了加快文化的再生产，无锡成立多个文化产业发展基金、成立无锡国家动画产业基地等，并积极开展影视剧的生产拍摄，在 2009 年启动建设无锡国家数字电影产业园，引入影视产业的后期人才，将数字化技术应用于影视文化产业中，参与多个大型影视剧的拍摄制作。其中值得一提的是在 2024 年上线的国产 3A 游戏《黑神话：悟空》取得了巨大的成功，其前期发布的 PV 动画就是由无锡国家数字电影产业园的企业制作完成的。这些新兴文化产业的发展丰富了无锡的城市文化精神面貌，在人才的创意引领下，使得城市增添了许多新的文化元素，也创造了大量的就业机会，增强了文化对于旅游、商业等领域的带动作用，推动了城市经济的多元发展。

（四）崇文重教聚集新质生产力要素

在新时代，无锡市根据中共中央以及江苏省委、省政府的要求，坚定"强化教育、科技、人才支撑"，提升产业的韧性。在"大众创业，万众创新"的科技创新热潮中，无锡市大力支持研发投入。截至 2023 年，无锡全社会研发投入 522.2 亿元，占 GDP 比重升至 3.38%，其中企业研发投入占比达 93.6%；高技术产业产值占规上工业产值比重升至 52.3%，创历史新高。无锡之所以能够获得如此高的成就，就在于其将教育与实践有效联系在了一起，提升了产业的技术创新动能，为新质生产力的发展打下了基础。无锡在发展培育新兴产业的过程中，重点培育新质生产力要素，以谦和包容的心态吸纳更多人才，崇文重教的文化成为无锡发展的重要推动力。依托人才优势，为城市注入持续的创新活力。进入新时代以来，无锡在人才发展体制机制上进行了多方面的探索，努力吸引人才来锡发展，实现要素资源的聚集。

无锡拥有众多高等院校和科研机构，这些机构在科学研究和技术创新方面具有显著优势，有助于将无锡打造成新质生产力的科研高地。依托江南大学、无锡学院、无锡职业技术学院、无锡太湖学院、东南大学无锡校区等高校资源开展技术研究，拥有较强的研究能力。在美国斯坦福大学联合爱思唯尔数据库发布的"全球前 2%顶尖科学家榜单 2024"中，江南大学有 44 名科学家入选"生涯影响力"榜单，149 名科学家入选"年度影响力"榜单。在高校的专业设置方面，注重切合无锡的产业发展需求，增设相关专业学位，在教育部公布的 2023 年度普通高等学校本科专业备案和审批结果中，江南大学新增智能制造工程和电子封装技术专业，无锡学院新增储能科学与工程专业，无锡太湖学院新增集成电路设计与集成系统等三个专业，这些新增的专业与无锡重点培育的产业相契合，表明了高校能够有效为无锡输送专业化人才，为人才创造相应的发展空间与环境。

无锡承接了多个国家级的科研项目。中国船舶科学研究中心、中航雷达与电子设备研究所、中国电子科技集团第五十八研究所、中国航发控制系统研究所、中国一汽无锡油泵油嘴研究所、江南计算技术研究所、太湖实验室、国家超级计算无锡中心等承担了国家重点科研项目，成了无锡科研创新的重要载体，给予了人才较大的发挥空间。在良好的政策环境下，无锡汇聚了大量的人才，这也是无锡保持较强科研攻关能力的原因。

在发展的过程中，无锡注重通过开展教育实践活动提升教育的质量与水平，提升学生的动手操作以及对知识的转化能力。江苏增设“科技副总”和“产业教授”，施行高校与企业联合培养人才的机制，在省内遴选科技企业家进入高校开展相关专业的实践操作与科研活动，积极转化高科技项目的创新成果，该模式极大地提高了科研项目的落地率，也提升了大学生的动手能力，能够较快地与城市产业相对接，更快解决大学生的就业难题。无锡积极落实“产业教授”和“科技副总”选聘的各项工作，在高校和社会中选拔具有知识技能的企业家与专业人才，开展产学研合作，在无锡产业发展相关规划的指导下，产学研合作促使科研成果不断涌现，科研成果的转化效率显著提高，为无锡专业人才的培养提供了源源不断的动力。

无锡为人才提供了一个公平竞争、共同发展的优质平台，从而有利于多元文化、技术和资本进入，为新质生产力要素的聚集提供了良好的环境。崇文重教的文化传统使得无锡能够为产业创新提供强大的智力支持。在这种文化影响下，注重培养学生的创新精神和实践能力，鼓励学生参与科研项目和创业活动，在提高大学生的专业素质之外，也为产业的人才供给打下了基础。除此之外，在人才政策以及产业政策的激励导向下，无锡为人才发挥自身优势提供了较大的平台。这些政策措施的实施促进了无锡本土产业的转型，由传统制造业转向新兴产业，为无锡长远发展奠定了坚实的基础。

一是为吸引人才提供必要的物质保障和服务。通过教育实现知识扩散和创新驱动，新质生产力要素培育的重点在于人。无锡设置不同级别的人才吸引平台，让人才得以汇聚并共同学习和成长。在无锡，每年会针对不同群体实施招聘会，有应届生招聘会、不同产业的招聘会等，为企业招聘人才提供有效的渠道。除此之外，无锡根据中共中央和江苏省委的要求，鼓励创新创业，举办各类创新创业大赛，为人才提供展示自身创意和项目的平台、展示自我的机会。为了能够有效留住人才，无锡不断更新招纳人才的政策措施，将“太湖人才计划”和“锡引”工程作为市人才政策的主要措施，提供住房补贴、薪酬激励等。无锡以开放包容的姿态、优良的平台吸引了大量的人才前来，使无锡成为人才高地，为新兴技术产业发展提供了必要的支撑保障，通过持续多年的人才投入，无锡吸引了众多高科技企业和创新团队，带来了先进技术和管理经验，推动了产业结构的调整优化。

二是围绕关键要素开展重点招商引资，带动其他要素进入。产业发展仅仅依靠市场是不够的，尤其是对于新兴产业来说，其产业链条较长，核心技术攻克的难度较大，因而需要政策措施的配套才能够吸引上下游产业链条的聚集。无锡在开展招商引资的过程中，重点围绕核心企业以及核心技术开展招商，不断优化金融投资的配置，将金融融入实体产业之中，为招商引资提供强有力的支撑。无锡成立了针对不同产业的投资基金，例如集成电路基金、生物医药基金、物联网产业基金等，出台《无锡市天使投资引导基金管理暂行办法》，提升风险投资效率，有效实现“基金招引”。2023年江苏省上市公司市值最大的企业为药明康德，无锡早在2016年就与其创始人接触，承诺提供其回国创业的启动资金和创业条件，这种有针对性的投资，使得药明康德在短短的几年内就快速壮大成为无锡市的明星企业。无锡市针对关键要素的招商引资，也使得药明康德的市值在2020年成为江苏第一；药明康德亦是无锡纳税第一的本土企业。

三是加大产学研平台建设，加大对新质生产力的投入和支撑。在崇文重教传统的影响下，无锡成功地聚集了新质生产力要素，经过持续增加对科创的投入，无锡建立了大量产学研科创平台，汇聚了大量的科研机构和高端人才，为人才发挥能力提供了重要的舞台，也为无锡先进技术产业的发展提供了强大的动力。由于先进技术产业的产业链条需要大量的资金投入以及科研平台支撑，无锡采取了“赋能式投资”模式，以梯度培育方式为企业提供完整的资金扶持闭环，为企业开展科研创新提供资金保障。无锡给予科研院所大力支持和资金投入，鼓励科研院所与企业共同开展科研项目，研究国家所需要的未来产业技术，并基于长三角一体化等国家战略，主动对接外部资源，实现科研效能的提升，培养高级专业人才。无锡致力于打造高效创新的产业生态，吸引海内外的高层次人才，为人才提供全方位的支持和服务，提供广阔的科研平台，推动科技成果转化和产业升级。无锡在教育和产业的良性循环下，推动了城市的进步，也使得崇文重教的传统有了更深刻的内涵。

四是积极开展对外合作交流，为跨平台的要素流动打好各项基础。无锡市多次开展对外合作交流，市政府多次组织代表团访问海外，建立起经济、教育、社会等方面的联系，无锡也成了海外企业在中国投资的主要目的地，打造了众多具有代表性的中外产业合作案例，例如成立无锡新加坡工业园区、举办中欧（无锡）产业创新合作大会等，在开放中提升产业的质量，吸引更多的资源汇聚无锡。无锡市服务国家对外开放合作大局，在谦和包容的环境下不断引进更为优质的资源，增强经济发展的韧性。

城市的基础设施在人才的推动下快速更替，出现大量科技化、智能化场景应用，城市的智慧化程度显著提高，使得新质生产力更好地赋能城市生活。无锡利用先进的技术提升城市的管理效率和居民生活，基于现有技术成果不断提升城市的智慧化水平，为城市居民带来安全、便捷的生活，也为可持续发展奠定了坚实的基础。通过加强城市的智慧化建设，将智能化创造转化为城市的一部分，融入居民生活中，形成科技与人文和谐共生局面，让每一位市民都能够感受到科技的温暖。无锡在产业人才的推动下大力发展智慧交通岗和智慧物流，将新兴产业发展成果与交通、市政等深度融合，充分发挥产业发展的溢出效应，实现全民共享。这些民生工程的推进，不仅增强了市民的幸福感，也确立了人才对于城市建设的基础性作用和支撑地位。

四、以文化人助推人文与经济

（一）崇文重教培育城市人文精神

人文与经济在教育的推动下交融共生、共同进步，为无锡凝聚起推动中国式现代化力量培育了大量的人才。这背后是教育持续推动的结果，教育发挥融合功能，通过科技赋能，实现了历史文脉与现代文明交融，文化再次焕发出生命力。比如，无锡在创新性发展优质的传统资源的过程中将历史人文融入城市的方方面面，以增强城市的文化感染能力，人文环境推动了城市居民素养的提高。

在崇文重教的社会氛围中，科研工作者的工作不再被认为是冷漠的，而是充满人文气息。无锡将科研成果应用于城市管理，使得城市始终都能够保持人文温度。进入新时代以来，无锡不断提升崇文重教的内涵，将教育与人文深度融合，在教育的过程中不断强化对人的价值观的培养，注重培育学生的社会责任感和创新精神，注重文化传承与普及，除了给学生传授科学知识之外，还重点培养其人文关怀精神，这是无锡崇文重教的历史积淀，也是新时代城市发展的鲜明特征。在城市的建设过程中，无锡通过挖掘历史人文中的无锡特色，使得居民们能够切实感受这座城市的历史底蕴，在生活中感悟到文化的气息，进而提升居民的综合素养。

无锡的“崇文”不仅仅是重视知识的传授，更重视文化的传承与创新。无锡对传统历史文化资源进行整合，开发文化创意产品，丰富文化旅游路线。在重要的历史景区内，加强历史文化景点的知识普及，通过现代技术手段不断充实历史文化的内容，让无锡的人文资源再次发挥出生产力功能，带动文化产业以及旅游业的积极发展。

无锡将人文关怀融入每一个角落，让市民感受到城市的温暖。在城市中，处处可见公共文化基础设施，这些文化设施除了可以丰富城市居民的业余生活、提供充足的学习资源和文化体验，还将终身学习融入城市。无锡通过现代技术手段满足弱势群体的需求，在城市建设中大量设置无障碍设施，让老人、儿童和残障人士都能方便地在城市生活。在慈善精神的感召下，无锡市各地都组建了志愿者团队，在城市的各个角落都能够快速得到帮助。无锡的志愿者服务推进慈善救助项目化，从而实现慈善行为的精准化，形成了一批具有社会影响力的慈善品牌项目。在崇文重教的环境下，无锡全社会都乐于互帮互助，商人群体更是积极参与公益事业，形成了“人人心怀慈善，人人参与慈善”的良好氛围，塑造了以人民为中心的最具幸福感的城市底色。进入新时代以来，无锡注重贯彻崇文重教的教育理念，不仅为城市发展注入了文化力量，也为公众的生活带去了精神资源。

在传统文化与现代文明的交融中，无锡培育出了具有本土特色的人文关怀精神。对于历史的尊重与继承使得无锡能够在社会发展中始终保持较为宽容的心态，既有传统的礼仪也有现代的和谐氛围，在包容的心态下始终能够在经济发展的同时展现出城市的人文关怀，更加注重社会公平正义，不断提高民生福祉。无锡正在逐渐形成覆盖全社会的更加完善的社会保障体系，以满足公众对于美好生活的期盼。

崇文重教不仅能够提升公众的综合素质，也推动了城市经济的可持续发展，而城市的高质量发展也带动了教育的高水平提升。

无锡通过弘扬崇文重教文化传统实现了人才的全过程培育，人才又反哺城市建设，形成了良好的互动关系。进入新时代以来，无锡始终把人才培养作为首要的战略目标，构建人人皆可成才、人人尽展其才的人才友好生态。崇文重教对于经济发展的重要作用主要体现在以下两个方面：

一方面，提升了公众的综合素质。崇文重教有助于提升公众的文化素养和科学知识水平，从而提升整个城市的文明程度，为社会带来创新的活力。崇文重教的传统不仅为无锡带来了经济上的繁荣，教育的普及以及教育水平的提高使得无锡城市居民的整体综合素质不断提升，为城市的进步和市民素质的提升提供了有力的保障，夯实了城市可持续发展的基础。在教育的过程中，注重人文教育对经济发展的积极作用。人文教育强调个体的全面发展，需要充分调动人的思维能力、创新能力和批判思维。人文教育不但要求具有创新能力，而且注重培养人的沟通能力和团队合作精神，使他们能够更好地适应和应对经济发展中的挑战，促进产业协同发展和创新合作。无锡市一体化推进教育、科技、人才体制改革，通过积极建立终身教育制度，引进大量优秀人才，实现人才的聚集，打造人才平台载体，形成良好的创新环境，全面激发创新创业活力，为经济高质量发展做好铺垫。

另一方面，促进了产业的升级。人力资本是产业发展的重要因素，是促使产业升级的关键，崇文重教能够为城市发展提供高素质的人才，促进高新技术产业的发展速度，提高城市竞争能力。无锡将教育与产业经济发展有机结合，构建起了高等教育和终身教育制度，使得教育得以支撑产业发展。作为历史悠久的文教名城，无锡坚定贯彻落实习近平总书记指出的“要努力构建德智体美劳全面培养的教育体系，形成更高水平的人才培养体系”的要求，将教育与产业发展相结合。在产业链、人才链、创新链等方面实现高效链接，在产教融合的环境下提升无锡的协同发展能力，进而增强了城市的竞争力。从高等教育方面来说，无锡在本土建立起了高水平高校平台，使得优质教育资源得以集中，全国优质生源乐于选择无锡。无锡具有较强专科教育能力，使得产业发展的人才需求得以满足，高等教育的层次结构使得无锡始终能够跟上新兴产业的发展速度。高等教育为无锡培养了一批具备人文素养和专业知识的人才，这些人才走向社会以后，成为产业科技创新和产业升级的中坚力量。

反过来看，城市经济发展亦对崇文重教的文化具有促进作用，主要表现在两个方面。

一是提供了重要的物质基础。从马克思主义观点来看，生产力决定生产关系，经济基础决定上层建筑。城市经济发展为教育事业提供了充足的物质基础，使其能够将更多的资源配置在教育领域，为教育基础设施建设、师资培养、科研项目的投入等提供了充足的物质支撑，提升了教育产业，创造了教育领域的就业机会，从而提高了教育质量。

二是城市经济发展促进了教育公平。江南地区自古以来便注重对于教育的投入，在多元主体的共同推动下，无锡的教育水平从全国范围来看都保持了较高的水准。在新时代，为了促进区域教育优质均衡发展，让不同地区的学生都能够接受优质教育资源，无锡市教育局印发《关于进一步推进中小学校长教师交流轮岗工作的指导意见》，为教育的公平性确立制度基础。无锡中小学的改革使得学生能够平等地获取教育资源，高水平教育质量在各级义务教育中普及，每个学生都可以公平地享受教育发展的红利。

（二）崇文重教促进人的现代化发展

习近平总书记指出，“教育是民族振兴、社会进步的重要基石，是功在当代、利在千秋的德政工程，对提高人民综合素养、促进人的全面发展、增强中华民族创新创造活力、实现中华民族伟大复兴具有决定性意义。”[①]崇文重教的目的在于促进人的发展，而人的全面发展正是实现中国式现代化的最重要的标志。

崇文重教的环境使得文化的内涵不断充实，其背后的核心动力是人的解放。在政府的大力投入下，教育实现了质的提升，培养人才的途径和渠道不断得到优化，人才的全过程培育使得人的思想得以更加开放和包容，有利于推动精神文明的发展，使得社会更具有活力。

崇文重教使无锡得以拥有极强的创新能力，为产业经济的发展提供了重要的人力支撑。无锡提供了平台与载体，使人才能够将科研成果转化为城市的各个应用场景；大量场景的科研应用是人才发挥才能的关键一环，能够为科研成果提供转化渠道，实现科研的持续性。除了经济发展之外，主观能动性与政策支持使得人才注重进一步深入挖掘传统文化的现代价值，实现文化创新，让传统文化融入经济社会生活中，带来更高质量的精神文明和物质文明。

自古以来，无锡在近现代中国的发展中都占有一席之地。敢于争

---

① 习近平：《思政课是落实立德树人根本任务的关键课程》，《求是》2020 年第 17 期。

先是无锡人最为本质的特色，其背后是崇文重教的社会环境的影响。党的十八大以来，无锡始终紧跟国际产业发展趋势，主动参与和对接先进产业，在国家的发展中承担了极大的责任和使命，这需要人才的推动才能够实现。无锡对人才始终秉持求贤若渴的态度；崇文重教之风，让无锡成功构筑起一个旨在促进人的现代化成长的社会环境。教育能够使人思想解放，培育出综合能力和创新思维，教育服务扩大了成才发展的渠道，也在教育的过程中为人提供了多种选择。

依据马克思主义的观点，生产力的构成要素中主要包括三个方面，即劳动者、劳动对象和劳动资料，其中劳动者是具有主观能动性的，会影响后两者，因而提升生产力本质上需要对人开展教育活动，使其能够拥有现代化的发展。无锡崇文重教的传统注重对于劳动者能力的培养，使其能够在思想和实践操作方面得到全方位提升。对于人的教育是人文经济学中发展新质生产力的核心密码，对人的教育实现了主体性的提升，全社会的创新能力才能得到释放。与此同时，新质生产力的发展一方面促进了生产效率的提升，带来生产关系的变革，另一方面也会重新影响和改变教育的内容和方式，为人的进一步发展打下基础，在各种要素的互动中形成更高的生产效率。

文化是城市发展的根，教育能够为根提供营养，让这个城市之根更加强壮。在人文教育的影响之下，无锡的经济发展处处展现着人文关怀。文化资源、文化氛围、文化发展，共同塑造了无锡对“人”的持久吸引力，城市也因此更具人文气质，最终在两者的互动中实现了经济的高质量发展。

现代化教育的根本目标是促成人的现代化，尤其是人的观念的现代化。崇文重教的人文环境使得无锡具备开放包容的心态，能够在思维观念、心理状态和思维方式方面不断与时俱进，形成符合现代产业发展需求的观念体系。中国式现代化需要突出传统文化的作用，发扬传统文化中的优秀部分，将其融入现代生活，转化成为现代文明的重要组成。中华民族能够追赶上世界发达国家的产业步伐，究其原因就在于教育的普及实现了人的思想现代化，能够将传统文化有效转化成为现代化的内容，在守正的基础之上勇于创新，突破思想观念的束缚，最终实现人的现代化。

（三）文化繁荣与经济发展双向共生

文化发展与经济发展是相辅相成的，历史经验表明，脱离了经济发展的文化，是难以发扬光大的，而没有文化内涵的经济，是难以持续的。无锡自古以来便崇尚创新，具有对传统文化实现再生产的创新能力，能够让历史文化展现出新魅力，同时也激活和放大了江南文化的人文基因。无锡不断引进各个领域的人才，在企业中实现价值创造，为传统企业的生产提供现代技术和商业才能，让城市发展与人文精神共同进步。

进入新时代，经济实现了高质量发展，更加要求各城市能够更新技术，在教育的支撑下实现产业进步。紧跟时代的步伐，无锡坚持崇文重教的传统，培养了大量人才，使得无锡能够有效满足新兴产业的人才缺口，大力推动产业升级。

在改革开放初期，无锡本土的企业家精神是体现教育与经济发展共生的重要突破口。在崇文重教的深厚人文氛围的影响下，无锡的商人群体普遍具备了较高的文化素养和丰富的专业知识。这种教育背景使得他们在进行商业决策时，能够展现出更为深远的洞察力和创新精神。他们不满足于传统的商业模式，而是不断尝试新的商业理念和方法，探索在激烈的市场竞争中脱颖而出的道路。正是这种深厚的文化底蕴和专业知识的积累，使得无锡商人群体能够在商业领域取得显著的成就，成为推动地区经济发展的重要力量。无锡锡山区诞生了中国第一家乡镇企业——春雷造船厂，“四千四万”

精神也从这里开始孕育。在这种精神的推动下，无锡造就了许多中国首创，成为新时代里中国最为活跃的民营企业聚集地，拥有较强的工业建设基础。长久以来，崇文重教的传统使无锡不断提升工业生产所需要的知识和技能水平，并为产业转型提供人力资本，有效对接外部资源。

无锡教育的一大特征，在于树立了为产业技术培育人才的理念，有效为未来中国产业在世界保持竞争优势夯实人才基础，使得城市较快地摆脱了产业转型的阵痛，并且不断向高技术产业方向推进。在无锡的大力推动下，形成了产业人才池，一批知识水平高的人才汇聚在江南地区，为高新技术产业发展提供了持续的人才动能。在发展的过程中，无锡将崇文重教的文化散播到全社会中，这也推动了教育产业的升级。无锡注重教育资源的均衡配置，将教育理念注入社会中，将教育作为城市发展的基石，不断扩充教育资源，引进先进的教育理念和教育方法，让学生可以更好地获取知识以及与国际接轨，实现教育的高质量成长。

无锡崇文重教的环境与新质生产力的发展之间存在着密切的关联。一方面，崇文重教的环境为新质生产力的形成聚集了人才和智力保障；另一方面，新质生产力又重新推动了江南教育事业的深化和改革，筑牢了产业发展的人才保障。文化繁荣与经济发展的双向共生推动了全社会的进步与发展。

无锡在不断壮大经济实力、提升产业质量以及提高人民生活水平的同时，不断丰富人民的精神文明生活，提升全社会的文明水平，促进人的全面发展。从马克思主义观点来说，物质决定意识，物质为意识提供必要的物质前提和条件，而意识则对物质具有反作用，好的意识活动能够有效促进物质的发展与进步。精神文明对物质文明建设具有巨大的推动作用，无锡不断强化精神对于人的思想观念、思维方式等方面的改变，使其完成现代化的蜕变，为城市建设和经济发展提供动力和支撑。文化繁荣与经济发展的双向共生在无锡不断壮大，人文经济学有效融入了高质量经济发展中。

（执笔人：朱庆葆、林之豪、巩建青）

第四章

崇尚实体经济的工商文化

江南素有发展实体经济的传统，这与其近代以来形成的崇尚实业的工商文化相关。崇尚实体经济的工商文化是人文经济学的重要内容。江南地区是中国最早出现资本主义工商业萌芽的地区之一，现在仍然是中国实体经济最为发达的地区。崇尚实业的工商文化、开放创新的企业家精神以及心怀家国、崇德厚生的企业家文化在江南地区代代传承，使实体经济成为江南地区亮眼的地域名片。

一、江南地区近代民族工商业的兴起

（一）明清时期商品经济繁荣奠定物质基础

江南地区近代民族工商业得以发轫，得益于既以明清时期日益繁盛的商品经济为物质基础，又以经世致用的思想传统为文化基因。物质基础方面，尽管江南地区民族工业兴起于近代，但早在洋务运动开展以前，江南地区就凭借发达的商品生产、便利的交通条件以及成熟的市场网络成为中国重要的商业中心。以无锡为例，其在明清时期业已成为蜚声全国的“布码头”“丝码头”“米码头”和“钱码头”。得益于优越的地理位置和发达的水系网络，无锡在明代即有“米码头”之名。[①] 光绪年间，无锡大运河沿岸形成“八段米市”，分列米行 80 余家，

① 周炎运：《历史上著名的无锡“四码头”》，无锡人大网，2014 年 9 月 26 日，https://rd.wuxi.gov.cn/doc/2014/09/26/1694087.shtml。

因而无锡素来享有中国“四大米市”之首的盛誉。[①] “布码头”之说始于清乾隆年间无锡人黄印的著作《锡金识小录》,“尝有徽人言‘汉口为船马头,镇江为银马头,无锡为布马头’,言虽鄙俗,当不妄也。”截至清末,无锡共有木织机 4.5 万台,年产棉布超 300 万匹,占全国棉布产量的 6.7%。此外,作为中国最早发明之事业,缫丝在无锡的历史更为悠久。《史记》有载:“初,楚边邑卑梁氏之处女与吴边邑之女争桑,二女家怒相灭,两国边邑长闻之,怒而相攻,灭吴之边邑。吴王怒,故遂伐楚,取两都而去。”[②]由此可见,无锡地区的桑蚕业在春秋时期业已受到重视。并且,养蚕事桑在此后各个历史时期得以延续,“同治初年,经乱田荒,开化乡民,植桑饲蚕,辄获奇羡,其风始盛,延及于各乡”[③]。自明代后期,无锡成为区域性的米、布、丝集散地,带动了钱庄、典当业的发展,这也是其“钱码头”之名的由来。截至清同治八年(1869),无锡已有 7 家从事货币业务的钱庄;至光绪二十二年(1896),无锡钱庄扩充至 20 余家。[④]

除无锡以外,江南地区其他城市在明清时期的商品经济同样繁荣。例如,太仓、常熟等地是明清时期重要的棉花种植地和棉布生产地。据统计,当时苏松地区的棉布年产量即可达 4500 万匹,[⑤]足见生产规模之巨。再如,苏州、杭州、湖州等地是重要的桑树种植地和丝绸生产地。据范金民和金文估计,江南地区在乾隆嘉庆年间的商品性丝绸年产规模可达 1000 多万匹,价值 1500 万两。[⑥] 作为全国最大的丝

---

① 其余三地分别为江西九江、安徽芜湖以及湖南长沙(亦作湖北沙市)。

② 出自《史记 · 吴太伯世家第一》。

③ 〔清〕裴大中等修,〔清〕秦缃业等撰:光绪《无锡金匮县志》,卷三十一《物产》,方志出版社 2012 年版。

④ 庄若江主编:《江苏地方文化史 · 无锡卷》,江苏人民出版社 2021 年版,第 181 页。

⑤ 吴承明:《中国资本主义与国内市场》,中国社会科学出版社 1985 年版,第 260 页。

⑥ 范金民、金文:《江南丝绸史研究》,农业出版社 1993 年版,第 253 页。

织业中心和棉布生产中心，江南地区的棉布、丝绸等商品销往全国及世界各地，形成了发达的商品流通网络。以松江标布为例，其流通景象可谓“富商巨贾，操重资而来市者，白银动以数万计，多或数十万两，少亦以万计”。再如，嘉兴濮院镇的丝绸贸易曾有“至于轻重诸货，名目繁多，总名曰绸。而两京、山东、山西、湖广、陕西、江南、福建等省各以时至，至于琉球、日本，濮绸之名几遍天下”[①]之记述。商品贸易促使江南地区市镇规模不断扩大。例如，苏州盛泽镇在康乾时期曾获评价，“薄海内外，寒暑衣被之所需，与夫冠婚丧黼黻文章之所用，悉萃而取给于区区一镇。入市交易，日逾万金”[②]。又如，南翔镇“四方商贾辐辏，廛市蝉联，村落丛聚，花、豆、米、麦百货之所骈集”[③]。由此可见，江南地区在明清时期就已形成发达的商品经济形态，这为近代民族工商业在该地区的兴起奠定了坚实的物质基础。

（二）经世致用思想

“实业救国”是江南地区近代民族企业家的精神写照，而这承继自明清时期的东林学派以及“经世致用”的思想传统。明万历三十二年（1604），以顾宪成、高攀龙为代表的儒家学者在名儒杨时讲学原址重修东林书院，是为东林学派之发端，无锡由此成为东林之学的发源地。虽然“经世致用”是东林学派的代表性思想，但这种思想并非由东林学派最早提出，而是传承于江南地区的长期文化积累。黄宗羲在《明儒学案》中有云：“然东林之学，顾导源于此，岂可没哉！”[④]这是说以顾宪

---

① ［清］《濮镇纪闻·风俗》，引自范金民《明清江南商业的发展》，广西师范大学出版社2024年版，第387页。

② ［清］仲周霈跋：《盛湖志》，引自范金民《明清江南商业的发展》，广西师范大学出版社2024年版，第387页。

③ ［清］《南翔志》，引自范金民《明清江南商业的发展》，广西师范大学出版社2024年版，第388页。

④ ［明］黄宗羲：《提学薛方山先生应旗》，出自《明儒学案》卷二五。

成为创始人之一的东林之学导源自顾宪成的老师薛应旂(亦作薛应旗)。薛应旂素来主张"君子贵于务实,务实则德可久而业可大矣""学者不患立志之不高,患不足以继之耳;不患立言之不善,患不足以践之耳"等思想。由此可见,"务实""经世""躬行"等儒家思想,在东林学派创立之前就已存在。顾宪成受学于薛应旂,在其基础上将"经世致用"思想继承发扬,终成东林学派。作为东林学派重要的讲学内容,"工商皆本""农商同利""士商异术而同志"等一系列观点,连同工商经营实践,最终沉淀积累为江南地区的主流价值观念。[①] 例如,《荣氏家训》就明确提到"纵不能入学中举,就是为农为工为商贾,亦不失为醇谨之善人""士农工商,所业虽不同,皆为本职"。在"经世致用""工商皆本"思想的影响下,江南地区的望族世家虽多为书香官宦,但并不排斥商业活动,这从思想根源上为明清时期江南地区商品经济的繁盛扫清了障碍,也为该地区近代民族工商业的兴起提供了充分的思想准备。此外,东林学派的思想还具有强烈的"天下主义"特点,正所谓"君子之忧乐在天下"。悬挂于东林书院的"风声雨声读书声声声入耳,家事国事天下事事事关心"的对联激励着江南地区一代又一代名人志士心怀家国,以天下为重。随着 19 世纪末帝国主义列强对中国资本和领土掠夺加剧,江南民族企业家在"经世致用"和"天下主义"思想影响下,开始探寻"实业救国"路径。

二、江南地区近代民族工商业的发展

江南地区的近代民族工业发轫于清末洋务运动。1895 年,杨宗翰和张謇相继提请两江总督张之洞于无锡和南通开办棉纺厂,获张之洞

① 汤可可等编著:《工商华章》,江苏人民出版社 2006 年版,第 7—8 页。

同意。1896 年初，无锡棉纺厂正式投产，是为“业勤机器纺纱工厂”。[①] 随后，1899 年，张謇在南通创办的大生纱厂几经周折，终于投产；1901 年，荣宗敬和荣德生兄弟在无锡创立茂新面粉厂。由此，江南地区的民族企业如雨后春笋般涌现。其中，无锡以其企业家数量之多、工厂规模之庞大，在中国近代民族工业发展中居于重要地位。1909 年，秦毓鎏、孙保圻、吴廷枚、蒋哲卿等人在无锡创办《锡金日报》，这是无锡第一份日报，也是江苏第一份民办日报。《锡金日报》设四开八版，其中一至四版均为广告，可见无锡近代民族工商业之繁盛。[②] 在此时期，无锡与上海、天津、武汉和广州并为近代中国五大工业城市。其中，“其工业完全为华商所经营，由华商自行创始，自行建设而自行发展者，首推无锡，无锡之新式工业，虽始创于中日战争（1895 年）以后，然其发展之猛进，实非它地所能及”[③]。表 4 - 1 展示了辛亥革命前无锡民族资本创办的工厂，从其名称可以看出，这一时期的无锡工厂主要从事缫丝、棉纺以及粮食加工等业务。辛亥革命以后，民族工业步入黄金发展时期，上述三大产业也渐成抗日战争全面爆发以前无锡的三大支柱产业。至抗日战争全面爆发前，无锡工厂数量合计 315 家，位列全国第五位；工业投资总额达到 1407 万元，排在全国第五位；产业总资本 7500 万元，居全国第三位；工业生产总值 7726 万元，位列全国第三位；就业工人数 6.5 万人，居全国第二位，仅次于上海，而在非条约通商口岸城市中，无锡轻工业发达指数居国内第一。[④]

---

① 庄若江主编：《江苏地方文化史 · 无锡卷》，江苏人民出版社 2021 年版，第 172 页。
② 庄若江主编：《江苏地方文化史 · 无锡卷》，江苏人民出版社 2021 年版，第 163 页。
③ 龚骏：《中国都市工业程度之统计分析》，引自庄若江主编《江苏地方文化史 · 无锡卷》，江苏人民出版社 2021 年版，第 189 页。
④ 陆阳：《春来发几枝——近代无锡投资兴业的几个剪影》，《档案与建设》2018 年第 1 期。

表 4-1 辛亥革命前无锡民族资本创办的工厂

创办年份	工厂名称	创办人
1895	业勤纱厂	杨宗濂、杨宗翰等
1900	茂新面粉厂	荣宗敬、荣德生
1901	裕昌丝厂	—
1904	裕昌顺记丝厂	周舜卿
1905	振新纺织公司	荣宗敬
1905	江阴华澄布厂	吴增元
1906	宜兴羡余织布厂	徐粹初
1907	振新纱厂	荣宗敬、张若君
1907	源康丝厂	顾重庆
1907	商办振兴纺织公司	—
1908	利用纱厂	施子美、严惠人等
1908	江阴美利发布厂	王恩槐
1908	江阴鼎升布厂	季希三
1908	江阴华纶布厂	顾良友
1909	源康永记丝厂	何梦连
1909	九丰面粉厂	蔡文鑫
1909	劝工棉织厂	吴玉书
1909	德源碾米厂	华承谟
1909	云澄布厂	王桐
1909	美纶织布厂	夏云鹤
1909	宝新碾米厂	—
1909	永泰第二丝厂	—

续表

创办年份	工厂名称	创办人
1910	振艺丝厂	许稻荪
1910	聚成泰丝厂	—
1910	江阴东升布厂	杨锡祉
1910	业勤毛巾厂	—
1910	江阴华丰布厂	姜叔屏
1910	江阴华美布厂	周继武
1910	乾甡丝厂	孙鹤卿
1910	聚成泰碾米厂	—
1911	江阴九成布厂	赵赞成
1911	渭鑫机器厂	—

就江南地区而言，根据资料统计，至辛亥革命前，在该地区由民族资本出资设立的机械动力工厂超过百家，占全国 532 家工厂的近 20%，[①]足以说明江南地区在近代民族工业发展中的重要地位。自近代民族工业兴起，江南地区就不断有民族企业家出资办厂、兴办实业。以南通的张謇为例，张謇创立的大生纱厂在投产后第二年即得纯利 5 万两，第三年得纯利 10 万两，在同期华资纱厂中获利居首位。至 1921 年，整个大生集团总资产约 2400 万两白银，是当时中国最大的民族资本企业。常州的刘国钧自 1918 年起致力于独资办厂，后又通过并购成立"大成纺织染公司"，仅用时 8 年便实现 8 倍速增长，被誉为"民族工商业罕见的奇迹"。此外，还有苏州的陆润庠、穆藕初，常州的刘鸿

① 陈真、姚洛：《中国近代工业史资料第一辑：民族资本创办和经营的工业》，生活·读书·新知三联书店 1957 年版，第 38—53 页。

生,湖州的张静江等。

在近代江南地区,缫丝、棉纺、粮食加工等是支柱性产业。

1. 缫丝产业方面

江南地区自古以来就是蚕丝的主要产区,无锡的缫丝产业在江南地区具有代表性。资料显示,养蚕缫丝在春秋时期就是无锡地区主要的农业活动。1878年,无锡即拥有江苏省内最大的蚕丝生产线,所产生丝广销海内外,这为19世纪末机器缫丝工业的产生奠定了基础。1862年,欧洲人在上海设立了中国最早的机械制丝工厂。由于无锡与上海之间交通便利,机械制丝技术也得以在无锡渐渐铺开。由表4-2可知,无锡的机械制丝工厂远多于江苏和浙江的其他地区,并且在1930年前后迅猛发展。① 其中,以永泰、锦记、隆昌丝业为主的无锡薛氏家族自1894年起就开始经营生丝业务。1936年,无锡薛氏家族直接经营或控股的丝厂达16家,丝车6674台,日产生丝85万担,占无锡生丝总产量的60%以上。并且,无锡丝厂生产的蚕丝品质优良,驰誉海外,利润可观。例如,永泰丝厂的"金双鹿"生丝曾获万国博览会金奖,其售价比普通生丝高40%左右,却依然畅销海外。② 庞大的生产规模和优良的生产技术使得无锡生丝无论是产量、品质,还是出口吨位,均位居全国前列。1936年,无锡地区的丝厂总数、年产总量均超过上海,且生丝产品广销海外,厂丝外销总量达2.7万余担,占全国外销总数的54.6%。③ 1937年,无锡的缫丝厂和缫丝车数量分别占江苏

① 表4-2引自陈真《中国近代工业史资料第四辑:中国工业的特点、资本、结构等和工业中各行业概况》,生活·读书·新知三联书店1961年版,第112页;陈真、姚洛《中国近代工业史资料第一辑:民族资本创办和经营的工业》。

② 孙宅巍、王卫星、崔巍主编:《江苏通史·中华民国卷》,凤凰出版社2012年版,第47—48页;陈真、姚洛:《中国近代工业史资料第一辑:民族资本创办和经营的工业》。

③ 无锡市地方志编纂委员会:《无锡市志·丝绸工业卷》,江苏人民出版社1995年版;陈真、姚洛:《中国近代工业史资料第一辑:民族资本创办和经营的工业》。

全省的94%和95%，同时位居全国首位。①

表4-2　江浙沪地区1935年以前的机械制丝工厂数　　单位：家

工厂数量	1914年	1919年	1924年	1929年	1930年	1931年	1932年	1934年
上海	60	65	72	104	106	105	62	23
无锡	5	14	16	45	48	48	26	35
江苏其他地区	5	7	6	6	8	6	—	—
浙江	3	3	7	18	19	20	—	16
合计	73	89	101	173	181	179	88	74

除无锡以外，苏州、杭州等地自古以来也是重要的丝绸生产地，也在近代完成了传统丝织向机制丝织的转型。以苏州为例，苏州的近代丝厂始自1896年陆润庠创办的苏经丝厂。1918—1926年，在倡导实业浪潮下，苏州缫丝业逐步由手工制丝向铁机制丝转变。截至1933年，苏州共有20多家铁机丝织厂。②

2. 棉纺产业方面

江南地区是中国自元代以来的重要棉纺产地，其在近代棉纺工业中亦居于显要地位。以无锡为例，1895年，在洋务运动支持下，杨宗濂、杨宗翰兄弟在无锡创立业勤纱厂，这是无锡第一家民族资本企业，也是近代中国第一家完全商办性质的棉纺织厂。由于日俄战争导致棉纺需求大增，江南地区兴办棉纺织厂的热情得到激发。张謇担任北洋农商总长后，纺织业有了政策支持，得以继续发展，无锡棉纺工厂不断增加。其中，既有业勤、振新、申新、庆丰、广勤、丽新、豫康等资本丰

① 无锡市地方志编纂委员会：《无锡市志》，江苏人民出版社1995年版，第840页，引自https://daj.wuxi.gov.cn/doc/2015/06/26/2427467.shtml。

② 陈为忠：《转型与重构：上海产业区的形成与演化研究（1843—1941）》，复旦大学博士论文，2014年，第158—159页。

厚、设备先进、生产系统的大规模工厂，也有振兴、恒丰、蕴华等资本薄弱、设备落后、业务单一的小规模工厂。但从整体来看，20 世纪 30 年代，无锡棉纺织业已囊括棉织、染织、针织等多种业务，形成了完整的棉纺织产业链。其中，1921 年投产的申新三厂在 1931 年已有纱锭 65800 枚，布机 1478 台，是当时全国规模最大的纺织厂；唐骧廷等人创立的丽新纺织厂在创立之初即设有织造、漂染、整理三个部门，是全国第一家集纺、织、染于一体的全能工厂。据统计，1930 年，无锡除了丽新以外其余六大纱厂的纱锭数量达 173672 枚，足见无锡棉纺工业规模之巨。

表 4－3　无锡在 1937 年以前成立的棉纺织工厂①

创办时间	工厂名称	创办人
1895	业勤纱厂	杨宗濂、杨宗翰等
1900	亨吉利布厂	匡仲谋
1905	振新纺织公司	荣宗敬
1909	劝工棉织厂	吴玉书
1913	瑞生祥布厂	陈倬云
1913	南昌布厂	糜子辉
1917	广勤纱厂	杨翰西
1917	丽华布厂	吴仲炳
1917	光华布厂	蒋镜
1919	申新三厂	荣宗敬、荣德生
1920	丽新布厂	唐骧廷、程敬堂
1920	庆丰纱厂	唐保谦、蔡缄三
1921	豫康纱厂	薛醴泉、方寿颐
1922	新艺染织厂	陈仲蕃

① 表 4－3 数据引自无锡地方志编纂委员会《无锡地方资料汇编第一辑》，以及无锡县政府、无锡市政府筹备处《无锡年鉴·工业卷》（1930 年）。

续表

创办时间	工厂名称	创办人
1923	振兴染织厂	胡缨清
1926	新华染织厂	高修彦
1926	竞华染织厂	吴纯如
1926	鸿裕染织厂	杜敬堂
1926	恒丰染织厂	黄蔚如
1926	九纶染织厂	胡慕陶
1927	蕴华织布厂	任士记
1928	华丰染织厂	徐子周
1929	大华染织厂	诸宝珊
1929	大生盈记染织厂	徐湧潮
1929	振华染织厂	毛永康
1932	同亿染织厂	曹子喻
1932	三新染织厂	徐载安
1932	福新染织厂	潘永祺
1937	兴业染织厂	穆漪君

除无锡以外，南通也是近代棉纺工业的重镇。以张謇为代表的南通士绅和商人在“棉铁主义”“父实业、母教育”等思想的领导下，走出了以棉纺织业为主导的特色工业化道路。1895 年，张謇在张之洞的委派下在南通办厂。由于南通地区棉花质量优良，故张謇决定设立棉纺厂。1899 年，大生纱厂试车成功。此后，大生通过增锭、设立分厂等方式不断扩大生产规模，由单一工厂逐渐成长为多区位公司。大生开办以后，南通陆续出现其他棉纺工厂。由表 4－4 可见，南通的棉纺工业规模在 1933 年仅次于上海和无锡。此外，由表 4－4 可知，常州、苏州等地的棉纺织业同样颇具规模，这表明棉纺工业在江南地区近代工业化进程中居于重要地位。

表 4-4 1933 年江苏省棉纺工业统计表

城市	工厂数(家)	纱锭数(个)	产量(包)
上海	27	1066920	600440
无锡	7	108168	111161
常州	4	46504	16703
南通	2	92104	70604
苏州	1	42568	23820
常熟	1	12740	7600
太仓	1	25000	18860
江阴	1	15000	9200
崇明(大生)	1	16400	11320
启东(大生)	1	35000	18880
海门(大生)	1	30340	27562
合计	47	1580744	914150

数据来源:《中国实业志》江苏卷

3. 粮食加工产业方面

以无锡为例,1900 年,荣德生和荣宗敬兄弟与人合资开办保兴面粉厂,随后改组为茂新面粉厂,揭开了无锡近代民族企业家兴办粮食加工企业的序幕。日俄战争以后,面粉需求激增,加之当时社会抵制美货运动爆发,国内机制面粉厂规模迅速扩大。以 1913 年为例,全国机制面粉厂总计 58 家,其中无锡有 4 家,日生产能力为 10400 包,占全国总量的 13.72%。在此时期,尽管无锡机制面粉厂的设厂数量与产能和上海存在差距,但相比其他地区依然具有优势。① 截至 1920 年,无锡面粉厂共有 6 家,每年消费小麦达 335 万石,生产面粉价值总量约 1400 万元。② 此后,尽管国际市场面粉需求波动曾一度对中国面

① 此处以及表 4-5 数据来自上海市粮食局等编《中国近代面粉工业史》,中华书局 1978 年版。
② 《无锡之实业》,《中外经济周刊》1921 年第 91 期。

粉行业产生影响，但无锡面粉业在 1937 年前始终居于全国重要地位。除无锡以外，截至抗日战争全面爆发前夕，南通、常州等地亦开设多家面粉厂。其中，南通面粉业产值达 312 万，在当地产值仅次于棉纺业；武进面粉业产值近 150 万，在当地产值仅次于棉纺业和榨油业。①

表 4－5　1913 年全国机制面粉厂基本情况

地区	面粉厂数量（家）	资本额（万元）	日生产能力	
			产量（包）	占比（%）
上海	11	231	25100	33.11
江苏	12	223	22300	29.42
无锡	4	75	10400	13.72
其他	8	148	11900	15.70
东北	17	206	17485	23.06
哈尔滨	4	71	8195	10.81
其他	13	135	9290	12.25
湖北	6	80	3800	5.01
汉口	5	75	3200	4.22
其他	1	5	600	0.79
天津	2	9	880	1.16
河北	4	65	2600	3.43
济南	1	5	500	0.66
安徽	1	10	1000	1.32
四川	1	24	600	0.79
山西	1	13	450	0.59
浙江	1	10	600	0.79
云南	1	10	500	0.66
总计	58	885	75815	100

① 《地方工业概况统计》，《中国工业调查报告》1937 年。

除面粉生产以外，由于江南地区亦是周边地区所产稻米的主要集散地，机器碾米是江南近代民族企业家的又一主要经营选择。以无锡为例，1906 年，徐翔周开办了无锡第一家机器碾米厂，即大风机米厂。此后，机器碾米厂数量日益增多，生产规模不断扩大。据统计，1912 年，无锡宝新、邹成泰、华兴、恒裕、同仁等五家规模较大的机器碾米厂的年碾米能力可达 108 万石。[①] 1932 年，无锡机器碾米厂共有 15 家，年产量约为 190 万石。[②] 1936 年，无锡粮食的集散总量、加工能力、仓储容量、运营总功能均居于全国四大米市之首。[③] 此外，碾米业也是镇江、杭州、湖州等地的重要产业。根据统计，1930 年镇江共有碾米厂 25 家，产值可达 10 万石；杭州同期共有碾米厂 24 家；湖州同期共有 13 家。[④]

此外，榨油业也是江南近代民族企业家的主要业务之一。以无锡为例，1913 年，杨瀚西创办润丰机器榨油厂，新式榨油业始在无锡发展起来。20 世纪 20 年代以前，榨油业发展较为迅速。以该时期最大的恒德油厂为例，其年产值可达 130 万元。[⑤] 然而，由于榨油所用原料大豆在 20 世纪 30 年代以后长期被日本帝国主义控制，榨油业随后发展较为缓慢。1933 年，无锡榨油厂数量为 8 家，年产值共约 337 万元。[⑥] 除无锡以外，南通、常州等地的榨油业也颇具规模。抗日战争全面爆发前夕，南通榨油业产值可达 507 万元，仅次于当地棉纺工业；武

① 《无锡工业调查（三）——无锡碾米厂调查报告》，《统计月刊》1930 年（第 2 卷）第 7 期。

② 顾毓方：《无锡之工业》，《实业统计特刊》1933 年 12 月。

③ 无锡市地方志编纂委员会：《无锡市志》，江苏人民出版社 1995 年版，引自 https://rd.wuxi.gov.cn/doc/2009/11/18/1693074.shtml。

④ 数据分别来自《中国近代工业史资料第一辑：民族资本创办和经营的工业》、《杭州市工业统计》、《中国实业志》浙江卷。

⑤ 陈为忠：《转型与重构：上海产业区的形成与演化研究（1843—1941）》，复旦大学博士论文，2014 年，第 107 页。

⑥ 顾毓方：《无锡之工业》，《实业统计特刊》1933 年 12 月。

进榨油业产值近750万元，同样仅次于当地的棉纺工业。①

表4-6 无锡1937年以前开办的粮食加工厂②

开办年份	工厂名称	类别	创办者
1900	保兴(茂新)面粉厂	面粉	荣宗敬、荣德生等
1906	大丰机米厂	大米	徐翔周
1908	宝新碾米厂	大米	荣德生、钱镜生
1908	华兴机米厂	大米	—
1909	九丰面粉厂	面粉	唐保谦、蔡缄三
1909	德源碾米厂	大米	华承谟
1910	邹成泰机器碾米厂	大米	邹海周
1913	润丰机器榨油厂	食用油	杨翰西
1913	惠元面粉厂	面粉	吴玉君、方寿颐
1914	泰隆面粉厂	面粉	孙伍佰、过惠平
1915	浦宝成榨油厂	食用油	尤瑞芳
1915	三和榨油厂	食用油	刘虞卿
1915	俭丰榨油厂	食用油	许良初
1916	庄源大榨油厂	食用油	庄兰芳
1916	宝新面粉厂	面粉	唐首铭
1918	恒德油厂	食用油	浦文汀
1918	德新碾米厂	大米	杨融春
1919	九丰面粉二厂	面粉	唐保谦、蔡缄三
1920	茂新面粉二厂	面粉	荣宗敬、荣德生
1920	永益碾米厂	大米	陈耀祖
1920	益源碾米厂	大米	杨翰庭

① 《地方工业概况统计》，《中国工业调查报告》1937年。

② 参见孙宅巍、蒋顺兴、王卫星主编《江苏近代民族工业史》，南京师范大学出版社1999年版；陈真、姚洛《中国近代工业史资料第一辑：民族资本创办和经营的工业》，生活·读书·新知三联书店1957年版，第38—53页。

续表

开办年份	工厂名称	类别	创办者
1925	仁昌裕碾米厂	大米	陈耀祖
1925	大新碾米厂	大米	—
1925	永源碾米厂	大米	谢维翰
1927	利新碾米厂	大米	王治中
1927	益新碾米厂	大米	陆竹卿
1928	永茂碾米一厂	大米	沈桂卿
1928	余新碾米厂	大米	谈文明
1928	周一昌碾米厂	大米	周荫庭
1929	大昌榨油厂	食用油	张锡堂
1929	张元大榨油厂	食用油	周培扬
1930	永茂碾米二厂	大米	许锡章
1930	民生碾米厂	大米	苏斌化
1930	嘉禾碾米厂	大米	—
1937	广丰面粉厂	面粉	杨翰西

可以说，江南地区在近代民族工业发展中居于重要地位，形成了缫丝、棉纺以及粮食加工等支柱性产业。以无锡为例，资料显示，无锡在抗日战争全面爆发以前的工业总产值位列全国前三，有“小上海”之称。[①] 从上述几个支柱性产业的经济数据来看，无论是资本、设备抑或产量，无锡在全国相应行业中均居于领先地位。并且，上述支柱性产业的蓬勃发展也带动了其他相关产业的兴起。例如，在缫丝、纺织、榨油等机制工业设备修理需求下，无锡出现了专门从事机器制造的工厂。1909 年，朱晋良在无锡开办协记机器修理厂，这是无锡第一家专事机器修理的工厂。随后，机器制造业日渐兴起，出现了协勤、宏源等

① 庄若江主编：《江苏地方文化史 · 无锡卷》，江苏人民出版社 2021 年版，第 186 页。

厂，为支柱性产业持续发展提供了有力的技术支持。其中，薛南溟的工艺铁工厂是当时无锡规模最大的机械厂。据统计，1929 年，无锡机器制造行业产值达 63.2 万元①。类似的工业发展趋势也同样出现在南通、常州、苏州以及杭州等地。例如，棉纺工业对于布机的需求催生了南通的机器修造业。为此，张謇的大生集团相继开办资生铁厂和资生冶厂以满足铁机修造需求。此外，碾米、榨油等粮食加工业也带动了常州、杭州等地机械制造业的发展，大批机械制造厂顺势涌现。然而，由于日本帝国主义侵略，江南地区经济遭到严重破坏。仅无锡一地，城内被日军烧毁工厂厂房多达 28527 间，商店 54268 间，损毁米行 81 家、纱号和绸布号 41 家、粮食和丝茧堆栈 9 家。② 直至抗日战争胜利后，江南地区经济才有所复苏。

三、江南地区近代民族工商业中的文化基因

纵观江南地区近代民族工商业发展历程，可以发现如下几方面特征。

（一）经世致用，崇尚实业

在救亡图存的时代背景下，受到经世致用思想影响，江南地区民族企业家大多选择创办实业，初期多是缫丝、棉纺以及粮食加工行业，而后又逐渐扩展至机械制造、印染、电力、化学等工业。一方面，这种创业选择符合江南地区自明清以来在蚕丝、纺织以及粮食运输等方面积累的技术和资源优势。正如前文所言，江南地区民众从事养蚕、纺织等经济活动历史悠久，且该地区在明清时期就已成为全国重要的丝

---

① 《无锡工业调查（三）——无锡铁工业调查报告》，《统计月刊》1930 年（第 2 卷）第 7 期。

② 无锡市地方志编纂委员会编：《无锡市志（第二册）》，江苏人民出版社 1995 年版，第 873 页。

棉集散地，这为民族工商业兴起积累了充分的人力资本和自然资源。除此以外，作为古代重要的漕粮集散地，周边地区作物种植面积广阔，为江南民族企业家兴办粮食加工厂提供了充足的原料储备。另一方面，这种创业选择也体现了江南地区浓厚的经世致用传统。如前文所言，伴随着商品经济的日益繁荣，江南地区长久以来形成了求真务实、讲求功效的经世致用思想，强调学问需与实际问题紧密结合，学以致用。面对近代中国半殖民地半封建程度不断加深的社会现实，江南民族企业家积极引进西方先进技术与经营理念，实业兴邦，是经世致用思想传统与近代救亡图存时代背景的有机结合。

（二）深耕主业，做强产业

在江南地区近代民族工商业发展壮大过程中，家族式资本财团的作用不可忽视。以无锡为例，规模可观、实力雄厚的主要有：以茂新面粉厂与振兴、申新纱厂为主的荣氏（荣宗敬、荣德生兄弟）集团，以永泰、锦记、隆昌丝业为主的薛氏（薛南溟、薛寿萱父子）集团，以业勤纱厂、广勤棉纺织厂为主的杨氏（杨宗濂、杨宗翰兄弟）集团，以裕昌、慎昌丝厂为主的周氏（周舜卿）集团，以九丰面粉厂、庆丰棉纺织厂为主的唐蔡（唐保谦、蔡缄三）集团，以丽新纺织公司为主的唐程（唐骧庭、程敬堂）集团。[①] 以荣氏兄弟的荣氏集团为例，其一度拥有30多家企业，其中，茂新、福新等12家面粉厂的办厂规模占全国面粉工业生产能力的1/3，申新纺织公司下辖9家工厂的纱锭数、布机数占民族资本所办棉纱厂总量逾1/5[②]。再如唐蔡集团，1922年业务已横跨缫丝、棉纺与面粉三大支柱产业，资产总额在无锡工业资本占比高达17%。

观察这些家族资本财团的经营过程可以发现，江南民族企业家在

---

① 庄若江主编：《江苏地方文化史 · 无锡卷》，江苏人民出版社2021年版，第174页。
② 钱志新：《百年苏商》，江苏人民出版社2013年版，第20页。

聚焦主业的同时，始终注重相关业务的延伸与整合。例如，由唐程集团集资筹办的丽新纺织印染厂，在1922年投产时就已经整合了纺、织、印、染等业务，是中国最早集齐纺织细分业务的棉纺织企业[①]。随后，唐程集团又在丽新既有业务基础上，相继于1933和1935年成立了纺织漂染整理公司和协新毛纺织染厂。从经营业务来看，唐程集团从九余绸布庄起家，渐渐将业务扩展至织布，又在此基础上发展出了印染业务，还在棉纺业务以外开拓毛纺业务[②]。再如，唐蔡集团从永源生米行开始，到1910年成立九丰面粉厂，再到1920年设立庆丰棉纺织厂，最终经营业务横跨棉纺、缫丝和粮食加工这三大无锡支柱产业[③]。又如，南通张謇创办的大生集团，从最开始的大生纱厂逐步发展为集棉花种植、纺纱、织布、轧棉等于一身的全产业链集团，兼有布局交通运输、机器修造、榨油等与棉纺织业紧密相关的产业。

（三）开放创新，兼容并蓄

江南民族企业家能够主动引进西方先进技术和管理经验，并在此基础上积极改良、探索，体现出开放创新的现代企业家精神。向外学习方面，以无锡永泰丝厂创始人薛南溟为例，他在企业创办初期，高薪聘请曾在意资企业纶华丝厂担任总管的徐锦荣担任总经理，引进西方先进的工厂管理和工人培训体系。薛南溟之子薛寿萱接手永泰丝厂以后，受到美国留学和日本考察经历影响，他从日本引进长弓式、千叶式煮茧机，极大地提升了企业生产能力和产品质量。再如，无锡唐保谦之子唐星海自美国麻省理工学院机械制造和纺织管理专业毕业以后，回到无锡接班庆丰棉纺织厂。主事期间，唐星海从英国购进400

---

① 《百年丽新 日久弥新》，《江南晚报》2022年7月22日。

② 《唐骧庭：集资创办协新毛纺织染厂》，无锡市档案史志馆，2017年8月3日，https://daj.wuxi.gov.cn/doc/2017/08/03/2425532.shtml。

③ 《唐保谦："夹板老爷"的成功之路》，无锡市档案史志馆，2014年7月2日，https://daj.wuxi.gov.cn/doc/2014/07/02/2425675.shtml。

多台布机，后从德国引进了 2000 瓦发电机组，使庆丰丝厂成为无锡第一家具有自主发电能力的纺织厂。并且，他在工厂内施行了现代企业管理办法，如高薪聘请职业经理人、工人上下班使用打卡机装置替代汽笛、制定各部门办事细则和工作流程等，提高了庆丰纺织厂的经营管理效率，帮助唐蔡集团成为与荣氏集团并肩的棉纺巨头。又如，南通张謇的大生集团始终秉持开放精神，积极引进国外的资金、设备和人才，通过与美国、日本等国的企业合资，购买自动织布机和榨油机以及聘请欧洲工程师等手段，实现自身的发展壮大。

此外，江南民族企业家在向外学习过程中，也结合自身实际不断探索，形成了较强的自主创新能力。比如，无锡邹成泰碾米厂所有者邹颂范率先开展碾米工艺创新，以电动机为动力、用石灰粉替代水光粉辅助碾米、取消人工敲筛作业、以钢丝胶辊砻谷机替代老式木砻、研制碾米用橡胶辊筒等。此外，他在买回德国制造机器以后，通过技师的仿制改造，优化了筛米工序。改制成的三层单式机动筛不仅能够一次筛理完成砻糙工序，而且可以自动分离谷糙和泥粞，使得邹成泰碾米厂率先成为机械化稻米加工厂①。再如，无锡永泰丝厂面对国际生丝市场激烈竞争，设立新机改革试验部，最终自行设计出中国第一台立缫车。无锡其他丝厂也纷纷效仿，置办新式立缫车。此外，永泰丝厂还创新性地在美国设立永泰生丝经销公司，在英、法、澳等国聘任代理人，改变了生丝国际销售被洋行洋商近乎垄断的境遇。又如，苏州振亚纺织公司参考国外先进经验，织出国内首个人造丝生织产品巴黎纱，又研发出国内第一个多条色小箴缫丝车。在这种开放创新精神驱动下，江南地区出现了中国第一家民营资本机器工厂（即业勤纱厂）、

① 《邹颂范：在不断创新中做大实业》，无锡市档案史志馆，2018 年 1 月 23 日，https://daj.wuxi.gov.cn/doc/2018/01/23/2425564.shtml。

第一家电力织机全能厂(即庆丰纺织厂)、第一家碳酸镁生产企业(即中国第一制镁厂)、第一家碳酸钙生产企业(即允利化学工业公司)、第一台立缫车(永泰丝厂自主研发)等。此后,勇于创新的精神特质在江南地区代代传承。

(四) 心怀家国,以义为先

江南地区民族企业家心怀家国,以天下为己任,凸显着“以义为先”“义利兼顾”的中华传统文化底色。这表现在:其一,随着中国半殖民地半封建经济不断加深,家国情怀使江南民族企业家自觉投身于“实业救国”浪潮。例如,有中国“面粉大王”和“纱布大王”之称的荣氏兄弟在谈及创业动机时,就曾明确说到“吾不忍坐视国家经济沦溺绝境,因尽吾一分忠实之事业”①;业勤纱厂创办者杨宗翰言及办厂动机时也曾表明,“现复奉准苏杭内地通商,计彼族之侵我利权,占我生理者,似亦奠基于纺织、缫丝诸大端,不待智者而知”②;被誉为“民营企业家先贤和楷模”的张謇在开办大生纱厂时有云,“救国为目前之急……譬之树然,教育犹花,海陆军犹果也,而其根本则在实业”③。其二,在经营企业的同时,无锡企业家积极承担社会责任,投身教育、城建等公共事业建设,为无锡及中国近代社会发展作出了贡献。荣德生有言:“古之圣贤,其言行不外《大学》之明德,《中庸》之明诚,正心修身,终至国治而天下平。吾辈办事业亦犹是也,必先正心诚意,实事求是,庶几有成。”④在儒家文化影响下,“正心诚意、实事求是、勤俭自持、践约守信”成为江南民族企业家始终秉持的信念与准则⑤。例如,荣德生在1912年撰写了名为《无锡之将来》的小册子,提出了诸多具体的城市规

① 《荣德生文集》,上海古籍出版社2002年版,第294页。
② 吴跃农:《百年锡商文化精神透视》,《江苏地方志》2023年第2期。
③ 钱志新:《百年苏商》,江苏人民出版社2013年版,第16页。
④ 吴跃农:《百年锡商文化精神透视》,《江苏地方志》2023年第2期。
⑤ 汤可可等编著:《工商华章》,江苏人民出版社2006年版,第7—8页。

划建议，如拆除旧城墙、建设大型发电厂、开设大型商场、划分城市功能区等；薛明剑曾撰写《愿望十则》，提出了关于无锡城市建设、产业发展、文化教育等一系列设想，并在国民参政会上提出“建设苏南工业区计划案”①；张謇在南通建立博物馆、气象台、图书馆、慈善机构等。此外，民族企业家还积极兴办教育，如荣氏兄弟在无锡先后建立 9 所小学、1 所中等职业学校、1 所普通中学、1 所四年制本科大学以及 1 个藏书量近 20 万卷的图书馆；唐保谦多次捐资无锡国学专修学校；张謇积极兴办师范和职业教育，先后在南通创办小学 335 所、中等学校 21 所和职业学校 20 多所，开办中国第一所师范学校和第一所特殊教育学校。上述事迹折射出江南地区民族企业家“义利并举，崇德厚生”的精神特质。

综上，在近代中国救亡图存的时代背景下，江南民族企业家积极兴办实业，既为江南地区现代经济发展奠定了良好的实业基础，也为地区民众留下了心怀家国、开放创新、崇德厚生的宝贵精神财富。截至抗日战争全面爆发前，江南地区形成了缫丝、棉纺、粮食加工、机械制造等支柱产业，兼有油饼、铁工、砖瓦、酿造、印刷等各类行业。以无锡为例，全域民办工业资本总额超过 1400 万元，年工业生产总值超 7700 万元，产业工人总数达 6.35 万，从事工商业人口比例为 25% 以上。

四、江南地区近代民族工商业文化基因的传承与发展

（一）从“工商皆本”到深耕实业

江南近代民族工商业的萌芽和发展，巩固了江南地区“工商皆本”的传统理念。这一理念充分肯定了工商实业在经济社会发展中的重

① 庄若江主编：《江苏地方文化史 · 无锡卷》，江苏人民出版社 2021 年版，第 204 页。

要地位，也激励了一代代企业家在时代的浪潮中保持定力，以非凡的韧性深耕实业，筑牢了江南实体经济的坚实根基。

江南地区“发展实业、重工恤商”的文化基因源远流长，在改革开放后依旧展现出蓬勃生机，形成了一股深沉而持久的文化力量，闯出了实体经济发展的崭新道路。以无锡为例，改革开放初期，无锡以党的十一届三中全会精神为引领，大力发展乡镇企业，支持个体私营经济发展，为区域经济发展注入了新的活力。1978 年，无锡个体劳动者仅 506 人，而到 20 世纪 80 年代末，无锡个体工商户已有 7 万余家、私营企业近 1000 户。① 在此过程中，无锡将自身发展乡镇企业的实践融合于苏南地区的创造性发展中，造就了蜚声全国的“苏南模式”，在探索发展中国特色社会主义的伟大实践中书写了精彩篇章。20 世纪 90 年代中后期，面临乡镇企业普遍出现的机制僵化、效益下降问题，无锡企业家积极进行乡镇企业转制，实施产权制度改革，从集体经济的管理模式走向现代企业制度，提高了本地私营经济的效益和市场活力，为后续民营经济的发展扫清了障碍。到 1997 年，无锡私营经济的户数、人数、注册资金数等指标均位列全省第一，形成了国有经济、外资经济、民营经济三足鼎立的发展格局，为无锡在工业化、城市化过程中毫不动摇坚守实体经济提供了强力支撑。

进入 21 世纪，无锡实体经济经历了较为困难的发展时期。2007 年太湖水危机爆发，无锡先后转移了 3000 多家企业，自此直至 2014 年，无锡的重要经济指标增速在全省连续靠后，经济失速和产业困局使城市发展面临较大挑战。但在逆境中，无锡仍然坚守工商实业基因，坚定不移发展实体经济，太湖水危机更大程度上反而倒逼了无锡

① 数据来源：《40 年，无锡个体户数量增长 752 倍》，《无锡日报》2018 年 8 月 21 日。

产业的转型升级[①],巩固了无锡产业结构的根基。党的十八大以来,无锡依托工商实体,大力发展以制造业为骨干的民营经济和开放型经济,走出一条老工业城市高质量转型发展的新路,经济综合实力和竞争力位居全国同类城市前列,实现了从江南传统工业城市到现代工业都市的飞跃。2015 年,无锡旗帜鲜明地提出"产业强市"主导战略,聚焦战略性新兴产业、先进制造业、现代服务业,咬定实体经济之本、抓牢制造业之根,加快建设现代化经济体系,在引领高质量发展上迈出坚实步伐。

在无锡产业强市、大力发展实体经济的背后,凝聚了无数企业深耕实业的努力,也浓缩了江南地区工商实业基因脉相承、实体经济做大做强的生动实践。根据《中国民营企业社会责任报告(2023)》,2022 年无锡 26 家企业入围"中国民营企业 500 强",入围数连续四年位列江苏第一。其中,排名靠前的民营企业均具有深耕实业的特点,如远景能源、新长江实业、远东控股、大明工业等,其均为成立时间较长、在各自领域内技术地位领先的龙头企业。

总体来看,"工商皆本"的江南文化基因铸就了无锡辉煌的过去,也成为其未来发展的根基和希望。在从"富起来"到"强起来"的历史进程中,这一文化基因薪火相传,推动了实体经济的蓬勃发展,也彰显出新时代百年工商名城的新风采。

(二)从"合作分工"到完备产业链

在近代民族工商业发展壮大过程中,江南地区家族式资本财团始终以实业为主,不断完善产业链条。集团间的相关产业进行合作分工,提升了该地区工商企业的生产效率,形成了产业发展模式实践层

---

① 《实业为本创新为先:强富美高的"无锡模样"》,新华社,2018 年 1 月 24 日,https://www.gov.cn/xinwen/2018-01/24/content_5260146.htm。

面的创新，为后续产业集聚发展和当地产业结构的完善打下了坚实的物质基础。

例如，无锡在近代民族工商业兴起时期就形成了以缫丝、棉纺以及粮食加工为主，兼有机械、电力、化学等的产业格局。一方面，民族工商业企业集中分布于缫丝、棉纺以及粮食加工三大支柱产业，形成了产业集聚。以棉纺工业为例，在抗日战争全面爆发以前，无锡既存在如申新、丽新等业务多元、资本雄厚的大规模企业，也存在振兴、恒丰等业务单一、资本有限的小规模企业。在产业集聚的同时，各企业间相互协作，良性竞争，形成了规模优势。例如，由以永泰、锦记等为主的薛氏集团牵头，缫丝业实力较大的企业彼此联合，将养蚕、种桑至生丝销售的缫丝产业链条予以整合，共同成立集桑、茧、丝、工、贸业务于一体的集团公司，即兴业制丝公司①；此外，薛氏集团还在美国设立了永泰经销公司，不仅负责自家生丝的出口销售，也协理无锡缫丝同行的生丝出口业务，以对抗洋商洋行在生丝出口经销过程中的剥削。另一方面，支柱产业的发展也助推了其他相关产业的崛起，为后续产业链的完备提供支持。例如，三大支柱产业对于机器和动力的需求催生了机械制造、化学和电力企业的发展，大宗商品的流通则带动了银行、堆栈业的迅速成长。

基于近代民族工商业时期形成的上下游企业合作分工、协同发展的模式，江南地区企业在聚焦主业的同时，不断完备产业链，以点带面形成规模优势，带动相关产业迅速发展，促进了产业集群的不断涌现和产业矩阵的持续扩大。

以无锡为例，这一过程中有以下三点经验：第一，有机结合城市历

---

①《薛南溟办永泰丝厂：助无锡生丝外销量占中国“半壁江山”》。无锡市档案史志馆。https://daj.wuxi.gov.cn/doc/2018/04/10/2425577.shtml。

史积累和资源禀赋，打造优势产业。以纺织业为例，自1895年近代全国第一家商办纱厂——无锡业勤纱厂建立，纺织业就始终是无锡的支柱产业之一，其主要产品逐渐从近代的以机制布、毛呢等初级产品为主，发展到如今以高端服装、家纺为主。经过多年的持续打造，目前无锡的纺织业产业链完备，纺织服装成为无锡“465”现代产业集群的六个优势产业之一，无锡高端纺织产业集群入选国家首批先进制造业集群，发展出如海澜之家、红豆、阳光、三房巷等知名上市集团，特高支纱线技术处于世界领先水平，高端棉纺织领域市场占有率为全球第一。第二，充分发挥“链主”企业优势，延长补全产业链，完善产业生态。以集成电路产业为例，无锡是中国唯一完整覆盖集成电路产业研发、制造、封测、设计、装备、应用和服务等环节的区市。这一产业在无锡发展迅猛：一方面，离不开无锡在微电子领域所积累的深厚产业底蕴——“八五”期间，国家在无锡实施了国家微电子“908工程”，为无锡以及全国培养了第一批集成电路技术人才；另一方面，也离不开无锡不断培育引进集成电路龙头企业作为“链主”企业，如海力士、长电科技、华虹集团、华润微电子、卓胜微电子等，推动资源聚合和产业链上下游企业的集聚，并以“链主”企业拉长产业链长板，增强产业供应链韧性，使产业矩阵不断扩大。据统计，无锡2023年集成电路产业规上总产值达2400亿元，综合排名位居全国第二，仅次于上海；其中，设计、制造、封测三大集成电路核心业务规模分列全国第5位、第3位和第1位，在全国集成电路产业具有重要地位①。第三，创新产业园区发展模式，加强地理集聚。围绕各类特色产业，无锡近年来加快产业园建设，形成了多个专业集聚的产业园区，如无锡新吴区的无锡高新区综合保税区、无锡中关村科技创新园等。这些产业园区通过产业政策

① 《推动“先进封装”，有股力量来自无锡这里》，《无锡日报》2024年9月24日。

和配套设施吸引大量企业入驻，人为增强地理集聚，提高资源利用效率和产业竞争力。同时，无锡也根据不同产业的发展特点，为配套产业园区提供差异化的政策支撑。2022 年，无锡出台了《关于促进无锡生物医药产业园区高质量发展若干政策措施》，其中主导产业、龙头企业、头部基金、研发机构、服务平台“五位一体”被确立为无锡生物医药产业园区的发展模式，是国内首部为生物医药园区发展量身定制的专项政策。

（三）从“善学勤思”到追求质效的自主创新

“善学勤思”是江南企业家的特质之一，这一特质体现在近代民族工商业发展过程中对国外先进设备、技术和管理制度的积极引进。苏州籍改良派思想家王韬根据流亡海外时的所见所思，大胆提出“中学为体，西学为用”的建议，主张在坚守中华文化本体的同时，借鉴学习西方应用技术，以推动富民强国。华蘅芳、徐寿、徐建寅等江南子弟，积极参与变革实践，不仅率先将西方数、理、化、工等学科的基础理论引进国内，开启国人知识的近代化历程，还成功研制了国内最早的机械动力船、无烟火药，成为中国机械工业、化学工业、军事工业的先驱。①

江南企业家善学勤思的特质，为地区经济发展留下了宝贵的精神遗产，形成了该地区具有蓬勃生命力的企业家和企业气质：包容性强且灵活智慧，善于审时度势和把握机遇，敢为人先和精益求精。在外部环境发生变化时，江南企业家总能及时调整自我、快速作出应对，勇于探索、敢于弄潮。这一特质使江南企业家能够迅速适应各个时代的发展要求并不断进行开创性实践和自主创新。

新中国成立后，江南企业家积极迈出探索的脚步。1956 年春雷造

---

① 庄若江：《中华民族现代文明进程中江南文化的传承与创新》，《江南论坛》2024 年第 2 期。

船厂的创办成为中国乡镇企业迈出的第一步；改革开放后，乡镇企业茁壮成长，苏南模式被誉为“中国特色社会主义的苏南生动实践”；1986 年，中国第一块 6 英寸集成电路在无锡华晶集团（原 742 厂）诞生，国家集成电路特色工艺及封装测试创新中心在无锡落户，成为无锡第一个国家级制造业创新中心、江苏省首个新一代信息技术产业领域国家创新中心。20 世纪 90 年代中期，随着改革开放的不断深入，以无锡为代表的江南地区主动接受国际产业转移，大量吸引外商直接投资落地，走上了乡镇企业转制和外向型经济发展的道路，为做大股份合作制经济和大力引进外资兴办工业园区提供了先行经验，形成了新苏南模式的超越。

善学勤思的特质不仅促成了江南地区自主创新的氛围，还形成了“追求质效”的自我要求，这也符合以创新驱动、推动经济高质量发展的时代要求。进入 21 世纪，面对新一轮科技革命和产业变革，江南地区城市在创新驱动的轨道上加速前行，推动城市综合实力、城市能级显著提升。例如，无锡以创新为基，聚焦“465”现代产业体系，推动实体经济高质量发展；苏州则着力构建“1030”产业体系，重点培育战略性新兴产业，抢占未来发展制高点。此外，为持续发挥创新对实体经济发展的核心驱动作用，江南地区城市近年来还着力建设创新平台，打造以“国”字号重大创新平台为引领、以各类高水平新型研发机构为支撑的科创平台体系。例如，无锡以“科创＋产业”的双生布局对实体经济实现有效赋能。2023 年，无锡全市科技进步贡献率超 69％，连续 11 年位居全省第一，全社会研发投入强度 3.38％，创新能力评价排名位居全国区市第 2 位。①

江南地区的发展史也是一部创新史，乡镇企业的发展、民营经济

① 《成绩背后，无锡做对了什么？》，《无锡日报》2024 年 12 月 31 日。

的崛起、先进制造的腾飞、发展质量的提升，都是敢闯的故事、改革的产物、创新的成果。追求质效的自主创新精神始终是江南城市与地区转型跨越的动力之源、活力所在。

（四）从“心怀家国”到社会责任承担

“家国情怀”始终是江南企业家的精神底色。工商文化的特质是义和利的高度统一、谦让和争先的高度统一、诚信和灵活的高度统一，其本质是沉淀在江南企业家骨髓血脉中的经商济世情怀。这一特质使江南企业家厚植家国情怀，担当社会责任。

一方面，“家国情怀”体现在江南企业家积极承担“实业救国”“实业报国”的历史责任。以无锡的锡商群体为例。19 世纪末至 20 世纪初，无锡一批实业家秉持“国家兴亡，匹夫有责”的责任感，大力兴办事关国计民生的实业，抵制洋商的资源垄断和商品倾销，维持社会民生，实业救国。而“实业报国”既是对历史责任的承担，也是锡商群体对爱国主义气节操守的坚守和延续。无锡民族实业家荣德生 1938 年起主持荣氏企业，先后在重庆、成都、宝鸡、广州等地兴建 6 家新厂，支援抗战；新中国成立之初，抗美援朝期间，无锡市共捐赠 33 架飞机，其中锡商界捐赠 27 架，荣氏家族捐赠 7 架，唐氏家族捐赠 4 架。1952 年，78 岁的荣德生临终前口授遗言：“余从事纺织、面粉、机器等工业垂 60 年，历经反动统治的压迫，幸中国共产党领导中国人民革命胜利，欣获解放。目观民族工业由恢复走向发展，国家繁荣富强指日可期”①。

另一方面，家国情怀还体现在江南企业家“崇德厚生”的人文精神。“崇德”就是与党和政府思想上同心同德、目标上同心同向、行动上同心同行，坚定不移做中国特色社会主义事业的拥护者、建设者、实践者，以德治商，讲信誉、守信用，重义轻利，见利思义。自觉遵守国家

① 吴跃农：《百年锡商文化精神透视》，《江苏地方志》2023 年第 2 期。

法律、市场规则和商业道德，坚持依法诚信经营，把诚实守信要求融入企业经营管理的各个环节；同时不断推进绿色发展、循环发展、低碳发展，实现企业经济效益与社会效益、生态效益的同步提升。例如，无锡积极主动贯彻新发展理念，统筹推进降碳、减污、扩绿、增长，零碳园区如雨后春笋般迅猛生长，风电光伏、氢能储能、节能环保等绿色产业茁壮发展，成为江苏唯一一个减污降碳协同创新试点城市。

“厚生”则体现为富而思源、富而思进、富而怀仁、富而有责、富而有义、富而有爱。一方面，江南企业家群体自觉践行以人民为中心的发展思想，先富带后富，积极投身于打赢脱贫攻坚战、全面建成小康社会和乡村振兴等一系列国家战略总体部署之中；另一方面，崇文重教，兴办教育，以培养人才为己任，布德行义、义利兼顾、热心公益、乐善好施、造福乡梓。以无锡为例，当地实业家致富后注重回馈社会，出资兴办文化教育和公共事业。20 世纪 20 年代初，无锡的义学、义庄总数超百所，列县级城市之前位，其中半数为实业家所兴办。除此以外，实业家们还开发园林，修路架桥，建设医院和图书馆，为城市基础设施建设和公共事业发展作出了巨大贡献，对当地社会和经济发展产生了深远影响。

总体来看，江南地区百年工商文化在世代传承中持续丰富和发展，并伴随着时代的发展不断焕发出生机活力，为江南地区经济高质量发展提供了源源不断的精神动力和文化支撑。

（执笔人：范从来 王宇伟 滕蕙阳 柳瑾）

第五章

苏南模式文化的形成及长期经济影响

人文经济学中的文化不仅包括古代、近代文化，还包括现代文化，苏南模式文化就是对苏南经济起长期影响的现代优秀文化。20 世纪 80 年代农村工业化时期形成的经济发展模式——“苏南模式”曾经闻名于世，后来又创新发展为“新苏南模式”。进入新发展阶段，苏南模式已经不再被提起，但其当时对农村改革和发展的历史作用不可磨灭，尤其苏南模式对江南地区的经济发展起到了长期的作用。这是中国人文经济学的宝贵财富，需要传承好，并且在中国式现代化进程中不断创新。

一、苏南模式产生的文化和时代背景

中国近现代历史学家、思想家、教育家钱穆认为：“我们要研究中国政治史，或社会史，或经济史，只当在文化传统之一体性中来做研究，不可各别分割。我们当从政治史、社会史来研究经济史，亦当从政治思想、社会思想来研究经济思想，又当从政治制度、社会制度来研究经济制度。在此三者之上，则同有一最高的人文理想在作领导。”①在钱穆看来，中国经济史内嵌着中国文化史和中国思想史。中国五千多年的文明演进史也是经济发展史，经济基础决定文化发展，作为上层建筑的文化也影响着经济的发展。

① 钱穆：《中国经济史》，叶龙整理，北京联合出版公司 2013 年版，第 103 页。

现在所讲的人文经济学常常关注古代、近代的优秀传统文化。这里所讲的苏南模式文化则是现代的优秀文化，当然这种现代优秀文化是对传统优秀文化的继承和创新。

苏南模式即 20 世纪 80 年代苏南农村发展乡镇企业推进农村工业化城镇化的发展模式，其基本特征是费孝通所概括的“以发展工业为主，集体经济为主，参与市场调节为主，由县、乡政府直接领导为主”。[①] 这种模式曾经创造了苏南农村工业化城镇化的辉煌。后来随着改革开放的深入，苏南市场化进一步加快，集体性质的乡镇企业普遍改制为私人企业、与外商合资合作的企业以及上市公司。虽然企业性质发生了变化，但其文化被留存下来，并起到了长期作用。这种文化可以概括为：多种所有制发展经济的制度文化，有为政府和“亲”“清”政商文化，集体富裕的理念和“四千四万”精神。这种苏南模式文化继续滋养着这个地区绝非偶然，有着深刻的文化和时代背景。

（一）苏南模式产生的文化溯源

恩格斯认为，文化发展以经济发展为基础，经济发展脱离不了历史文化背景，文化和经济互相作用。[②] 苏南地区自古深受吴文化熏陶，吴文化对苏南地区经济社会发展产生了深远影响。吴文化正像中原文化、齐鲁文化、巴蜀文化、楚文化、越文化一样，是中华文化的一部分，具有鲜明的地方特色。吴文化是一种富有开放性、融合性和进取性的文化。其鲜明的开放特质、典型的水文化气质以及士农工商同道、经济文化同步发展的特色，造就了吴地突出的地域经济特色。吴文化的具体特征大体表现为以下几个方面：(1) 刚柔并济，稳中求进。提及江南，人们脑海里都会浮现“小桥流水”“杏花春雨”“春来江水”等

---

① 参见《江苏省小城镇研究课题组》编写《小城镇 大问题——江苏省小城镇研究论文选》，江苏人民出版社 1984 年版。

② 参见《马克思恩格斯全集》第 39 卷，人民出版社 2022 年版，第 198 页。

关于水的景象，水为吴文化增添了诗意与柔情。自古以来，吴文化的发展始终贯穿着刚柔并济这一主线，古朴而不失精美，温柔而不失刚劲。吴地民众有着积极向上的竞争意识，勤劳勇敢，但在追求美好生活的过程中，更注重稳中求进。（2）勤劳智慧，灵活变通。勤劳意味着生活水平的提高，多劳多得的对应关系，使得吴地民众普遍具有追求剩余的强烈冲动。勤奋刻苦，锲而不舍，做事必至于成，这是一种可贵的敬业精神；同时，在艰苦奋斗的基础上，也不失变通，遇事能随机应变。（3）兼收并蓄，开放包容。西晋末年的动乱导致大量中原地区士庶南迁，促进了中原文化与江南文化的融合。吴文化正是源于此，兼收并蓄，造就多元经济结构发展趋势。不同于中原内地的单一农耕经济，吴地商品经济较为发达，对多种经济形式接受程度高，发展环境相对开放包容。（4）开拓进取，勇于创新。吴地素来重视教育，当地民众文化程度普遍较高，善于学习，能把握发展潮流趋势，积极进取，勇于创新。[①] 经过漫长的社会活动而形成的吴文化是丰富的。这种地域文化对江南区域经济的发展产生了积极影响，造就了苏南人求真务实、勤劳智慧、灵活变通、刚柔并济、勇于创新、包容开放的文化特征。这不仅是苏南人民宝贵的精神财富，而且对苏南地区经济的发展产生了重大影响。

无锡等苏南地区率先发展社队企业（乡镇企业的前身），有着深刻的历史传统和文化基因。承启秦汉男耕女织、唐宋手工业分工和近代民族工商业先行发展的历史渊源，苏南农村手工业相对发达。清代中后期以来，民族工商业日益兴起，无锡农村地区手工业加速向近代加工制造业转型。农村工业的崛起，孕育和厚植了“崇尚实业、工于经营”的文化基因。同时不断壮大的农村工业逐步转入城市，形成了无

① 参见欧人《论吴文化与“苏南模式”》，《中国城市经济》2004 年第 11 期。

锡农村社队企业得以率先崛起的不可多得的社会资源和人文环境。通过城乡企业不断深化的配套合作,城市企业的生产技术、销售渠道、人才资源等成为社队企业发展不可或缺的物质支撑。可以说,没有早先的乡村工业就没有中国城市工业的发端,没有与城市企业的天然联系就没有无锡乃至苏南农村社队企业的坚实依托。

(二) 苏南模式产生的时代背景

苏南是鱼米之乡,但农村人多地少,无锡农村矛盾更为突出。在单一农业时期,国家实行农副产品统购、征购、定购“三购”任务的背景下,精耕细作、土地产出率较高的无锡农村地区,也仅能满足农民的基本温饱。1971—1978年无锡粮食亩产持续超千斤,是全国平均亩产的2倍以上,而农民年均收入只有126元,比全国的102元水平高不了多少,出现了“高产穷队”“农业真苦、农民真穷”的状况。“穷则思变、逆势求生”。自然资源禀赋不足,激发了无锡等地农村在农业外就业的强大动因,率先把发展社队企业作为扩大就业、增收致富的根本出路,激发和催化了广大农民的积极性和创造性,形成社队企业星火燎原、异军突起之势。

1949年以后,中国长期实行“农村—农业、农民—粮食”的计划经济体制。尽管20世纪80年代初期就已经实行了改革开放,但是国家宏观管理上仍把社队企业作为“调整提高”“整顿治乱”的对象,把社队企业一些市场经营正常活动作为投机倒把,强行入罪。为了冲破体制约束,规避政治风险,无锡等地广大农民以超人的胆气和智慧,迎难而上,利用政策空当和市场空间,实干加巧干,“遇到红灯绕着走”,寻找社队企业发展的最大机会。

自然资源不足、计划体制约束和工商文化基因三大因素,直接激发无锡农村广大农民发展社队企业,开启了利用农村内部力量推进农村工业化的先河。苏南模式起先因面临产权界定模糊、非集体经济形式受限、地方政府直接参与经济活动等问题[①],导致发展受阻,一度难以适应市场化改革的步伐。随着市场化改革的深入,苏南人适应环境的变化,逐步改革所有制结构,从集体经济到集体经济与外资经济并存,再到集体经济、外资经济与民营经济协同发展,最终造就了"苏南模式→新苏南模式→苏南现代化模式"的渐次演进。

二、"四千四万"精神铸就苏南模式的市场文化

踏遍千山万水(找市场)、说尽千言万语(搞协作)、吃尽千辛万苦(办企业)、历尽千难万险(求发展)的"四千四万"精神,是苏南特别是无锡农村地区广大干部群众发展社队企业,自力更生、艰苦奋斗具体实践的形象概括,也是乡镇企业敢为人先、拼搏进取时代风貌的客观写照。

乡镇企业创新创业铸就了"四千四万"精神,"四千四万"精神又成为推动乡镇企业异军突起、转型发展的强大动力。"四千四万"精神作为创新、创业和创造的人文特质和文化品牌,已经打上了鲜明的地域特点、文化特色和时代特征。"四千四万"精神作为苏南地区特别是无锡广大农村干部群众改革开放 40 多年来创新、创造、创业的内在动力,是苏南人"敢为人先、艰苦奋斗、坚韧不拔、开拓进取"时代风貌的生动写照,引领无数苏南人开拓市场、创新创业,在推动苏南模式形成与发展中发挥着重要的精神指导作用。因此,传承和弘扬"四千四万"精神,对当下推进中国式现代化具有十分重大的现实意义。

(一)苏南地区乡镇企业奋斗历程孕育"四千四万"精神

苏南地区虽然在历史上被称为"鱼米之乡",但也存在人多地少的问题,"农业内卷" 导致 20 世纪 60—70 年代农民人均收入边际收益为

① 范从来、孙覃玥:《新苏南模式所有制结构的共同富裕效应》,《南京大学学报(哲学·人文科学·社会科学版)》2007 年第 2 期。

负。随着农业机械化程度不断提高，农村富余劳动力越来越多。彼时计划经济体制受到冲击，苏南农村地区逐渐把目光转向工业，开始创办社队企业，以此扩大就业、增收致富。在此期间，由于苏南集体经济有物质基础、人才基础（城市亲戚、退休工人、返乡知青等）和区位优势，具备了孕育“四千四万”精神的土壤。

1956 年，无锡县的祈席村（后改名为春雷村）冲破各种阻力，创办了春雷造船厂，这是苏南地区第一家社队企业。但当时在农村能否搞工业办企业，国家没有明确的政策，当地政府通过各种方式大力支持。尤其是在时任农业部部长廖鲁言到无锡农村考察时，当地政府汇报了合作社办厂的情况，并获得了支持。由于供需对路，加上当地农民吃苦耐劳，春雷造船厂生意越做越红火，迅速发展壮大。该厂的成功创办起到了示范带动作用，春雷村及周边的地区也纷纷效仿，相继办起了纸盒厂、农机厂等一大批集体企业。但在当时国家实行集中管理、统一调配的计划经济体制下，社队企业均没有“户口”，原材料的采购和产品的销售都不在国家计划内，只能在计划经济的夹缝中求生存，同时也面临着不利的舆论环境和政治风险。但在这样的艰难处境中，无锡农民依靠自己的智慧和辛劳，积极发展社队企业，这可以视为“四千四万”精神的起源。①

1958 年 12 月，中共八届六中全会通过的《关于人民公社若干问题的决议》提出：“人民公社必须大办工业。公社工业的发展不但将加快国家工业化的进程，而且将在农村中促进全民所有制的实现，缩小城市和乡村的差别。”在这一政策推动下，全国掀起人民公社办工业的高潮。1958 年，全国社队企业总数超 250 万个。但从 1961 年起，为摆脱“大跃进”时期农业萧条的困境、克服国民经济日益严重的困难，国家开始对国

① 曹柏楠：《“四千四万”精神提法的由来》，《世纪风采》2023 年第 1 期。

民经济进行调整，原先“大办”起来的社队企业不得不紧缩调整。在此过程中，无锡结合现实情形，对人民所需要的、产品有销路的、发展有前途的社队企业并未采取粗暴的“一刀切”处理方式，而是尽力保留骨干力量、妥善保管厂房设备，这为日后社队企业的再度兴办打下了基础。20世纪60年代中期，中国农村社会深层次矛盾日益凸显，苏南农村地少人多矛盾日益加重，农民面临着严峻的生存困境。面对政策桎梏，无锡农民顶住重压，兴办社队企业，寻求农业以外的生存出路。“文化大革命”后期，由于市场短缺等因素，苏南农村地区的社队企业在地方政府的扶持和引导下逐步复苏。1970年2月，全国计划会议召开，强调要大力发展地方“五小”工业。无锡以此为契机，提出了“围绕农业办工业、办好工业促农业”的口号，抓住时机发展社队企业。无锡县委动员各部门大力扶持社队企业，如县物资局为缓解企业困难，积极组织采购计划外物资、寻找销售渠道。1973年春节后不久，无锡县物资局召开供销后勤工作会议，把供销员走南闯北称为“跑遍千山万水”，把供销员到处找负责人、经办人称为“走进千家万户”，把供销员为办成事磨破嘴皮称为“说尽千言万语”，把供销员经常买站票、饿肚子、打地铺称为“历尽千辛万苦”，这是目前有记载的“四千四万”精神的最早出处。

苏南乡镇企业得以快速发展的一个重要外部条件是上海、苏州、无锡等大中城市的工业、技术和市场的辐射带动。苏南干部群众发扬“四千四万”精神，走向工业原材料场地，与大中城市的国有企业、军工企业、大专院校和科研院所建立起各种形式的横向经济关系，抓住上海等城市加工工业转移机遇，引进了大量资金、技术、装备、初级产品和人才。[①] 在其中牵线搭桥、充当中介人作用的主要是家在农村的退休工人

① 宋林飞：《苏南区域率先发展实践与理论的探索——从“苏南模式”“新苏南模式”到“苏南现代化模式”》，《南京社会科学》2019年第1期。

以及下乡的知识青年和干部，充分体现了要素市场畅通的重要作用。乡镇企业缺乏计划经济体制内供销渠道的弊端也依托市场机制予以解决。苏南乡镇企业产品生产更多面向市场、走向城市，在短缺经济的背景下迅速在全国范围内打开需求市场，带动了乡镇企业的快速发展。

（二）改革开放促进“四千四万”精神发扬光大

1978年，党的十一届三中全会召开，拉开了改革开放的序幕，党的十一届三中全会召开后，对“四千四万”精神的宣传力度逐渐加大。1979年1月，在苏州社队工业大会上，无锡县介绍了发扬“四千四万”精神、发展社队工业的经验做法。1979年11月15日，《人民日报》发表调研文章，总结称“四千四万”精神是无锡县社队工业起家的法宝。

20世纪80年代初期，无锡县堰桥乡创造性地将安徽省小岗村农业承包经验推广到乡镇企业，形成了被学术界归纳为“一包三改”的堰桥改革经验，直接推动了乡镇企业的迅速崛起，在中国改革发展史上具有重大意义。当时，无锡县堰桥乡有多家乡镇企业亏损，主要原因是随着乡镇企业不断发展，其本身固有的一些管理体制和运行机制弊端逐渐暴露出来，影响了企业的经济效益，阻碍了乡镇企业的发展。主要表现在：一是决策制度上，乡（镇）村统得过死，企业缺乏自主权，束缚了企业的发展活力；二是分配制度上，吃“大锅饭”，搞“平均主义”；三是人事管理上，企业干部是任命的，外行多，内行少，干部能上不能下，职工能进不能出；四是经营管理上，重产值轻效益，非生产性开支增大，负盈不负亏。改革这种不利于乡镇企业发展的经济管理体制，已势在必行。1982年秋天，堰桥乡党委学习小岗村，实行家庭联产承包责任制，分田到户，农业增产效果十分明显。受到“包”的威力启发，堰桥乡党委开始探索把农业改革的经验用到乡镇企业改革上。其核心内容归纳为“一包三改”，即“全面推行经济承包责任制，改干部任免制为选聘制、改工人录用制为合同制、改固定工资制为浮动工资制”。改革一年见效，堰桥乡经济总量翻番，工人收入成倍增长。《人民日报》等各级报刊以及广播、电视台纷纷报道堰桥改革经验，29 个省、市、自治区派人到堰桥学习取经，“一包三改”经验在全国迅速推广。“一包三改”的成功实践，关键是“四千四万”精神中“敢为人先，勇于担当”精神的引领和支撑。

1984 年 3 月，中共中央、国务院转发农牧渔业部和部党组《关于开创社队企业新局面的报告》，高度评价了社队企业所作的贡献，并提出将社队企业更名为乡镇企业，赋予其新的地位和作用。在中央政策鼓励和支持下，乡镇企业加快了发展步伐。1984 年，无锡县港下乡的港下针织厂，针对当时乡镇企业没有人才分配指标的情况，把目光投向上海，不惜以高出当时工人月薪数十倍的重金先后从上海聘请了 13 位退休老师傅作为“星期天工程师”到厂里做技术指导，以确保产品质量符合要求。靠着这种“办法总比困难多”的闯劲和干劲，港下针织厂不断发扬坚韧不拔、吃苦耐劳、不畏困难、百折不挠的“四千四万”精神。1987 年，邓小平同志肯定了乡镇企业的发展，他指出，在农村改革中，我们完全没有意料到的最大收获，就是乡镇企业发展起来了，异军突起。1992 年，他在发表南方谈话时又指出，乡镇企业是建设有中国特色社会主义的三大优势之一。在这样的时代背景下，无锡的乡镇企业获得了极大发展。无锡地区成了“乡镇企业的王国”，出现了全国第一个亿元县、一批亿元乡亿元村、“神州第一郊”和“天下第一村”。在乡镇企业的推动下，1984 年起无锡县的经济总量连续 17 年居全国各县之首。无锡县以全国万分之一的土地、千分之一的人口，创造了百分之一的乡镇企业经济总量，以乡镇企业的异军突起探索了一条具有中国特色的农村工业化、城镇化道路，创造了辉煌的发展成就。“四千四万”精神也自此成熟定型，以无锡县为代表的“四千四万”精神见诸《人民日报》《半月谈》《解放军报》等中央媒体，获得社会各界的充分肯定。

随着乡镇企业的不断发展，其原有的一些不足和弊端逐渐显露，部分乡镇企业在改革开放激烈的竞争浪潮中慢慢走起了下坡路。但“四千四万”精神没有过时，仍持续彰显光芒，引领着乡镇企业自我审视、变革求生，突破藩篱、破除阻碍，寻求由内生型经济推动转向外向型经济带动、由农村经济推动转向城市经济带动的新路。1992年后，苏南模式应势而变，一批乡镇企业加速建设现代企业制度。经过两次改制，无锡一大批乡镇企业做大做强，涌现出如海澜集团、远东集团、红豆集团、双良集团等在无锡乃至全国具有影响力的民营企业标杆，民营经济呈现快速发展的良好势头。

（三）“四千四万”精神的文化内涵

“四千四万”精神的形成背景和乡镇企业艰苦创业的生动实践，无不展示着苏南农村广大干部群众聪明智慧、守正经营、敢于创新的工商文化底蕴，无不展示出广大农民群众脱贫致富的志气、挑战体制桎梏的胆气和建功立业的勇气。正是这种创新、创业和创造的具体实践，不断丰富和拓展了“四千四万”精神的核心内涵。

政治把握上，体现了因势利导的大智慧。为了避免与计划经济体制和政治环境直接碰撞，主动提出“围绕农业办工业、办好工业促农业”“就地取材、就地加工、就地销售”“服务农业、服务外贸出口、服务国有企业、服务城市生活”的口号，最大可能减少社队企业发展的体制障碍、政治阻力，拓展了社队企业结构调整和转型升级的发展空间。

发展思路上，坚持了内源发展的新途径。立足自身资源和条件，坚持自力更生、白手起家，充分调动一切可以调动的资源，以农业积累、农民集资、以劳抵资、股份合作等形式，解决社队企业早期投资来源的问题。力排“重工轻农、以工挤农”的非议和压力，充分利用农村工业化的发展积累，实行“以工补农、以工兴镇、以工促商”，促进产业结构协调发展和农村城镇化建设，探索出以农村自身力量推进工业化、城镇化的发展路子。

资源配置上，开创了市场导向的新机制。适应市场需求和体制约束，社队企业首创“企业供销人员、物资经理部”的新探索，尝试“农副产品换原料、劳务输出换产品”的新做法，发展了城乡联合、定向加工、专业配套、社会化协作的生产体系，推进了对外贸易、“三来一补”、中外合资、境外投资等经济国际化的新实践。以市场为导向，解决了社队企业的产品销路、原料来路、发展出路问题，给无锡农村经济发展塑造了“经济形态以市场经济为主”的新特征。

经营策略上，探索了利用外部要素的新做法。社队企业在起步阶段为了破解“无资金、无技术、无市场”的困境，充分利用外部资源，创新企业经营，变劣势为优势。通过与国企加工配套、专业化协作的“借梯登天”，间接进入国家产销计划；通过外贸订单、定点供货的“借船出海”，形成“产、加、销”的外贸出口一条龙；通过积极引进和聘用城市下放工人、插队知识青年、“星期天工程师”等技能人才的“借才生财”，既解决了社队企业技术人才先天不足的问题，又深化了与大中城市的社会人文关系。

制度安排上，重构了企业治理新实践。乡镇企业方兴未艾之际，为了避免重蹈传统国有企业“平均主义大锅饭”的体制弊端，以推行“一包三改”为突破，纵深推进企业经营承包责任制、资产增值承包责任制以及企业“两级核算、两段分配”改革，建立了职工多劳多得的分配制度、干部能上能下的人事制度。为了解决“政府负债、企业负亏、经营者负赢”“企业产权关系不清”的问题，乡镇企业大胆实施“彻底改、改彻底”的产权制度改革，大力发展民营经济、合作经济、混合经济和上市企业的共享经济，形成产权明晰、权责到位、资产人格化的产权制度，推进了现代企业制度建设。①

① 周涛:《江苏“四千四万”精神的时代内涵与弘扬》,《江苏商论》2022 年第 4 期。

“四千四万”精神作为对苏南特别是无锡乡镇企业初创时期生动实践的高度概括，其本质内涵就是“实事求是，大胆创新；艰苦奋斗，坚韧不拔；知难而进，敢为人先；民生为本，建功立业”。其充分体现了解放思想、实事求是、遵循规律、大胆实践的唯实精神，体现了善抓机遇、敢为人先、因势而上、图强求变的创新精神。“四千四万”精神，推动和催化了乡镇企业的异军突起，打破了“城市— 工业、农村— 农业”城乡二元化传统格局，开启了利用农村农民内部力量发展农村工业化的新创举，解决了农村生产力发展的道路问题；冲破“指令生产、计划销售”的计划经济体制，形成了“市场导向、自主经营”的经济运行机制，解决了调整传统生产关系的问题。

三、苏南模式文化促进所有制结构变迁

制度与文化的结合反映出社会成员为其自身生存和社会发展而共同创造并潜移默化遵循的一系列有组织的规范体系，包括所有制结构、企业管理体制等。苏南乡镇企业所有制的改革历程，从集体经济到集体经济与外资经济并存，再到集体经济、民营经济、外资经济与股份制经济协同发展，每个阶段都有其支撑性制度文化作为模式转换的软实力依托。

（一）乡镇政府推动的乡镇企业市场化改制

苏南乡镇企业萌芽于 20 世纪 50 年代中后期，苏南利用靠近大城市的条件和当时商品短缺的机会，以服务农业为宗旨兴办了一大批以农具制造修理、食品棉纺加工等为主的社办企业，旨在为本地农民提供简单的生产资料和生活资料。随着党的十一届三中全会对社办企业发展的明确支持，以及 1983 年的中央 1 号文件和 1984 年的中央 1 号与 4 号文件发出“大规模发展农村商品经济”的号召，苏南乡镇企业乘改革之风、抓住市场空隙，实现了从起源到兴盛的转变，创造了领先

全国而又久盛不衰的“苏南速度”。

苏南模式的制度创新主体和动力主要来自本地政府，是对计划经济体制下以及20世纪70年代末至80年代初分权化改革后获得的区域经济发展自主权的能动且充分利用，形成了乡镇政府主导的经济发展制度创新模式。在当时背景下，中国市场发育滞后，不公平竞争、信用无保证、交易秩序混乱等问题使得单个企业运营成本非常高；本地政府以行政力量介入集体企业发展，反而可以提高生产运行效率。根源在于，本地政府不但控制着创办企业所需资金、土地等关键要素，还可以借助行政力量有效动员和组织区域内各种资源，其投资能力和发展能力比彼时的乡镇企业本身要大得多，这也是苏南乡镇企业能够迅速发展的重要原因。[①] 集体财产成为乡镇企业原始积累的主要来源。以常熟市为例，1977年仅生产队一级就有资金积累3307万元，当地正是利用这笔集体所有资金在1977—1978年间创办了1000多家社办企业。[②] 同时，乡镇企业还可以充分利用集体提供的建筑物、场地和机器设备进行生产，降低购入生产资料的成本压力。

20世纪80年代初期，苏南乡镇企业就经营权陆续尝试了有关体制改革，内生的体制改革文化一直隐含在苏南经济发展历程当中，是苏南人民开拓进取精神在市场经济体制中的集中反映。1983年初，苏南乡镇企业进行了“一包三改”：实行承包经营责任制、改干部委任制为聘任制、改职工录用制为合同制、改固定工资制为滚动工资制和企业内部审计制等多项制度改革尝试。其目的是以经营承包责任制为突破口，通过两权分离，探索政企分开并扩大企业自主权。1985年前

---

① 许经勇：《中国农村经济制度变迁六十年研究》，厦门大学出版社2009年版，第124—126页。

② 范从来、孙覃玥：《新苏南模式所有制结构的共同富裕效应》，《南京大学学报（哲学·人文科学·社会科学版）》2007年第2期。

后，苏南乡镇企业又进行了资产有偿经营责任制以及“全要素滚动增值承包责任制”改革，旨在强化对经营者的约束和激励。1987年前后，苏南乡镇企业开始大力发展城乡横向联合并进行了股份合作制的改革探索，改革单一投资主体，推动多元化投资主体的发展，以财产组织形式的再造增强企业发展活力。[①] 这种以企业经营权为核心的体制改革尝试虽然尚未涉及明确的产权制度，但的确极大提高了苏南模式在不同市场经济环境下的生命力。

1992年10月，党的十四大正式把建立社会主义市场经济体制作为中国经济体制改革的目标，苏南地区的经济发展也进入新的历史阶段。这一时期苏南乡镇企业虽然是本地政府主导支持，以乡镇集体产权为依托，但其经营必须完全遵循市场运行机制，市场化改制成为苏南乡镇企业的自觉行为。以乡镇集体经济为主的传统苏南模式逐渐被苏南地区自身的发展所扬弃[②]，集体经济比重过高的“模糊产权”向“明晰产权”改制成为这一阶段的主要特征。这也是苏南模式迈向新苏南模式在所有制层面的突出标志。

早期苏南乡镇企业的产权结构是多元的，其中不仅包含私人产权，还包含集体产权，甚至有一部分乡镇政府的产权，这种产权结构在理论界被称为“模糊产权”，即在集体经济内部产权虽然不能明确地划分给个人，但可以明确地划分给一定的团体或组织，产权安排是非完全排他的。随着体制条件、市场环境的成熟以及企业规模的不断扩大，继续维持“模糊产权”必然导致企业内部组织成本大幅度上升，从而抵消企业由于降低市场交易费用和提高专业化带来的收益；较高的集体产权也容易导致低效率的企业治理结构，从而难以对企业的经营

---

① 董晓宇：《“苏南模式”的理论和实践30年回顾》，《现代经济探讨》2008年第8期。
② 洪银兴：《苏南模式的演进及其对创新发展模式的启示》，《南京大学学报（哲学·人文科学·社会科学版）》2007年第2期。

者形成必要的激励与约束。[①] 苏南乡镇企业“模糊产权”的典型特征是政企合一，企业承担着一定程度的政策性负担；但在 20 世纪 90 年代中国三大赤字同时发生的背景下，乡镇企业高负债状况日益显性化，导致企业经营的市场风险急剧上升。在此背景下，苏南地区地方政府主动对乡镇企业进行改制，使得政府产权从中完全退出。

大规模的改制主要集中在 1997 年之后，党的十五大明确做出中国将长期处于社会主义初级阶段的论断，社会主义公有制有多种实现形式，这为苏南乡镇企业改制扫清了道路障碍。自此，苏南紧紧抓住产权制度改革这一核心，冲破原来所有制结构比较单一的乡镇集体经济形态，代之以产权清晰、经营自主、效益提升的多元化经济结构或多元所有制结构。[②] 这一时期乡镇企业所有权结构的市场化改制可以分为三个阶段，每个阶段的改制对象、改制形式和改制结果均有所不同（详见表 5－1），但基本上实现了改制的既定目标。

表 5－1 苏南乡镇企业市场化改制的三个阶段

阶段	改制对象	改制形式	改制结果
1997 年 10 月—1998 年 10 月	以关联度较小的中小企业为主	买断、租赁、股份合作	向私营和有限责任公司两级转化
1998 年 10 月—1999 年 10 月	以关联度较大的大中企业为主	买断、租赁、股份合作	向私营和有限责任公司两级转化
1999 年 10 月—2000 年 3 月	对已改制企业的“二次改制”	集体股权退出、集体股权转为不动产、租赁资产再转让	集体资产在企业中的比例得到进一步调整

资料来源：根据相关文献资料整理[③]

① 范从来、孙覃玥：《新苏南模式所有制结构的共同富裕效应》，《南京大学学报（哲学·人文科学·社会科学版）》2007 年第 2 期。

② 王志凯、史晋川：《苏南模式演进与发展》，《上海交通大学学报（哲学社会科学版）》2024 年第 1 期。

③ 参见范从来、路瑶、陶欣等《乡镇企业产权制度改革模式与股权结构的研究》，《经济研究》2001 第 1 期。

随着苏南乡镇企业的改制，所有制结构的市场化取得明显进展，主要表现为乡镇政府的产权退出，民营经济得到迅猛发展，涌现出一大批股份制和股份合作制等混合所有制企业。这种改制后的所有制结构变化可以从苏南部分区市各类工业企业产值比重的变化中得到体现(详见表5-2)：以无锡市为例，集体企业工业产值比重由1998年的34.1%经改制后迅速降至2001年的19.3%，而股份合作制和股份制企业在同一时期比重合计由21.3%升至27.8%，私营企业比重也由15.8%升至24.3%，呈现出比较明显的混合所有制结构。当然，苏南不同地域也呈现出一定地域所有制特色，比较鲜明的特色地区包括以无锡江阴为代表的股份制上市公司概念“江阴板块”，以苏州昆山为代表的外商投资及合资企业，以苏州常熟为代表的私人控股企业集团等。[①] 这种以集体经济、民营经济、外资经济与股份制经济组成的所有制结构构成“新苏南模式”的主要内容。

表5-2 无锡市工业企业所有制结构(产值比重)的变化情况

年份	国有企业	集体企业	股份合作制	股份制企业	私营企业	联营企业	个体经营	三资企业	其他企业
1998年	8.5%	34.1%	16.0%	5.3%	15.8%	0.7%	2.2%	15.8%	1.7%
1999年	8.7%	28.0%	18.5%	6.0%	19.0%	0.6%	2.4%	16.2%	0.5%
2000年	8.1%	23.6%	14.3%	10.9%	24.6%	0.0%	1.2%	16.3%	1.0%
2001年	7.5%	19.3%	14.3%	13.5%	24.3%	0.0%	1.9%	17.4%	1.8%

数据来源：1999—2002年《无锡统计年鉴》

（二）乡镇企业市场化改制中形成的制度创新文化

在市场化改制时期起到支撑性作用的制度文化主要延续并发扬了苏南模式起源时期的制度文化，使得苏南地区经济获得了更强的抗

① 洪银兴、陈宝敏：《苏南模式的演进和发展中国特色社会主义的成功实践》，《经济学动态》2009年第4期。

压能力和危机应对韧性。

一是在企业体制改革文化基础上发展而来的对现代企业制度的探索文化。苏南模式经过数十年发展已经形成了其内在的制度探索规律，具有激励约束机制和进行深层次改革的内外动力，以及组织绩效与集体秩序的抗风险力量和变革超越的发展精神。这是苏南乡镇企业由一般性管理体制改革上升至对产权主体明晰的现代企业制度进行探索的深层次动因。明晰的产权是市场经济的内在要求，可以提高企业生产效率和财富创造能力，苏南地区经过市场化改制形成的股份制企业、私营企业、外资企业等都是产权清晰的，有利于发挥激励和约束机制在财富创造中的巨大效能。例如，位于苏州吴江区的亨通集团前身是一个村办通信电缆厂，市场化改制为法人治理的现代股份制公司后获得迅速发展，已经成长为国家级创新型企业、高科技国际化产业集团，跻身全球光纤通信前三强。

二是将政府放权与市场调节相结合的制度创新文化，而非两者在传统模式下的职能分离。传统苏南模式中的乡镇企业发展主要呈现一种强政府态势，起因是在不成熟的市场经济条件下需要政企合一的所有制安排，利用政府公信力直接带领乡镇企业寻找市场和开拓市场，政府与市场的作用并不是协调统一的；但新苏南模式是在建立社会主义市场经济体制背景下发展起来的，市场规律的作用逐渐为人们所熟知和运用，政府退出企业所有权、退出直接的市场活动，实现放权是必然选择。这并不是说政府不再起到重要的作用，而是显现出政府职能转变后与市场调节相协调的趋势。在市场化改制以及后期苏南经济发展过程中，政府的着力点在于为本地经济发展提供规范的公共环境，例如公共管理的法制化、营商环境的公平化、诚信文化的宣传建设等，为市场机制能够有效发挥效能提供政策保障。在这里，政府不但不与市场作用对立，反而能够强有力支持苏南地区市场化的推进，政府成为乡镇企业市场化改制的鼓励者和积极推动者。

（三）苏南乡镇企业外向发展形成开放创新文化

苏南乡镇企业的外向型发展与其市场化改制几乎处于同一时期，引进外资在一定程度上也有助于解决乡镇企业产权模糊的问题，具体表现为三资企业产值比重不断上升。外向型发展更重要的作用则是成就了新苏南模式的腾飞，以及在新时代背景下为苏南现代化模式提供了机遇。

1984 年，中共中央、国务院开始实施沿海开放战略，当时正值一些发达国家和地区将劳动密集型产业加速向发展中国家和地区转移，苏南地区积极投身这一轮国际经济大循环，部分企业顺势获得了引进技术设备限额进口权、有限对外贸易经营权和外贸切块自营权，初步实现了利用外资的起步。例如，苏州在此期间提出从“五湖四海”走向“五洲四洋”，将经济工作重心由国内市场向国际市场拓展。20 世纪 90 年代，中共中央做出关于开发浦东以带动长江流域发展的战略决策，苏南抓住机遇利用滨江区位优势与浦东开发开放接轨，初步形成全面对外开放的格局。其显著发展效应体现在出口规模的扩大和出口水平的提高上：苏南地区外贸进出口总额自 1990 年起大幅攀升，苏南三市（苏州、无锡和常州）外贸依存度①由 1990 年的 3.9%快速提升至 2000 年的 72.0%，其中以苏州走在最前列（详见图 5 - 1）。2000 年 12 月，中国加入世界贸易组织（WTO），苏南又迎来经济国际化的一次重大机遇，苏南三市外贸依存度进一步提高至 2006 年 180.3%的峰值，苏州更是于同年达到 280.8%，外向型经济对苏南地区经济发展的贡献巨大。虽然 2008 年国际金融危机后苏南地区外贸依存度逐年下降，但依旧是中国外向型经济发展的标杆地区之一。2023 年海关总

---

① 外贸依存度 = 进出口总额/国内（地区）生产总值 × 100%。

署《中国海关》杂志发布的“中国外贸百强城市”中，江苏有 13 个市上榜，依次为：苏州(3)、无锡(13)、南京(17)、南通(30)、常州(32)、盐城(33)、徐州(38)、扬州(51)、宿迁(54)、镇江(56)、淮安(66)、连云港(67) 和泰州(79)，[①]苏南三市的排名就是佐证。

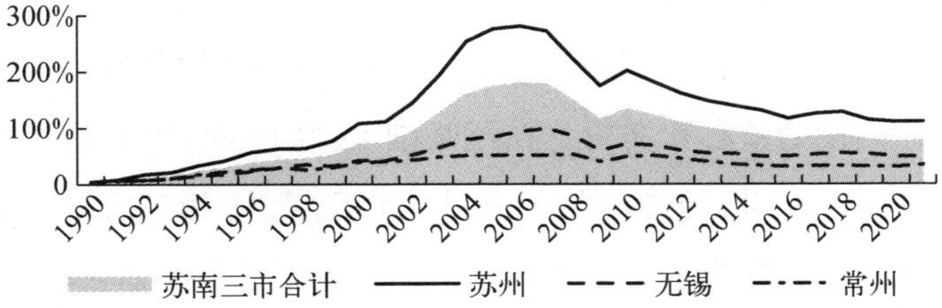

图 5－1　苏南三市 1990—2020 年外贸依存度

数据来源：1991—2021 年《苏州统计年鉴》《无锡统计年鉴》《常州统计年鉴》

苏南外向型经济发展的最大特色是建立以多个国家级开发区为引领的各种类型的开发区，以此作为引进外资发展外向型经济的平台和载体。其中，苏州、无锡和常州均有国家级高新技术开发区，除此之外还有张家港国家级保税区、苏州新加坡工业园和无锡国家级环保园，特别值得称道的是昆山人自费开发后得到国家承认的昆山国家级开发区。[②] 所有这些开发区的硬软环境建设都成为引进外资强大的吸引力，这些区域也已经成为中国外商投资企业和台资企业最为密集的区域之一，成为中国对外开放过程中的“产业高地”，世界 500 强企业已经有超过八成落户苏南地区，在苏州就有近 200 家。外向型经济发展也成为苏南地区市场化改制形成混合所有制的强大推动力，成为所有制结构多元化的重要补充。

① 吕大良、蔡俊伟、张培等：《中国制造年度实力榜——2022—2023 年中国行业外贸竞争力研究报告》，《中国海关》2023 年第 12 期。

② 洪银兴：《苏南模式的演进及其对创新发展模式的启示》，《南京大学学报（哲学 · 人文科学 · 社会科学版）》2007 年第 2 期。

大力引进外资兴办开发区无形中积累了新苏南模式向苏南现代化模式转向的一系列关键要素。一方面,苏南地区在引进外资进入开发区过程中特别重视引进吸收的再创新,时刻坚持以自主创新为导向。尤其是以全面建设小康社会以来,苏南地区由过去单纯利用外资转向强调引入核心技术,引入拥有核心技术的国外著名公司,突出研发中心和制造中心的引进和建设,着重培养自主可控的创新能力,这是现代化建设的核心软实力。在此基础上,2014 年,国务院正式批复同意支持南京、苏州、无锡、常州、昆山、江阴、武进、镇江等 8 个高新技术产业开发区和苏州工业园区共同建设苏南国家自主创新示范区,努力将其建设成为创新驱动发展引领区、深化科技体制改革试验区、区域创新一体化先行区和具有国际竞争力的创新型经济发展高地。另一方面,苏南地区利用良好的产业基础和配套能力,吸引外商投资进行产业升级,由劳动密集型产业向技术密集型产业转向,逐步构建现代化产业集群。苏南开发区初始以高产值低收益的制造业引进为主,位于全球产业链的低端加工贸易环节;20 世纪 90 年代后期开始,苏南提出建设国际制造业基地的目标,注重承接国际高新技术产业转移和不断完善产业链,走向以开发区经济为载体的现代化产业集聚之路。现阶段,苏南地区已经基本形成了信息技术、生物医药、新材料、新能源、人工智能等一大批产业集群,成为现代化产业集聚的支柱。由此可见,以国家级开发区为特征的外向型经济发展不仅激发了高新技术自主创新能力,也推动了现代化产业体系的转型,形成苏南以新质生产力引领区域现代化发展的新格局。

苏南外向型经济发展模式不再仅限于“引进来”,也开始以企业业务发展需求为指引逐渐“走出去”,形成苏南现代化模式的典型特征。以无锡 2016—2023 年企业境外投资情况为例(详见图 5 - 2),2021 年起新批出海项目数快速增长,由 2021 年的 92 项增长至 2023 年的 191

项，项目协议金额占 GDP 的比重也有提升。根据江苏省商务厅发布的“2023—2025 年度江苏省重点培育和发展的国际知名品牌”名单，无锡市共有 100 家品牌企业入选，占全省的比重达 21%，省级国际知名品牌数量蝉联全省第一。[①] 其中不仅包括红豆集团、海澜集团等外贸传统行业企业，还包括先导智能、长电科技等高科技企业，还有远景能源、振江新能源、海虹新能源等“新三样”企业，这些企业已经成为“无锡品牌”的国际名片。

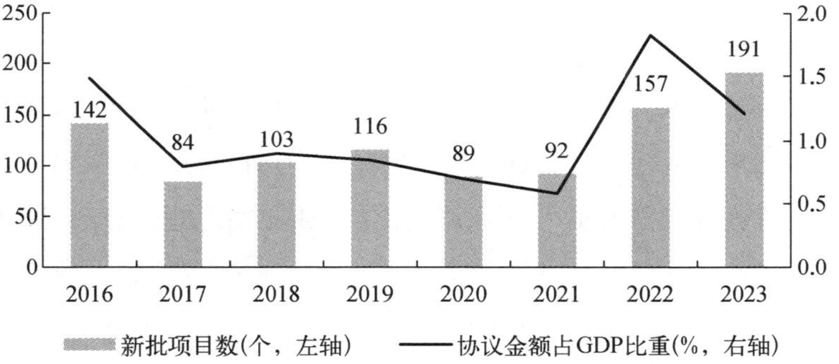

图 5-2　无锡 2016—2023 年企业境外投资情况

数据来源：2017—2024 年《无锡统计年鉴》

在外向型经济发展阶段起到支撑性作用的制度文化除了涉及现代公司治理文化、政府有为和市场有效的协调文化，还需要突出强调的是苏南地区诚实互信的社会文化氛围以及开拓进取、兼收并蓄的企业家精神，这是外向型经济得以发展并驱动地区现代化逐步实现的关键。

在较高文化素质基础上形成的诚信文化是吸引外资的重要前提之一。党的二十大报告指出，社会主义市场经济基础制度包括产权

① 《关于江苏省重点培育和发展的国际知名品牌的公示》，江苏省商务厅网站，2023 年 8 月 7 日，https://doc.jiangsu.gov.cn/art/2023/8/7/art_78712_10976718.html。

保护、市场准入、公平竞争和社会信用，而社会信用制度就是诚信文化在市场经济体制内的集中反映。一个地区诚信文化水平的高低可以直接体现出该地区市场化水平的先进程度。诚信文化的形成有利于稳定投资者投资预期、降低交易成本费用，受此影响，即使是在 20 世纪 90 年代开始全国吸引外资政策趋于一致的背景下，外资和台资依旧蜂拥进入苏南地区，特别是原来在南方的外资转移到苏州，说明外资看重苏南地区以诚信文化为代表的高度市场化水平。

还有一点是苏南文化中开拓进取和兼收并蓄的传统，以及由此衍生出的以创新为核心的企业家精神。苏南地区自古就有各方文明多元并存、交融创新的传统，使得本地区对多种经济形式接受程度高，发展环境相对开放包容。在近现代发展过程中，苏南地区还吸收了西洋文化先进性和科学性的一面，较早接受工业文明思想。彼时，荣氏家族等民族企业家除了在上海经营钱庄、商号和工厂外，也在家乡无锡经商办业，充分利用苏南地理、人文和社会条件，实行灵活、创新的经营方式，在帝国主义侵略资本排挤中顽强生存。① 这种开拓进取的理念其实促进了苏南地区引进外资但不依赖外资，而是兼收并蓄、吸收再创新，积极提升自主可控的创新发展能力的。聚焦到微观企业层面，就是熊彼特论述的以创新为核心的企业家精神，外向型经济发展不仅没有打压本土企业的创新发展能力，反而进一步提升了这些企业在国际市场上的竞争力，形成了苏南现代化发展过程中最活跃的经济成分。

四、苏南模式文化成就有为政府

对苏南模式最初的表述是乡镇政府主导的集体经济为主的发展

① 王志凯、史晋川:《苏南模式演进与发展》,《上海交通大学学报（哲学社会科学版）》2024 年第 1 期。

乡镇企业和农村城镇化的模式；现在的苏南是外资、民资和股份制三足鼎立，规模企业为主，城乡一体化发展，全面达到小康水平。可以说，苏南模式的内涵发生了根本性变化。苏南的发展实践表明，发展离不开地方政府的强力推动，关键是政府的强力着力在哪个方面。发展市场经济必须划清政府和市场的界限，在政府应该作用的范围内政府作用必须用足。[①]

（一）乡镇政府对苏南模式形成和转型的作用

乡镇政府是基层政府，研究苏南模式的形成和转型可以说明乡镇政府对市场化改革的巨大推动作用。

农村改革初期，苏南地区的大部分乡镇企业是由乡镇政府，或利用原有的集体积累，或利用政府的动员力量，或由政府出面向银行贷款兴办的。这里的乡镇政府与其说是执行政府职能，不如说是利用政府职能全力兴办和发展乡镇企业。后来一些论著对苏南模式的非议大都集中在乡镇政府的作用上。其实，不能想象乡镇政府与县级以上的政府有同等性质的权力和功能。实际情况是乡镇政府在当时与其说是政府，不如说是个社区组织，乡镇政府是中国最基层的政府，国家很少直接对乡镇下达经济计划，乡镇政府所能动员的经济也不可能是国有经济。乡镇政府的利益与乡镇企业密切联系在一起。作为早期苏南模式主角的苏南基层政府（乡镇政府），更多的是作为乡镇企业的总代表行事，与通常意义上的政府组织相去甚远。

尽管可以肯定当时的苏南模式在政府作用和集体经济方面的积极作用，但是不可忽视的现实是，从 20 世纪 80 年代末 90 年代初开始，苏南地区的经济发展就进入了新的阶段，以乡镇集体经济为主要

① 洪银兴：《论地方政府的职能转型——以苏南模式的发展为例》，《经济学动态》2005 年第 11 期。

内容的传统苏南模式,逐渐为苏南地区自身的发展所扬弃,其核心是集体经济比重过高的模糊产权成为改革的对象。苏南模式内涵转型的一个主要牵动力是乡镇政府的产权退出乡镇企业。乡镇企业发展到一定阶段与原有的模糊产权、政企不分发生矛盾,由此推动了苏南地区的乡镇政府主动对乡镇企业进行改制,政府产权完全退出乡镇企业。由于乡镇政府的主动退出,苏南的乡镇企业现在几乎看不到政府产权的影子。政府产权退出,苏南乡镇企业的产权制度改革后,尽管有相当数量的企业转为类似过去的温州模式的私人企业,但占主导的是转为公司制的企业。苏南乡镇企业通过与外商合资,与其他法人企业组建企业集团、建立股份制公司、上市等途径明晰产权。其中最有特色的是以江阴为代表的乡镇企业上市,在证券市场形成了概念独特的"江阴板块",以昆山为代表的乡镇企业则普遍与外商及港台投资企业合资,以常熟为代表的乡镇企业则是私人控股的企业集团。显然,苏南模式的转型反映了乡镇政府职能市场化改革的深入,也反映了政府对苏南地区市场化改革的推动。

(二) 新苏南模式中地方政府经济建设职能的转型

地方政府发展地方经济的内在动力,固然同中央政府要考核地方政府领导的政绩有关,但更为重要的是来自地方的压力。每个地方政府实际上都是一定范围的社区政府。进入转轨期后企业开始将一些福利推给社会来负担,一些企业也会破产,与此同时社会保障制度却还没有建立起来。为了保障转轨期的社会稳定,地方政府不得不承担起原来由企业承担的责任。地方政府要安置失业职工,要提供与稳定相关的补贴,要进行市政建设,等等。就业水平、物价水平、收入水平、交通通信状况、服务设施、文教设施等,都是社区民众的切身利益。这些指标能否得到改善都取决于一个地区的经济发展水平。社区民众会从纵向和横向的比较中衡量地方政府的政绩,这对地方政府领导形成了压力，于是就有“为官一任，造福一方”的理念。

中国经济市场化取得成功的一个重要经验就在于承认地方政府的独立利益，并以财政分权、政绩评价经济化等方式充分调动地方政府（官员）发展本地经济的积极性。在原先的苏南模式中，地方政府特别是乡镇政府通过直接参与企业决策发展本地经济。转向新苏南模式后，地方政府发展本地经济的积极性有增无减。苏南各级地方政府逐步退出乡镇经济、国有经济的同时，服务于地方经济发展的公共功能得到强化。但是不可否认的是，政府的经济建设职能不能完全放弃。本地区引入资本的多少、人均 GDP 水平、财政收入水平，仍然是地方政府最为关注的业绩指标。

当然，政府的经济建设职能也要转型。公共服务同样以经济为中心，集中表现在“政府搭台，企业唱戏”，进而表现在为吸引各类投资创造公共环境上。这意味着苏南地区政府的作用已不是直接调控企业，企业有了独立自主的市场化运作，政府也不再作为运动员参与市场活动。苏南地区市场经济的发展水平也明显高于其他地区。政府改革的关键问题是政府如何把经济管理职能转到为市场主体服务和创造良好的发展环境上来。

苏南的实践证明，一个地区的市场化水平不能以政府作用的强弱为衡量标准。在这里，虽然政府退出了直接的市场活动，退出了企业，但政府的作用没有因此而减弱，而是其作用的范围和方式发生了变化。在 20 世纪 80 年代，苏南发展乡镇企业主要是乡镇政府直接介入经济活动；而在 20 世纪末 21 世纪初，苏南地区对当地经济社会发展作用最大的政府层次由乡镇政府上升到县级（县级市）政府。其原因主要在于苏南地区经济活动的范围普遍突破了原先的乡镇范围，相应地政府调控的范围也扩大到县域范围。特别是近年来，苏南地区的城市化进入新阶段，通过撤乡并镇，改变了过去的小城镇模式；与此相应，乡镇一级的政府机构也显著减少，这意味着企业所面对的政府机构也明显减少。调节区域经济活动的政府层次由乡镇上升到县级，表明政府的作用更为宏观，县域范围内各个地区可以得到更为统筹的协调，政府成本也因为乡镇政府的减少和作用的减弱而降低。

在原有的苏南模式中，乡镇企业从总体上说具有小而散的特点，市场也是无组织的。在新苏南模式中，政府退出了企业，但着力于组织企业和组织市场。一方面组织和发展各类市场，使其达到现代水平；另一方面组织企业，引导企业上市，发展企业集团。一时间相当部分一定规模的乡镇企业脱去了乡镇企业外衣，冠以集团之名。与此同时，原有的落户在乡镇的企业总部进入中心城市也得到了鼓励，从而使企业享受到城市提供的市场组织和网络。企业规模化组织化程度的提高也增强了企业的竞争力。正因为苏南规模企业数量较多，其产业的技术等级总体上高于浙江。并且，浙江的企业是进入全国市场获取收入，而苏南的企业是依靠其竞争力和灵活机制进入全国大市场获取要素。

对其他地区而言，地方政府起着“经济人”的作用。地方政府作为经济人是由自身的财政利益决定的。它要追求自身的财政利益最大化，就要保障本地企业的利润最大化。从这一意义上说，地方政府同本地的企业形成了利益共同体。在地方经济利益最大化的驱动下，地方政府的经济行为准则是尽力扩大本地区产品的市场受益面，尽量地吸引外地资源流向本地。因此，地方政府往往作为本地区企业的总代表参与市场竞争。

地方政府可能利用各种有效的政策手段，依靠本地区的竞争力进入外地市场争夺资源、争夺市场。改革开放后，中国出现了资金、人才由西部流向东部的“孔雀东南飞”的现象。如广东、江苏和浙江等省份，都是资源缺乏的加工工业省份，国家分配的资源无法满足其生产需求，这几年能保持较高的经济增长速度，靠的就是由地方政府组织的地区竞争力从外地争到了大量的资源。

（三）新苏南模式中地方政府的公共服务职能

苏南地区各个市县先后实现了全面建成小康社会的各项建设指标，其现代化水平也处于全国前列，这同当地政府的强力作用密切相关。研究苏南地区确定的全面建成小康社会的指标，可以发现政府所要追求的相当部分指标属于政府所要执行的公共福利和公共服务职能。在现阶段政府提供的公共产品在很大程度上是政府推动社会发展实现的。与此相对应的是，政府由主抓经济发展转向主抓社会发展，从而形成企业抓经济发展以实现 GDP 指标，政府抓社会发展以实现全面建成小康社会指标的局面。由此，苏南地区成为经济发展和社会发展较为协调的地区。

地方政府不只是提供公共产品，还要为社区民众提供福利，同时也要为市场化改革提供必要的保障。一个地区的经济越发达，这个地区的公共产品就越多。这意味着地方政府履行公共职能（如就业、提供公共产品等）的能力在很大程度上取决于其履行经济职能的能力。

从中国经济社会发展的进程看，社会发展滞后于经济发展的现象非常普遍。随着市场化改革和结构调整的深入，环境问题、农民问题、失业问题、贫富差距问题会愈加突出。这些矛盾和冲突绝大部分是地区性的。因此，地方政府需要建立兼顾公平和保障社会稳定的社会机制，主要涉及：建立包括养老、医疗、失业在内的社会保障制度，建立以减轻社会摩擦为目标的地方各利益群体的利益协调机制，建立以公平为目标的收入分配的社会调节机制，建立政府官员与企业家相互沟通和监督的制度。政府的社会职能会随着这些机制的建立显现出来。政府要确保为社会各阶层包括弱势群体提供一个安全、平等和民主的制度环境，政府要从社会长远发展目标出发，提供稳定的就业、义务教育和社会保障，调节贫富差距，打击违法犯罪，确保社会健康发展。这要求各级政府特别是地方政府应做出相应调整：改变政府重经济建设、轻社会管理和公共服务职能的现象，由经济建设型政府向公共服务型政府转型。在这方面苏南地区的地方政府已经或正在实现这种转型。

在新苏南模式中，政府推进社会发展的主要特点是抓规划。在原有的苏南模式中无论是发展乡镇企业还是发展小城镇，普遍是村村点火、户户冒烟，由此导致项目重复、资源浪费等问题。针对这种状况，从 20 世纪 90 年代起苏南地区政府突出其规划职能，并从政策和政府投资等方面落实规划。

首先是城市化规划。原有的苏南模式中城市化是从农村开始的自下而上的自发过程，从 20 世纪 90 年代起推进的新一轮城市化则是从城市开始的自上而下的规划过程，其目标是实现城乡一体化。在城市化已达较高水平的苏南地区，城市化的内涵发生了变化，由以发展小城镇为特征的城镇化转变为以现代化为内容的城市化，推进城乡整体现代化，包括城市现代化和城镇城市化两个方面，县城和中心城镇城市化成为重点。在原有的苏南模式中，城镇大多是工业城镇。根据城乡一体化的要求，城镇要成为城市现代化要素向乡村扩展和辐射的中间环节，所需具备的城市功能不仅是其制造职能，更重要的是其服务职能、市场职能以及设施功能。这就提出城镇城市化的要求。城镇城市化首先要求城镇的集中。在政府调控规划、合并城镇的基础上，苏南各地出现了“四集中”趋势：乡镇工业向工业园区集中，人口向小城镇集中，服务业向中心城镇集中，农田向种粮大户集中。苏南地区的城镇在统一规划下，注意建设城镇商业、教育、医疗、购物等方面的基本服务设施，城镇的城市化功能大大提高，例如村村通公交就是政府城市化规划的结果。

其次是环境规划。在制造业发达的地区,考验政府能力的主要方面是环境质量。一般而言,制造业越是发达,环境污染越是严重,而市场在防止污染方面无能为力,需要政府介入。政府必须采取强有力的措施。以江阴为例,政府规划了五大工程:清水工程、蓝天工程、宁静工程、绿色工程和家园工程。根据环境治理规划,政府加大环境保护和治理的投入。占全国制造业比重最大的地区从理论上说应该是环境污染最严重的地区,苏南地区却是环境保护先进城市、生态城市、园林城市,足见政府的公共管理能力。

政府的规划职能同时也包含了政府的投资职能。如果说过去政府投资主要是投资企业项目的话,那么现在政府的投资职能主要是根据城市化规划和环境规划所进行的公共性投资。政府的投资方向同时也是对企业和私人投资的导向。其结果是政府和企业共同投资,推进城镇现代化和环境治理,从而在较短的时间内有效地推进了该区域内城乡一体化与人和自然的和谐。政府的投资起到了四两拨千斤的作用。

地方政府要在市场化改革中成为有为政府,关键在于推动苏南地区的制度创新。地方政府要最终退出市场就必须在体制转轨阶段创建完善的市场制度。针对目前市场制度不完善的现状,地方政府所要推动的市场制度创新涉及:建立现代企业制度,建立完善的市场体系,创造充分竞争的市场环境,建立社会信用制度,建立有效的市场交易规则和市场竞争的规范。

(四)"亲""清"政商关系文化的形成

党的十八大以来,习近平总书记在重要场合多次论及政商关系,并对如何构建"亲""清"新型政商关系指方向、明路径、提要求。2016年全国两会期间,习近平总书记第一次用"亲""清"两字精辟概括并系统阐述新时代的政商关系,为新型政商关系的构建指明了方向。2017

年,“构建亲清新型政商关系,促进非公有制经济健康发展和非公有制经济人士健康成长”[①]被写入党的十九大报告,进一步明确了非公有制经济的重要地位。2020 年 7 月 21 日,习近平总书记主持召开企业家座谈会,要求各级领导干部光明磊落同企业交往,坚决防止权钱交易、商业贿赂等问题损害政商关系和营商环境。这一重要讲话再次阐释了以亲清为内核的新型政商关系,为更好引导和推动政商关系亲清与共、和谐有序提供了重要遵循。2020 年 10 月 14 日,习近平总书记在深圳经济特区建立 40 周年庆祝大会上强调,“要优化政府管理和服务,全面推行权力清单、责任清单、负面清单制度,加快构建亲清政商关系”[②],进一步明确了政府职能和权力边界,为双方良性互动列出具体清单。2022 年 10 月 16 日,习近平总书记在党的二十大报告中提出,“全面构建亲清政商关系,促进非公有制经济健康发展和非公有制经济人士健康成长”[③]。2023 年全国两会期间,习近平总书记再次强调,“要把构建亲清政商关系落到实处,为民营企业和民营企业家排忧解难,让他们放开手脚,轻装上阵,专心致志搞发展”[④],为实现民营经济健康发展、高质量发展注入强大信心和动力。2023 年 4 月 3 日,习近平总书记在学习贯彻习近平新时代中国特色社会主义思想主题教育工作会议上再次指出,要“推动形成清清爽爽的同志关系、规规矩矩

---

① 习近平:《决胜全面建成小康社会 夺取新时代中国特色社会主义伟大胜利——在中国共产党第十九次全国代表大会上的报告》,《人民日报》2017 年 10 月 28 日。

② 习近平:《在深圳经济特区建立 40 周年庆祝大会上的讲话》,《人民日报》2020 年 10 月 15 日。

③ 习近平:《高举中国特色社会主义伟大旗帜 为全面建设社会主义现代化国家而团结奋斗——在中国共产党第二十次全国代表大会上的报告》,《人民日报》2022 年 10 月 26 日。

④《习近平在看望参加政协会议的民建工商联界委员时强调 正确引导民营经济健康发展高质量发展》,《人民日报》2023 年 3 月 7 日。

的上下级关系、亲清统一的新型政商关系”①。这一系列重要论述，对亲清政商关系越讲越透彻、越讲越深刻，进一步丰富和具象了亲清政商关系的内容：对领导干部而言，“亲”是指要“积极作为、靠前服务”，最终落脚到“解决实际困难”；“清”是指同企业家的关系要“清白、纯洁”，进而“不能有贪心私心，不能以权谋私，不能搞权钱交易”。对企业家而言，“亲”是指“讲真话，说实情，建诤言”，“清”最关键的就是“遵纪守法”。

苏南地区是中国近现代民族工业的重要发祥地之一，一直都是中国制造业高度集聚与工商业组织最为发达的地区之一。苏南模式的发展与演进，伴随着长期频繁的政商互动，不断塑造着苏南地区的政商关系。“亲”“清”政商文化体现在政府权力的自我约束和遵守规章制度办事，同时政府更倾向于采取普惠政策解决企业经营问题，在政商互动中采取一视同仁的态度，且善于运用制度规则来规范政商互动。这种普遍主义精神是现代政商关系的重要特征，确保了公平竞争的环境，有利于企业的健康发展。相较于其他地区而言，苏南地区的政商互动具有更强的规则性和可预见性，呈现出明显的制度化特征，具体体现在三个方面：一是政商互动的规则愈发清晰，标准化的程序在一定程度上弱化了领导人的个人意志；二是政府建立了服务所有企业的制度化的渠道和机制；三是政府建构对所有资本一视同仁的经济发展规划和产业政策。由于很多事情已经实现照章办事，标准化的程序减少了关系和权力发挥作用的空间。一个典型的例子即 2014 年“马上办”机构的撤销，原因在于“制度越来越透明，所有政府部门的权责都很清楚，法律边缘地带比较少”。

---

①《学习贯彻习近平新时代中国特色社会主义思想主题教育工作会议在京召开，习近平发表重要讲话强调　扎实抓好主题教育　为奋进新征程凝心聚力》，《人民日报》2023 年 4 月 4 日。

“亲”“清”政商文化在苏南模式发展过程中发挥了重要作用。具体表现在以下几个方面：其一，“亲”“清”政商文化为苏南模式发展提供良好的营商环境，激发了民营企业市场活力。其二，“亲”“清”政商文化促进了产业链合作和产业利益联盟的形成，基于产业链合作关系的企业间紧密联合网络与产业利益联盟增强了企业群体组织化参与政商互动的博弈能力。其三，制度化的政商关系强调非人格化的合作，避免了因个人变动带来的不稳定因素，有利于苏南地区企业的长远发展。

历经 40 多年的制度化演变，苏南政商关系基本实现了“亲”上加“清”。一方面，政商互动过程中的人格化因素被抑制，无论何种类型和规模的企业均通过制度化渠道与政府进行规范的互动，实现了政商关系的“清”。另一方面，政商之间的良性互动关系建立在企业组织化参与的基础上，因此政府会主动、靠前地为所有企业提供优质服务，由此实现了政商关系的“亲”。

“亲”“清”政商文化的无锡实践主要表现在以下方面：一是加强联系协作，推动政商良性互动。工商联充分发挥其作为党和政府联系非公经济人士的桥梁和纽带的作用，密切与政府相关部门的联系与协作，先后与市公安局建立了联系协作机制，与市税务局成立了纳税人之家，与市司法局组建了总商会律师服务团。这些政府与非公企业良性互动平台的搭建，帮助企业解决了一些实实在在的困难，有力地推动了新型政商关系的构建。值得一提的是，无锡市工商联与市公安局建立的联系协作机制，先后为洗染、医药流通、蔬菜果品等行业企业发放特许通行证 400 多张，为搬家企业办理“搬家车专用通行证”274 张，帮助无锡洗染、搬家、医药流通、蔬菜果品等行业的众多企业解决了运输的“最后一公里”问题。二是开展主题活动，增强民企发展信心。工商联充分发挥其在非公经济人士思想政治工作中的引导作用以及政府管理和服务非公经济中的助手作用，凝聚民企精气神，汇集发展正能量，在全市工商联系统开展了“走进项目、走进企业、走向制造业强市第一线，倾心于企业转型发展环境的优化、倾心于非公经济转型发展水平的提高、倾心于‘十三五’无锡现代产业新高地的建设”的“三走三倾心”主题活动。三是借助数字平台，营造良好营商环境。充分发挥工商联在非公经济人士参与国家政治生活和社会事务中的重要作用以及在构建和谐劳动关系、加强和创新社会管理中的协同作用，推动形成有利于非公经济发展的良好环境。

五、集体富裕文化推动共同富裕

中国式现代化是共同富裕的现代化。推动共同富裕事关中国式现代化的成效和全体人民的福祉。但各地推进共同富裕过程中的效果呈现区域性差异，根源在于发展模式的异质性。苏南地区作为江苏共同富裕的先行示范，在“百姓富”、缩小区域差距和城乡差距方面一直“走在前、做示范”。苏南发展乡镇企业时期的集体富裕文化一直延续到全面建设小康社会阶段并且在进入中国式现代化建设新征程后演化为共同富裕文化。

（一）苏南发展乡镇企业时期的集体富裕

苏南地区的共同富裕是以集体经济和乡镇企业为主发展而来的，集体经济与乡镇企业的优势是苏南地区居民收入提升的关键。苏南地区的乡镇企业本就发源于人民公社时期的社办企业，只能由农民集体依靠自己的力量主导这种乡镇企业的发展。换言之，由于乡镇企业的所有制结构以集体经济为主，由乡村共同支配资源，集体经济本就体现着集体富裕的要求。

在工业化和农业现代化的结合中，农业生产效率的提高使农村居民有机会从事非农产业，而乡镇企业等现代企业的建立又为农村居民非农就业提供了机会。这种结合的过程使苏南农村居民逐渐摆脱了以农业经营性收入为主的传统收入模式,收入来源呈现出多元化格局,从而有效缓解了城乡居民收入差距问题。随着集体经济和乡镇企业的发展,无论是城镇居民还是农村居民都能获得进厂劳动的就业机会,获得相应的工资性收入,这是按劳分配的具体体现;市场经济的发展带来市场营商环境的大幅改善,基于自我投资、自我经营、自担风险、独享收益的个体经济和私营经济获得很大生存空间,居民依托乡镇的营商传统,可以通过创新创业获得经营净收入;而乡镇企业市场化改制引进的多元所有主体,包括资金入股、土地入股、技术专利入股等形式,使得居民在企业利润分配的最终环节获得财产净收入。

以农促工和以工建农促进了集体富裕。工业化和农业现代化的有机结合突破了传统农业与现代工业、农村与城市的二元分割的局限性,促进了资本、劳动力等要素在城乡间自由流动,带动了更多的农村人口流向城镇,更多的劳动力转向非农产业,从而提高了居民的工资性收入,尤其是农村居民的工资性收入。苏南地区的剩余劳动力转移出来后,由于“离土不离乡”和“进厂不进城”文化影响,农村居民普遍就职于乡镇企业进行集体生产,乡镇企业会赋予他们对等的劳动所得,即工资性收入,构成他们可支配收入中的绝大部分。以工建农主要是指用现代的生产方式改造传统农业,用现代的科学技术装备农业,用社会化的生产组织方式推进农业现代化,力求建设现代农业发展体系,在这一过程中农民获得更多收入提升渠道。农村的剩余劳动力转移出来后,原本分散的农田就获得集中起来经营的优势,用工业化方式改造农业,加快推进农业产业化,有效提高农业生产效率和农民的农业收入。一方面,苏南地区农村剩余劳动力的转移极大促进了土地流转,每个农户可以自愿把自己承包的土地量化,折成股份或加入合作社，从而获得分红收入，也即财产净收入；土地的集中发包又有利于节约成本、提高租金、提高效率，从而维护农户利益。另一方面，按照“适度集中集聚”的原则统筹安排农村生产、生活、生态空间布局，引导农村居民集中居住，方便综合整治村庄环境。这样就通过农村工业化带动农业现代化、农民向市民转化、农业向现代农业转变、农村向现代化新农村转化，既可以解决农村居民的收入问题，使得他们从事非农经营或非农就业成为可能，又提高了他们的生活质量。①

苏南地区发展模式的一个突出特点是公共服务的提供方不仅限于政府部门，还包括集体经济和乡镇企业，乡镇企业具有提供公共服务的优势，为苏南地区的基础设施和居民福利提供了资金支持。苏南不少地区修建道路、公园、学校等基础设施以及提供免费旅游等社会福利的费用，并没有直接分摊到农户，而是由乡镇企业支付，较大程度增加了公共产品的供给来源，提高了公共服务普及程度。② 例如在苏州，集体经济发展得好的村子的基础设施一般也会建设得比较好，道路通畅、河道清澈、环境优美、村容整洁；而集体经济发展得相对较差的村子，资金一般不足，如果向村民摊派必然加重村民负担，容易激化矛盾。

（二）集体富裕向共同富裕的演化

在苏南乡镇企业的市场化和股份制改制形成新苏南模式之后，虽然引入外资和私营资本，但原先集体经济的属性并没有因所有制改革而完全消失，集体资本依然以控股或参股的方式存在于各类所有制经济形式中，依然代表集体利益参与经济发展和利益分成。

---

① 范从来、孙覃玥：《新苏南模式所有制结构的共同富裕效应》，《南京大学学报（哲学·人文科学·社会科学版）》2007 年第 2 期。

② 宋林飞：《苏南区域率先发展实践与理论的探索——从“苏南模式”“新苏南模式”到“苏南现代化模式”》，《南京社会科学》2019 年第 1 期。

在苏南地区乡镇企业市场化改制过程中，外向型经济发展模式伴随着产权逐渐明晰而得以定型，这一过程不仅受到上海在资金、技术和市场等方面的辐射，在进一步开放的过程中还通过建立开发区等形式吸收了全球创新资源并催生出本地经济的内生增长动力，形成了苏南地区的创新高地和产业高地。也就是说，乡镇企业集聚各类要素的过程大幅度提升了苏南地区的经济发展潜能，创造了大量就业机会，显著提高了本地区居民的生活水平。

在发展经济提高富裕程度的基础上缩小收入差距是现代化建设的重要方面。发展经济学中库兹涅茨的倒U形曲线表明，人均收入达到一定点后，收入差距开始进入一个“拐点”，即收入差距从扩大开始转向逐步缩小。苏南地区在人均GDP达到3000美元后，这种趋势开始显现。研究苏南地区的这种现象可以发现，这个趋势不是自然形成的，政府在推进苏南地区共同富裕过程中的作用不容忽视，正是由于政府的干预、引导和调节才形成苏南地区独特的共同富裕文化。苏南地区政府作用的发挥从社办企业起源时便有体现，在苏南，各地不仅乐意比地区生产总值、一般公共预算收入、规模以上工业总产值，还互相在比城乡居民收入比，以此作为衡量共同富裕的重要数据之一。2022年，江苏全省城乡居民收入比缩小到2.11∶1，苏州市为1.82∶1，常州市为1.812∶1，无锡市为1.75∶1。城乡居民收入比的缩小，折射出苏南地区多年来统筹推进城乡一体化取得的成效。苏南农民从中得到的实惠，不仅体现在数字上，更有就业机会增多、幸福感提升等切身感受。

针对贫困群体，政府干预目标是满足其基本需求。以江阴为例，该市近年来拨出专项资金1400多万元，推行养老保险、劳动合同和大病医疗保险三项制度，落实失业人员失业保障线、城乡居民最低生活保障线、企业离退休人员基本养老金保障线三条保障线制度，并建立逐年增长机制。以农村住院医疗保险制度为例，该市 100%农民享受医疗保险。在第一轮农村住院医疗保险中，该市财政按全市应参保总人数每人每年补贴 10 元，镇财政也补贴 10 元，农民自负 20 元；第二年又将参保对象扩大到没有固定收入的城镇居民和非本市户籍的外来务工人员；第三年该市财政每人每年的补贴提高到 30 元，镇财政调高到 20 元，农民自负的资金不变。苏南地区政府不仅通过直接的政府投入解决低收入者的问题，其运作机制也有创新，政府给低收入者提供的保障也充分利用了市场机制。仍旧以江阴市的医疗保险运行机制为例，政府只负责保险基金的征缴，保险公司负责保险基金的运作和补偿，卫生行政部门负责保险基金和医疗机构的监督和管理，由此形成阳光的相互制衡的社会保障机制。

政府以有形之手强力创造公共服务职能[①]，实现公共资源与社会保障对共同富裕的支撑作用。政府通过促进城市基础设施向农村建设、城市社会保障向农村延伸、农村宜居环境建设、教育等公共资源城乡全覆盖，促进城乡间生产要素流动，缩小城乡差距，实现共同富裕，让现代化的成果更多地惠及广大民众。苏南地区以乡镇企业为载体、以基层政府为主导的集体经济是支撑共同富裕的伟大创举。苏南地区经由政府主导，将提供给市民的机会和基础设施安排到农村城镇去，尤其是把高质量的文化医疗设施办到农村城镇，提供了更多城镇就业机会，提高了公共服务水平。苏南地区政府还积极利用公共财政解决农村自来水、煤气、生活污水处理等问题，实现村村通公交、公交网络化。同时，苏南各地还注重加快城市社会保障向农村延伸，各地政府推进社会保障特别是农村的社会保障力度空前，这也是近年来苏

① 洪银兴：《苏南模式新发展：强政府结合强市场》，《21 世纪经济报道》2005 年 7 月 3 日。

南农民增收的一个重要因素。苏南全面推行农村基本养老保险和农村基本医疗保险，完善了以低保、养老保险、医疗保险、拆迁补偿、征地补偿为主体的农村“五道保障”[①]，基本做到老有所养、病有所医。

政府引导的城乡宜居环境建设支撑共同富裕的广延性。共同富裕中对财富的定义不仅仅包括物质财富，还包括精神财富和生态财富，而生态财富集中表现在城市和乡村的环境宜居程度上。在传统高耗能、高污染发展模式向新质生产力转型的大背景下，苏南地区通过政府规划，包括城市规划和环境规划，从政策和政府投资等方面稳步落实规划，实现人民对美好生活需要的切实追求。政府通过推行“居住向社区集中、企业向园区集中、土地向规模经营集中”的方式实现城乡现代化和环境有效治理，从而在较短的时间内有效解决了苏南地区城乡一体化和人与自然和谐发展的问题，使得城乡环境宜居程度快速提升。例如，苏南地区在乡村兴建的俱乐部、养老院、公园等娱乐休闲场地和设施，极大提高了农村居民精神文化生活和绿色发展素养，丰富了共同富裕的内涵。

政府支持的教育等公共资源投入支撑共同富裕的持续性。通过转移性支付实现“授人以鱼”并不能真正实现共同富裕的可持续性，仅仅属于资源的再分配环节，只有通过深化体制改革和完善公共政策，营造平等竞争的机会和环境，才能既有效促进收入分配公平，又能“授人以渔”、促进社会生产效率提高。因此，进一步优化教育等公共资源投入结构，促进城乡居民享有教育的公平性是苏南地区共同富裕得以持续的关键。苏南地区本就有重视基础教育的传统，加之政府部门针对低收入区域和群体的教育政策倾斜，诸如以信贷扶持、费用减免等

---

① 洪银兴：《苏南模式的演进及其对创新发展模式的启示》，《南京大学学报（哲学·人文科学·社会科学版）》2007 年第 2 期。

方式激励低收入阶层自觉进行人力资本投资，有效保障了每位居民通过自身努力实现财富增进的机会和渠道的公平性，这也是共同富裕的潜在要求。

受历史传统和文化意识影响，苏南地区企业家具备浓厚的人文情怀，这也是苏南地区企业家精神的一种表现。传统文化的熏陶使得他们在积累了一定财富之后，总是不遗余力地致力于改变家乡贫穷落后的面貌，回报家乡的父老乡亲。

探究苏南地区文化传承中反映出的共同富裕理念，实现发展和民生并重，不仅是对本地区共同富裕实践经验的总结，还从人文经济学的全新视角对中国式现代化建设起到积极的示范效果。

（执笔人：葛　扬　项圆心　丁涵浩　张建平）

第六章

工商文化促进实体经济高质量发展

党的二十大报告强调，高质量发展是全面建设社会主义现代化国家的首要任务。实体经济作为国民经济的基础，是国家强盛的主要支柱。建设现代化产业体系，要坚持把发展经济的着力点放在实体经济上。注重实体经济的江南百年工商文化、企业家精神，为江南产业发展打下了深厚基底，也造就了江南地区经济的持续繁荣。

一、以实体经济为根的工商文化历久弥新

习近平总书记在江苏考察时指出，要把坚守实体经济、构建现代化产业体系作为强省之要。江南地区工商文化历经百年传承历久弥新，形成了经世致用、崇尚实业的底色。江南地区的城市坚持以产业为基、企业为根，在高质量发展的轨道上打造出一座座新时代的工商名城。

（一）产业为基

产业是经济之本，发展之基。近年来，江南地区城市坚定实施产业强市主导战略，明确构建以战略性新兴产业为先导、先进制造业为主体、现代服务业为支撑的现代化产业体系，推动产业结构由中低端向中高端迈进，在建设现代化产业体系的过程中取得了辉煌成就。

1. 产业结构持续优化升级

江南地区城市的产业结构普遍经历了从农业占比高到工业占绝对主导，再到服务业逐步崛起的过程。以无锡为例，新中国成立初期，无锡社会经济进入起步阶段，农业处于基础地位，第一产业在三次产

业结构中占比最高。1949 年，无锡三次产业构成为 40.7：28.1：31.2，呈现“一三二”的格局，具备典型的工业化前期社会的特征；新中国成立后的第一个十年，根据当时国家重点发展重工业的方针，无锡进行了第一次大的产业结构调整，工业经济高速发展；1958 年后，无锡乡镇工业起步并发展，到 1978 年，三次产业结构调整为 14.3：68.3：17.4，第二产业领跑经济，三次产业结构转向“二三一”格局，1981 年第二产业占比达到 70.9%的最高值。进入 20 世纪 90 年代，无锡继续坚持产业结构调整，积极优化第一产业，在巩固第二产业优势的基础上，大力推动第三产业发展。2015 年，第三产业占比提高到 51.1%，首次超过第二产业，成为无锡经济结构中占比最高的产业。党的十八大以来，无锡坚持以供给侧结构性改革为主线，着力构建现代化产业体系，打响了集成电路、物联网等城市产业品牌，第二、三产业并重发展，随着传统产业改造升级，新兴产业培育壮大，2023 年无锡三次产业结构调整为 0.9：47.7：51.4①，三次产业结构持续优化升级。

从江南地区城市的情况来看，各城市的产业结构均经历了与无锡较为相似的发展和变化历程，从以第二产业为主的产业结构向第二、三产业并举转变。这一变化趋势符合经济发展和产业结构升级的一般特征。当然，受城市功能定位、资源禀赋等因素的影响，不同城市也表现出各自的产业结构特色。南京和杭州作为省会城市，第三产业占比较之其他城市明显更高。2023 年，南京和杭州的第三产业的占比已分别达到 64%和 70%，体现出区域中心城市的特征，为江南地区的制造业发展提供了强大的服务支撑。苏锡常地区的产业结构变化最为接近，其第一产业占比均已低于 2%，第二产业占比略低于第三产业，两者近年来呈现齐头并进的趋势，占比稳定在 50%左右。南通等城市

---

① 数据来源：《2023 年无锡市国民经济和社会发展统计公报》。

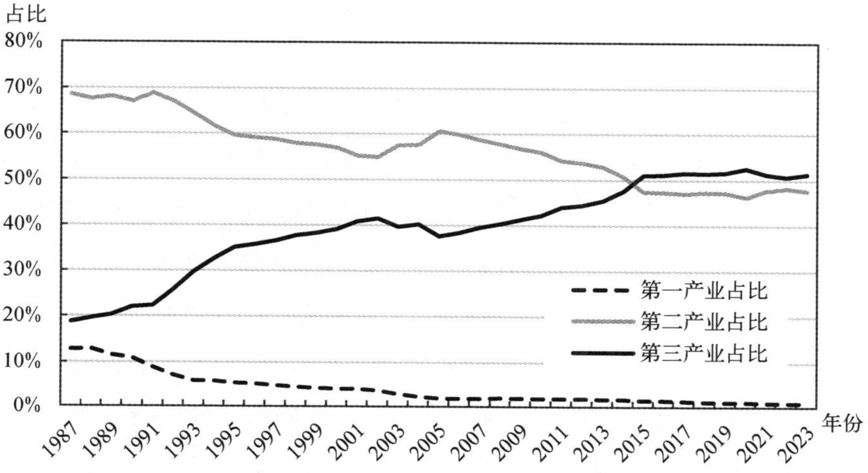

图 6-1　1987—2023 年无锡市产业结构变化图

数据来源:《无锡统计年鉴 2024》

第一产业占比约为 4%,第二产业占比仍略高于第三产业占比,同样体现出制造业强的特征。整体来看,江南城市在产业结构持续优化的基础上,始终保持了以制造业为基的鲜明底色。

2. 制造业发挥“压舱石”的作用

制造业是现代化产业体系的重要支撑,也是实体经济的基础。江南地区繁荣至今的工商业为其如今发展制造业提供了坚实基础。

以无锡为例,1949 年新中国成立初期,无锡工业生产体系虽尚未健全,但已形成了以纺织、缫丝和粮食为主的由轻工业占据主导地位的发展模式。1949—1978 年,无锡通过调整公私关系和一系列改造调整,巩固提升工业布局,形成了大中小企业并举、高中低技术并存、门类比较齐全的制造业,机械、纺织、化工、冶金等产业迅速壮大,纺织、轻工、电子等行业水平在全国名列前茅。江阴县、无锡县占据了“苏南五虎”的两席,成为发展乡镇工业的典型地区。其中,无锡县荣获全国百强县第一名,被誉为“华夏第一县”。

改革开放后，无锡本土企业家抓住时代机遇，发挥“四千四万”精神，乡镇企业得以进一步快速发展，总量规模日益扩大，结构日趋合理，走出了一条农村工业化的道路。无锡作为乡镇工业的发祥地，发展纺织、电子、机械、轻工、冶金、医药等产业，成为工业门类比较齐全并具有相当水平的工业城市。20 世纪 90 年代初至 21 世纪，无锡以邓小平南方谈话、中共十四大精神以及中共十四届三中全会作出的《关于建立社会主义市场经济体制若干问题的决定》为指导，完成了从政企不分的乡镇企业模式向多种所有制并存的现代企业制度转型，非公有制经济发展成为全市工业经济的推动力。2000 年，无锡市拥有工业企业 35443 家；工业总产值 2853.5 亿元，工业利税总额 179.8 亿元，分别是 1995 年的 1.7 倍、1.6 倍，实现了经济增长与经济效益的同步。全市规模以上工业增加值、工业总产值、产品销售收入在全国大中型城市中均位列第七位。①

党的十八大以来，无锡将加快产业结构调整作为促进经济转型发展的方向，2015 年提出“产业强市”主导战略，推动产业转型升级，电子、电气、化学、医药等新兴行业发展较快，工业结构趋于重型化，经济发展继续突破。2023 年，全市规模以上工业总产值突破 2.5 万亿元，达到 25453.89 亿元，与 1949 年的 2.49 亿元相比扩大万倍。

从图 6-2 看，以苏州、无锡、常州、南通为代表的江南地区城市的第二产业占比要明显高于全国水平，也明显高于长三角 27 市和珠三角 9 市城市群的水平。长三角 27 个城市的二产占比也高于珠三角 9 个城市的水平。可见，江南地区第二产业发展强劲。这一特征尤见于苏锡常三市，苏锡常三市制造业实力雄厚、并驾齐驱，表明了以苏锡常为代表的江南地区城市制造业的强劲实力和现代化产业体系建设所

① 无锡市经济和信息化委员会：《改革开放以来无锡工业经济发展历程总结》，无锡市工业和信息化局网站，2012 年 10 月 19 日，https://gxj.wuxi.gov.cn/doc/2012/10/19/7722.shtml。

取得的丰硕成果。制造业在江南地区国民经济的发展过程中持续发挥着“压舱石”的作用。

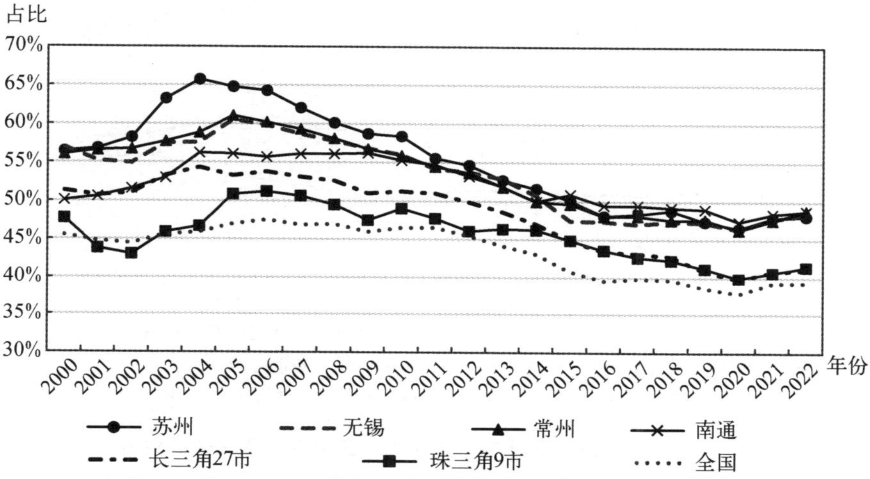

图 6－2　2000—2022 年各市、城市群第二产业占比

数据来源：EPS 数据平台

江南地区制造业规模不断增长的同时，内部结构也发生了较大调整和变化。以无锡为例，其制造业逐步向高端化、智能化转型升级。图 6－3 所示为 2013 年至 2023 年无锡市代表性行业的规上工业产值占当年规上工业总产值的比重变化。一方面，以纺织业、化学原料和化学制品制造业、黑色金属冶炼和压延加工业等为代表的传统制造业占比逐渐下降；另一方面，计算机、通信和其他电子设备制造业以及专用设备制造业等先进制造业迅速崛起。2022 年无锡市高端装备产业集群实现营业收入 1558.34 亿元（集群口径），比上年增长 11.9%，实现利润 171.26 亿元，比上年增长 15.2%。2023 年无锡全市实现高新技术产业产值 13318.31 亿元，同比增长 8.5%，占规模以上工业总产值比重达 52.3%。[①] 总体来看，无锡制造业转型升级成效显著。

① 数据来源：无锡市科学技术局。

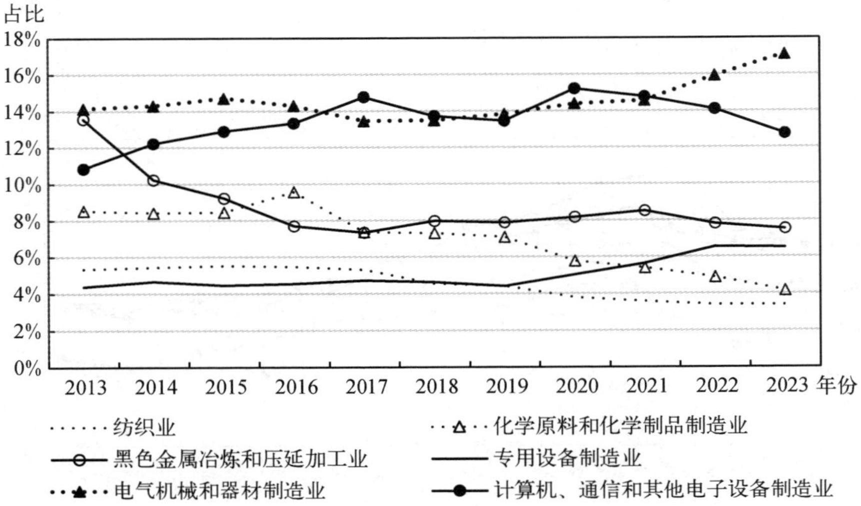

图 6-3　2013—2023 年无锡市规模以上工业总产值细分行业占比

数据来源:2014—2024 年《无锡统计年鉴》

3. 新质生产力产业蓬勃发展

江南各市立足实体经济,推进建设智能化、绿色化的现代化产业体系。以无锡为例,2021 年 12 月,无锡市委十四届二次全会提出构建“465”现代产业体系,即聚焦物联网、集成电路、生物医药、软件与信息技术服务等 4 个产业,打造“高而强”的地标产业;聚焦高端装备、高端纺织服装、节能环保、特色新材料、新能源、汽车及零部件(含新能源汽车)等 6 个产业,打造“大而强”的优势产业;聚焦人工智能和元宇宙、量子科技、第三代半导体、氢能和储能、深海装备等 5 个产业,打造“新而强”的未来产业。2022 年,无锡市集成电路产业营业收入达 2091 亿元,同比增长 15.2%,产业规模位列全国第二,其中设计、制造、封测“核心三业”营业收入合计为 1423 亿元,占江苏省的比重达 45%①;高端装备产业集群整体发展态势良好,实现营业收入 1558.34 亿元(集

① 数据来源:《无锡市集成电路产业发展白皮书》。

群口径），比上年增长 11.9%，实现利润 171.26 亿元，比上年增长 15.2%；物联网产业规模达 4500 亿元，智能传感器、车联网、工业互联网等“一感两网”核心产业规模达 1247 亿元，同比增长 14.9%；生物医药产业规模首次突破 2000 亿元；纺织行业规上企业数达 1007 家，工业总产值达 2002.93 亿元，同比增长 1.3%，营业收入和利润总额分别同比增长 5.4%和 4.0%；节能环保产业产值达 1613.1 亿元，同比增长 5.0%；新能源汽车产业实现工业总产值 244.73 亿元，营业收入 215.51 亿元，全市 171 家规模以上新能源企业实现营业收入 1550.7 亿元，同比增长 24.2%。① 2023 年，全市“465”产业集群规上企业营业收入合计 1.9 万亿元，实现税收 782 亿元。②

表 6-1　无锡市“465”产业集群 2024 年 1—8 月规上营收及 2025 年目标

<table>
<tr><th>“465”产业集群/产业</th><th>产业目录</th><th>2024 年 1—8 月规上营收（亿元）</th><th>2025 年目标</th></tr>
<tr><td rowspan="4">4 个地标产业集群（“高而强”）</td><td>物联网</td><td>1550.0</td><td rowspan="10">实现 1 个 5000 亿+产业集群，2 个 3000 亿+产业集群，5 个 2000 亿+产业集群，2 个 1500 亿+产业集群</td></tr>
<tr><td>集成电路</td><td>1412.5</td></tr>
<tr><td>生物医药</td><td>689.6</td></tr>
<tr><td>软件与信息技术服务</td><td>1351.0</td></tr>
<tr><td rowspan="6">6 个优势产业集群（“大而强”）</td><td>高端装备</td><td>2184.6</td></tr>
<tr><td>高端纺织服装</td><td>1385.3</td></tr>
<tr><td>节能环保</td><td>1129.3</td></tr>
<tr><td>新材料</td><td>2396.9</td></tr>
<tr><td>新能源</td><td>1169.8</td></tr>
<tr><td>汽车及零部件（含新能源汽车）</td><td>1283.9</td></tr>
</table>

① 数据来源：无锡市发展和改革委员会。

② 数据来源：《纳税百强榜，高质量发展成色足》，无锡市人民政府网站，2024 年 3 月 13 日，https://www.wuxi.gov.cn/doc/2024/03/13/4196886.shtml。

续表

“465”产业集群/产业	产业目录	2024年1—8月规上营收(亿元)	2025年目标
5个未来产业(“新而强”)	人工智能和元宇宙	636.6	年均15%以上增长
	量子科技		
	第三代半导体		
	氢能和储能		
	深海装备		

数据来源:无锡市工业和信息化局

(二)企业为根

1. 企业主体基底深厚、量质齐升

企业是稳增长的主力军,是促创新的强引擎,企业稳才有发展稳,企业强才能经济强。翻开江南地区经济社会发展波澜壮阔的画卷,江南经济快速发展、城市综合竞争力不断提升的背后,离不开各类企业的活力和高质量发展。

江南地区百年工商文化积淀了大量具有深厚基底的优秀企业,在历史上,江南地区“工业完全为华商所经营,由华商自行创始,自行建设而自行发展者,首推无锡”①。业勤纱厂是全国第一家商办纱厂,申新三厂是创办时全国规模最大的纺织厂,裕昌丝厂是全省第一家机器缫丝厂,丽新纺织厂是全国第一家纺、织、染全能工厂,协新毛纺织染厂是全国第一家生产粗纺和精纺呢绒的全能工厂,天元麻毛棉纺织厂是全国第一家民族资本苎麻纺织厂,庆丰纺织厂是全国第一家电力织机全能厂,中国第一制镁厂是全国第一家碳酸镁生产企业,允利化学工业公司是全国第一家碳酸钙生产企业,恒德油厂是创办时关内规模最大的油厂……这些众多的“第一”和“最”,展示了以无锡为代表的江

① 庄若江主编:《江苏地方文化史 · 无锡卷》,江苏人民出版社2021年版,第189页。

南地区企业的辉煌历程，也奠定了江南地区企业主体的深厚基底。

改革开放以后，江南地区农村工业化发展迅速，乡镇企业在工业经济活动中的地位日益重要。1987 年，党的十三大明确指出，在公有制为主体前提下，鼓励城乡合作经济、个体经济和私营经济的发展，进一步推动了私营个体经济的发展。此后，乡镇企业实施产权制度改革进一步提高了其经济效益和市场竞争力。

21 世纪以来，江南地区企业数量仍然表现出良好的增长态势。苏锡常三市尤为突出，由图 6－4 可见，从 2010 年至 2024 年，苏锡常三市单位面积企业存量数保持了稳定的增长态势，体现出江南地区微观经济主体的活力和韧性。2024 年底，苏州每平方公里的企业存量数为 113 家，是 2010 年的 4.5 倍；无锡每平方公里的企业存量数为 105 家，是 2010 年的 3.6 倍。

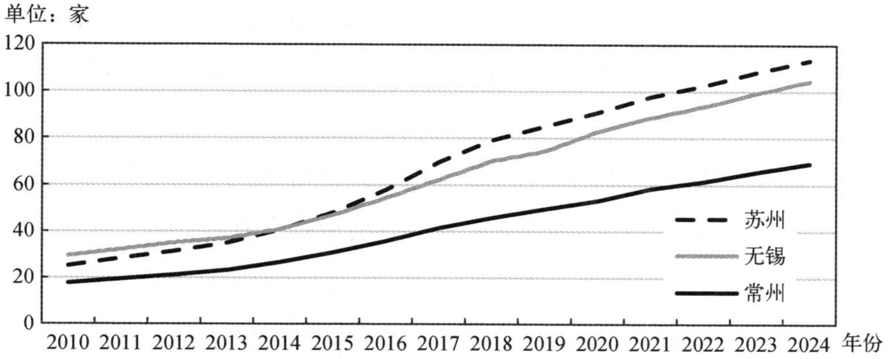

图 6－4　2010—2024 年苏锡常三市单位面积企业存量数

数据来源：Wind

江南地区市场主体的活跃不仅表现在数量，更体现在其质量。截至 2023 年末，江苏 A 股上市公司共 689 家，仅次于广东和浙江，位列全国第三名。其中，苏州 217 家，总市值 16463 亿元；南京 123 家，总市值 14326 亿元；无锡 122 家，总市值 12471 亿元。千亿以上市值公司江苏共 6 家，其中，南京 3 家，连云港 1 家，无锡 1 家，宿迁 1 家；百亿以上市值公司江苏共 133 家，其中，苏州 42 家，南京 30 家，无锡 24 家，南通 11 家，常州 9 家。2023 年，江苏新增 58 家企业完成 A 股上市，位居 31 个省区市第一，其中，苏州新增 20 家，无锡新增 11 家，南京和常州各新增 7 家。[①] 2023 年中国企业 500 强、中国制造业企业 500 强、中国服务业企业 500 强三张榜单，江苏分别有 42 家、56 家、42 家企业入围，其中，无锡的入围企业最多，分别是 13 家、24 家、17 家。根据江苏省企业联合会发布的 2023 年江苏制造业百强企业榜单，无锡 34 家企业入围，苏州和常州分别有 19 家、8 家企业入围。

2. 民营经济蓬勃发展

民营经济是推动经济高质量发展的重要力量，在稳定增长、促进创新、增加就业和构建新发展格局等方面发挥着积极作用。2023 年中国民营企业 500 强榜单中，89 家江苏企业上榜，数量位居全国第二。其中，无锡和苏州各有 26 家企业入围，并列全省榜首。江南地区民营经济占据经济发展的"半壁江山"，不仅拉动了经济增长，还扛起了高质量发展的大旗。

以无锡为例，2023 年，全市实现民营经济增加值 10255.08 亿元，占 GDP 总量的 66.3%，对全市经济增长的贡献率为 68.8%。从规模以上工业发展水平来看，2023 年，无锡规上民营工业总产值突破 1.5 万亿元，达 15667.86 亿元，占规上工业比重为 55.8%。从工业增加值增速来看，2020 年至 2023 年，无锡民营规上工业增加值增速分别为 5.8%、15.8%、8.7%、10.2%，对全市规上工业增长的贡献率从 44.3%提升至 71.8%。

江南地区民营经济之所以能够蓬勃发展，离不开其强有力的政策支持，也离不开政府与市场的双向赋能。营商环境历来是江南地区经

---

① 数据来源：《2023 年江苏 A 股上市公司年度发展报告》。

济发展的一张重要名片。以无锡为例，无锡市委、市政府明确提出，要“像尊重科学家一样尊重企业家，像尊重教育家一样尊重实业家，为所有市场主体提供‘如鱼得水’的最佳营商环境”。在全国工商联发布的2023年度万家民营企业评营商环境主要调查结论中，无锡获评“最佳口碑区市”。

优质营商环境的形成，与地方政府的努力息息相关。同样以无锡为例，与其他江南地区城市一样，无锡重点从激发企业活力、赋能企业发展两个角度入手，打出了一系列优化营商环境的组合拳。一方面，出台各类政策支持企业发展。2022年，无锡出台了《无锡市关于进一步加快培育壮大市场主体的实施意见》，拿出真金白银奖励中国企业500强新晋上榜企业和进位明显企业，极大地鼓舞了企业做强、做优的积极性；2023年9月，无锡正式发布《关于进一步促进民营企业高质量发展的实施意见》，从进一步强化公平竞争制度支撑、优化民间投资政策环境、助推民营企业转型升级、提高资源要素保障能力、加强企业权益法治保障、营造企业敢干的社会氛围等方面出发，以21条硬核举措全面赋能民营企业做强做优、加快发展；2024年，围绕世界银行新一轮营商环境评估体系，无锡发布《无锡市优化营商环境提升行动方案2024》，重点内容涉及放开市场准入、宽领域规范市场行为、全链条支持创新创造等改革举措，全力打造市场化、法治化、国际化一流营商环境。各类支持民营经济发展的政策密集出台，既展示了无锡壮大民营经济高质量发展的决心和信心，也让民营企业和企业家获得了安全感和稳定感。

另一方面，通过数字技术、金融发展等赋能企业发展。数字化是无锡持续改善营商环境“大生态”的重要手段。无锡通过升级打造“锡企服务平台”3.0版，推动涉企数据定期共享，提高企业画像精确度，实现政策精准推送；通过扩大“免申即享”范围，推进“无锡市现代产业发展资金申报和服务平台”与“锡企服务平台”融合建设升级，加快惠企政策项目的数字化改造，重点推动市级稳岗返还等面广量大的普惠性政策项目；实现“免申请、零跑腿、快兑现”等创新模式，加强惠企政策“直达快享”。此外，无锡还加大金融赋能力度，引导银行机构为专精特新企业定制专属金融产品，市区两级对符合条件的专精特新企业知识产权质押贷款给予最高 20％的贴息支持；打造专项政银产品“锡创融”，通过再贷款等政策工具，引导银行加大对科技型企业的融资支持，全面延伸金融服务触角，引导金融活水“精准滴灌”，疏通中小企业融资堵点。

二、强链补链延链，展现新作为

2023 年 7 月，习近平总书记在江苏考察时提出，希望江苏省“在强链补链延链上展现新作为”。江南地区更是争做示范，围绕发展新质生产力布局产业链，不断提升产业链供应链的韧性和安全水平。

（一）“产业集群＋特色专业园区”的发展模式

产业集群是企业发展的重要组织形式和载体，对推动企业专业化分工协作、有效配置生产要素、降低创新创业成本、节约社会资源、促进区域经济社会发展都具有重要意义。因地制宜培养壮大先进制造业集群，是构建现代化产业体系的必然要求，也是工业化阶段推进先进制造业高质量发展的必经之路、必要积累。

产业集群就是在限定的领域内，客户、供应商和研究机构等关联企业在地理上集中、在集群内相互作用，通过良性竞争，使集群内部产业形成互助关系，从而提升产业竞争力的过程。[①] 通过分工合作和协

---

① 参见［美］迈克尔·波特《国家竞争优势（上）》，李明轩、邱如美译，中信出版社 2012 年版，第 132—141 页。

同创新，促进专业化分工和科技创新资源的汇聚，集聚产业关键核心技术、产业重大创新平台、高端要素资源，产业集群在增强产业链供应链韧性的同时，成为城市产业创新的策源地。产业集群有利于强化资源汇聚，带动全产业链发展，被视为提升区域竞争力的重要手段。对经济体量较大的城市而言，产业布局不能仅靠单一的产业或大项目，如何把产业长板拉得更长、规模做得更大、竞争力提得更优是需要考虑的重要问题。产业集群化就是一种生产力。这种集群化表现为核心技术体系的集群化、核心产业的集群化、关联企业的集群化、未来产业链供应链所需的生态系统的集群化、产业链社会投融资的集群化等等。只有产业发展集群化，各产业链互相配合、高效分工，才能提高产业和经济韧性，并带来规模效应，继而保证多元化发展。

产业集群具有地理邻近性、创新驱动性、知识溢出性、产业放大性等特征，既包含同一产业链环节的新兴企业及其配套集合（横向集群），也包含产业链上下游的新兴企业及其配套集合（纵向集群）。[①] 要实现产业集聚，首先需要实现地理上的集聚，地理集聚通过实现物流、信息、学习等方面的成本最小化从而实现产业集群的利润最大化。在实现地理集聚的过程中，产业园区建设是不可或缺的重要环节，产业园区肩负创新资源、培育产业、推动城市化建设等重要使命，对于产业集群建设具有重要意义。

在工业和信息化部公布的“国家先进制造业集群”中，江苏拥有 14 个，其中，苏州累计 7 个，无锡累计 5 个。可见，江南地区已成为国内先进制造业的高地。2022 年以来，苏州聚焦电子信息、装备制造、生物医药、先进材料四大主导产业和 25 个重点细分领域，全面推进苏州市

① 国家信息中心战略性新兴产业研究组：《中国战略性新兴产业集群的发展历程及特征》，国家发展和改革委员会网站，2021 年 3 月 19 日，https://www.ndrc.gov.cn/xxgk/jd/wsdwhfz/202103/t20210319_1269838.html。

产业创新集群建设。2022 年，苏州电子信息产业规模达 12819.7 亿元，拥有集成电路、新型显示、光子 3 个千亿级产业，人工智能产业跃居中国第一方阵；装备制造业产业规模达 13777.4 亿元，拥有汽车整车、电子及零部件、智能车联网、机器人及数控机床和新能源等千亿级产业，航空航天产业加速崛起，电梯产业跻身全国前列；生物医药产业作为全市焦点赛道，2022 年产业规模达 2188 亿元，拥有高端医疗器械 1 个千亿级产业，创新药物产业位居全国前列；先进材料产业是苏州又一个万亿级产业，2022 年产业规模达 10800 亿元，拥有纳米新材料、先进金属材料和高性能功能纤维材料 3 个千亿级产业。[①] 无锡目前拥有物联网、生物医药、高端新材料、节能环保等 10 个千亿级产业集群。统计数据显示，2021 年，无锡 16 个重点产业集群实现主营业务收入 1.76 万亿元，同比增长约 21%。2022 年 9 月公布的首批江苏省创新型产业集群建设名单中，全省共 8 个产业集群入选，其中无锡高新区集成电路制造创新型产业集群顺利入选，在促进产业由集聚发展向集群发展全面提升方面率先示范。截至 2023 年，无锡重点产业集群实现规上营业收入 1.99 万亿元，其中超 2000 亿元的产业集群有 6 个，国家和省级中小企业特色产业集群数量均为全省第一。[②]

产业集群化发展，特色园区是重要载体。以无锡为例，2022 年全市 15 个省级以上开发区充分发挥经济发展主力军作用，完成规模以上工业增加值 4021.18 亿元，同比增长 12.7%，高出全市水平 7.3 个百分点，占全市的比重为 72%，比上年提升 3.3 个百分点；完成规模以上工业总产值 15595.02 亿元，同比增长 11.4%，高出全市 2.6 个百分点，占全市的比重为 65.7%，与上年持平；实现规模以上服务业营业收

① 《苏州发力产业创新集群形成产业跃迁的关键路径》，《苏州日报》2023 年 2 月 3 日。
② 《向“新”而行，产业强市动能更澎湃》，《无锡日报》2024 年 2 月 27 日。

入 1324.25 亿元，同比增长 15.8%，高出全市 3 个百分点，占全市的比重为 68.1%，比上年提升 2.7 个百分点[①]。2022 年，无锡国家高新技术产业开发区入选全国首批“工业互联网平台＋园区”试点、全省首批制造业高质量发展示范区建设地区、省级车联网和智能网汽车高质量发展先行区。无锡高新区集成电路设计产业园区名列中国集成电路园区综合实力第二名，全年产业产值 1352 亿元，比上年增长 16%，占全市 2/3 的产值。无锡国际生命科学创新园加速集聚医美生态创新能力，打造医疗器械创新生态圈。中国物联网国际创新园入围“十大智能传感器园区”，全国排名第三。2023 年无锡出台《无锡市关于加快特色产业园区建设的实施意见》，指出要围绕区域主导产业开展产业园区规划布局，发挥优势产业、龙头企业的关联带动作用，推动要素资源和企业主体的集聚发展，推进园区企业、项目之间在产业链延伸方向上相互配套、分工协作，形成相互关联、相互支撑、相互促进的发展生态；并首次提出了特色产业园区产业集聚度量化指标，即主导产业营收占比、企业数占比均需达 50%。

（二）产业链供应链上下游完整

江南地区产业集群的迅速发展，得益于产业链供应链的完善和稳定。在从创新需求到产业化扩散的过程中，“链式”效应能使发展效益最大化。产业链建设不是简单意义上的做强产业链，而是在“强链”过程中通过协调化解上下游矛盾和困难，保障生产要素、塑造龙头企业，通过“补链”和“延链”，实现“强链”更强。

常州在打造“全球动力电池中心”的过程中实现了新能源产业的链式发展。近年来，常州瞄准关键技术，抢抓发展机遇，构建起高端高质高效、集聚集群集约的新能源产业。根据 2022 年统计数据，国内动

---

① 数据来源：《无锡统计年鉴 2023》。

力电池装机量排名前五的企业中，常州拥有 4 家，其中 2 家为中国总部；新能源汽车产业链中游企业数量达 3440 家，居全国首位；动力电池已建成产能达 85.5GWh，居全国首位。2015 年，中创新航（原中航锂电）落户金坛，成为第一家入驻常州的大型动力电池企业。2016 年、2018 年，宁德时代、蜂巢能源也相继落户金坛。动力电池属于新能源汽车产业链中游的细分领域，上游有原材料，下游有整车制造及服务。龙头企业的落地带动了产业链上的相关配套企业落户。恩捷股份作为宁德时代、中创新航、蜂巢能源的主力供应商，也顺理成章落户金坛，上中游企业成为“友邻”，实现联动。在产业链下游，理想、北汽新能源、比亚迪、牛创新能源等整车企业也纷纷在常州布局生产基地。目前，常州已成为长三角新能源汽车板块中产业链最长、涉及领域最全的地区之一，“链式”布局不断健全，集群效应不断显现。①

无锡在产业链建设方面也走在前列。以其产业名片物联网产业来看，正是由于无锡雄厚的电子信息、汽车零部件等优势产业基础，才得以发展出营收突破 4000 亿元、稳居全国第一方阵的物联网产业集群。2021 年，无锡物联网产业入选国家首批先进制造业集群。无锡走出了一条需求导向引领模式创新、领域应用倒逼技术进步、生态培育促进产业集聚的物联网发展路径，提供了独一无二的“无锡样本”。无锡发展物联网产业具有独特的产业链优势。目前，无锡物联网产业主攻“一感两网”，即智能传感器、车联网和工业互联网。其中，车联网的产业集聚更为亮眼，也更具代表性。从产业链上游来看，无锡芯片以及传感器相关制造等产业的企业较多。对于车载智能终端产品中采用的半导体芯片、电子电路板以及产品外壳材料等，无锡均有相关配

---

① 《全力打造“全球动力电池中心”常州新能源产业：链式发展 蔚然成势》，《常州日报》2022 年 6 月 15 日。

套供应商，能够在无锡本地实现电子元器件的采购和生产制造。与此同时，无锡政府近几年不断加大半导体芯片尤其是汽车电子类相关领域企业的导入，在生产制造方面，包括智能工厂、人才、设备，已经形成了相对完善的上下游供应链配套布局。

无锡车联网的快速发展不仅受益于本地企业，还得益于周边车企众多。例如，与无锡毗邻的上海是中国汽车产业的摇篮，汇聚了众多高端人才和前沿信息。吉利、特斯拉等车企也集中在江浙沪。无锡政府近两年加大招商引资的力度，将车联网相关企业集中在无锡经开区，在人才流动、技术交流、产品合作等方面均发挥出协同效应和集聚效应。从产业链下游来看，无锡车联网产业助力了各类出行方式的智慧交通网的建设。例如，在城市公共交通方面，无锡市交通产业发展集团下属车城智联与文远知行合作在无锡经开区落地智能微循环无人小巴项目。其中，文远知行是车辆技术的提供方，车城智联是无人小巴的运营主体。除机动车外，对于非机动车、行人和其他特定道路使用者等交通参与者，无锡车联网也提供了相应的智能服务。例如浙江大华技术股份有限公司的控股子公司江苏华锐频科技有限公司通过研发电动自行车电子标识，降低电动自行车违法事故率，提高市民出行安全率。

在物联网产业不断集聚的同时，部分工业企业深度应用物联网技术，孵化出一批机器人企业，实现了从物联网产业到先进制造业的延伸。例如，长广溪智能制造（无锡）有限公司，原本为汽车零部件的一级供应商，目前已成为车规级“工控＋工艺”智造开创者，重新定义了新一代车规级高速协作机器人，打造了“5G＋智造机器人”国际前沿智能制造生产模式，其产品广泛应用于当地的汽车零部件、机械加工等工业领域。在商业领域，该公司的消费级机器人广泛应用于捞面、咖啡、调酒、按摩、艾灸等场景，实现了产业链的“延链”。

2022 年，全国首个以车联网为主题的省级特色小镇中国南山·无锡车联网小镇在无锡锡东新城商务区开园，以车联网示范应用场景建设及展示、交通大数据处理、数据安全、车联网/智慧交通应用场景研发和测试等为主要方向，力图打造具有影响力的创新密集型车联网产业示范聚集区，推动无锡车联网产业集群发展。截至 2023 年，无锡车联网及智能网联汽车产业专利申请量达 2179 件，占全省总量的 13.24%，位居全省前列。其中，基础设施专利申请量达 339 件，在全国 7 个国家级车联网先导区城市中名列第一。[①] 2023 年无锡已集聚 205 家车联网及智能网联汽车重点企业，实现营收 233.9 亿元，同比增长 18.7%。[②]

（三）枢纽经济、物流经济助推产业升级

枢纽经济是依托交通、物流枢纽等资源要素集聚载体，在特定空间范围内，以聚流、引流、驻流和扩散辐射为特征，通过技术变革和制度创新，优化区域经济要素时空配置，重塑产业空间分工体系，培育具有区域集聚辐射能力的产业集群，全面提升经济运行质量、效率和规模的一种经济形态。现代物流业是融合了运输、仓储、货代、信息等产业的复合型服务业，是支撑国民经济发展的基础性、战略性、先导性产业，物流业一头连着生产，一头连着消费，在市场经济中的地位不断凸显。枢纽经济与物流业相辅相成、不可分割。一方面，物流枢纽通过吸引物流要素规模集聚，有利于形成巨大的物流要素流量，培育区域供应链服务功能，引导制造、商贸、信息等产业要素资源聚集，形成要素集聚型枢纽经济与产业集聚型枢纽经济。另一方面，枢纽经济的发

---

① 《车联网基础设施专利无锡领跑全国》，《无锡日报》2024 年 4 月 3 日。

② 殷晴、赵畅：《无锡加快打造“车路云一体化”应用标杆城市》，新华网，2024 年 8 月 2 日，http://www.js.xinhuanet.com/20240802/0690e15009594de9ad8442f604035b10/c.html。

展能够形成反向物流需求，促进供应链体系完善，推动物流业高质量发展。[①]

产业的集聚和供应链的稳定，离不开交通运输和物流行业的高速发展。2022 年，交通运输部、国家铁路局、中国民用航空局、国家邮政局、中国国家铁路集团有限公司联合印发了《现代综合交通枢纽体系“十四五”发展规划》，明确了“十四五”时期重点建设的国家综合交通枢纽城市，江苏有 7 个城市入选，其中南京为重点建设的国际性综合交通枢纽城市之一，连云港、徐州、淮安、苏州、无锡、南通入选重点建设的全国性综合交通枢纽城市。

南京是“一带一路”倡议与长江经济带战略交汇的重要节点城市，是长三角地区辐射带动中西部地区发展的重要门户城市，是江苏唯一被列为重点建设的国际性综合交通枢纽城市，是南京都市圈的中心城市，既具有便捷的交通网络，也具有发展枢纽经济和物流经济的优越区位条件。2023 年，南京交通运输业发展取得新成效，枢纽地位更加凸显，重大项目加速推进，运输服务保障有力。南京成功获批空港型国家物流枢纽，成为华东地区唯一“五型”国家物流枢纽城市，全年恢复开通 18 个国际和地区直达航点、9 条国际货运航线；全年完成城乡综合交通基础设施投资 442 亿元，是年度计划的 114%；公路水路客货运综合周转量 4321 亿吨公里，同比增长 13.7%，位居全省第一；南京港口集装箱铁水联运完成 13.86 万标箱，增长 32.4%。[②] 南京禄口国际机场是全国区域性航空枢纽、航空货物和快件集散中心，是长三角世界级机场群核心区域枢纽机场。2023 年，南京禄口机场完成旅客吞吐量 2734.05 万人次，位列全国第 13 名，相比 2022 年增加 1519.99

---

① 资料来源：《南京市“十四五”枢纽经济和现代物流业发展规划》。

② 数据来源：《南京市交通运输局 2023 年工作总结和 2024 年工作计划》。

万人次，同比增长 125.2%；完成货邮吞吐量 38.35 万吨，位列全国第 9 名，相比 2022 年增长了 0.56 万吨，同比增长 1.5%；完成飞机起降 22.25 万架次，位列全国第 12 名，相比 2022 年增长了 9.66 万架次，同比增长 76.7%。[①] 航空物流综合服务能力的提升，实现了全球联通、区域贯通、城市畅通，支撑构建了长三角世界级产业集群，推动区域产业迈向全球价值链中高端。

从物流行业看，南京 2023 年邮政行业寄递业务量完成 138657.64 万件，同比增长 9.50%。其中，快递业务量完成 97890.93 万件，同比增长 6.91%。2023 年，邮政行业业务收入（不包括邮政储蓄银行直接营业收入）完成 149.28 亿元，同比增长 11.28%。其中，快递业务收入完成 104.70 亿元，同比增长 11.12%，快递业务收入占行业总收入的比重为 70.14%。[②]

三、创新引领战略性新兴产业发展

创新能力是产业发展的根本动力。从产业发展的规律和产业革命的历史经验来看，产业发展的根本动力源自创新，经济发展和社会进步的持久动力源自创新。科技创新是江南地区产业发展的必备要素。随时代内涵不断自我丰富的江南企业家自主创新精神则成为推动江南地区企业创新、产业升级及经济社会持续高质量发展背后的一股文化力量。根据科技部科学技术信息研究所发布的《国家创新型城市创新能力评价报告（2023）》，全国 101 个参评城市中，除北上深以外，江南地区的南京、杭州、苏州、无锡、常州分别位居第 4、5、9、16、17 位，印证了科技创新的区域集聚效应。集聚效应的发生需要区域内部

① 数据来源：《2023 年全国民用运输机场生产统计公报》。
② 数据来源：《2023 年南京市邮政行业发展统计公报》。

形成强大向心力，而江南地区企业家自主创新精神及由此凝聚而成的创新文化，构成了吸引创新资源不断向该地区汇聚的一部分文化磁场。

（一）企业创新主体充满活力

党的十八大以来，江南企业家在秉持自主创新精神、保证科技创新数量的前提下，因地制宜、因时而进、因势而新，提出了“精益求精、量质并举”的新要求，并通过反复实践取得了一定成果，为江南地区企业家自主创新精神赋予了更为丰富的时代内涵。受此文化力量的引领，江南地区企业作为创新主体展现出巨大创新活力，创新成果量质齐升。

从创新主体数量看，苏州壮大领先创新主体，集聚顶尖创新人才，营造一流创新生态，建设全球科创新高地。根据2024年江苏独角兽企业、瞪羚企业评估结果，苏州入选江苏独角兽企业32家，占全省的40%；潜在独角兽企业220家，占全省的51%；瞪羚企业486家，占全省的36%；三项指标连续三年位列全省第一。其中，入围省独角兽企业、潜在独角兽企业数量较上年分别增长88%、27%，苏州独角兽企业培育水平实现跨越式发展。2024年数据显示，苏州全市国家科技型中小企业超2.5万家，位居全国第一；科创板上市企业55家，位居全国第三；国家高新技术企业超1.57万家，位居全国第四；中国独角兽企业18家，位居全国第六。以企业为主体组建创新联合体235家，大企业研究院55家，省级以上企业研发机构超3500家，规上工业企业研发机构建有率75%。[①] 无锡的科技创新主体也展现出充沛活力。2024年无锡入选江苏独角兽企业12家，增幅140%[②]；在2012年至2021年

① 《苏州努力建设全球科创新高地》，《苏州日报》2024年10月5日。

② 《江苏成长性科技型企业增长势头强劲》，《新华日报》2024年9月27日。

的十年间，无锡共计获国家科学技术奖 71 项、中国专利奖 75 项，主导参与制定、修订国际标准 66 项、国家和行业标准 2386 项，位居全国同类城市第一方阵。①

随着进入同一产业的创新主体增加，技术创新难度也会随之增加。同时，随着中国产业结构的升级，新兴产业中的重复研发所带来的社会成本可能高于单一创新成果所能带来的社会效益。因而，创新产出是否能够帮助企业所在产业而非单一企业形成核心竞争力继而推动整个产业链的技术升级和协同发展，成为江南地区企业家们更为关心的话题，“提升创新质效”也逐渐取代“增加创新数量”，成为江南地区企业家对自主创新提出的新要求。

在被赋予了新内涵的企业家自主创新精神的助推下，江南地区企业创新取得了质效提升。因江苏历来以制造业为基，故以具有“受官方认定实现重大技术突破、拥有知识产权、往往需要上下游企业协同配合进行研发及生产”等有助于带动整个产业链技术升级、地区产业结构优化调整特征的“首台(套)”重大技术装备产品认定数量，来衡量创新成果质效。2011—2024 年，江苏在装备制造业方面追求均衡发展，首台(套)重大装备的认定覆盖了全省各市，江南地区的苏州、常州、南京、无锡、南通首台(套)认定累计数量分别居于全省前五，表现尤为亮眼。其中，苏州 2011—2024 年累计产生首台(套)重大装备 265 套，常州 166 套，南京 152 套，无锡 148 套，南通 131 套。②

(二) 战略性新兴产业成为经济增长新引擎

江南地区以长久积累的企业创新能力为底气，充分把握战略性新兴产业所带来的发展机会，为城市和地区发展提供新功能。战略性新

① 《深度——向创新更深处奋楫前行》，《无锡日报》2022 年 9 月 26 日。

② 数据来源：江苏省工业和信息化厅。

兴产业代表新一轮科技革命和产业变革的方向，是培育发展新动能、获取未来竞争新优势的关键领域，以重大技术突破和重大发展需求为基础，具有知识技术密集、物质资源消耗少、成长潜力大、综合效益好等特点，是对经济社会全局和长远发展具有引领带动作用的先进产业。《中共中央关于制定国民经济和社会发展第十四个五年规划和二〇三五年远景目标的建议》中提出构建自主可控安全高效的现代产业体系和培育世界级先进制造业集群，"聚焦新一代信息技术、生物技术、新能源、新材料、高端装备、新能源汽车、绿色环保以及航空航天、海洋装备等战略性新兴产业"，"在类脑智能、量子信息、基因技术、未来网络、深海空天开发、氢能与储能等前沿科技和产业变革领域，组织实施未来产业孵化与加速计划，谋划布局一批未来产业"，即为对战略性新兴产业内涵的全新解读。

积极涉足和布局战略性新兴产业，体现出江南地区政府部门及企业家们对市场的敏锐洞察力，在对技术发展和产业动态进行深入了解后，选择具有发展潜力和市场需求的产业领域进行开拓。围绕战略性新兴产业进行产业布局，可以为地区经济发展带来的好处包括但不限于：一方面，通过"选对赛道"实现更好的资源配置，因地制宜推动产业结构升级和经济高质量发展；另一方面，通过聚焦具有战略性和前瞻性的产业领域，提高地区企业创新的针对性和有效性，进一步倒逼产业创新质效的提高。以无锡市为例：2023 年，无锡全市战略性新兴产业产值首次超万亿元，占规上工业产值的 41.4%；战略性新兴产业投资 2072.88 亿元，比上年增长 11.8%（2022 年战略性新兴产业投资达 1853.87 亿元，比前一年度增长 7.6%），占无锡市重点行业固定资产投资比重超过 16%。[①] 2023 年，全市实现高新技术产业产值 13318.31

① 数据来源：2022 年和 2023 年《无锡市国民经济和社会发展统计公报》。

亿元，比上年增长 8.7%，高新技术产业产值占规上工业产值比重升至 52.3%；高新技术产业投资 1138.25 亿元，比上年增长 18.6%。[①] 从结构上看，2023 年，无锡占规上工业产值比重前三的高新技术产业分别为智能装备制造业、电子及通信设备制造业以及新材料产业，均与战略性新兴产业的类别有所交叉。

（三）凝心聚力打造“国之重器”

江南地区的企业家历来厚植家国情怀，将自主创新成果贡献于国家民族发展所需之产业。近年来，江南地区城市紧跟国家战略需求，勇担科技强国重任，艰苦创业、勇闯前沿、协力创新，打造了一批“国之重器”。以无锡为例，近年来，无锡凭借不断跃升的创新实力，屡屡现身于诸多国家重大科技工程，不断拓宽科技创新广度，挖掘其深度，为“国之重器”贡献了重要力量。

1. 超强算力赋能科技创新、产业升级

在国家“863”计划的重点支持下，由科技部、江苏省、无锡市共同出资，在国家并行计算机工程技术研究中心研制成功并安装于国家超算无锡中心的超级计算机“神威·太湖之光”，是世界上首台峰值运算性能超过每秒十亿亿次的超级计算机，也是中国首台全部采用国产处理器构建的超级计算机。计算能力相当于 200 多万台普通笔记本电脑同时工作，持续性能 9.3 亿亿次，性能功耗比每瓦特 60.5 亿次，采用直流供电、全机水冷等技术，比同时期其他国际顶尖超级计算系统节能 60%以上……自 2016 年发布后，“神威·太湖之光”连续四次荣列“世界超级计算机 TOP 500 榜单”第一，并多次斩获高性能计算应用领域最高奖“戈登·贝尔奖”，标志着中国的超算在算力、应用等各方面已达到世界领先水平。

---

① 数据来源：《无锡统计年鉴 2024》。

“神威·太湖之光”选址于无锡，一定程度上得益于太湖得天独厚的自然地理条件与计算机运行所必需的水冷技术要求相匹配；但挑战算力极限并非超级计算机存在的初衷，高效率所伴随的是高昂成本，如何将超强算力这一国家资源进行高效合理配置，解决各类重大挑战性问题、赋能科技创新领域以推动产业升级、推动经济发展并惠及人民生活，才更具有重要现实意义。目前，无锡对算力基础设施建设进行超前谋划布局，率先提出打造“算力洼地”，并统筹算力布局，在全市建成通用算力方面的规模数据中心共计 16 个；设立每年 5000 万元的“算力券”补贴①，开展算力招商，致力于以政策撬动数字技术和实体经济深融，为企业大数据大模型创新提供底气，在新一轮科技革命和产业变革中帮助传统和新兴企业同时装上人工智能这一驱动器，以数字产业化和产业数字化赋能实体经济、培育新质生产力。

截至 2024 年 3 月，“神威·太湖之光”的应用已遍布航空航天、地球科学、海洋环境、气象气候、生物医药、工业制造等 20 多个领域，为 482 家单位、2682 个用户提供算力服务。② 其中，小则惠及人民生活，如天气预报及计算台风路径、大地震模拟、联手物联网实现无锡市老旧小区 4000 多部电梯运行的实时监测，与人民共享超算发展红利；大则支持众多国家重大科技项目，如“东数西算”工程、中国国产大飞机 C919 的精细数值模拟、天宫一号再入大气层路径预测计算等，为中国的科技创新和产业升级提供了强大的支持。

2. 航空航天全产业链助力国产大飞机展翅翱翔

依托“神威·太湖之光”超级计算机落户江南所提供的超强算力，无锡肩负起省内牵头、与各省市合作，为国家通力建设长三角（含江

① 数据来源：江苏省数据局、无锡市行政审批局。
② 数据来源：江苏省数据局、无锡市行政审批局。

西）大飞机先进制造业集群的重任，强化航空航天全产业链，为国产大飞机的成功研发贡献关键力量。

2023 年 5 月 28 日，自上海虹桥国际机场起飞的东航 MU9191 航班，平安降落在北京首都国际机场，标志着国产大飞机 C919 圆满完成首个商业航班飞行。这架凝聚“全国之力”的大飞机体现了多处无锡市航空航天全产业链的努力：航亚科技生产的航空发动机叶片在 C919 搭载的 LEAP 发动机上被批量应用，实现进口发动机中关键零部件的国产化替代；飞而康快速制造科技有限责任公司作为商飞的供应商，为 C919 大飞机部分类别的零件进行结构优化设计，经 3D 打印后，减重 30%以上，在维持性能的前提下明显降低综合成本；江苏腾旋科技股份有限公司自主研发生产的动态密封及相关液压传动产品，解决了“跑冒滴漏”的痛点问题，成为保障飞机安全性的关键；合资企业中航雷华柯林斯（无锡）航空电子设备有限公司历时五年研制完成 C919 在起飞、巡航、进场和着陆的全过程中使用的综合监视系统，使 C919 探测和监视性能达到了国际领先水平。

截至 2023 年底，无锡航空航天产业规上工业企业总产值达 26.93 亿元①，业务领域覆盖原材料、关键部件、整机组装、系统集成、检测维修等全链条各环节。2022 年全市列统航空航天核心企业 102 家，实现营业收入 252.66 亿元、同比增长 13.1%②。在现有阶段性成果的基础上，无锡计划进一步集聚优质企业，大力推动航空产业园发展，着力打造产学研并进的创新格局，加快完善机场等基础设施，全力为推动地区及中国航空航天产业高质量发展发挥牵头作用。

① 数据来源：《无锡统计年鉴 2024》。
② 数据来源：无锡市工业和信息化局。

3. 抢占深海装备创新技术的制高点

在产业攻关领域，无锡善于举全市之力，充分发挥“集中力量办大事”的体制机制优势，根据需求协调众多科研机构、企业参与项目协同攻关。这一特点同样体现在深海装备相关产业中。2020 年 11 月 10 日 8 时 12 分，“奋斗者”号在马里亚纳海沟成功坐底，深度 10909 米，标志着中国具有了进入世界海洋最深处开展科学探索和研究的能力，体现出中国在海洋高技术领域的综合实力。“奋斗者”号研发期间，有近 30 家无锡企业给予了配套支持：“奋斗者”号的核心钛合金半球设备在无锡成型；“奋斗者”号使用的深海潜水器全寿命运维平台软件由无锡企业中船奥蓝托研发，该软件也被应用在“深海勇士”号、“蛟龙”号载人潜水器中，此外，潜水器在下潜之前所做的工业仿真测试亦由该企业研发的软件实现。

2021 年 5 月在无锡召开的深空深海重大科技成果展集中展示了中国重大科技成果和顶尖技术，作为湖湾城市的无锡凭借技术创新在深海创新技术领域也占据了一席之地，并以精益求精的工匠精神确立了其在行业中不可替代的位置。目前，在海洋装备总体性能保障和新型装备总体设计技术开发领域，无锡拥有排名全球前三的科研力量，在太湖之滨聚集了中国船舶科学研究中心、中国船舶重工集团公司第七〇三无锡分部等科研院所力量。近 10 年来，中国船舶科学研究中心等加大了自主创新研发力度，在船舶工业 CAE 软件方面取得了显著进展：联合行业内优势力量，瞄准海洋工程基础性能数值预报存在的水动力、结构安全、振动噪声和爆炸冲击等主要、常用且亟待解决的核心问题，研发形成了具有完全自主知识产权且直接服务于海洋装备基础性能预报的系列船舶工业 CAE 软件等创新成果。这些科研力量为无锡海洋产业的技术创新提供了坚实支撑。

未来，无锡市将继续发挥太湖湾科创带重大科研平台、重大创新载体的效应，坚持“深海、极地、绿色、智能、自主、可控”，抢占深海装备创新技术的制高点；并将深海装备相关产业与5G通信、集成电路、北斗等产业领域进行深度融合，为无锡争取更多空天深海产业增量。

4. 物联网产业从无到有

2009年，全国首个且唯一的物联网(传感器)国家级科技企业孵化器——中国物联网创新园经国务院批复落地无锡，作为江南地区轻工业重镇的无锡，自此承担起探索物联网产业“从无到有、由虚向实、从弱到强”发展道路的重任。无锡市政府及企业众志成城，着力解决该新兴产业发展中的痛点、难点、堵点，打通创新链、产业链、市场链，对无锡的城市发展规划产生了深远影响，也为全国战略性新兴产业发展、制造业转型升级提供了可借鉴的经验。作为第一个国家级车联网先导区，无锡车联网的发展在全球处于领先地位。2017年至2019年，无锡实现了C-V2X技术的落地验证，形成区域性示范场景。2019年之后，无锡不断推进物联网与下游产业如车联网与智慧城市、智能网联汽车的融合发展，获批全国首批“双智”试点城市。2023年，无锡全市物联网企业超3500家，产业规模达4511.6亿元，同比增长13.2%，全省领先，全国排名前列，已基本形成覆盖信息感知、传输组网、计算存储、应用处理等环节的物联网全产业链条。2024世界物联网博览会期间，国家智能网联汽车“车路云一体化”无锡试点方案正式发布。预计到2025年末，无锡将实现车联网应用场景200个，车联网用户渗透率达80%，车联网核心产业规模突破800亿元。① 2024年1—8月，全市物联网产业共计入库506家规上企业，实现营业收入1550亿元，

---

① 数据来源：《2024世界物联网博览会在江苏无锡开幕》，中央广播电视总台江苏总站，2024年11月11日。

393 家物联网核心企业实现营业收入 527.4 亿元。[①]

物联网产业的发展是无锡企业家们以国家需求为导向发挥创业精神、开拓新兴产业的突出代表，带动了全国物联网产业的发展，具体体现在新物种企业的分布数据上。新物种企业作为新经济的典型代表，具有爆发式成长、颠覆式创新等重要特征，是推动区域经济社会高质量发展的中坚力量，也是带动技术进步、业态创新、产业升级和经济结构转型的重要力量。近年来，在“万物相连、互联互通”的物联网产业领域，全国各地均快速聚集了一批引领潮流的新物种企业，并逐渐成为新经济条件下物联网领域新动能、新增长点和新质生产力的代表。根据 2024 年 11 月长城战略咨询发布的《中国物联网新物种企业发展报告(2024)》，2023 年共有 187 家物联网新物种企业分布在全国 32 个城市。除北上深以外，无锡处于领跑位置。可见，无锡不仅在本地形成了完整的物联网产业链，还充分发挥其物联网产业高地的示范效应，为国家实体经济高质量发展培育新质生产力。

四、以经育文推动文化事业和产业高质量发展

中国式现代化是物质文明与精神文明相协调的现代化。这需要厚植现代化的物质基础、夯实人民幸福生活的物质条件，促进物的全面丰富和人的全面发展。人民群众是历史的创造者，也是社会主义文化强国建设的主要依靠力量。繁荣社会主义文化事业，必须始终坚持以人民为中心的导向，满足人民日益增长的美好生活需要，保障人民文化权益，提高人民文化建设参与度，不断增强人民精神力量。

（一）彰显“以人民为中心”人文价值取向的文化发展

促进经济发展的人文精神厚植于深厚的文化积淀，优秀传统文化

① 《高质量发展看中国 | 链接万物 “智”绘未来》，央广网，2024 年 12 月 23 日，https://js.cnr.cn/gstjjs/20241223/t20241223_527017716.shtml。

的继承和创新性发展需要经济支撑。提升地区人文价值,彰显人文深厚底蕴,就需要经济反哺文化发展。

江南地区较高的经济发展水平为居民消费奠定了物质基础。从人均可支配收入水平看,在 2023 年地区生产总值达到"万亿"级别的 26 个城市中,上海、北京、广州、深圳和杭州的人均可支配收入位列前 5 名,南京以 72112 元位列第 6,苏州以 70819 元位列第 8,无锡以 69016 元位列第 9,常州 62592 元,南通 51853 元。从人均生活消费支出看,苏州以 46018 元位列第 6,无锡 44450 元,南京 43182 元,常州 37957 元,南通 33449 元。这说明江南地区较高的经济发展水平保证了人民位居全国前列的人均收入水平和消费能力,也为从精神方面满足人民的美好生活需要奠定了物质基础。

从居民消费结构看,近年来,江南地区城乡居民的文教娱乐消费比例呈现上升趋势。以无锡为例,2023 年无锡全体常住居民家庭文教娱乐消费支出占比约 13.0%。其中,城镇常住居民家庭文教娱乐消费支出比重由 1990 年的 8.8%提高至 2023 年的 13.3%,上升 4.5 个百分点;农村居民家庭文教娱乐消费支出比重由 1990 年的 4.4%提高至 2023 年的 11.3%,上升 6.9 个百分点。[①] 这既体现了无锡市城乡人民的文化需求,同时,城乡居民家庭文教娱乐消费支出比重呈现出的差距缩小特征,也与文化现代化发展方向中的"面向大众"的要求相契合。

江南地区居民文教娱乐消费支出比重的逐年上升,与公共文化设施服务体系建设的日渐完善密不可分。从公共文化服务体系看,江苏率先在全国建成"省有四馆、市有三馆、县有两馆、乡有一站、村有一室"五级公共文化设施网络体系,提前实现基层综合文化服务中心全

① 数据来源:《无锡统计年鉴 2024》。

覆盖。截至2023年底，江苏省文化艺术和文物事业机构共17823个，从业人数99755人；艺术业机构990个，其中艺术展览、创作机构61个，艺术表演团体651个，艺术表演场馆278个；图书馆业机构122个；群众艺术馆、文化馆116个，文化站1255个；博物馆330个，其中综合性博物馆85个，历史类151个，艺术类52个，自然科技类10个，其他类32个。公共文化设施使用率也明显提升。2023年，江苏全省公共图书馆图书刊物总藏量11979.66万册（件），累计发放有效借书证数1223.3万个，书刊文献外借6420.22万人次、10775.31万册次；组织各类讲座6067次，参加者70.11万人次；举办展览3343个，参观者1888.23万人次；举办培训班7084个，受培训者36.19万人次。① 这充分彰显出江南地区在文化发展过程中"以人民为中心"的价值取向。

（二）文化遗产的保护、传承、利用

文物和文化遗产承载着中华民族的基因和血脉，是不可再生、不可替代的宝贵文化资源，保护好历史文化遗产，是文化传承发展的前提和基础。习近平总书记指出："历史文化遗产承载着中华民族的基因和血脉，不仅属于我们这一代人，也属于子孙万代。要敬畏历史、敬畏文化、敬畏生态，全面保护好历史文化遗产。"②习近平总书记在考察中国国家版本馆和中国历史研究院时指出："盛世修文，我们这个时代，国家繁荣、社会平安稳定，有传承民族文化的意愿和能力，要把这件大事办好。"③江南地区有着悠久的历史，应当坚定高度的文化自觉、文化自信，着力构建城乡历史文化保护传承体系，提升历史文化名城、

① 数据来源：《江苏统计年鉴2024》。

② 《保护好中华民族精神生生不息的根脉——习近平总书记关于加强历史文化遗产保护重要论述综述》，《人民日报》2022年3月20日。

③ 《习近平在文化传承发展座谈会上强调 担负起新的文化使命 努力建设中华民族现代文明》，《人民日报》2023年6月3日。

名镇、名村等的维护修缮和活化利用的水平，大力推动中华优秀传统文化保护传承和江苏地域文化研究传播，更加注重精神内涵和时代价值的挖掘阐释，擦亮大运河文化、长江文化、江南文化等标识性文化品牌。

江南地方文化特色鲜明，吴文化、金陵文化、淮扬文化等齐头并进、相互补充、相互交流。这些区域文化各具特色，丰富了江南地区的文化内涵，成为各地文化竞相发展的内在基因。只有充分发掘各地特色，聚合优质资源，形成整体优势，充分高效利用，才能助推优秀传统文化焕发新的生机与魅力。

江苏在致力于保护文化遗产的同时，注重将历史文化保护传承工作融入城乡规划建设，着力打造多层级、多要素的历史文化保护传承体系，让江南文化展现出永久魅力和时代风采。目前，江苏拥有国家历史文化名城 13 座、中国历史文化名镇名村 43 个及中国历史文化街区 5 个，均为全国最多，在保护文化遗产、延续历史文脉、保持特色风貌等方面成效显著。比如，扬州高度重视广陵古城的开发建设，积极推进历史文化街区之间有机串联、整体提升，推动广陵古城在保护中传承、在传承中创新、在创新中复兴。苏州以古城整体保护为首要前提，坚持古城保护和提升利用的辩证统一，打造古今融合的古城风貌。2023 年 7 月，习近平总书记考察苏州姑苏区平江历史文化街区时，对当地历史文化传承工作予以了肯定。2023 年 11 月，江苏省十四届人大常委会第六次会议表决通过《关于在城乡建设中加强历史文化保护传承的决定》，为该领域全国首部地方性法规。

非物质文化遗产是中华优秀传统文化的重要组成部分，也是中华文明绵延传承的生动见证。江苏在全国率先制定并实施《江苏省非物质文化遗产保护条例》，加强传承人动态管理的经验做法被文化和旅游部推广；秦淮灯会等项目入选文旅部国家级非物质文化遗产项目优秀保护实践案例、十大非物质文化遗产与旅游融合优秀案例、十大非物质文化遗产进校园优秀案例，实现非物质文化遗产优秀保护案例的领域全覆盖，提高了非物质文化遗产的分类保护水平，扩大了江苏非物质文化遗产的影响力和知名度。截至 2023 年 10 月，江苏拥有民间文学、传统音乐、传统舞蹈、传统戏剧、曲艺、传统体育和游艺与杂技、传统美术、传统技艺、传统医药、民俗等十大类别非遗，入选联合国教科文组织非遗名录项目 11 个、国家级非遗项目 162 个，国家级非遗代表性传承人 178 名、省级非遗代表性传承人 820 名，位居全国前列。江苏同样注重支持非物质文化遗产有机融入景区、度假区，建设非物质文化遗产特色景区，建好用好非遗旅游体验基地，促进文旅融合。南京秦淮区政府发挥夫子庙文旅集团平台、资本和人才资源优势，扶持秦淮灯彩走向市场，帮助灯彩艺人从养家糊口走向发家致富。2023 年，第 37 届中国·秦淮灯会花灯线上线下总销量突破 12 万盏。扬州 486 非遗集聚区是一个以非遗为核心、面积近 3000 平方米的非遗文化旅游综合体，集中展示了古琴艺术、扬州玉雕、扬州刺绣等 20 项国家级、省市级非遗项目。

红色遗产是文化遗产的重要组成部分。对于红色文化资源，我们既要注重有形遗产的保护，又要注重无形遗产的传承，大力弘扬红色传统。江南地区红色文化遗迹众多，见证并凝聚了百年党史的荣光和优良传统。截至 2023 年 9 月，江苏已建成雨花台烈士陵园、新四军纪念馆、沙家浜革命历史纪念馆、梅园新村纪念馆、周恩来纪念馆、淮海战役纪念塔(馆)等全国爱国主义教育示范基地 32 家、省级爱国主义教育基地 213 家。江苏于 2021 年推出了具有地方发展特色的 20 条“永远跟党走”红色旅游线路和 20 个“永远跟党走”红色文化研学项目。红色旅游线路涵盖了全省 13 个设区市，涉及红色景区和爱国主义教育基地 122 家、各级乡村旅游重点村 5 家、民族品牌企业 4 家，让游客充分体验和感受江苏红色文化底蕴与新时代江苏在脱贫攻坚、乡村振兴、生态文明建设等方面取得的成就。

（三）文化产业量的增长和质的提升

文化产业是满足人民群众多元精神文化需求的重要途径，也是推动经济结构调整、转变经济发展方式的重要着力点。

多年来，江苏的文化及相关产业增加值在全国各省市中仅次于广东，位列全国第 2。随着文化产业增加值快速提升，其占 GDP 的比重也稳步提升，对经济增长的贡献逐渐增加。江苏的文化及相关产业增加值占 GDP 的比重从 2004 年的 1.7%提升至 2021 年的 5.0%，年均提升近 0.2 个百分点①，逐渐成长为江苏的支柱产业和新的经济增长点。此外，江苏的文化及相关产业增加值占 GDP 的比重始终高于全国平均水平，彰显其文化大省、文化强省的地位。

根据 2023 年统计数据，江苏有 5 个设区市的文化及相关产业增加值占 GDP 的比重超 5%，分别是南京、苏州、常州、南通、镇江。作为文化资源大市，南京最早将文化产业发展为支柱产业，早在 2012 年，南京的文化及相关产业增加值占 GDP 的比重已达 5.1%，成为江苏唯一超过 5%的城市。2023，南京的文化及相关产业增加值达 1158 亿元，占 GDP 的比重为 6.65%，在全省处于领先水平。常州和镇江的文化产业起步也较早，凭借动漫游戏、主题旅游等特色产业，2013 年常州的文化及相关产业增加值占 GDP 的比重达 5.3%，首次迈入文化发展水平先进地区。2021 年，常州提出“建设长三角文旅中轴，打造长三角休闲度假中心”，将文旅产业上升到了城市战略的高度。镇江一直布局打造千亿级文化产业，文化产业于 2014 年正式成为其支柱产业，西

---

① 《17 年间江苏文化产业增加值从 258.5 亿元增至 5907 亿元——“跨江枕河”再加“数”，文化产业逐梦新》，《新华日报》2023 年 3 月 15 日。

津渡、长江国际音乐岛等亮点频出。南通文化产业“入列”支柱产业是在 2017 年，红木雕刻、家纺设计、缂丝、扎染、蓝印花布等特色产业占据了“半壁江山”。近几年，南通鼓励对艺术品、文物等进行数字化转化，推动动漫节、电子竞技比赛等在南通落地。

值得一提的是无锡。2022 年，无锡新增文化产业项目 280 多个，总投资近 800 亿元，实现文化及相关产业增加值 653.44 亿元，增幅达 10.32%，实现逆势上扬。依托无锡国家文化出口基地和无锡国家文化和科技融合示范基地，文化产业各板块发挥自身优势，找准定位、错位发展，初步在影视传媒、数字文化制造、文旅融合、文化创意等方面形成发展优势。2023 年，无锡的文化及相关产业增加值达 701 亿元，相比 2022 年增速达 7.28%，占 GDP 的比重为 4.54%，创近年新高。自 2012 年以来，无锡的文化及相关产业增加值年均增速超过 8%，占 GDP 的比重稳步增加，平均达到 4.19%。常州和南通的文化及相关产业增加值占 GDP 的比重近年来均超过 5%，成为当地经济发展的重要力量。①

规模以上文化企业是领头羊，跑出了文化产业发展加速度。2022 年，江苏规模以上文化企业法人单位首次突破万家，营业收入超 1.2 万亿元。其中，民营企业数量占比超过 70%，贡献了约 80%的文化及相关产业增加值。新华报业传媒集团、江苏广电集团、凤凰出版传媒集团、江苏广电网络集团等骨干型文化企业，对全省文化产业发展起到重要的支撑和引领作用。江苏还深化文化体制改革，使江苏文化企业实现跨地区、跨行业、跨所有制整合，社会资本大规模进入，进一步激发了市场活力。根据 2021 年统计数据，江苏省 9757 个规模以上文化企业法人单位中，小微型企业达 8335 个，占比 85.4%，是全省文化

① 数据来源：各城市统计局官方网站。

企业的主力军。[①]

以无锡为例，2023—2024年度国家文化出口重点企业和重点项目名单中，无锡共有8家企业、2个项目成功入选[②]，数量均排在全省首位。目前，无锡已形成8个文化产业重点领域，拥有18个省级以上挂牌文化产业园区、4万多家文化市场主体、2万多家文化产业企业，其中规上文化企业近千家。其中，江苏卓易信息科技股份有限公司提名"全国文化企业30强"，是无锡企业首次提名这一全国性行业榜单；6家企业入选第五届"江苏民营文化企业30强"[③]。

此外，文化产业总量的快速壮大和文化企业规模的提升，共同促进了文化产业稳就业"蓄水池"功能。2021年，江苏省文化产业从业人员总数为237.6万人，占同期全省就业人口总数的4.9%；其中，规模以上文化企业从业人员共111.8万人。2022年，全省规模以上文化及相关产业从业人员共112.2万人，比上年增加5000多人。其中，南京、苏州就业人员总数位居全省前列，盐城、常州新增就业人员在全省处于领先水平。[④] 文化产业对就业人口的吸纳作用不断显现。

从产业结构视角看，文化产业布局在各市呈现出差异化特征。从江苏全省数据看，2022年，规模以上文化制造业实现营业收入6716亿元，占文化产业营业收入的"半壁江山"，重点文化服务业企业创造营

---

① 《江苏文化产业实现跨越式发展》，《新华日报》2022年10月14日。

② 入选企业分别为：无锡樱花卡通有限公司、无锡酷卡动画制作有限公司、无锡晟宇动漫制作有限公司、无锡杰夫电声股份有限公司、无锡倍视文化发展有限公司、无锡旭阳动画制作有限公司、无锡影子传媒有限公司、无锡海悦动画制作有限公司。入选项目为：宜兴市陶瓷进出口有限公司的"宜兴文化出口促进平台"以及江苏凤凰画材科技股份有限公司的"智能画布框：文化产品的物联网应用"。

③ 入选企业分别为：闻泰科技（无锡）有限公司、邦道科技有限公司、墨境天合无锡数字图像科技有限公司、无锡市方成彩印包装有限公司、圣世互娱影视科技江苏股份有限公司以及江苏卓易信息科技股份有限公司。

④ 《江苏：非凡十年，江苏文化产业实现跨越式发展》，《新华日报》2022年10月14日。

业收入4327亿元，文化批发和零售业企业实现营业收入2638亿元，全省文化产业结构相对均衡。从13个设区市数据来看，南京作为省会城市发挥了更大的文化服务功能，2022年南京市重点文化服务业企业创造营业收入2104亿元，占全市文化产业营业收入的56%，占全省重点文化服务业营业收入的49%。无锡、常州、苏州、南通等多数城市则以文化制造业发展为主，从规模上看，苏锡常三市的文化制造业营业收入位列全省前三，苏州文化制造业实现营业收入2357亿元，无锡次之为930亿元，常州为656亿元。①

从2020年起，连续三年，江苏文化新业态特征较为明显的16个行业小类营收呈正增长，2020年营业收入为2395亿元，2021年疫情中逆势上扬达3099亿元，2022年增长到3412.5亿元，比上年增长7.1%，快于全部规模以上文化企业4.6个百分点；文化新业态行业营业收入占全部规模以上文化企业营业收入的26.5%，占比较上年提高1.2个百分点。在16个行业小类中，14个行业营业收入实现增长，增长面达87.5%。营业收入增长最快的3个行业小类分别为：互联网游戏服务，增长54.0%；动漫、游戏数字内容服务，增长33.8%；其他文化艺术业，增长19.0%。② 2022年江苏规模以上法人单位营收超1.2万亿元，其中以互联网游戏服务、动漫游戏为代表的文化新业态行业的营收超过1/4。③

江南地区在文化新业态的发展方面取得了亮眼成绩。扎根苏州12年的友谊时光深耕传统文化，将“运河十景”、拙政园等富有苏州特色的IP“搬进”游戏，让年轻人在游戏中探索江南美景。江苏动漫产业发展以常州较为突出，被称为“中国奥兰多”，常州以数字化赋

① 数据来源：《江苏统计年鉴2024》。
② 数据来源：《稳中有进，江苏文化产业再当“优等生”》，《新华日报》2023年2月17日。
③ 数据来源：江苏省统计局。

能，实现动漫与元宇宙的“双向奔赴”。常州恐龙园探索科技融合与游客体验的创新，在恐龙馆应用当下最为先进的 MR 眼镜设备，让游客体验置身于元宇宙中的感觉。在南京硅基智能科技有限公司，近 200 万个 AI 数字人“上岗”直播。苏州在传统纺织业优势的基础上创新，成立智能纤维与可穿戴技术创新联合体，将发热纤维做成不同功能的可穿戴产品。

江苏文化产业种类丰富，传统文化产业以文化为源在当下焕发新活力，新型文化产业与信息技术相结合实现全产业链全面革新，推动了文化产业的高质量发展。根据中央财经大学文化经济研究院发布的《中国文化产业高质量发展指数(2023)》，江苏省文化产业高质量发展指数在全国排名第 2，仅次于北京，相较于上一年排名上升 3 位，在“创新效益”与“溢出效益”两个维度，江苏均位列全国第 1，表明江苏文化产业具有较强的创新性和辐射带动作用。

江苏通过优化文化载体建设和打造国家级品牌，充分发挥了其产业集聚作用。2023 年，江苏各市不约而同挖掘“跨江枕河”的资源禀赋，布局文化产业：南京提出持续推进长江国家文化公园南京段建设，开发更多线上文化产品；常州作为长江沿线城市以及大运河唯一穿过主城区的城市，提出建好大运河国家文化公园常州段、长江生态文化公园两大国家文化公园，将沿江、沿河地区打造成文化繁荣的示范样板；无锡也着眼于大运河长江国家文化公园的建设，策划打造精品水上旅游、水上竞技和军嶂古道、龙山步道等时尚健身品牌。2023 年，文化产业相关主管部委开展了一系列文化产业国家级品牌评选认定工作，如国家级文化产业示范园区(基地)、国家对外文化贸易基地、国家级夜间文化和旅游消费集聚区、国家文化和旅游消费示范/试点城市等文化产业国家级品牌，要求地方政府给予相应的政策、资金、人才等各项支持，这在促进文化产业集聚发展、发挥产业示范引领性等方面发挥着重要作用。江苏以 47 个国家级文化产业示范园区等国家级品牌数量排名全国第 3；截至 2023 年底，共创建国家文化和科技融合示范基地等各类国家级园区 40 多个，认定发布各类省级文化产业重点园区 100 多家。

跨界融合也成为文化创意产业发展趋势。蓝海彤翔拥有国内最大的数字内容技术云平台蓝海创意云，并在平台上搭载超算、5G、人工智能等前沿技术，提供数字内容深度服务。连续举办 8 届的“紫金奖”文创大赛获奖作品落地转化，受到观众和市场的双重欢迎，“紫金文化创意英才”为江苏省文化创意高质量发展提供了源头活水。统计显示，2021 年，江苏省文化核心领域企业营业收入达 5248.6 亿元，其中，内容创作生产、创意设计服务两大行业占全部文化核心领域企业营业收入的 67.3%，凸显了优势行业的主导地位。

（四）现代科技激发文化产业活力

数字技术成为文化产业发展新的着力点。江南地区文化产业发展速度喜人，步伐稳健，究其原因在于江南地区能够结合自身实际，将历史文化与现代科学技术紧密融合，使文化产业发展葆有活力。2020 年 9 月，习近平总书记在考察湖南时指出：“文化和科技融合，既催生了新的文化业态、延伸了文化产业链，又集聚了大量创新人才，是朝阳产业，大有前途。”①2024 年 3 月，习近平总书记再次强调：“探索文化和科技融合的有效机制，加快发展新型文化业态，形成更多新的文化产业增长点。”②

在科技赋能文化现代化方面，无锡走在全省前列。得益于“465”

① 《习近平在湖南考察时强调 在推动高质量发展上闯出新路子 谱写新时代中国特色社会主义湖南新篇章》，《人民日报》2020 年 9 月 19 日。

② 《习近平在湖南考察时强调 坚持改革创新求真务实 奋力谱写中国式现代化湖南篇章》，《人民日报》2024 年 3 月 22 日。

现代产业体系建设，无锡在大数据、云计算、区块链、物联网等数字技术方面积累了充分优势，也为其赋能文化产业发展奠定了良好基础。2014年，以无锡国家数字电影产业园为主体申报的无锡国家级文化和科技融合示范基地入选国家级文化和科技融合示范基地，这是江苏省内最早入选该国家级基地的项目之一，也是当时获批的国家级文化和科技融合示范基地中唯一一个以园区为申报主体的示范基地。2023年，无锡共有6家企业入选江苏省重点文化科技企业，数量位居全省前列。2023年，无锡发布《无锡市关于贯彻落实国家文化数字化战略实施方案》，将低空旅游、智慧旅游、虚拟拍摄、算力渲染、数字文创作为重点文旅发展方向，明确提出要发挥好无锡国家文化和科技融合示范基地作用，加强对算力大模型、生成式AI工具等前沿动态的跟踪落地，持续提升无锡文化的含数量、含新量、含金量，丰富数字文化服务供给，全力推动文旅资源数字化转型、场景化应用与产业化发展。

表6-2　江苏省内国家级文化和科技融合示范基地认定名单

基地名称	城市	入选批次
南京国家级文化和科技融合示范基地	南京	2
无锡国家级文化和科技融合示范基地	无锡	2
苏州高新区国家文化和科技融合示范基地	苏州	3
江苏省广电有线信息网络股份有限公司国家文化和科技融合示范基地	南京	4
江苏凤凰出版传媒股份有限公司国家文化和科技融合示范基地	南京	5

注：数据截至2024年1月5日

近年来，无锡围绕国家和江苏省文化产业发展的方针政策，积极布局文化产业赛道，已初步形成以影视制作、特色旅游和数字文创为主线的文化产业集群。影视制作方面，无锡国家数字电影产业园可谓无锡影视制作领域的一面旗帜。2010 年 10 月获国家广电总局正式批准的无锡国家数字电影产业园先后被评为“国家级文化和科技融合示范基地”“中国重要制片基地”以及“江苏省电影产业创新实验区”。自开园以来，无锡国家数字电影产业园始终瞄准未来产业发展方向，以现代影视科技为定位，大力发展以数字影视为龙头的数字文化产业，形成了集申报、拍摄、制作、发行、交易等现代电影工业所需要素于一体的全产业链。国家发展改革委资料显示，自“十二五”末到“十三五”末，无锡影都产值翻了约 8 倍，税收翻了 15 倍多；形成年招引剧组 80—100 个，承接拍摄制作 200 多部的产业规模，实现年产值 60 亿—100 亿元，带动相关产业增加值近 100 亿元①，先后产出了《中国机长》《中国医生》《流浪地球》《志愿军》《飞驰人生》等著名电影。2022 年，无锡元宇宙创新产业园和无锡数字文化产业园揭牌，这是无锡国家数字电影产业园三期工程的延伸配套项目，展示了无锡影视文化产业与“元技术”融合发展、构建“元宇宙＋数字影视”的发展蓝图。根据 2024 年统计数据，无锡国家数字电影产业园已聚集国内外 800 多家规模文化类企业。2023 年产业园总产值达 60 亿元，产业园正朝着电影工业 4.0 的目标加速迈进。②

特色旅游方面，无锡积极寻求数字技术与文化旅游资源的有机融合。一方面，无锡有序开展文化数据整合工作。近年来，无锡逐步推进全市范围内的文物信息采集整理工作，已实现全市 464 个文物单位数据档案全覆盖。同时，着力搭建文化数字化平台，如无锡

---

① 吕正音：《太湖湾边的无锡影都，探寻数字化持续动能》，澎湃新闻，2023 年 10 月 10 日，https://www.thepaper.cn/newsDetail_forward_24857049。

② 数据来源：《共生共荣，人文经济“无锡画卷”更秀美》，无锡市人民政府网站，2024 年 5 月 31 日，https://www.wuxi.gov.cn/doc/2024/05/31/4324007.shtml。

文化云、灵锡 App 等，使公众能够便捷地了解文化知识，感受历史魅力。另一方面，利用数字化技术优化旅游服务，丰富“沉浸式体验”场景，升级公众旅游体验。例如，无锡拈花湾景区自开园以来持续致力于智慧管理模式建设，打造“拈花智慧文旅云”，以实现同用户的即时沟通。在此基础上，拈花湾又成立“拈花云科”，搭建全流程服务平台，推出“拈花码”，使游客能够一码实现购票、导览、消费等，景区也能通过该平台了解景区运行实况，分析经营情况，从而制定科学合理的运营策略。

数字文创方面，卓易文化打造的“紫砂街”线上平台是无锡数字文创发展的代表。针对文化产品版权保护难的行业难题，卓易文化利用千倍放大镜提取紫砂作品的指纹信息，借助区块链技术实现身份信息的存储、共享、溯源，为每一件紫砂艺术品制作“身份证”，以“一壶一码一证”有效实现紫砂作品产权保护。截至 2024 年 5 月，数字身份认证平台入驻 500 多个品牌、8000 多位工艺师、500 多个商家，并建立诚信联盟。① 此外，卓易文化还推出了首个紫砂元宇宙，通过数字技术让消费者能够“云”参观紫砂展览、“云”体验紫砂制作以及“云”购买紫砂数字藏品。数字技术既保护了产品制作人的知识产权，也扩大了品牌影响力和产品市场。无锡的另一传统代表“惠山泥人”也积极拥抱科技革新，以惠山泥人传统作品和惠山泥人新品牌“NANIMOMO”为主要内容发行数字藏品，实现网络传播数量破百万。

（五）政府与市场协同推动文化产业发展

文化产业稳步推进的重要原因还在于政府与市场的共同协作。政府为文化产业发展提供方向指引和政策引导。以无锡为例，2022

① 《“数字＋”助力紫砂“破圈”发展》，《无锡日报》2024 年 5 月 5 日。

年，无锡在延续上一个三年行动计划基础上，先后发布《无锡市文化产业高质量发展三年行动计划（2022—2024年）》《无锡市文化事业高质量发展三年行动计划（2022—2024年）》《关于推动无锡市文化高质量发展的若干政策》以及《关于推动无锡市电影产业高质量发展的若干政策》等配套文件，以文化高质量发展助力文化强市建设。[①] 文化产业方面，在上一个三年行动计划中的影视产业、动漫游戏、文化旅游、创意设计、现代演艺、文化制造等六大重点领域的基础上，新一个三年行动计划新增了数字内容、前沿业态等两个重点领域。《关于推动无锡市文化高质量发展的若干政策》分7个部分共17条，明确支持重大项目引进、培育壮大市场主体、支持精品文化生产、提升文化市场活力、优化发展环境，对数字文化产业相关企业、重大文化产业项目引进、领军企业、高成长性企业、载体平台搭建等制定了针对性的奖补政策。

文化产业发展离不开政府的资源支持。无锡市政府自2012年即成立文化产业发展专项资金，每年统筹安排不少于1亿元投入文化产业项目，金额随市级财力增长而相应增长。此外，针对国家文化出口重点企业和项目、出口20万美元以上企业设定专项扶持条款，支持企业“走出去”。新冠疫情发生后，为应对疫情给文旅行业带来的冲击，无锡于2022年出台《助企纾困促消费“文旅十条”》，对市区旅行社组织外地游客来锡给予补助、减免景区促销费用、成立助企纾困工作专班、对受困企业提供员工稳岗补助、对优质企业提供精准融资服务等。政策出台后，无锡市政府为文旅企业提供纾困资金6000多万元，惠及300多家文化企业，使无锡文旅行业迅速回暖。

文化产业发展需要服务型政府。一方面，无锡各级政府强化各部

① 《提升文化软实力 增强城市竞争力》，《无锡日报》2023年4月3日。

门与企业间的信息交流与共享，能够及时了解文化企业的发展诉求，并实现相关部门快速对接。例如，无锡积极宣传企业参与太湖消费季、太湖文化艺术季等文化活动，鼓励企业参与城市文化建设；宜兴对紫砂从业企业开展摸排走访，持续开展紫砂和石材特色产业的培育和统计工作；无锡市锡山区会同统计部门建立"五经普"的及时沟通机制，"零延时"做好数据统计。另一方面，无锡市政府也注重与其他城市政府之间的沟通联系，争取将重点优质企业"引进来"，推动本地文化企业"走出去"。2024 年上半年，无锡在粤港澳大湾区举办文化产业专题系列招商活动，通过举办文化产业合作大会、商务洽谈以及重点企业走访等多项活动，助力高质量文化产业项目、文化活动与文化产品落地无锡。此外，无锡积极承办全国文化出口基地交流会、苏港影视交流对接会等重大活动，搭建"文化锡云——无锡文化贸易服务平台"，实施"千企万人海外商洽拓订单行动"，组织企业参加重要境内外文化类展会，助力无锡文化企业"走出去"。

文化产业发展的关键在于企业的主动性与创造力。在此方面，无锡文化企业能够敏锐把握市场动态，提供符合消费者偏好的产品。比如，惠山泥人以"传统经典当代表达"为设计理念，推出"有你超甜"系列城市手办，上线国潮玩偶盲盒，与咖啡、牛奶类的知名快消品牌联名发布文创周边；王兴记调研年轻消费群体喜好，以纯天然植物作为原料，先后研发粉色"樱花小笼"和绿色"青绿小笼"，与无锡马拉松签署三年期合作协议，实现文化、体育、旅游等多种模式有机结合；三凤桥针对年轻群体和休闲场景推出国潮包装礼盒，以无锡手绘元素开拓年轻消费市场；宏凤年糕、真正老陆稿荐等品牌通过品牌自播、达人带货等方式，扩大了品牌影响力，提振经营表现。此外，华映资本、IDG 资本等相继在无锡设立文化产业发展基金，专项运作文化、旅游、娱乐及周边行业高成长性项目投资，充分发挥市场力量，整合无锡文化旅游资源，引入成熟资本运营管理，极大保护和支持了文化企业的主动性和创造力，推进了文化产业高质量发展。

（执笔人：范从来　王宇伟　刘宏雅　柳　瑾）

第七章

开放包容文化促进经济开放

促进经济文化共同繁荣的人文经济学包含开放包容文化。开放包容文化促进经济开放，经济开放的成就反过来又推动开放包容文化进一步发展。江南地区深厚的文化底蕴和丰富的历史遗产，尤其是开放包容的文化，为改革开放以来开放型经济的快速发展提供了重要支撑，并塑造着各具特色的开放型经济发展模式。比如，苏州形成了外资经济为主导的开放发展模式和加工贸易为主导的分工嵌入方式的开放发展特征；无锡的经济开放发展过程中实体企业多，专精特新“小巨人”企业多，呈现外资企业与本地企业融合发展、开放与创新融合的发展特色，以及以我为主构建现代产业体系的开放型经济发展模式和亮点。

一、江南地区近代以来的开放包容文化

江南地区，这片底蕴深厚的文化沃土，自古以来便孕育了丰富的文化基因。这里不仅拥有秀丽的山水和繁华的都市，更蕴含着一种开放包容的精神底蕴。这种精神在各领域均有体现，无论是经济、艺术还是思想文化，江南地区均展现出卓越的开放性与包容性。在经济层面，江南地区自古便是中国最富庶的区域之一。这里水网交织，交通便利，商业兴盛，吸引了众多商贾和手工业者前来安居。江南的丝绸、茶叶、瓷器等特产享誉中外，畅销全球。江南地区经济的繁荣，正是得益于开放包容的精神，这种精神使得各类资源和人

才汇聚于此，共同推动经济腾飞。

（一）江南地区开放包容文化的特色

江南地区开放包容文化主要有多元性、公平性、合作性、适应性等特点。

首先是开放包容文化的多元性。江南地区以其开放和包容的文化特质而闻名，这种文化具有显著的多元性。这里的多元性体现在各个方面，包括语言、艺术、饮食和传统习俗等。江南地区不仅汇集了多种地域文化的精华，还吸收了外来文化的精髓，形成了独特而丰富的文化景观。在语言方面，江南地区的方言丰富多彩，不同地区有着各自的独特口音和表达方式，如上海话、苏州话、杭州话等，这些方言不仅反映了地域特色，还承载了深厚的历史文化内涵。在艺术方面，江南地区的绘画、音乐、戏剧等艺术形式多样，既有传统的国画、昆曲、评弹等，也有融合了西方元素的现代艺术创作。在饮食文化方面，江南地区的美食种类繁多，既有精致的苏帮菜、杭帮菜，也有街头巷尾的小吃，如上海的小笼包、苏州的松鼠鳜鱼等，这些美食不仅味道独特，还蕴含着深厚的文化底蕴。在传统习俗方面，江南地区有着丰富的节庆活动和民间传统，如在元宵节吃汤圆、猜灯谜、赏花灯，在端午节裹粽子、插艾草、佩香囊等，这些习俗不仅传承了古老的文化，还不断融入新的元素，展现出文化的活力。总之，江南地区的开放包容文化具有多元性，这种多元性不仅体现在物质文化层面，更体现在精神文化层面，使得江南地区成为中华文化宝库中一颗璀璨的明珠。

其次是开放包容文化的公平性。江南地区开放和包容的文化特质，既体现在对不同思想和文化的平等对待上，也体现在一种公平的社会理念中。在这片富饶的土地上，各种思想和文化得以自由交流和融合，形成了一个多元和谐的社会环境。无论是本地居民还是外来者，都能在这里感受到一种平等的氛围，每个人都有机会展示自己的才华和能力。江南地区的公平性体现在社会资源的合理分配和社会机会的均等获取上。无论是教育、就业还是其他社会福利，江南地区都力求做到公平公正，确保每个人都能在公平的起跑线上追求自己的梦想。在教育方面，江南地区注重教育资源的均等分配，努力为每一个孩子提供优质的教育机会，使得每个人都有机会通过知识改变命运。在就业市场上，江南地区也致力于打造公平竞争的环境，让每个人都有机会凭借自己的能力和努力获得理想的工作。此外，江南地区的公平性还体现在社会福利的普及和均等上。无论是本地居民还是外来者，都能享受到基本的社会保障和福利，确保每个人在面对生活中的困难时都能得到必要的帮助和支持。这种公平的社会福利体系，不仅提升了人们的生活质量，也为社会的和谐稳定奠定了坚实的基础。这种平等和公平的文化特质，不仅促进了江南地区的繁荣发展，也为整个社会的进步树立了良好的榜样。江南地区的发展经验告诉我们，只有在一个平等和公平的社会环境中，每个人才能充分发挥自己的潜力，共同推动社会的进步和发展。因此，江南地区的开放包容文化不仅是其自身繁荣的基石，更是整个社会进步的宝贵财富。

再次是开放包容文化的合作性。自古以来，江南地区就是中国最富饶、最发达的地区之一，吸引了无数文人墨客、商贾巨富前来定居和交流。[①] 这里的文化氛围宽容而多元，各种思想和艺术流派在这里交汇融合，形成了独特的地域文化。江南地区的开放包容体现在其对外来文化的接纳和吸收上。无论是古代的丝绸之路，还是近代的海上贸易，江南地区都积极参与其中，吸收了大量外来文化元素，丰富了自身的文化内涵。这种开放包容不仅促进了经济的繁荣，也使得江南地区在文化艺术上取得了辉煌的成就。同时，江南地区的包容性还体现在

---

① 王卫平主编：《江苏地方文化史 · 苏州卷》，江苏人民出版社 2019 年版，第 185 页。

其对不同社会阶层和群体的包容上。无论是达官贵人，还是平民百姓，都能在这里找到属于自己的文化空间。这种包容性使得江南地区的文化更加丰富多彩，也更加贴近民众的生活。江南地区文化交流活动十分活跃，文学、艺术、学术和商业等各种形式的交流活动频繁举行，促进了不同地区、不同文化之间的相互了解和互相融合。这种交流不仅提升了江南地区的文化影响力，也为其经济发展提供了强大的动力。江南地区的合作性还体现在经济和社会发展中的协作精神上。无论是农业生产、手工业制造，还是商业贸易，江南地区的人们总是善于合作，共同推动社会的进步。这种合作性不仅提高了生产效率，也增强了社会的凝聚力。可见，江南地区开放包容文化的交流性和合作性不仅促进了文化的繁荣，也为经济的发展和社会的进步提供了有力的支持。

最后是开放包容文化的适应性。江南地区历史上多次经历外来文化的冲击，但始终都能够吸收并融合这些外来文化，形成独特的地域文化特色。无论是古代的吴越文化、中原文化，还是近代的西方文化，江南地区都能在保持自身特色的同时，吸收外来文化的精华，展现出极强的文化适应能力。江南地区历来重视教育，崇尚文化，尊重多元思想，这使得不同背景和信仰的人们都能在这里找到归属感。无论是文人墨客，还是商贾百姓，都能在江南这片土地上找到适合自己的生活方式和精神寄托。此外，江南地区的城市建设和经济发展也充分体现其文化的包容性和适应性。江南地区的城市规划注重与自然环境的和谐共处，建筑风格兼具传统与现代，商业活动充满活力且开放包容。无论是传统的丝绸、茶叶产业，还是现代的高新技术产业，江南地区都能在保持传统优势的同时，积极适应和引领新的经济发展趋势。总之，江南地区的开放包容文化的包容性和适应性不仅体现在历史文化的传承与融合上，还体现在社会风气、生活方式以及城市建设与经济发展等多个方面，使得这一地区始终充满生机、活力和魅力。

（二）江南开放包容文化形成的近代基础

以无锡为例，我们对江南开放包容文化形成的近代基础作一简要分析。

三千余载前的泰伯奔吴之举，为无锡奠定了古代人文经济之坚实基石，使其跃居历史高位；此地钟灵毓秀，人才辈出，崇尚学问，尊崇教化，深植无锡工商发展之基因；在传承与创新中，无锡接续江南文脉之精髓，使得这颗江南明珠愈发明亮，熠熠生辉。在无锡这片充满活力的土地上，滋养出了以薛福成、荣宗敬等为代表的工商业杰出人物，并涌现出一批杰出的企业家。在洋务运动期间，薛福成积极参与其中，与外国商行以及外籍人士进行了广泛的交流与合作。这一时期，无锡地区传统的“耕读传家”的农耕文化开始发生转变，逐步向工商业文化过渡；中华传统文化中开放包容的理念，逐渐在工商业的实践中体现出来。传统的“耕读传家”的农耕文化向工商业文化的过渡和转变，不仅体现在经济结构的调整上，还体现在人们思想观念的更新上。

薛福成出身于当地赫赫有名的家族——薛家。这个家族在工商界拥有举足轻重的地位，在薛福成的领导下，薛家的产业得到了空前的发展。他不仅继承了家族的商业智慧，还不断引入新的经营理念和管理方法。他注重科技创新，积极引进国外先进的生产技术和设备，使得薛家的企业在激烈的市场竞争中始终保持着领先地位。薛福成不仅在商业领域取得了巨大的成功，他还以极大的热情投身于公益事业，并积极参与各种社会活动。他深刻认识到教育的重要性，因此不遗余力地投资教育事业。他创办了多所学校，为贫困学生提供资助，培养了大量优秀的人才。

荣宗敬是无锡工商业界的杰出代表人物。毛泽东曾高度评价荣氏家族，给予了他们极高的赞誉。荣宗敬的商业帝国涵盖了纺织、面粉、金融等多个领域，他通过不断创新和拓展，使得荣氏家族的产业遍布全国，甚至走向世界。他的经营哲学和管理理念，至今仍被许多企业家奉为经典。荣宗敬不仅是一位成功的企业家，更是一位具有社会责任感的实业家。他积极参与社会公益事业，为改善民众生活、推动社会进步作出了重要贡献。

薛福成、荣宗敬等杰出工商业人士的涌现，并非一种偶然现象，而是与无锡这片土地上独特的地域文化息息相关。无锡深厚的文化底蕴为工商业的发展提供了肥沃的土壤。薛福成和荣宗敬等人的成功，不仅彰显了个人的才华，更是无锡地域文化的生动体现。无锡工商业文明的形成和发展培育出了一批又一批杰出的企业家，他们为社会的繁荣和发展作出了重要贡献。也正是这种群体性的涌现，使得无锡成了中国企业家群体崛起的重要发源地之一。

自上海开埠以来，作为中国最大的经济中心之一，其开放的港口和繁荣的商贸活动吸引了全国各地的商人和企业家。无锡与上海之间的贸易往来频繁，无锡的许多产品通过上海的港口销往全国各地乃至海外市场。同时，上海的先进技术和管理经验也通过各种渠道传入无锡，促进了无锡的经济发展。在文化方面，上海的多元文化和开放氛围对无锡产生了深远的影响。许多无锡人选择到上海求学、工作或定居，带来了两地文化的交流与融合。上海的电影、戏剧、文学等文化产品也通过各种渠道传入无锡，丰富了无锡市民的文化生活。① 两地之间的文化交流活动日益增多，进一步加深了无锡与上海之间的经济文化联系。

（三）新时期江南开放包容文化的创新性发展

自改革开放以来，江南地区以其开放和包容的文化传统，实现了

① 王卫平主编：《江南文化概论》，苏州大学出版社 2023 年版，第 103 页。

进一步的创新和发展。这一地区在历史长河中一直以开放的姿态吸纳各种文化元素。改革开放政策的实施,为江南带来了更多与外来文化碰撞和交流的机会,使得江南地区的文化更加丰富多彩。

改革开放这一历史性的变革不仅带来了经济的快速发展,还促使江南地区的文化在继承传统的基础上实现了进一步的创新和发展。随着对外开放的不断深入,江南地区不仅吸引了大量外资和先进技术,还接触到了不同的文化观念和生活方式。这种文化的多样性使得江南地区的开放包容文化得到了进一步的丰富和发展。江南地区在保持自身文化特色的同时,积极吸收外来文化的精华,形成了更加开放和包容的文化氛围。在经济全球化和信息化的背景下,江南地区的城市化进程加快,城市面貌日新月异。传统文化与现代文明在这里交汇融合,形成了独特的城市文化景观。江南地区的文化产业得以迅速发展,传统文化也得到了创新性传承和推广。无论是传统的丝绸、茶叶、园林文化,还是现代的设计、时尚艺术,都在改革开放的大潮中焕发出新的生机。教育和科技的进步也为江南文化的创新发展提供了有力支持。高等教育的普及和科研机构的建立,培养了一大批具有国际视野的文化人才。他们在传承和弘扬江南地区文化的同时,不断进行创新和探索,使江南地区文化在新的历史条件下焕发出新的魅力。

党的十八大以来,中国对外开放进入了一个崭新的阶段,即高水平开放发展的新时代。在这个新的历史时期,江南地区作为中国对外开放和发展的前沿阵地,在开放和文明方面取得了显著的进步和创新。江南地区凭借其得天独厚的地理位置、深厚的文化底蕴以及先进的产业基础,成了中国对外开放的重要窗口。在新时代的背景下,江南地区不仅继续巩固和扩大其在国际贸易、外资引进、科技创新等方面的优势,还积极推动更高水平的对外开放政策,吸引了更多的跨国企业和高端人才。同时,随着江南地区在文化、教育、旅游等领域的不断开放，其国际影响力和竞争力不断提升。江南地区的高水平开放，不仅为中国的开放发展树立了典范，也为全球经济的繁荣与进步作出了积极贡献。

在新时代的对外开放中，江南地区开放包容文化的创新发展，主要体现在三个方面：一是更加注重相互尊重与聚同化异的关系，二是更加注重对外开放中的“义”和“利”的关系，三是更加注重共赢开放。

首先是相互尊重与聚同化异的关系。江南地区一直以来都以其独特的文化魅力和深厚的历史底蕴吸引着来自五湖四海的人们。如今，在新时代的浪潮中，江南地区更加注重相互尊重，促进不同文化之间的平等对话和交流。这种相互尊重的态度，使得江南地区的开放包容文化得以在新的历史条件下焕发新的活力。人们不再仅仅满足于经济层面的合作和贸易往来，而是更加注重深层次的文化交流和心灵沟通。江南地区通过举办各种文化交流活动，如文化节、艺术展览、学术研讨等，为不同文化背景的人们提供了一个相互了解和学习的平台。在这样的背景下，江南地区的开放包容文化展现出一种聚同化异的特质。所谓“聚同”，是指在尊重多样性的基础上，寻找不同文化之间的共同点，促进其相互理解和融合。而“化异”则是指通过积极的交流和对话，化解文化差异带来的隔阂和误解，实现不同文化之间的和谐共处。江南地区的开放包容文化的创新发展，不仅为当地带来了更多的发展机遇，也为全球文化交流提供了新的范例。通过这种文化的创新，江南地区正逐步成为连接东西方文化的桥梁，为推动构建人类命运共同体贡献着自己的力量。

其次是对外开放中的“义”和“利”的关系。江南地区深刻认识到“义”与“利”的辩证关系。所谓“义”，指的是道德规范、社会责任和长远利益；而“利”则更多指的是经济利益、短期效益和具体回报。江南地区在追求经济发展的同时，始终坚持诚信经营、公平竞争的原则，努力实现经济效益与社会效益的双赢。这种对“义”的坚守，不仅赢得了国内外合作伙伴的尊重，也为地区的可持续发展奠定了坚实的基础。同时，江南地区在对外开放中也积极探索新的商业模式和合作机制，以更加灵活多样的方式参与国际竞争与合作，引进外资和先进技术，推动产业结构的优化升级，不断提升自身的市场竞争力。在此过程中，江南地区的企业不仅注重经济效益，还积极履行社会责任，努力实现经济效益与社会效益的有机统一。总之，新时代高水平对外开放以来，江南地区在开放包容文化的创新发展上取得了显著成就。通过正确处理“义”与“利”的关系，江南地区不仅在经济上取得了快速发展，还在文化上展现出独特的魅力，为其他地区提供了宝贵的经验和借鉴。以无锡为例，多年来，无锡一直致力于拓展友好城市的缔结范围，取得了显著成果，持续与各个友好城市保持着密切的往来和交流，国际友好城市“朋友圈”不断扩大。无锡已经与全球 28 个国家缔结了 50 对友好城市关系，数量规模位于全国区市前列。[①] 这些友好城市包括但不限于日本明石市、美国查特努加市、新西兰哈密尔顿市、葡萄牙卡斯卡伊斯市、德国勒沃库森市、意大利维琴察市、韩国金海市、比利时科特赖克市、法国尼姆市等。无锡的友好城市遍布全球，包括亚洲、欧洲、北美洲、南美洲、非洲和大洋洲，这体现了无锡的开放性和包容性。无锡的友好城市缔结工作始于 1981 年，与日本明石市建立了第一对国际友好城市关系。在过去的 40 多年中，无锡不断扩大国际交流与合作，与全球 220 多个国家和地区建立了经贸关系。截至 2023 年底，全球 500 强企业中有 117 家在无锡投资兴办了 247 家企业。无锡与友好城市之间的合作涵盖了经贸、教育、文化、科技等多个领域。例如，2022 年无锡与美国圣安东尼奥市在产业科技、医疗卫生、职业教

① 《谱写国际友好城市合作新篇章》，《无锡日报》2022 年 9 月 2 日。

育、文化交流等方面进行了深入合作，并共同庆祝了缔结友好城市十周年。此外，无锡还通过举办国际友城交流会等活动，进一步加强与友好城市的联系和合作。无锡的友好城市工作不仅促进了城市的国际化发展，也为本地企业参与“一带一路”建设发展营造了良好的环境，推动了地方外向型经济的繁荣。通过与世界各地的友好城市建立联系，无锡不断提升其国际影响力，为城市的可持续发展注入了新的活力。

最后是共赢开放。进入新时代以来，江南地区更加注重实现共赢开放，强调在全球经济一体化的进程中，推动普惠共赢的实现。江南地区一直以来都是中国对外开放的前沿阵地，其深厚的文化底蕴和开放的历史传统，为新时代的高水平对外开放提供了坚实的基础。随着全球化的不断深入，江南地区积极融入世界经济体系，通过加强国际合作，推动贸易和投资自由化便利化，努力构建开放型经济新体制。在这一过程中，江南地区不仅注重自身的发展，更致力于与其他国家和地区实现互利共赢，推动全球经济的共同繁荣。江南地区的开放包容文化在新时代的创新发展，还体现在其对多元文化的包容和融合上。江南地区积极吸收世界各国的优秀文化成果，推动文化交流与合作，促进不同文化之间的相互理解和尊重。通过举办各种国际性的文化活动和交流项目，江南地区为世界各国人民提供了一个展示和交流的平台，进一步增强了文化的多样性和包容性。在经济全球化的大背景下，江南地区通过不断创新开放模式，推动经济高质量发展，努力实现经济、社会、环境的协调发展。总之，新时代高水平对外开放以来，江南地区以其开放包容的文化传统，不断创新发展的路径，注重共赢开放，加强国际合作，推动文化交流与融合，让外资企业吃了定心丸，敢于在无锡投资、在中国投资，为全球经济的繁荣与发展作出了积极贡献。

二、江南地区开放包容文化促进经济开放的实践

经济实力竞争的背后，是文化软实力的竞争，而且文化软实力更具持久性，从某种意义上讲，它一点都不“软”。经济是“形”，文化是“神”。历史的长度就是文化的厚度，而文化的厚度则是思想的深度。江南地区的第一优势是其文化历史底蕴深厚，而非单纯的商业成本低。

（一）江南地区经济开放的发展历程

改革开放40多年来，江南地区的对外开放历经起步探索、快速发展、转型提升和迈向更高水平开放四个阶段，每一个阶段都标志着经济开放的一次飞跃。

第一阶段：起步探索阶段（1978年至1990年初）。这一阶段以1978年党的十一届三中全会为起点，标志着中国改革开放的开始，一直持续到1990年初上海浦东开发开放之前。这一阶段的主要特征可以概括为：从局部试点到全面铺开，经济开放在各个领域迅速发展，重点在广度上进行了大规模的拓展。在这一阶段，江南地区积极探索适合自身发展的开放路径，逐步打破了长期以来的封闭状态。政府采取了一系列改革措施，为经济开放提供了有力的政策支持。这些措施包括降低关税、放宽外资准入门槛、简化审批流程等，极大地激发了市场活力。苏南的企业也开始主动融入国际市场，通过引进国外先进技术和管理经验，提升了自身的竞争力。此外，无锡、苏州等地的江南企业加强了与国际市场的联系，积极参与国际贸易和投资活动，逐步扩大对外经济合作的范围。在这一过程中，江南地区的产业结构也发生了显著变化。传统行业得到了改造和升级，新兴产业如电子、机械、化工等得到了快速发展。江南地区还注重发展高新技术产业，建立了多个高新技术产业园区，吸引了大量高科技企业入驻，进一步提升了城市

的创新能力和竞争力。

第二阶段:快速发展阶段(1990 年至 2000 年)。这一时期以 1990 年 4 月上海浦东的开发开放为起点,持续到 2001 年中国正式加入 WTO 之前。在这一阶段,江南的经济开放迎来了飞速发展的时期。江南地区充分利用上海浦东开发开放的辐射效应,通过引进外资、技术和管理经验,推动了本地产业的升级和结构调整;同时,还加强与国内外市场的联系,积极参与国际分工,提升自身的竞争力。这一时期,江南地区的对外开放程度进一步加深,吸引了大量外资企业前来投资兴业,产业结构得到优化升级,经济总量和综合实力显著提升,城市面貌也发生了翻天覆地的变化。

第三阶段:转型提升阶段(2001 年至 2011 年)。以 2001 年底中国正式加入 WTO 为重要时间节点,江南地区的经济开放在这一阶段取得了显著的进步,整体质量和水平得到了显著提升。江南地区在这一阶段采取了一系列有力的措施,以适应全球化带来的新环境。首先,加强与国际市场的联系,积极引进外资,成功地引入了先进的技术和管理经验,促进了本地企业的技术改造和管理提升。其次,注重科技创新,加大研发投入,培育了一批具有核心竞争力的高新技术企业。这些企业在电子信息、生物医药、新材料等领域取得了显著的成果,为经济发展注入了新的活力。最后,大力推动服务业的发展,特别是金融、物流、文化创意等现代服务业,进一步提升经济的附加值,提升城市的可持续发展能力。通过这些措施,江南地区的经济开放在转型提升阶段取得了显著的成效,不仅经济总量稳步增长,而且经济结构更加优化,产业竞争力显著提升,成功从一个传统的制造业基地转变为一个具有较高科技含量和创新能力的现代化城市群。

第四阶段:迈向高水平开放发展阶段(2012 年至今)。党的十八大以来,面对世界经济的新形势、新局面,以及中国经济开放发展进入新阶段，以习近平同志为核心的党中央提出积极建设开放型经济新体制，不断推进高水平对外开放，加快实施"走出去"战略步伐。江南地区的经济开放在习近平总书记开放发展理念的指引下，在经济发展战略上采取了更加均衡和全面的措施，特别强调了既要积极引进外部资源和先进技术，又要大力推动本土企业走向国际市场的发展路径，致力于为主动扩大开放打造一流营商环境。深入实施创新驱动发展战略，加快构建开放型经济新体制，推动经济全球化进程。积极融入"一带一路"建设，加强与沿线国家和地区的经贸合作，拓展国际市场，提升国际竞争力。同时，大力推进营商环境改革，打造国际化、法治化、便利化的营商环境，为各类市场主体提供更加优质的服务。

随着江南地区经济开放程度的不断提高，以外贸、外资和对外投资为主要内容的开放型经济得到迅速发展，大大推进了江南地区的经济发展、产业结构升级以及当地产业与国际先进产业体系的对接，促进了内外资经济融合发展，增强了江南地区产业链、供应链的韧性。"引进来""走出去"的双向开放，使得江南地区利用两个市场、两种资源发展经济的能力大大提升。近年来，国际经济形势复杂多变，国内经济面临周期性和结构性调整双重压力，江南经济发展依旧显示出了强大的韧性，保持了较快的增长速度和较高的增长质量。苏州、南京、无锡、南通、常州等先后迈进了地区生产总值"万亿俱乐部"，这与江南地区经济的开放性息息相关。

（二）创造外贸竞争新优势

经历了加入 WTO 以后的高速增长，江南地区外贸进入优化结构、转型发展新阶段，不仅继续注重量的增长，而且更加注重质的提升，不断创造外贸竞争新优势。以无锡为例，从 2012 年开始，一直到 2023 年，无锡的进出口总额经历了显著的增长。具体来看，2012 年的进出口总额为 707.75 亿美元，而到了 2023 年，这一数字已经攀升至

1004.17 亿美元。在这段时间内，无锡成功跨越了 800 亿美元、900 亿美元以及 1000 亿美元这三个重要的门槛。图 7－1 详细展示了 2012 年至 2023 年间无锡出口额及其增长率的变动趋势。① 特别值得注意的是，在全球贸易保护主义抬头和新冠疫情的双重挑战下，无锡的出口贸易在 2021 年和 2022 年依然实现了显著的增长。具体来看，2021 年的出口贸易增长率为 27.53％，而 2022 年尽管面临更多困难，无锡的出口贸易仍然实现了 11.38％的增长。这不仅展示了无锡在国际贸易中的强劲竞争力，也反映了其应对复杂局面的能力和韧性。

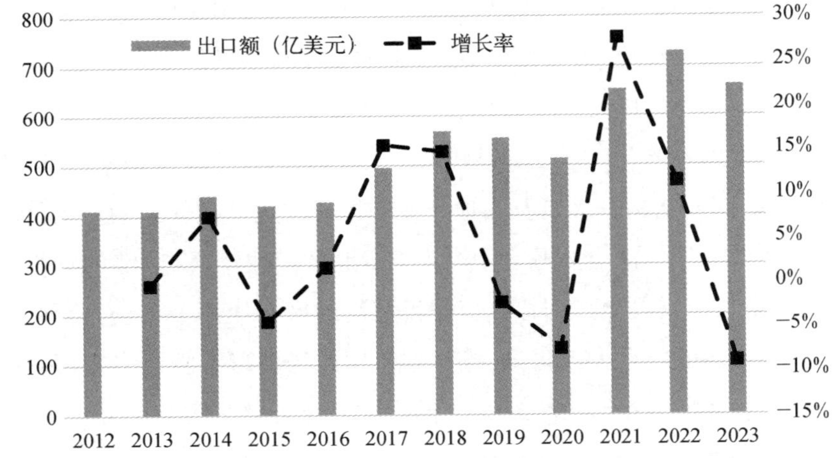

图 7－1　2012—2023 年无锡出口额及其增长率

数据来源：《无锡统计年鉴 2024》

在实现规模增长效应的同时，无锡的贸易结构也经历了显著的优化。以一般贸易出口为例，图 7－2 展示了 2012 年至 2023 年期间无锡一般贸易出口额及其在全市出口总额中的占比的变化趋势。从图中可以看出，无锡的一般贸易出口额在过去的十多年里呈现稳步上升的态势。具体来看，2012 年无锡的一般贸易出口额为 205.15 亿美元，占

① 资料来源：《无锡统计年鉴 2024》。

当年全市出口总额 413.14 亿美元的 49.7%。这一数据反映出当时无锡的出口贸易结构中，一般贸易占据了将近一半的份额。随着时间的推移，无锡的贸易结构逐渐发生了显著的变化。到 2023 年，无锡一般贸易出口额增长至 411.22 亿美元，占当年全市出口总额 662.19 亿美元的 62.1%。这一趋势表明，出口贸易方式正朝着更加优化的方向发展。无锡的一般贸易出口额不仅在绝对数值上有了显著的增长，而且在全市出口总额中的占比也有所提升。这反映出无锡在贸易结构优化方面取得了积极的进展，一般贸易在全市出口中的地位变得更加重要。通过这种结构的优化，无锡的出口贸易不仅在规模上实现了增长，而且在质量和效益上也得到了提升。

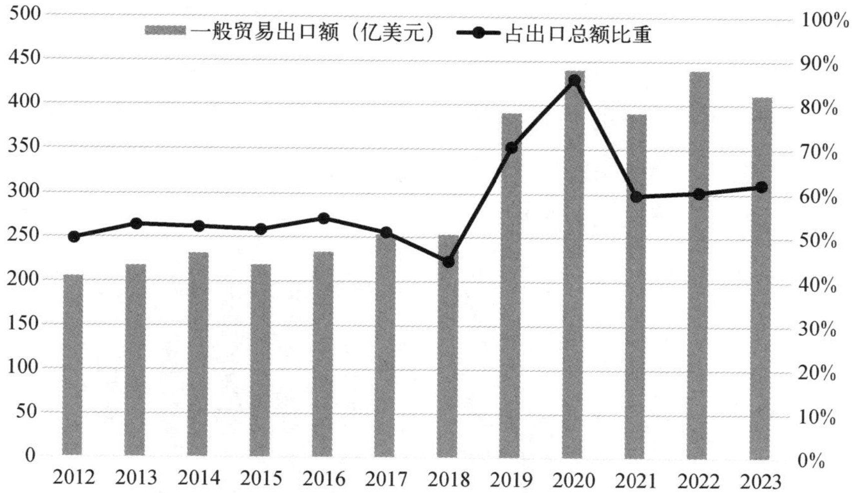

图 7－2　2012—2023 年无锡一般贸易出口额及其占比

数据来源：《无锡统计年鉴 2024》

此外，出口主体结构和市场结构也都展现出显著的亮点和特色。具体来说，2023 年，民营企业在进出口方面取得了令人瞩目的成绩，实现了 6.3%的增长率，占进出口总额中的比重达 53.5%，相较于 2022 年显著提升了 3.1 个百分点。这一数据充分展示了民营企业在对外贸易中的强劲活力和重要地位。与此同时，对共建“一带一路”国家的进出口额也呈现积极的增长态势。2023年，这一领域的进出口额增长了2.8%，占进出口总额的比重为46.6%，较2022年增加了1.2个百分点。这一增长不仅体现了“一带一路”倡议的积极成效，也展示了中国与共建“一带一路”国家经贸合作的深化和拓展。此外，机电产品出口额在2023年也取得了显著的增长，增长了2.9%，占出口总额的比重为58.6%。这一数据不仅反映了中国机电产品在国际市场上的竞争力，也展示了中国制造业的持续发展和技术创新能力。通过这些具体的数据和分析，我们可以看到中国出口市场结构的多元化和持续优化，以及在不同领域取得的显著成就。

2012年至2023年，无锡的进口总额也经历了显著的增长，从294.61亿美元逐步攀升至341.98亿美元。这一数据变化趋势在图7-3中得到了清晰的展示，该图详细描绘了2012年至2023年期间无锡进口额及其增长率的变化情况。我们可以发现，无锡的进口贸易变化趋势与出口贸易的变化趋势基本一致。党的十八大以来，在积极开

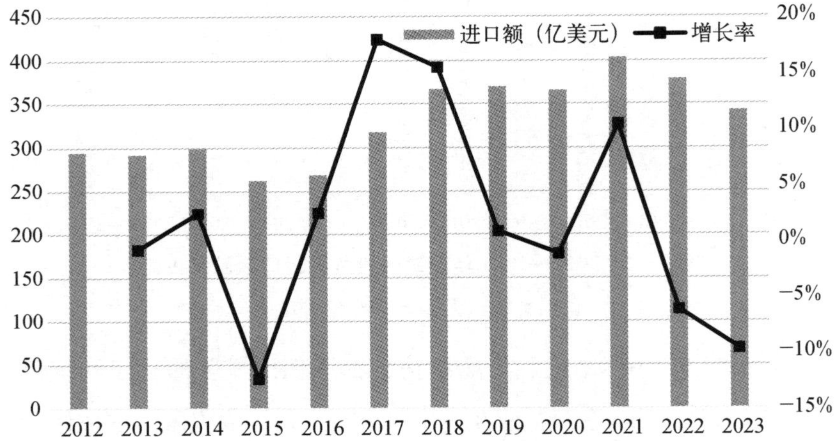

图7-3　2012—2023年无锡进口额及其增长率

数据来源：《无锡统计年鉴2024》

放政策的引导下，无锡的进口贸易整体上呈现稳步增长的态势。尽管在 2020 年和 2021 年，全球范围内新冠肺炎疫情肆虐，给各国带来了巨大的“外防输入”的安全防控压力，但无锡依然在 2021 年实现了进口贸易 10.42%的正增长。这一成绩的取得，充分展示了无锡市在面对外部挑战时的韧性和应对能力。此外，尽管美国在这一时期采取了一系列贸易保护主义措施，特别是对中国出口产品的严格管制，但无锡依然能够保持进口贸易的增长，这在一定程度上反映了无锡在国际贸易中的竞争力和应对策略的有效性。通过不断优化进口结构、拓展进口来源地以及加强与国际市场的合作，无锡成功地化解了外部环境的不利影响，保持了进口贸易的稳定增长。

在进口规模持续扩大的背景下，进口贸易结构也显现出显著的优化效应。根据无锡市商务局提供的最新资料，20 世纪 80 年代，无锡主要进口的商品包括机电产品、化工产品以及纺织品等。然而，进入 90 年代以来，无锡的进口商品结构开始发生显著变化，逐渐从工业制成品转向原材料和高端技术装备等。随着中国加入 WTO，无锡的产业结构和需求结构也经历了重大调整，全市逐步形成了以机电产品、高新技术产品和资源原料性产品为主的进口商品结构。2023 年，进口额排名靠前的商品主要包括集成电路、医药材药品、半导体制造设备、基本有机化学品、塑料制品、铜、钢材等。随着全球贸易的发展，贸易模式已经逐步从传统的互补余缺模式，转向追求高质量和多样化进出口结构的新阶段。无锡进口结构的变化趋势，不仅反映了国内产业结构的升级和市场需求的变化，而且也符合国际贸易发展的演进规律。这种变化不仅有助于提升无锡的产业竞争力，也为全球贸易的发展注入了新的活力。通过不断优化进口结构，无锡能够更好地融入全球经济体系，实现互利共赢的发展目标。

伴随无锡大力实施市场多元化战略，进出口贸易伙伴按国别（地区)计算,数量由 1985 年的 50 个增加至 2020 年的 224 个。从市场结构看,欧盟、美国和日本是无锡的三大传统贸易伙伴,国际金融危机以前对欧美日进出口占比接近一半。2008 年以后,受国际金融危机影响,传统市场发展全面减速,韩国、东盟、非洲、拉丁美洲、中东等新兴市场逐渐崛起。其中,韩国、东盟已超过美国和日本,分别成为无锡第二、第三大贸易伙伴。而欧美日市场所占份额则 2023 年下降至 38.7%。贸易市场多元化格局的形成,从出口的角度来说,有利于增加贸易规模,发挥规模经济优势;从进口的角度来说,能够增加进口商品种类,促进对外贸易平衡发展。

2024 年上半年,无锡外贸进出口总值达 3626.8 亿元,同比增长 9.4%,增速高出全省平均水平 0.9 个百分点,规模创历史同期新高。其中,出口 2364.8 亿元,同比增长 8.5%,进口 1262.0 亿元,同比增长 11.1%。特别是民营企业展现出强劲的增长势头,进出口增长 13.3%,占全市外贸总值的 39.8%,成为外贸经营主体中的重要力量。无锡的贸易结构持续优化,机电类产品尤其是集成电路和自动数据处理设备及其零部件增长迅速,占比达 2/3,成为拉动外贸增长的主要力量。集成电路进出口分别增长 17.5%和 30.4%,自动数据处理设备及其零部件进出口分别增长 29.7%和 62.7%,显示了“无锡智造”的加速发展和技术含量的提高。此外,无锡还积极推动外贸新业态的发展,如市场采购贸易、二手车出口资质申报、跨境电商等,以增强外贸的活力和竞争力。同时,无锡市通过“千企万人海外商洽拓订单”行动等措施,助力企业开拓国际市场,实现外贸的保稳提质。

常州在创造外贸竞争新优势方面也取得了不俗的成绩。根据《2023 年常州市国民经济和社会发展统计公报》,近年来常州的外贸结构得到了优化。在外贸结构方面,2023 年全年进出口总额达 3183.6 亿元,其中出口总额为 2498.4 亿元,进口总额为 685.2 亿元。一般贸易和民营企业进出口分别占全市比重的 83.0%和 57.1%，比上一年分别提高了 0.9 个和 2.3 个百分点。“新三样”产品出口额达 299.7 亿元，增长 12.3%，其中锂离子蓄电池出口增长 36.5%，电动载人汽车出口增长了 165.4 倍。对共建“一带一路”国家的出口增长 10.6%，对《区域全面经济伙伴关系协定》(RCEP)成员国的出口增长 6.4%。跨境电商进出口额达 140 亿元，同比增长 108%。

（三）创新利用外资方式

江南地区在利用外资规模方面，首推苏州。苏州的经济开放模式主要以吸引外资为核心。图 7－4 给出了 2013—2022 年苏州利用外资及其在江苏全省实际利用外资中的占比情况。从中不难发现，在整个样本中，苏州实际利用外资额占全省实际利用外资的比重基本维持在 20%以上，有些年份的占比甚至有近 30%。

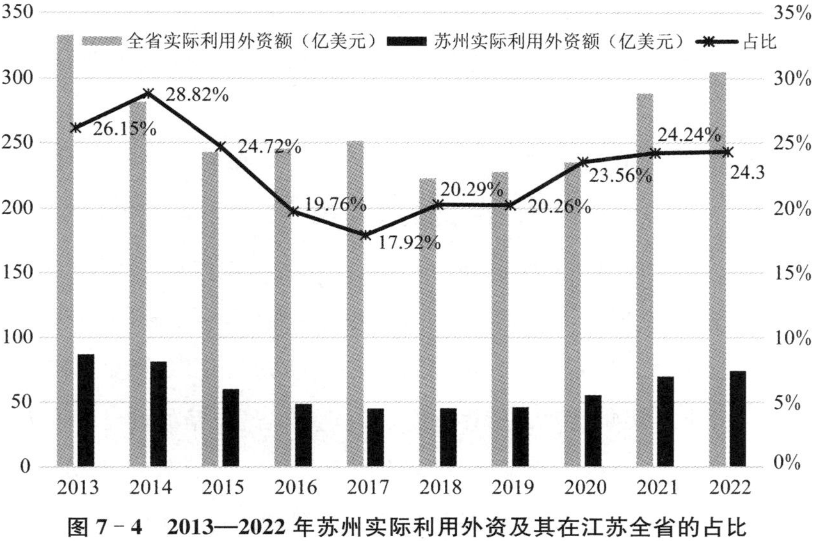

图 7－4　2013—2022 年苏州实际利用外资及其在江苏全省的占比

数据来源:《苏州统计年鉴 2023》

苏州充分利用外资所带来的资本、技术、管理、品牌等先进生产要素，同时也借助劳动力和土地等低端要素，实现了生产的国际化。这种模式使得苏州迅速崛起，成为世界级先进制造业加工中心。外资的引入不仅带来了先进的技术和管理经验，还提升了苏州的产业水平和竞争力，推动了产业结构的优化升级。同时，外资企业的进驻也为苏州提供了大量的就业机会，吸引了大量劳动力的流入，进一步促进了其城市化进程。此外，外资的引入还带动了相关服务业的发展，如物流、金融、商贸等，使得苏州的城市功能更加完善，服务业更加繁荣。总之，苏州的经济开放模式以吸引外资为核心，充分利用外资所带来的资本、技术、管理、品牌等先进生产要素，同时也借助劳动力和土地等低端要素，实现了生产的国际化，推动了城市化和服务业的繁荣，为苏州的经济发展注入了强大的动力。

苏州的成功在于其抓住了发展的机遇，利用优越的区位优势，营造优良的投资环境，大力吸引外资，集聚来自海外的先进生产要素，以低端切入的方式大力发展加工贸易，推进工业化进程。在贸易投资一体化条件下，加工贸易实际上是利用外资推进工业化的发展模式。

大体来看，苏州的加工贸易发展经历了从起步到转型升级的过程，主要分为以下几个阶段：一是起步阶段。苏州市的加工贸易从 20 世纪 80 年代初开始，以服装、鞋帽、玩具、五金等产品的“三来一补”方式起步，随后发展到 80 年代中期开展机械、电气装配等工厂化生产。二是发展阶段。20 世纪 90 年代后期，苏州形成了以 IT 产业为代表的大规模产业链聚集生产，逐渐形成了以电子信息、精细化工、通用设备、新材料等高新技术产业为主导的产业体系。三是转型升级阶段。进入 21 世纪，苏州的加工贸易呈现明显的阶段性发展特征，加速从劳动、技术密集型向技术、资本和知识密集型发展模式转变。全市电子信息产品制造业总量的 90％集中在苏州工业园区、高新区、昆山、吴江等开发区和特殊监管区域生产基地，苏州成为全国电子信息产品最大的制造和出口基地。四是创新升级阶段。近年来,苏州在加工贸易领域进行了多项创新和升级,包括加工贸易废料交易"苏州模式"的升级——通过移动互联网技术,开发名为"苏州加工贸易废料交易平台"的微信小程序,使得企业交易和政府部门监管更加便捷。此外,苏州还通过出台相关政策,如《关于促进加工贸易转型升级的指导意见》,进一步明确加工贸易转型升级的方向,促进加工贸易内销便利化。然而,苏州从 2005 年加工贸易额占比达到历史高点后逐年回落,加工贸易方式的贸易份额逐步收缩。尽管如此,加工贸易转型升级发展不断壮大,呈现出"三伸两转"的特点。总体来看,苏州的加工贸易发展历程经历了从起步到转型升级的过程,通过不断创新和政策支持,逐步形成了以高新技术产业为主导的产业体系,成为全国加工贸易的重要基地。

无锡制造业发达,实体经济强,利用外资时更多采用"引资+引技+引智"的模式。这不仅有利于促进稳中有进利用外资,还实现了利用外资质量的提升,突出表现在如下几个方面:一是高技术产业外资增长。无锡已成为高品质外资企业的聚集地。截至 2023 年底,全球财富 500 强企业中已有 117 家在无锡投资设立了 247 家外资企业,其中不乏高新技术领域的企业。2023 年,无锡高技术产业实际使用外资达 19.3 亿美元,占全市使用外资额的比重为 46.9%,显示出外资在无锡高技术产业的集中和增长。二是重大项目落地,包括集成电路、医疗机械等在内的高技术产业领域的重大外资项目纷纷签约落地,例如华虹无锡集成电路研发和制造基地二期项目,以及阿斯利康在无锡投资建设的小分子药物新工厂。三是注重优化利用外资结构,通过政策引导和资金支持,鼓励外资企业参与政府采购、基础设施建设等,促进外资企业在无锡的高质量发展。四是推动外资企业与本土企业、科研机构合作,推进产业链整合和功能性机构落户,支持外资企业申报高新技术企业。

为推动更多国际化人才流入无锡，实现“引资＋引智”相结合，无锡推出了“太湖人才计划”升级版 2.0，即“强智聚才”工程，提供更加包容和重磅的支持，以及更加贴心的服务，包括取消人才落户的年龄和社保限制，实现“零门槛”落户，并鼓励家属随迁。由此，无锡在国际化人才引进方面取得了显著成效。统计数据显示，近年来无锡已成功引进包括 18.4 万名高层次人才、2.58 万名留学归国人才和 57.1 万名高技能人才在内的高质量人才队伍，全市人才总量达 221.5 万人；无锡通过太湖人才发展大会等活动，向全球发出引才邀请，累计吸引 186 名诺奖得主和中外院士来锡合作对接，1.36 万多个人才创业项目来锡洽谈对接；无锡面向海内外公开选调 300 名优秀青年人才，提供包括租房、购房补贴等在内的优惠政策，并有计划地进行跟踪培养管理。

图 7－5 详细描绘了 2013 年至 2023 年间，无锡在实际利用外资方面所取得的成就和经历的挑战。值得注意的是，在这段时间内，由于全球对外直接投资整体呈现回落趋势，2021 年无锡在利用外资方面出

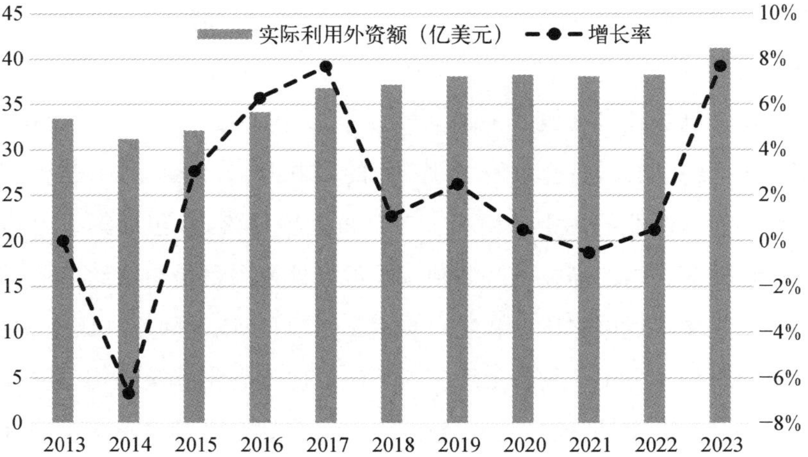

图 7－5　2013—2023 年无锡实际利用外资额及其增长率

数据来源：《无锡统计年鉴 2024》

现了一定程度的下滑。不过,这种下滑的幅度非常小,几乎可以忽略不计。尽管如此,无锡依然坚持对外开放的政策,不断拓宽开放的大门,积极吸引外资。在全球对外直接投资普遍不景气的背景下,无锡在利用外资方面仍然保持了相对稳定的态势,甚至在某些年份实现了正增长。特别是到 2023 年,无锡在利用外资方面取得了显著的增长,实现了高达 7.68%的增长率。这一成绩不仅展示了无锡在吸引外资方面的强劲势头,也反映了其在应对全球经济波动时的韧性和适应能力。无锡通过不断优化投资环境,加强与国际市场的联系,成功吸引了大量外资企业入驻,为当地经济发展注入了新的活力。同时,无锡市还积极推动产业升级,加强与外资企业的合作,提升了本地产业的竞争力。这些努力使得无锡市在全球经济波动中依然能够保持稳定增长,展现了其强大的经济韧性和发展潜力。

截至 2024 年 5 月,无锡累计实际使用外资 820.4 亿美元。2000 年以前累计实际使用外资 83.8 亿美元。其中 1996—2000 年年均实际使用外资约 10 亿美元;2000 年以后,无锡利用外资快速发展,实际使用外资规模持续提升。"十四五"以来,无锡实际使用外资 141.4 亿美元,其中 2023 年实际使用外资 41.2 亿美元,创历史新纪录。党的十八大以来,无锡利用外资稳中有升,2013—2023 年年均实际使用外资 35.9 亿美元。尤为值得一提的是,无锡在中日韩产业园建设方面取得了显著成果,其中包括多个重要项目和合作示范园区的推进。无锡高新技术产业开发区被认定为首批中日韩(江苏)产业合作示范园区之一,这有助于深化与日本、韩国在产业、科技、贸易和投资等领域的高水平开放合作。无锡高新区作为"日资高地",举办了重点日资企业产业合作对接会。会上,中国亚洲经济发展协会日本企业(无锡)合作交流中心揭牌,旨在构建更高能级的平台载体,促进中日企业在产业链、创新链、供应链上的深度对接合作。无锡在中日(无锡)产业文化合作交流会上推动了多美眼科检测设备研发生产项目、先导日本研究院项目等 4 个项目签约，这些项目是无锡高新区企业“走出去”投资兴业的成果。江苏省商务厅公示了拟认定的江苏省国际合作园区名单，其中包括中日（无锡）精密机械产业园，这标志着无锡在国际合作园区建设方面迈出了重要步伐。2021 年，无锡还举办了中日企业合作座谈会，讨论了 RCEP 背景下的中日经贸合作新机遇，已有超过 1200 家日资企业聚集在无锡。自 2019 年起，无锡紧随世界经济动能转换的新趋势，全面而深入地推进对外开放战略，进一步加大境外投资和海外园区建设力度，加速构建对外交流合作的新平台。无锡正致力于提升其产品在全球市场的占有率、企业在全球资源配置中的影响力、产业在全球分工体系中的地位以及技术在全球创新链中的价值，以加快无锡在世界经济格局中的建设步伐，并为“一带一路”交汇点的建设谱写新篇章。

无锡在吸引外资方面有着强大实力和巨大潜力。从行业分布的角度来看，无锡历年实际使用外资主要分布在多个关键领域。其中，计算机、通信和其他电子设备制造业以 19.6％的占比居于首位，显示出无锡在高科技产业方面的强劲吸引力。紧随其后的是房地产业，占比达 15.2％，体现了无锡房地产市场的繁荣和外资对该市场的高度认可。电气机械和器材制造业以 8.7％的占比位列第三，显示出无锡在制造业领域的强大竞争力。此外，商务服务业、通用设备制造业、汽车制造业、专用设备制造业、批发业、医药制造业、研究和试验发展业、纺织服装服饰业等行业也分别占据了 6.3％至 2.3％不等的比重，共同构成了无锡外资使用的多元化格局。从外资来源分布来看，无锡历年实际使用外资来源于世界各地的多个国家和地区。其中，中国香港地区以 49.8％的占比遥遥领先，成为无锡外资的主要来源地，这反映了香港与无锡之间紧密的经济联系和合作。英属维尔京群岛以 8.7％的占比位居第二，新加坡、韩国和日本分别以8.2%、8.0%和5.7%的占比位列其后，美国、开曼群岛、中国台湾地区、德国、荷兰和萨摩亚等国家或地区也对无锡进行了投资，进一步丰富了无锡外资的来源。总体而言，无锡在外资使用方面取得了显著的成绩，不仅在行业分布上呈现出多元化的特点，而且在外资来源上也展现了广泛的国际合作。这些数据充分证明了无锡在全球经济中的重要地位和吸引力，为未来进一步扩大对外开放和深化国际合作奠定了坚实的基础。

（四）“走出去”步伐显著加快

党的十八大以来，江南地区企业“走出去”步伐显著加快。以无锡为例。截至2023年12月底，无锡累计备案的对外投资项目数量达1477个，涉及的中方协议投资额高达212.6亿美元。在江苏省内，无锡的项目数量和投资额均位列全省第二名。无锡的企业已经将投资触角伸向了全球94个国家和地区，其中包括共建“一带一路”的63个国家中的39个。具体来看，无锡企业的对外投资主要集中在以下四个区域。首先，避税港地区是无锡企业投资的重点之一，例如中国香港、开曼群岛和英属维尔京群岛等地。其次，共建“一带一路”国家也是无锡企业投资的热点，包括新加坡、泰国、越南和柬埔寨等国。再次，资源丰富的国家和地区如澳大利亚和阿联酋也是无锡企业投资的重要目的地。最后，经济发达地区如美国、日本和德国也是无锡企业对外投资的主要区域。从投资主体类型来看，无锡的民营企业在对外投资方面的表现尤为突出。全市备案的民营企业对外投资项目达1100个，占全市项目总数的74.5%。在中方协议投资额方面，民营企业也占据了半壁江山，达109.5亿美元，占全市总额的51.6%。与此同时，国有企业和外资企业也在对外投资方面有所贡献。备案的国有企业对外投资项目有72个，中方协议投资额为50亿美元；备案的外资企业对外投资项目则有305个，中方协议投资额为52.6亿美元。

这些数据充分展示了无锡企业在对外投资领域的活跃程度和多元化布局。在参与共建“一带一路”过程中，无锡在市场上的“朋友圈”更大了。2022年全年，无锡对共建“一带一路”国家进出口总额超301亿美元，同比增长10.6%；截至2023年8月，相关国家和地区累计在无锡投资项目1074个，实际使用外资59.8亿美元；截至2023年8月，无锡赴共建“一带一路”国家投资项目共455个，中方协议投资额50.3亿美元。

参与共建“一带一路”为无锡带来了推动高水平开放和实现高质量发展的重大机遇。阳光集团、无锡一棉、无锡金茂等企业积极“走出去”，在埃塞俄比亚投资建设纺织基地，形成了无锡纺织服装产业在非洲大陆的集聚；远景能源、尚德太阳能、中交新能源等能源企业则利用自身技术优势，在巴西、阿根廷、尼日利亚等国家通过收购或新设方式与当地开展能源合作。无锡一棉在埃塞俄比亚的纺织工厂已具备10万锭纺纱能力，年产纱线2万吨，不仅带去了先进的技术和管理经验，还实施了人才本地化战略，取得了显著的经济效益和社会效益；华光电力在缅甸掸邦建设的电站是缅甸首座也是唯一的燃煤发电站，占缅甸掸邦总发电量的40%，电站所产生的电能全部并入缅甸国家电网，促进了当地经济发展；由东南亚教育部长组织职业技术教育与培训中心和无锡职业技术学院共建的“中国—东盟教师培训发展中心”已承担了对印尼、马来西亚、老挝、泰国等国的18批190多名校长和教师的培训，为这些国家的社会经济发展和人才培养提供了智力支持……越来越多的无锡元素在“一带一路”上闪耀。

特别引人注目的是，红豆集团与中柬企业携手，在柬埔寨西哈努克省波雷诺县共同建设的柬埔寨西哈努克港经济特区（以下简称“西港特区”）总面积达11.13平方千米，旨在为全球企业提供一个国际化的投资平台。该特区是中国政府批准的首批境外经贸合作区之一，亦是中柬两国政府共同建立的国家级经济合作区，更是“一带一路”倡议中的一个标志性项目。经过多年的建设，西港特区已经发展成为柬埔寨发展最快、最具影响力、社会形象最佳的经济特区。红豆集团联合众多合作伙伴，助力西港特区在道路、水电、网络等基础设施方面取得显著进展，建立污水处理厂和热电厂，实现了道路、电力、水源、网络、排污和排水以及土地平整的“六通一平”。此外，园区还与西港特区公司等中柬企业合作，以“平台＋”为核心理念，陆续吸引柬埔寨发展理事会、海关、商业部、劳工部等机构，形成了一站式行政服务窗口，成立了法律服务中心、卫生服务中心等相关机构，为西港特区打造了优质的商业环境。截至 2023 年 10 月，已有来自中国、欧美、东南亚等国家和地区的 175 家企业（机构）在西港特区这个平台实现了共赢发展，这些企业的数量约占西哈努克省全省企业的 60%，已创造就业岗位近 3 万个。①

在开展“走出去”中实现开放融合创新，其突出表现就是设立海外研发机构。无锡企业在海外设立研发机构累计达 31 家，这有效地整合和利用了全球创新资源。例如，威孚高科在全球范围内布局了氢燃料电池研发中心，在丹麦和比利时分别设立了分支机构。这些研发中心的建立，不仅提升了威孚高科在全球氢燃料电池领域的竞争力，还为其进一步拓展国际市场奠定了坚实的基础。同样，无锡高新区的另一家企业锡产微芯也在意大利设立了先进传感器和模拟半导体技术研发中心。这一举措不仅有助于锡产微芯在传感器和半导体领域取得技术突破，还为其在全球市场上的发展提供了有力支持。此外，小天鹅作为无锡高新区的一家知名企业，在母公司美的集团的全球布局框架下，也在美国、韩国、德国等国家设立了洗衣机事业部等相关研发

① 《西港特区，中柬务实合作的样板》，《无锡日报》2023 年 10 月 18 日。

团队。这些研发团队的建立，不仅提升了小天鹅在全球洗衣机市场的竞争力，还为其进一步拓展国际市场提供了有力支持。通过“走出去”，无锡高新区的企业成功实现了开放融合创新，成为无锡经济开放发展的一大特色和亮点。

（五）高能级开放载体稳步发展

江南地区高水平开放的一个显著标志是高能级开放载体的形成。高能级开放载体建设一方面主要表现为开发区向创新集聚转型取得稳步发展，另一方面主要表现在自贸试验区建设稳步推进上。无锡在开发区创新集聚发展方面已取得显著成效，主要包括：

第一，近年来无锡高新区专注于全球优质项目，构建高水平利用外资“强磁场”，在吸引高端外资方面取得了显著的成果。无锡高新区汇集了来自 57 个国家和地区的超过 1800 家各类外商投资企业，其中包括 68 家世界 500 强企业投资的 128 个项目，截至 2024 年 11 月，全区累计实际利用外资已超过 267 亿美元。先进制造业和高新技术产业占比均超过 80％，体现出高质量外资利用的特点，显示出“引资＋引技”的显著成效。

第二，产业集群化形态初步形成。无锡通过深入实施创新驱动发展战略，加快发展现代产业体系，促进创新链产业链深度融合，已在多个领域形成产业集群化形态。截至 2023 年底，无锡拥有物联网、生物医药、高端新材料、节能环保等 10 个千亿级产业集群，2021 年 16 个重点产业集群实现主营业务收入 1.76 万亿元，同比增长约 21％。这些产业集群在促进产业由集聚发展向集群发展全面提升方面发挥了示范作用。无锡高新区已获批省级以上创新型产业集群 4 家，集成电路制造创新型产业集群入选首批江苏省创新型产业集群建设名单。产业集群的龙头企业培育成效显著，这有助于提高产业集群的核心竞争力。

第三，打造特色产业园区。无锡支持各板块围绕未来产业细分领域主动布局打造特色产业园区，到2030年建成不少于20个未来产业特色园区，并完善落实整体功能定位、风格控制、生态环境影响、公共服务配套等内容，推动未来产业应用场景在园区内率先落地。这些体现了无锡开发区在产业集群发展方面的战略规划和积极作为，通过一系列政策支持和创新驱动，无锡开发区正逐步形成具有国际竞争力的产业科技创新中心。

（六）开放中建设现代化产业体系

注重以我为主构建现代产业体系，是无锡经济开放发展的又一特色和亮点。无锡对外开放的产业布局更加平衡，具体表现为两个方面，一是在利用外资方面，流入产业领域从制造业向服务业拓展；二是在贸易领域，服务贸易规模日益扩大。就利用外资而言，从行业分布看，无锡近年来实际使用外资主要分布在计算机、通信和其他电子设备制造业，房地产业，电气机械和器材制造业，商务服务业，通用设备制造业，汽车制造业，专用设备制造业，批发业，医药制造业，研究和试验发展业，纺织服装服饰业等行业领域，分别占比19.6%、15.2%、8.7%、6.3%、4.3%、3.5%、3.4%、3.3%、3.1%、3.0%、2.3%。在贸易方面，无锡市政府高度重视服务贸易的发展，出台了一系列促进政策，旨在进一步优化营商环境，推动服务贸易高质量发展。例如，无锡中小微企业出口信用保险统保平台的启动，为工商注册在无锡市区的货物贸易、服务贸易、跨境电商企业提供出口收汇保障、资信调查服务和融资增信支持。在此背景下，无锡市服务贸易近年来发展迅速，展现出蓬勃的发展态势。根据《服务外包》杂志发布的“无锡服务贸易创新发展调研报告”，2022年无锡服务贸易总额达79.8亿美元，同比增长12.1%，其中服务出口达52.9亿美元，同比增长18.3%。无锡服务贸易的增长得益于知识密集型服务贸易的快速增长，以及电信、计算机和信息服务领域的高速增长，无锡在这些领域展现出较强的国际竞争力。

无锡经济开放发展过程中实体企业多，专精特新“小巨人”多，呈现外资企业与本地企业融合、开放与创新融合的发展特色，以及以我为主构建现代产业体系的经济开放发展模式和亮点。

在对外开放的进程中，无锡市政府通过一系列政策措施，成功培育出众多专注于特定领域的创新型、技术型、特色型以及小型但具有强大竞争力的“小巨人”企业。这些企业以其创新能力、市场占有率和掌握的关键核心技术而闻名，对提升中小企业自身的竞争力以及提升产业链、供应链的稳定性具有重大意义。统计数据显示，2024 年 1—5 月，无锡 1467 家省级以上专精特新工业企业生产规模快速增长，工业总产值累计达 2291.60 亿元，同比累计增长 8.8%；营业收入稳中略增，达 1866.30 亿元，增速为 1.8%。2024 年上半年，无锡新增省级专精特新中小企业 375 家，在集成电路、高端装备、汽车及零部件等产业发展中的集聚效应显现，其中不乏江苏悦川机器人有限公司、无锡隆基氢能科技有限公司等面向未来产业布局的企业。专精特新企业规模虽小，但长期深耕细分领域，具有较强的创新能力；配套能力突出，是保障产业链供应链稳定的重要支撑。无锡专精特新企业持续释放动能得益于立足主业、聚焦关键的专注投入，在推动经济开放高质量发展中发挥了巨大作用。

比如，微导纳米成功研发出适用于大面积百兆瓦钙钛矿电池生产的专用量产型原子层沉积（ALD）设备，并顺利发货至业内领军企业。这家公司的技术创新和产品迭代步伐加快，显示了其在纳米技术领域的领先地位。再比如，日联科技凭借自主研发的 UNT 高效通过式在线检测装备，一举夺得“全国铸造装备创新奖”与“全国压铸行业创新技术奖”两项重量级大奖。日联科技不断加快研发系列微米至纳米级微焦点和大功率小焦点X射线源，致力于实现核心部件射线源的进口替代。又比如，恒和环保公司主导完成的项目在“机械工业科学技术奖”评选中荣获科技进步奖一等奖，展示了其在环保科技领域的领先地位和创新实力。还有德科立深耕光电子器件行业20多年，主营业务涵盖光收发模块、光放大器以及光传输子系统的研发、生产和销售。公司产品主要应用于通信干线传输、5G前传、5G中回传、数据链路采集、数据中心互联、特高压通信保护等国家重点支持发展领域。德科立已入选工业和信息化部国家级专精特新“小巨人”企业名单。诸如此类的企业不仅是无锡乃至全国中小企业中的佼佼者，而且通过其技术创新和市场拓展，为无锡及周边地区的经济发展作出了重要贡献，为整个产业链的升级提供了强有力的技术支持，充分展示了无锡在对外开放进程中的创新能力和竞争力。

无锡注重在国内构建价值链，并将其嵌入国际分工体系，以实现更深层次的国际合作与竞争。这种开放发展模式显示了无锡特别强调以自身为主导，积极构建一个现代化的产业体系，以确保在全球经济中占据有利地位。据官方数据，2022年，无锡机械行业取得了历史性的成就，产值突破了1.1万亿元大关；以高端装备、新材料、新能源、节能环保为代表的产业集群规模和影响力稳步增长，其在全国同行业中的地位显著提升；同时，高端纺织等产业集群成功入选第三批国家先进制造业集群名单，汽车（包括新能源汽车）及零部件的规模以上产值也突破了2000亿元，实现了3.4%的增长。这些优势产业一直是无锡产业经济的坚实基础。然而，在新一轮科技革命和产业变革即将到来之际，产业生态和集群网络逐渐成为全球科技竞争的焦点。如何促进传统优势产业向战略性新兴产业转型，以形成新的竞争优势？无锡给出的答案是构建一个自主可控、安全高效、现代化的产业体系，并培育世界级的先进制造业集群。2021

年 12 月，无锡市委十四届二次全会提出了加快构建以 4 个地标性产业集群、6 个优势产业集群和 5 个未来产业为支撑的“465”现代产业体系，并发布了《无锡市关于构建“465”现代产业体系 加快重点产业集群建设的实施意见》。所谓的“465”现代产业体系，主要涵盖了物联网、集成电路、生物医药、软件与信息技术服务等 4 个产业，旨在打造具有核心竞争力和国际影响力的地标性产业集群；同时，还包括高端装备、高端纺织服装、节能环保、新材料、新能源、汽车及零部件（包括新能源汽车）等 6 个产业，以发展和壮大具有较高市场占有率和全国竞争力的优势产业集群；此外，还需加快培育人工智能和元宇宙、量子科技、第三代半导体、氢能和储能、深海装备等 5 个未来产业，以前瞻性的布局确保增长潜力和资源集聚度。通过培育形成一批具有国际竞争力、产业链韧性更强、本地根植性更深厚的产业集群，无锡正致力于加快构建一个产业综合实力更强大、协同创新水平更高、分工协作关系更紧密、开放合作程度更深入、产业治理能力更突出的“465”现代产业体系。

三、开放包容文化促进经济开放的启示

包括无锡在内的江南地区，自古以来就孕育了开放包容的工商文明精神，这种精神深深植根于其悠久的历史和繁荣的经济之中。自古以来，江南地区就以其独特的地理位置和丰富的自然资源，成了一个重要的商贸中心。[①] 江南地区的人民历来以开放的心态迎接四方来客，以包容的姿态吸纳各种文化和思想。正是这种开放包容的精神，使得江南地区在历史上多次成为经济繁荣的象征，工商文明在这里得

① 钱洁：《长三角区域中心城市的演化与上海城市功能优化研究》，上海社会科学院博士论文，2021 年，第 20 页。

到了充分发展和传承。无论是古代的丝绸之路上，还是近代的工业化浪潮中，江南地区始终保持着这种积极进取、兼容并蓄的精神特质，为江南地区的持续发展注入了源源不断的动力。进入新时代以来，政府和企业都高度重视人文精神的传承和发展，将其融入经济建设的各个方面。尤其党的十八大以来，正是以这些宝贵的资源为支撑和引领，在经济开放的发展过程中，江南地区积极引进外资，推动国际贸易和合作，吸引了众多跨国公司和高科技企业前来投资兴业；同时，江南地区还大力发展现代服务业，提升城市的综合竞争力，在经济、文化、教育、科技等多个领域都取得开放发展的显著成就，展现出蓬勃的发展活力和广阔的发展前景。以开放包容的人文精神引领经济开放发展并取得显著成就，其重要的经验启示在于，坚决做到五个方面人文精神的传承和创新。

（一）以开放包容人文精神为引领，不断提升自主创新能力

习近平总书记指出，构建新发展格局是开放的国内国际双循环，不是封闭的国内单循环。[①] 可见，双循环新发展格局本质上是一种新开放发展观，其所强调的“相互促进”关系，显然蕴含了继续以开放促发展的重要性。从这一意义上说，提升自主创新能力，同样需要在更加开放的条件下整合和利用全球创新要素，而不能狭义地理解为“自己创新”。构建新发展格局并争取为全国做出示范，江南地区一直以来都在积极地传承和发展“开放融合创新”的人文精神。这种精神不仅体现在其悠久的历史文化中，还贯穿于现代城市发展的各个方面。江南地区以其独特的地理位置和丰富的文化底蕴，成了一个充满活力和创新精神的地方。在历史的长河中，江南地区始终秉持着开放包容

① 习近平：《新发展阶段贯彻新发展理念必然要求构建新发展格局》，《求是》2022 年第 17 期。

的态度，吸纳了各种文化的精髓，形成了独特的地域文化特色。无论是古代的运河文化，还是近代的工商文化，江南地区都展现出其独特的魅力和活力。如今，江南地区在新的时代背景下，继续发扬这种开放融合创新的人文精神，推动城市在经济、科技、文化等各个领域的发展。

为了更好地传承和创新这一人文精神，江南地区比如无锡市政府，制定了一系列政策和措施。在经济领域，无锡积极引进外资和先进技术，推动产业结构的优化升级。同时，无锡还大力发展高新技术产业，鼓励创新创业，为各类人才提供了广阔的发展平台。在文化领域，无锡注重传统文化的保护和传承，同时也积极吸收现代文化的元素。通过举办各种文化活动和节庆，无锡不仅展示了其深厚的文化底蕴，还吸引了来自世界各地的游客和文化爱好者。此外，无锡还加强与国内外其他城市的交流与合作，推动文化的多元融合和创新发展。在教育方面，无锡也致力于培养具有创新精神和国际视野的人才。通过引进国内外优质教育资源，无锡不断提高教育水平，为城市的发展提供了强大的智力支持。总之，无锡在传承和发展“开放融合创新”的人文精神方面取得了显著的成就。

从经济开放发展层面看，“外资稳链”、提升利用外资质量和扩大服务业开放的政策举措等，都是传承和发展“开放融合创新”这一人文精神，并以此为引领和支撑，通过高质量“引进来”集聚先进和创新要素的具体实施路径。近年来，江南地区在吸引跨国公司总部落户方面取得了显著成绩。相关统计数据表明，落户无锡的省级外资跨国公司地区总部和功能性机构已有 50 家。这些企业中，包括了鲍迪克（无锡）技术有限公司和佛吉亚（无锡）座椅部件有限公司等，它们不仅在无锡提供技术服务和承担管理职能，还计划在无锡布局更多新产品和新技术，彰显了其深耕无锡的决心。

展望未来，江南地区继续拓宽全球视野，深化与国际合作伙伴的交流与合作。随着全球科技竞争的加剧，企业应更加注重在关键技术领域的突破和创新。例如，威孚高科计划在氢燃料电池领域进一步加强与欧洲顶尖研究机构的合作，共同开发新一代高效能、低排放的动力系统。与此同时，锡产微芯也计划继续扩大其在意大利研发中心的规模，吸引全球优秀人才，推动传感器和模拟半导体技术的前沿发展。小天鹅则依托其在海外的研发团队，进一步整合全球资源，推动洗衣机产品的智能化和个性化升级；通过与各国科研机构和高校的合作，小天鹅不断引入先进的设计理念和制造技术，提升产品的全球竞争力。除了技术研发合作，江南地区还积极参与国际标准的制定，通过与国际组织的合作，推动中国标准走向世界。这不仅有助于提升企业的国际形象，也能为中国企业在全球市场中赢得更多的话语权。在人才培养方面，江南地区加强与国际知名高校和研究机构的合作，通过设立奖学金、联合培养项目等方式，培养更多具有国际视野的高层次人才。这些人才会成为企业"走出去"战略的重要支撑，为企业的国际化发展提供源源不断的智力支持。总之，江南地区继续秉承开放创新融合的理念，通过深化国际合作，推动技术进步和产业升级，为实现高质量发展注入新的动力。在全球化的浪潮中，江南地区高新企业以更加自信的姿态迎接未来的挑战与机遇。

（二）以开放包容人文精神为引领，构筑全面开放新格局

习近平总书记指出，加强创新能力开放合作，形成陆海内外联动、东西双向互济的开放格局……优化区域开放布局，加大西部开放力度。[①] 这也是贯彻开放发展理念，构建双循环新发展格局的重要内容。

① 《习近平在首届中国国际进口博览会开幕式上的主旨演讲（全文）》，习近平系列重要讲话数据库，2018 年 11 月 5 日，http：//jhsjk. people. cn/article/30382600。

近年来，江南地区一直很重视打造内外联动、东西双向互济的开放格局，尤其是积极参与共建“一带一路”过程中，以及积极参与长三角区域高质量一体化建设等区域协作，加大与国内中西部地区的协作和分工，推动了东西双向互济的开放格局形成。

江南地区一直以来都秉承着“内外联动”的发展理念，这一理念是开放包容人文精神的重要体现，这种精神深深植根于其历史与文化之中。“内外联动”的发展理念在江南地区发展过程中，不仅意味着江南地区注重内部的经济建设和社会进步，还积极与外界进行广泛的交流与合作，形成了一种开放包容的城市特质。实际上，江南地区在历史上就是一个商业繁荣、交通便利的地区，早在古代就与全国各地乃至海外有着密切的联系。这种开放的传统在现代社会得到了进一步发扬光大，在“内外联动”的人文精神支撑下的开放发展，使江南地区不仅在经济建设上取得了显著的成就，还在文化、教育、科技等领域与国内外其他城市进行了广泛的交流与合作。

随着进入新的发展阶段，江南地区坚定继承并发扬开放包容的人文精神，坚持“内外联动”发展，致力于构建全方位开放的新格局。在这一人文精神的传承与创新推动下，江南地区积极参与共建“一带一路”。陆海内外联动、东西双向互济的策略不仅体现在江南地区加速推动部分产业向中西部地区转移，还体现在通过优势互补共同打造“一带一路”陆海联运新篇章上。江南地区始终不渝地深入贯彻落实习近平总书记关于深化东西部协作和新时代西部大开发、革命老区振兴发展的重要指示精神，特别是紧跟江苏和陕西最新达成的协作合作共识，江南地区带着真挚的感情和使命责任，近年来全力推动东西部协作和对口合作工作，深入扎实地支持革命老区的振兴发展。比如，无锡与延安早在 1997 年就签订了关于开展扶贫协作和经济合作的协议。到 2022 年 7 月，根据国家关于新时代支持革命老区振兴发展的决策部署，两地进一步拓展了结对工作的内涵与外延，建立了革命老区重点城市对口合作关系。在2023年全省的考评中，无锡在对口支援协作合作工作方面被评为先进，位列第一名。无锡与延安在东西部协作工作方面取得了显著成效，成功通过了国家考核组的现场考核。

以高质量共建"一带一路"为契机，江南地区不断深化与其他重要节点城市之间的合作关系，进一步拓展合作领域和提升合作水平。这一举措不仅有助于江南地区自身的发展，也为整个江苏乃至中国的经济发展注入了新的活力。众所周知，江苏位于中国改革开放的前沿，是中国经济发展速度最快的省份之一。无锡作为江苏省内重要的制造业城市，在共建"一带一路"的背景下，在加强与中西部地区的产业合作方面具有独特的优势。除了依托"一带一路"倡议，江南地区还积极对接国家其他发展战略，通过内外联动构筑全面开放的新格局。例如，无锡坚定不移地参与推动长三角一体化发展，这是无锡积极推动形成陆海内外联动、东西双向互济开放格局的重要实施路径。无锡市紧扣"一体化"和"高质量"两个关键，主动支持和服务上海发挥龙头作用，与其他各兄弟城市携手合作，各扬所长，有力有序有效地推进《长江三角洲区域一体化发展规划纲要》各项工作任务在江苏落地落实。无锡坚定不移地通过加强区域协作，释放了双循环新动能，在推动东部地区经济开放迈向更高层次和更高水平的同时，也加强了与中西部地区的互动，带动中西部地区经济开放发展。通过这种合作，无锡不仅能够充分利用自身优势，还能够与其他城市共同分享发展机遇，实现互利共赢，为推动中国经济发展作出更大的贡献。无锡的一系列举措，不仅有助于提升自身的经济实力，也为其他城市提供了宝贵的经验和借鉴，共同推动了中国改革开放的进程。

展望未来，江南地区继续以开放包容的人文精神为引领，秉承“内外联动”的核心理念，深化对外开放与合作，以更加开放的姿态融入全球经济体系。在“一带一路”倡议的引领下，江南地区不断探索与共建国家在经贸、科技、文化等多领域合作的新模式、新路径，促进资源、技术、市场等要素的自由流动与优化配置。同时，江南地区进一步强化长三角区域乃至与全国其他地区的协同发展，通过区域合作机制的创新与完善，推动产业链、供应链、创新链的深度融合，构建更加紧密的区域经济共同体。在长三角一体化发展的国家战略中，江南地区各重要城市应积极发挥自身优势，比如无锡在智能制造、物联网、新能源等领域的优势，加强与上海、南京、杭州等核心城市的联动，共同打造世界级产业集群和创新高地。此外，江南地区还致力于提升城市软实力，加强文化交流与国际传播，让江南地区的文化瑰宝和城市发展成果走向世界。通过举办国际性文化节庆活动、加强与国际友好城市的交流合作、推广江南旅游品牌等方式，江南地区不断提升区域内各城市的国际知名度和美誉度，吸引更多国际友人前来观光旅游、投资兴业。在生态文明建设方面，江南地区坚持绿色发展理念，加大生态环境保护力度，推动经济社会发展全面绿色转型；通过实施蓝天、碧水、净土保卫战等举措，打造生态宜居的美丽家园，为人民群众提供更加优质的生态环境和更加美好的生活空间。

（三）以开放包容人文精神为引领，维护全球产业链供应链畅通稳定

在百年未有之大变局和世纪疫情的双重冲击下，国际产业链供应链遭受了前所未有的严重冲击和破坏效应。特别是新冠疫情在全球范围内的肆虐，不仅在供给梗阻的层面上造成了巨大的影响，还在需求萎缩的层面上对国际产业链供应链产生了深远的影响，从而引发了产业链供应链“断裂”的风险。这种情况使得全球产业链

供应链的稳定性和畅通性受到了极大的威胁。更为重要的是，美国为首的一些西方国家不断叫嚣要减少对中国的依赖、去中国化，在此背景下，江南地区这个已经深度融入全球产业链分工体系的开放前沿地区，在维护全球产业链供应链畅通稳定方面，的确面临着巨大的挑战。

江南地区作为中国的经济中心之一，其在全球产业链中的地位和作用不容忽视。为了确保全球产业链供应链的畅通和稳定，进一步构建双循环的新发展格局，江南地区正致力于通过加强互利共赢的合作关系，进一步打造一个“你中有我、我中有你”的共生关系，从而巩固全球产业链供应链畅通稳定的基础。具体来说，江南地区坚决以开放包容的人文精神为引领，采取了一系列措施，包括放宽市场准入、对标国际规则、加强权益保护等，以优化营商环境。这些举措旨在吸引外资企业更深入地参与生物技术和新医药产业、高端软件和信息服务业、节能环保等战略性新兴产业。通过这些努力，江南地区希望在外资稳定产业链中与外资企业形成“命运共同体”和“安全共同体”，共同应对全球市场的挑战和机遇，实现共同发展和繁荣。

与此同时，江南地区通过积极推动开放创新的深度融合，致力于实现科技的自主自强，努力向全球创新链的高端攀升。江南地区深知，只有通过不断创新和开放，才能在全球竞争中占据有利地位。因此，江南地区在这一过程中，积极应对和防范疫情以及中美贸易摩擦所带来的供应链风险，避免出现供应链的“共振”效应，确保产业链的稳定和顺畅。江南地区在顺应全球产业链和供应链区域化的发展趋势，抓住了构建东亚小循环体系的战略机遇。比如，无锡积极探索与日本、韩国合作的“快捷通道”，巩固现有的产业链一体化成果，增强产业链各环节的活力。同时，江南地区努力畅通产业链的要素国际循环，提升产业链一体化的协同创新水平，以东亚小循环带动国际大循环的发展。江南地区坚持以互利共赢的新思路为指导，积极化解各种风险和挑战。通过这些努力，江南地区在维护全球产业链和供应链的畅通稳定方面发挥了重要作用，彰显了其责任担当，并发挥了示范作用。江南地区在推动科技创新和产业升级方面，采取了一系列有力措施。政府和企业紧密合作，加大研发投入，推动科技成果转化，培育新兴产业，提升传统产业的技术水平。江南地区还积极引进高层次人才，为科技创新提供人才保障。通过这些举措，江南地区在半导体、物联网、生物医药等领域取得了显著进展，成为全球创新网络中的重要节点。同时，江南地区还注重加强与国内外高校、科研机构的合作，推动产学研深度融合，提升科技创新的整体实力。江南地区的这些努力不仅为自身发展注入了强大动力，也为全球科技创新贡献了中国智慧和中国方案。

展望未来，江南地区继续秉持开放包容、合作共赢的发展理念，深化与全球各地的交流合作，共同应对全球性挑战。面对快速变化的国际环境和日益激烈的科技竞争，江南地区坚定不移地走创新驱动发展之路，加速构建自主可控的现代化产业体系。一方面，江南地区聚焦关键核心技术攻关，持续加大在人工智能、量子信息、集成电路、生命健康等前沿领域的研发投入，力求在"卡脖子"问题上取得突破，为国家科技自立自强贡献江南力量。同时，江南地区积极搭建国际科技合作平台，吸引全球顶尖科研团队和创新型企业落户，促进跨国界、跨学科的知识交流与技术创新。另一方面，江南地区更加注重产业链供应链的安全稳定与韧性提升。在全球化遭遇逆流、保护主义抬头的背景下，江南地区加快构建多元化、多层次的供应链体系，降低对单一市场的依赖风险。同时，通过优化营商环境、提升服务效能等措施，吸引更多上下游企业集聚江南地区，形成更加紧密、稳固的产业链生态圈。此外，江南地区还积极探索绿色低碳的发展路径，推动经济社会全面绿色转型。江南地区大力发展清洁能源、节能环保等绿色产业，加快传统产业转型升级，降低碳排放强度，努力打造生态文明建设的江南样板。展望未来，江南地区以更加开放的姿态拥抱世界，以更加务实的行动践行责任担当，为构建人类命运共同体贡献江南的智慧和力量。在科技创新的浪潮中，江南地区不断攀登新的高峰，书写更加辉煌的篇章。

（四）以开放包容人文精神为引领，打造全球高端要素引力场

开放包容的人文精神首先强调“练好内功”。换言之，强调道德修养和道德提升是开放包容人文精神的重要组成部分，或者说是基础条件。中华优秀传统文化在历史的长河中，始终强调个人的自我修养和道德提升。这种文化传统认为，一个人的内在品质和道德修养是其立身处世的根本。无论是儒家的“修身、齐家、治国、平天下”，还是道家的“无为而治”和佛家的“修身养性”，都体现了对个人修养的高度重视。儒家文化特别强调“修身”，认为个人应当通过学习和实践，不断提升自己的道德水平和人格魅力。孔子提出的“君子”概念，就是一种理想的人格典范，要求人们在言谈举止、待人接物等方面都要达到高标准。孟子进一步发展了这一思想，提出“养心莫善于寡欲”，强调内心的修养和欲望的控制。道家文化则主张顺应自然，追求内心的平和与宁静。老子在《道德经》中提出“知人者智，自知者明；胜人者有力，自胜者强”，强调自我认知和自我克制的重要性。庄子则进一步阐述了“无为”的哲学思想，认为通过减少外界的干扰和内心的杂念，可以达到心灵的自由和宁静。佛家文化则注重内心的修行和精神的净化。佛教认为，人生充满苦难，唯有通过修行，才能达到涅槃的境界。修行不仅仅是诵经念佛，更重要的是内心的修炼，包括慈悲为怀、去除贪嗔痴等烦恼。总之，中华优秀传统文化强调个人的自我修养，无论是儒家的道德修养、道家的内心平和，还是佛家的精神净化，都体现了对个

人内在品质的高度重视。

这种文化传统不仅影响了人们的精神世界，而且还会贯穿于经济活动之中，成为引领经济发展实践的重要人文因素。传承和创新这种精神，从发展经济开放角度看，其实就是强调内在因素在推动经济开放发展中的重要作用，或者说国内市场因素在重塑开放型经济竞争新优势中的重要作用。习近平总书记强调，中国将坚定不移全面扩大开放，让中国市场成为世界的市场、共享的市场、大家的市场，为国际社会注入更多正能量。[①] 双循环新发展格局以国内大循环为主体，其实就是要发挥超大本土市场规模优势，吸引和集聚全球高端要素。这一开放发展理念本质上正是对中华优秀传统文化关于“内在品质和道德修养”的传承以及在经济开放实践中的创新性转化。进入构建新发展格局的发展阶段后，在发挥超大本土市场规模优势，打造全球高端要素引力场时，我们实际上仍面临着国内大循环不够畅通的问题。由于体制机制等方面的约束，国内统一大市场目前尚未形成，真正可用的有效市场规模还不是很大。

江南地区坚定不移地采取多方面对策举措，着力破除要素流动障碍，其中就包括前述分析指出的积极开展区域合作，如长三角高质量一体化建设等。特别需要指出的是，江南地区在发展过程中，重要城市如无锡等，把握上海大都市圈、环太湖科创圈、苏锡常都市圈和沿沪宁产业创新带建设机遇，重点拉长科技创新、智能制造、文化交流功能长板，打造上海大都市圈专业性全球城市；抢抓南沿江发展走廊建设和跨江融合发展机遇，拉长智能制造等全球功能领域长板，打造上海

① 《习近平在第三届中国国际进口博览会开幕式上发表主旨演讲 强调中国将坚定不移全面扩大开放，愿同世界分享市场机遇，让中国市场成为世界的市场、共享的市场、大家的市场，推动世界经济复苏 宣布中国全面扩大开放新举措》，《人民日报》2020 年 11 月 5 日。

大都市圈全球功能性节点；抢抓环太湖科创圈、宁杭生态经济带建设机遇，承接全球城市的非核心功能外溢，打造上海大都市圈全球功能支撑性节点。此外，无锡在促进内外贸一体化发展方面采取了一系列政策举措，旨在加快内外贸规则制度的衔接融合，提升内外贸融合能级，以及优化营商环境，具体措施包括：(1) 促进内外贸规则制度衔接融合。促进内外贸标准衔接，对标国际先进水平，建立完善国际标准跟踪转化工作机制，提高国际标准转化率。促进内外贸检验认证衔接，完善合格评定服务贸易便利化信息平台功能，鼓励检验检测认证机构提供一站式服务。(2) 优化营商环境。深化行政执法体制改革，推动职能配置更优化、运行管理更高效。打造最优营商环境，坚持“无难事、悉心办”，持续建设市场化法治化国际化一流营商环境。落实“两个毫不动摇”，倾力支持民营企业、个体工商户等经营主体，减少多头执法、重复检查。(3) 加强对外开放和跨境贸易便利化。响应国务院出台的《关于加快内外贸一体化发展的若干措施》，搭建发展平台，全力争取全省首个跨境电商新零售试点落地无锡。加快“跨境电商＋产业带”发展模式，创新发展数字贸易，推动市场采购、保税检测维修、海外仓等新业态占比稳步提升。(4) 推动内外贸一体化发展落实到具体行动。比如，举办“全球好物生活＋精选市集”等内外贸一体化活动，发挥示范企业引领作用，支持省级内外贸一体化试点企业做大做强。加快内外贸融合发展，探索设立国际商品交易中心、货物集散中心等平台，实施自主品牌产品、终端产品出口激励计划。内外贸一体化可以看作“内外融合”的发展模式，并以此来释放双循环新发展活力。(5) 深化供应链协同与创新。无锡依托其强大的制造业基础和完善的供应链体系，积极推动内外贸供应链的深度融合与协同创新。通过搭建供应链金融服务平台，为外贸企业提供多元化的融资解决方案，缓解资金压力，促进贸易畅通。同时，鼓励本土企业参与国际供应链重构，提升其在全球价值链中的地位和竞争力。(6) 强化品牌建设与知识产权保护。无锡认识到品牌是企业走向国际市场的核心竞争力，因此加大了对本土品牌的支持力度，鼓励企业加强品牌建设和国际营销，提升品牌知名度和美誉度。同时，加强知识产权保护，建立健全知识产权快速维权机制，为内外贸企业提供坚实的法律保障。(7) 推动服务贸易与货物贸易协同发展。无锡在注重货物贸易发展的同时，也高度重视服务贸易的潜力挖掘。发展会展经济、文化旅游、教育医疗等服务贸易领域，促进服务贸易与货物贸易的深度融合，形成相互促进、共同发展的良好局面。这不仅丰富了无锡的贸易结构，也提升了其国际影响力和综合竞争力。(8) 加强国际交流与合作。无锡积极参与国际经贸合作与交流，举办或参与各类国际经贸论坛、展会等活动，加强与共建"一带一路"国家的经贸往来。

展望未来，江南地区继续秉持开放包容、合作共赢的发展理念，深度融入全球经济体系，不断激发内在活力与外在潜力，以更加开放的姿态和坚定的步伐，推动开放型经济高质量发展。一是深化市场化改革，激发市场活力。江南地区应进一步深化市场化改革，完善市场机制，打破行业壁垒，促进各类市场主体公平竞争。通过优化营商环境，简化审批流程，提高行政效率，降低企业成本，激发市场主体的创新活力和发展动力。同时，加强市场监管，维护公平竞争的市场秩序，为各类企业提供更加公平、透明、可预期的营商环境。二是加强创新驱动，提升核心竞争力。江南地区坚持创新驱动发展战略，加大研发投入，推动产业升级和转型；依托丰富的科研资源和人才优势，加强产学研合作，促进科技成果转化和产业化；积极培育新兴产业，如数字经济、生物医药、新材料等，打造具有国际竞争力的产业集群；提升自主创新能力，不断增强江南地区在全球产业链、价值链中的地位和影响力。

三是拓展国际市场，深化国际合作。江南地区积极拓展国际市场，加强与共建“一带一路”国家的经贸合作，推动贸易和投资自由化便利化。通过参与国际经贸规则制定和谈判，江南地区努力为自身及中国企业争取更加公平合理的国际贸易环境。四是优化资源配置，促进可持续发展。江南地区注重优化资源配置，推动经济、社会、环境协调发展。通过加强资源节约和环境保护，推动绿色低碳发展，实现经济效益与生态效益的双赢。同时，加强区域协调发展，推动城乡一体化发展，促进经济社会的全面进步。

总之，江南地区应继续传承和创新“自我修养”的人文精神，坚持依托国内大循环打造全球高端要素引力场不动摇，如此不仅可以实现越来越多的跨国公司总部在江南地区落户、越来越多的研发中心进驻江南地区、越来越多的国际化人才流入江南地区等重大成就，同时也能让江南地区逐步成为全球高端要素的重要集聚地和双循环新发展格局的重要区域，更好地展现其示范效应。

面对传统低成本优势的逐步丧失，增创国际竞争合作新优势的有效途径之一就是推动制度型开放。特别是作为构建新发展格局重要目标之一的更高层次和更高水平开放，离不开高端和先进生产要素的集聚，而对高端和先进生产要素的吸引显然不能依靠传统的优惠政策等，更需要优良的制度环境。制度型开放一方面要求与全球高标准经贸规则对接，吸引和承接更高端的生产环节和阶段向国内转移；另一方面要求对国内相关规则和体制机制进行改革和优化，从而打造更加有利于创新要素和创新活动的集聚环境。

近年来江南地区坚持在推动制度型开放方面毫不动摇，取得了显著成效。具体来说，江南地区在积极对标高标准国际经贸规则方面，典型表现和显著成效就是高质量实施 RCEP。这一协定的实施，不仅为江南地区带来了更多的国际合作机会，也为江南地区的经济发展注入了新的活力。在深化改革从而实现经济规则等制度优化和安排方面，江南地区积极出台和加快落实各种优化营商环境的实际举措，也取得了显著成就。这些举措的实施，不仅提高了江南地区的营商环境质量，也为江南地区的经济发展提供了有力的制度保障。总体来看，制度型开放不仅为畅通国内国际双循环提供了制度保障，而且为吸引和集聚全球高端和先进生产要素创造了新的引力场。[①] 江南地区通过制度型开放，成功吸引了大量外资和先进技术，为江南地区的经济发展注入了新的动力。同时，制度型开放也为自主可控的现代产业体系构建奠定了制度基础。江南地区通过制度型开放，成功推动了产业结构的优化升级，为江南地区的经济发展提供了有力的产业支撑。此外，制度型开放还为产业链供应链迈向全球中高端提供了助力。江南地区通过制度型开放，成功提升了产业链供应链的竞争力，为江南地区的经济发展提供了有力的供应链支撑。

江南地区在推动制度型开放的过程中，不仅注重与国际高标准经贸规则的对接，还致力于打造一个更加开放和包容的经济环境。通过深入研究和学习国际先进经验，江南地区在政策制定和实施方面取得了显著进展。例如，在知识产权保护、市场准入、贸易便利化等方面，江南地区制定了具体而有力的措施，以确保与国际规则的无缝对接。这些措施的实施，不仅提升了江南地区的国际形象，也为国内外企业提供了更加公平、透明的市场环境。在优化营商环境方面，江南地区采取了一系列切实可行的举措，如简化行政审批流程、降低企业运营成本、提供税收优惠政策等，这些举措极大地激发了市场活力和创新动力。江南地区还特别注重打造法治化、国际化、便利化的营商环境，

---

① 张勇：《以新发展格局推动高水平区域合作——基于中国和拉美的区域国别视角》，《中共中央党校（国家行政学院）学报》2024 年第 3 期。

通过建立健全法律体系和监管机制，保障了企业的合法权益，增强了投资者的信心。制度型开放为江南地区的经济发展带来了深远的影响。通过吸引外资和先进技术，江南地区不仅提升了自身的产业水平，还促进了产业结构的优化和升级。江南地区的现代产业体系得到了进一步巩固和发展，特别是在高新技术产业、现代服务业等领域取得了显著成就。这些产业的发展，为江南地区的经济增长提供了强大的内生动力。同时，江南地区还通过制度型开放，推动了产业链供应链的全球布局和优化。江南地区的企业在全球范围内进行资源配置，提升了产业链的附加值和竞争力。通过与国际先进企业合作，江南地区的企业不仅学习到了先进的技术和管理经验，还拓展了国际市场，提升了江南地区在全球产业链中的地位。

展望未来，江南地区继续深化制度型开放，把握全球经济一体化的新机遇，以更加开放的姿态融入全球经济体系。江南地区应致力于构建与国际高标准相接轨的制度环境，不仅在经贸领域深化合作，更在科技创新、绿色发展、人文交流等多个维度上实现全面开放。在科技创新方面，江南地区加大对高端科研机构和人才的引进力度，推动产学研深度融合，打造具有国际影响力的科技创新高地。通过制度创新，江南地区优化科技资源配置，激发全社会创新活力，促进科技成果的转化和应用，为经济发展提供源源不断的动力。在绿色发展方面，江南地区积极响应全球应对气候变化的号召，推动绿色低碳发展。江南地区制定并执行更加严格的环保法规和标准，加大对污染企业的整治力度，同时鼓励和支持绿色产业的发展。通过制度创新，江南地区建立健全绿色低碳发展的长效机制，为子孙后代留下一个天蓝、地绿、水清的美好家园。在人文交流方面，江南地区应充分发挥自身独特的文化优势，加强与世界各国人民的友好往来。江南地区举办各类国际文化交流活动，展示中华文化的魅力和江南地区的城市形象。同时，江南地区积极引进国际优质教育资源，提升本地教育水平，培养具有国际视野和跨文化沟通能力的人才。

（执笔人：张二震　戴　翔）

第八章

创新文化促进高质量的创新发展

创新文化是促进经济发展的人文经济学的重要内容。习近平总书记在党的十九大报告中强调“倡导创新文化”，在党的二十大报告中强调“培育创新文化”。2024 年 6 月，习近平总书记在全国科技大会、国家科学技术奖励大会、两院院士大会上强调：“坚持培育创新文化，传承中华优秀传统文化的创新基因，营造鼓励探索、宽容失败的良好环境，使崇尚科学、追求创新在全社会蔚然成风。”[①]因此，研究江南地区的创新文化养成特别要关注改革开放初期——苏南乡镇企业起步和发展时期所产生的苏南模式文化中包含的创新文化及其在新发展阶段的延续和创新。苏南地区 GDP 过万亿的苏州、无锡、南通和常州均为中国产业科技创新的典范。苏州的生物医药、高端装备、先进材料，无锡的物联网、集成电路，常州的新能源、高端装备制造、新材料，南通的海洋产业、船舶制造均处于全国领先地位。这些成就都得益于其长期的创新发展，背后则是苏南模式的创新文化使然。创新发展需要创新的思想、理念和价值观。创新理念追求变革，强调鼓励创新的精神。创新思想是指通过新的思考方式和解决问题的方法来获得更多更有效的解决方案，不仅仅是提出新的想法，更重要的是利用新的思维方式、知识和见解来改变传统观念。这种创

---

① 习近平：《在全国科技大会、国家科学技术奖励大会、两院院士大会上的讲话》，《人民日报》2024 年 6 月 25 日。

新文化与资源禀赋、人力资本的结合，推动了江南地区高质量的创新发展。

一、苏南模式创新文化的养成、延续和创新

创新文化是江南地区创新型经济发展的精神内核，创新文化培育创新精神，创新文化激励创新活动。创新文化可以分为社会层面和微观层面，社会层面的创新文化是指在全社会范围内营造尊重科学、热爱科学和拼搏创新的社会氛围，微观层面的创新文化涉及各创新主体和创新链条各环节所需要的特定文化氛围。在江南地区既有先天创新基因又有后天创新文化，古往今来的文化和实践积淀，形成了江南地区特有的人文传统：重教崇学、实业厚生、勤奋敬业、务实进取、开放包容以及敢为人先的创新精神。这种创新文化在当代的表现就是敢为、敢闯、敢干、敢首创，从乡镇企业到数字经济，从数字化转型到数字经济与实体经济融合，都体现出江南文化的这种创新基因，这种基因推动了江南地区区域创新能力的提升，而其后天的创新文化养成与苏南模式的形成有关。

苏南地区虽是鱼米之乡，但农村人多地少。20 世纪 80 年代的农村改革提高了农业劳动生产率，产生了大量的剩余劳动力。与此同时，农民创造了发展乡镇企业转移农业剩余劳动力的苏南农村城市化模式。农民就地办工厂建企业，最为缺乏的是技术和市场。在当时的计划经济体制下，苏南乡镇企业萌发了千山万水、千言万语、千方百计、千辛万苦的“四千四万”精神。这种精神就包含了创新文化。创新文化与创业结合，其内容包括：首先，企业成为技术创新主体，明确其创新源头在企业外部，需要依靠“四千四万”精神寻找适合自己的技术。其次，充分利用外源的技术人才。企业没有技术人才就在外面找。其主要方式是从当时的上海、苏州、无锡、常州等城市的国有企业

中吸引工程师利用周末来农村解决技术难题，因此，这些人被称为“星期天工程师”。最后，乡镇企业在研发新产品新技术上秉承的是“人无我有，人有我优”的理念。尽管企业是初创的，但当时所用的技术不完全是低端的，即使是模仿的技术也有自主创新的部分，因而一起步就有较强的竞争力，不逊于当时技术力量强但改革滞后的国有企业。苏南模式初期的创新文化从一定意义上说是被当时的计划经济背景逼出来的求生存求发展文化。这种创新文化在全面转向市场经济以后又有了新的发展。蔚然成风的创新文化渗透到国有企业及其他各类企业，引导和支持创新也成为各级地方政府工作的重中之重。特别需要指出的是，致力于实体经济的创新是苏南模式的创新文化的重要特征。

从苏南地区改革开放以来的历程看，苏南模式产生于其发展的第一阶段即“农转工”阶段，形成的创新文化推动了农村工业化。以浦东开发开放为标志，苏南进入了“内转外”阶段，其创新文化成为吸引外资的重要力量和扩大对外贸易竞争的重要优势。进入新时代后，苏南进入发展创新型经济阶段。创新型经济是一种以知识和人才为依托，以创新为主要驱动力，以发展拥有自主知识产权的新技术和新产品为着力点，以创新产业为标志的经济发展形态。顺应新科技革命的趋势，苏南的创新文化又有了新的表现，即关注科技创新和产业创新，明确创新的源头在从事基础研究的大学和科研机构。面向区域内外的大学和科研机构寻找创新源和吸引新技术成果成为从政府到各类企业共同的文化和行为。与此相应，苏南地区的创新发展有两个新特点。一是由过去的“星期天工程师”转向“星期天科学家”，即由过去吸引工程师来企业解决技术创新问题的方式，转向现在吸引科学家来企业解决产业创新问题的方式。二是政府、企业与大学共建协同创新平台。中外大学及各类科研机构的研究院纷纷落户苏南各地。企业作为创新主体，不只是指采用新技术的主体，更为重要的是成为参与孵化新技术并实现科技成果转化的主体。上海、南京乃至中国科学院的创新项目纷纷落地苏南，原因是苏南经过发展乡镇经济和开放型经济的洗礼，企业的技术创新主体地位非常突出，科技成果转化能力强。大学研究院落户地方后可以就近获得源源不断的科技创新成果，地方和企业进入协同创新平台也可以为大学的基础研究提供市场导向。企业家向科技企业家转型，企业向科技企业转型，由此使苏南地区成为产业科技创新最为活跃的地区之一，许多外资先进制造业企业也纷纷落户于此。

创新文化意味着在苏南地区从企业到当地政府都有着主动积极承担创新主体的氛围，尤其政府在技术创新体系中起到了关键性作用。早在农村工业化的苏南模式时期，乡镇政府实际上就成为当地乡镇企业的总代表，直接上阵为当地企业找资源找市场。发展外向型经济时期，县级政府更是成为招商引资打造各类开发区的先锋，如昆山自主建立开发区。因此总结苏南模式时，要把政府的积极推动作为苏南模式的一个特色。进入新时代，苏南模式的创新文化不仅得到延续而且进一步推动市级政府进入招才引智的第一线。除了建设各类科技园产业园，政府还直接出面，通过各种政策支持研究型大学的研究院；营造法治化的创新环境，实施严格的知识产权保护制度；制定和落实一系列鼓励创新的财税、人才流动、技术市场、技术奖励、技术标准，及高新技术产业发展等政策，从而形成强大的系统性创新激励政策；宣传推广尊重知识、尊重人才、尊重创造及鼓励创新、允许失败的文化。2014 年，国务院批复同意支持南京、苏州、无锡、常州、昆山、江阴、武进、镇江等 8 个高新技术产业开发区和苏州工业园区，建设苏南国家自主创新示范区。苏南自主创新示范区横跨南京、无锡、常州、苏州、镇江 5 个国家创新型试点城市，是中国首个以城市群为基本单元的国家自主创新示范区。其目标是努力实现目标一流、创新一流、产业一流、人才一流，成为引领苏南现代化的主引擎、科技强省建设的主阵地和长三角科技创新共同体的主力军。

二、自主创新文化的养成和演进

江南地区是中国经济发展最强劲、经济和科教实力最强的地区之一，乃其创新文化使然。苏南地区逐渐形成产业科技创新文化，即以科技成果产业化为创新内容，以每个时期的高端产业科技为创新目标的文化。苏南地区每个发展阶段的产业科技创新水平都处于全国前列，成为中国先进制造业高地。

苏南地区的创新文化经历了一个由模仿创新向自主创新转变的过程。即使是在模仿创新阶段，该地区也没有停留在模仿上，而是对国外新技术采取引进、消化、再创新的方式，并形成自主知识产权。最为典型的是改革开放之初，苏州的昆山市为了发展计算机产业链，把一台笔记本拆解成1000多个零部件，并进行产业链环节招商，形成计算机全球产业链环节的国内替代，由此在产业链上实现自主创新。这种创新方式作为一种创新文化蔓延，各种高科技产业集群在该区域越来越集中。特别是围绕高科技创新部署产业链供应链，在产业链上的企业均成为某个环节的“小巨人”。苏州由“链”（产业链）到“群”（产业集群）的发展形成了明显的规模经济，产生多条产业链的“链主”。再如常熟高新区着力打造以汽车及核心零部件、高端装备制造、高端电子信息和高技术服务业为主的特色产业，其中汽车及核心零部件企业已集聚40多家整车及零配件企业，形成了涵盖研发、生产、物流、贸易的较为完整的整车及零配件产业集群。这种创新链可以称为由“链”到“群”的延伸。因此，苏南的产业链发展具有较高的集聚效应，生产厂商可以快速在苏州及周边地区找到检验检测、工业设计、配套零件以及高素质的产业工人。这种完备的供应链产生的正反馈，使该地区成为世界500强企业高度集聚的地区，也成为国内高科技企业集聚的地区。其吸引力不仅在于该地区人力资本丰富，还在于其有完备的供应链。以电梯产业为例，苏州集聚了迅达、通力、蒂森克虏伯等外资高端电梯品牌，也培育了康力、江南嘉捷等本土电梯的“链主”。这些电梯龙头企业在苏州及周边地区吸引了大批配套企业，这些企业有的落户苏州，有的则在上海、浙江以及无锡等地，共同形成了长三角电梯产业集群。

自主创新文化对产业创新来说，不仅要求与发达国家并跑，还要在某些重要领域领跑。无锡的物联网产业的兴起和发展可以说是该领域领跑的典型。无锡是中国物联网技术的发源地之一，敢想敢干的无锡创新文化催生了无锡物联网产业从无到有的大发展，使无锡物联网产业具有先发优势。2006年初，无锡就洞察到物联网的发展潜力，决定发展微纳传感网产业，并建立起国内首座“微纳传感国际创新园”，引进物联网产业的研发人才。2013年，无锡智能传感系统产业集群获批科技部首批创新型产业集群。2016年起，世界物联网博览会逐渐发展为中国物联网领域内规格最高、规模最大的博览会，也是全球物联网领域最具知名度和影响力的专业盛会，而无锡被选为这一盛事的永久承办地。2019年，全国首个国家级车联网先导区在无锡揭牌。2021年，无锡物联网集群入选国家首批先进制造业集群，是物联网领域唯一的国家级先进制造业集群；中国物联网大会宣布无锡为永久举办地，无锡“物联网之都”的名号流传开来。2023年，建成全球规模最大的车联网城市级C-V2X网络。无锡的物联网企业涵盖了产业链的各个环节，已经构建起了完善的物联网产业生态体系。从传感器、芯片到云平台、大数据应用，2023年全市聚集物联网各领域企业超3500家，拥有上市企业83家、专精特新“小巨人”和制造业单项冠军企业72家。2023年，全市物联网产业规模超过4500亿元，是无锡第一大产业集群，约占江苏全省的“半壁江山”。依托强大的集成电路等产业优势，无锡培育出了4500亿规模的物联网产业集群。

自主创新文化还推动了产业转型和创新。常州在新能源领域的资源禀赋并不具备优势，是一座既没有矿产储备也缺乏整车制造经验的城市。尽管如此，这座城市凭借门类全、韧性强的工业基础，成功实现了在新能源领域的转型升级，从国际化智造名城蝶变为“新能源之都”。常州本土企业通过技术升级和创新，积极拓展新能源相关领域，形成了涵盖电动汽车、风电、光伏等多个产业链的完整布局，构建了紧密协同的链群发展生态。1997年成立的天合光能是常州新能源产业的本土领军企业，随着光伏市场的快速发展，天合光能成功从传统晶硅电池向高效能光伏产品转型，提升了光伏组件的效率，近年来又开始向锂电池、太阳能汽车、能源互联网等领域延伸。同时，它还不断向上下游拓展业务，形成了涵盖硅材料、硅片、电池片、组件以及光伏电站设计、建设和运维的一体化产业链。通过与合作伙伴共建产业生态圈，常州新能源产业链的快速扩展打下了坚实的基础。通过强链补链延链，常州已构筑起包括整车制造、动力电池、电机、充电桩等在内的完整的新能源汽车及汽车核心零部件产业链，集聚了3400多家相关制造企业。2023年，常州新能源产业融合集群入选省级战略性新兴产业融合集群发展示范名单。凭借良好的发展生态、优质的配套设施和雄厚的产业基础，常州吸引了众多头部公司前来投资设厂。其中包括：中国第一家千亿年营收新势力车企——理想汽车，以及中航锂电、江苏时代、比亚迪等行业领军企业。

产业的自主创新文化还表现在超前布局未来产业。以未来产业谋产业未来，反映了创新文化的创新发展。2024年4月，无锡发布《无锡市加快培育发展未来产业的实施意见》，除人工智能、量子科技、第三代半导体、氢能和储能、深海装备外，首批还选取低空经济、人形机器人、商业航天、元宇宙、合成生物、高端膜材料等6个新赛道，构建“5+X”的未来产业发展体系。安尼迈等头部机器人企业陆续落地无锡，滨湖、锡山、惠山等板块也相继以人形机器人产业园形式，招引集聚一批创新研究项目。作为集成人工智能、高端制造、新材料等先进技术的新质生产力载体，人形机器人有望成为继计算机、智能手机、新能源汽车后的颠覆性产品。在低空产业领域，基于原有的航空发动机基础部件产业链条，无锡向发动机、飞机制造及应用延伸，加快推进强链延链补链，到2023年底已集聚链上企业134家。无锡的物联网、生物医药、高端纺织集群被列入先进制造业集群的“国家队”图谱。在工业和信息化部公示的2024年先进制造业集群竞赛胜出集群名单中，无锡参与的长三角（含江西）大飞机集群、苏南特钢材料集群入围。苏州纳米新材料集群也成功入选首批国家先进制造业集群。

在外向型经济发展阶段，苏南的自主创新文化更多是在引进、消化、吸收国外先进技术基础上的再创新，而在进入新发展阶段后，面对发达国家在高新技术上的脱钩断链，苏南的产业科技创新迅速转型，依靠自立自强的科技创新建设自主可控的现代化产业体系。其路径是加强与国内研究型大学和科研机构的深层次合作，吸引其科技创新成果到本地整合。苏州出台《中共苏州市委　苏州市人民政府关于完善大院大所科技合作政策措施的意见》，旨在为产学研合作创新发展提供制度保障，其中提出，“鼓励大院大所在苏州建设国家实验室、国家重大科技基础设施、国家技术创新中心、国家产业创新中心等科技创新平台”。截至2020年底，苏州已累计与238家知名高校和科研院所共同建设了130多家协同创新平台、1800多个产学研联合体，合作开展研发类项目超过14000个，总投入经费超过300亿元，为地区经济社会发展注入了强大的动能。2019年3月，苏州与南京大学强强联合，共建南京大学苏州校区，着力围绕“苏州所需”和“南大所强”，重点建设人工智能与信息技术、功能材料与智能制造、地球系统与未来环境、生化医药与健康工程、数字经济与管理科学等“五大学科群”，让南大的国家重点实验室等高端平台能够更好地为苏州的产业发展服务，使南大的高层次人才培养能够更好地契合苏州的产业发展需要。特别要关注的还有苏南地区与大学和科研机构共建研发关键核心技术的基础研究实验室。继江苏建设紫金山实验室后，苏州、无锡和常州分别成立苏州实验室、无锡太湖实验室、常州智能制造龙城实验室，目标都是以战略性新兴产业、未来科技发展中的重大科学和关键技术问题为导向，研发产业关键核心技术。

三、政府主导的各类科技产业园集聚创新要素

根据集聚经济理论，产业科技创新要素涉及科学家及其创新成果、创业家、风险投资家、企业家、科技金融、知识产权保护以及各类科技中介。产业科技创新要素高度集聚，不仅能够有效沟通科技信息，有效克服知识市场的信息不对称问题，而且还能有效推动科技成果的转化，解决成果转化的一系列资金、技术和配件的供应链问题。形成发展新质生产力的创新源，一是在发达国家，二是在国内的研究型大学和科研机构。创新源需要技术创新主体进行创新成果转化，因而各类科技产业园应运而生。通过建设高水平科技园区，推动企业加速集聚，实现产业创新发展和转型升级是世界各国的普遍做法。科技产业园的设立需要政府的统一规划（涉及空间规划和产业选择）及相应的政策支持。因此，政府主导建设科技园成为关键，一是与研究型大学、科研院所深度合作，二是引进高科技外资。这两个创新源与创新型企业集聚在各类创新园区。科技产业园区的成功反映出地方政府的创新文化作用，当然地方财政能力也起着重要的作用。政府以其较为充

足的地方财力积极引进国内外优秀人才和团队，为科技创新注入新的活力和动力。高科技产业园区的发展带来了高科技产业的集聚，催生了在长三角地区中具有重要影响力的产业创新高地。

苏州虽然不是最早获批建设高新技术开发区的地区，但苏州后来居上，打造了建设高水平科技园区的苏州样板，具有非常强的代表性和示范意义。苏州发展开放型经济，以昆山自费建开发区和新加坡工业园区著称。进入创新驱动经济发展阶段以后，苏州又走在了全国前列。苏州的高技术产业园区已成为长三角制造业发展的重要板块，也是长三角创新驱动发展的重要动力源，4 家国家级高新区已全部被纳入苏南国家自主创新示范区整体框架中，并辐射带动了几十个分园。其中，苏州工业园区以生物医药、纳米技术应用、人工智能产业为先导，着力培育新发展动能，抢占发展先机。2021 年，苏州工业园区获批国家新一代人工智能创新发展试验区，国家生物药技术创新中心、国家第三代半导体技术创新中心也在园区落地。此外，高端装备制造业则集聚了包括工程机械、自动化控制以及精密制造等领域的 70 多家高端装备制造企业；高端电子信息产业以电子信息产业园为主体，涵盖高性能集成电路、下一代通信网络以及物联网和云计算等领域。昆山高新区重点建设从研发到产业化的全链条覆盖的阳澄湖科技园，重点打造新一代电子信息技术、小核酸及生物医药、机器人及智能装备等三大支柱产业，成为入围科技部首批企业创新积分制试点的唯一县市级国家高新区。苏州高新区重点培育先导产业集群，包括新一代信息技术、高端装备制造、医疗器械和生物医药、集成电路、数字经济，战略性新兴产业产值、高新技术产业产值占规模以上工业总产值比重分别达 62.8％、56.3％。

常州是长三角地区的制造业大市。在科教资源禀赋方面，其原先的优势是基础教育和职业教育，劣势是优质高等教育资源相对缺乏。

常州发展创新型经济一开始是扬其职业教育的优势，建设以高等职业教育为特色的常州大学城，其职业教育水平进入全国前列，常州大学城也成为长三角地区制造业高技能人才的基地。在此基础上，常州将大学城更名为科教城。常州秉持“经科教联动、产学研结合、校所企共赢”的理念，一方面吸引全国研究型大学进入科教城建创新研究院，弥补优质高等教育资源相对缺乏的缺陷；另一方面激励当地企业进入科教城与入驻的大学研究院合作研发。常州加快集聚创新资源，孵化创新企业，创造了科教资源相对缺乏地区自主创新的新模式。常州科教城产学研协同创新体系的形成很大程度上是政府主导的，被称为政产学研协同创新模式。在推动产学研协同创新中，常州市政府发挥苏南模式的优势，以规划、政策和资金投入引导等多种方式，强力建设科教城这一综合性载体平台，服务和推进区域科技创新，同时也充分发挥企业在技术创新中的主体作用，发挥政府在产学研合作中的主要引导作用，促进产学研合作。这不仅是将大学研究机构和企业均引入产学研合作平台，还要让进入平台的大学和企业有效对接，形成畅通的研发和成果转化机制。其政策目标就是真正体现“产学研结合，院所企共赢”。政府为产学研合作搭建创新平台，建好创新要素集聚的载体。常州政府利用科教城基本平台，吸引大学到此建设各种类型的研究院，引导企业进入科教城与研究院共建科技成果转化孵化器，并在科教城建立高新技术产业化的创业园。这样，在科教城形成研究院—孵化器—创业园相辅相成的三位一体科技创新机制，由此产生创新的集群效应。中国科学院以及清华大学、北京大学、南京大学、东南大学、哈尔滨工业大学、大连理工大学等在科教城设立了 40 多个研究院（所）、中试基地、工程技术中心和开放实验室，孵化出一批高科技企业。北大在科教城建立了北大众志 CPU 研发和产业化基地，清华建立了节能和新能源汽车中试基地，哈工大建立了机器人研发中心，大连理工大学建立了工程机械设计和研发中心，等等。政府主导下的研究院—孵化器—创业园三位一体相辅相成，围绕创新链部署产业链，加强了创新链、产业链和人才链的贯通融合。在此基础上，常州2022年启动“两湖”创新区建设，集聚了常州科教城、国家高新区、中国以色列常州创新园、中德(常州)创新产业园等创新载体，坐拥星星充电、中创新航、蜂巢能源等独角兽领军企业，重点关注新能源动力电池、新一代信息技术、机器人、碳材料等新兴产业，是竞逐产业赛道、改变城市未来的“强引擎”。

四、创新文化融合数字经济赋能文化产业

党的二十届三中全会提出，“探索文化和科技融合的有效机制，加快发展新型文化业态”[①]。2023年7月，习近平总书记在苏州考察时指出：“苏州在传统与现代的结合上做得很好，不仅有历史文化传承，而且有高科技创新和高质量发展，代表未来的发展方向。”[②]这意味着现代文化业态必须有高科技创新，代表未来发展的方向。这可以说是创新文化的新要求。

当今时代，科技进步对文化发展的驱动作用越来越强，文化与科技的联系日益紧密。以人工智能、5G、大数据、云计算、区块链等为代表的数字技术深入发展，给现代文化融合数字经济带来了新的机遇。在中国从工业文明向数字文明转变的过程中，创新文化与数字经济的深度融合是对创新文化的继承和创新，是在现有的科技水平和生活方式下形成的一种新型文化理念、表现形式和内容创新的综合。苏南地

① 《中共中央关于进一步全面深化改革 推进中国式现代化的决定》，《人民日报》2024年7月22日。

② 《习近平在江苏考察时强调 在推进中国式现代化中走在前做示范 谱写“强富美高”新江苏现代化建设新篇章》，《人民日报》2023年7月8日。

区的苏州、无锡既具有创新文化与科技融合的历史传统，也有创新文化融合数字经济的典型事实，总结以苏州、无锡、常州等为代表的江南现代文化与数字经济的深度融合，对构建人文经济学的江南模样和推动江南经济高质量发展都具有重要意义。

（一）文化要素与数字经济融合

文化和数字经济的融合是一个新的时代命题。文化是科技创新的土壤，科技是文化发展的杠杆，就如费孝通所说，“文化是物质设备和各种知识的综合体。人们使用设备和知识以便于生存。为了一定的目的人们要改变文化。一个人如果扔掉某一件工具，又去获得一件新的，这样做，是因为他相信新的工具对他更加适用”①，文化的转变促使人们不断采用新的技术和工具。从一般意义上来讲，文化和数字经济的融合不仅是技术手段与文化内容的简单相加，而且是一种深层次的互动和融合，这种深层次的互动和融合推动了文化产业现代化。文化和数字经济融合的逻辑在于通过数字技术手段推动文化的发展和创新，同时利用文化的丰富内涵促进数字经济的进步和应用。要充分运用创意和科技手段，推动文化要素与现代生产生活相融合，实现文化价值和实用价值的有机统一，推动文化产业现代化。

一是坚持“数字＋创新”双轮驱动，激发发展动能。无锡着力打造新型业态，探索推广创新模式，推动传统文化要素焕发新的生机。围绕新应用、新体验、新消费等方向，壮大数字文化产业规模，提升文化出口、文化服务的“含新量”，打造国家文化数字化战略的“无锡样本”。

二是推动文化要素的数字化转型、场景化应用。2023 年，无锡发布《无锡市关于贯彻落实国家文化数字化战略实施方案》，推动无锡文旅构建多样的融合消费场景，更好地满足了个性化导览、沉浸式体验、

① 费孝通：《江村经济》，北京联合出版公司 2021 年版，第 12 页。

创意性消费等旅游新需求。推动形成无锡文化数据要素“一张网”，发挥好无锡国家文化和科技融合示范基地作用，加强对算力大模型、生成式 AI 工具等前沿动态的跟踪落地，持续提升无锡文化的含数量、含新量、含金量，丰富数字文化服务供给，全力推动文化要素数字化转型、场景化应用与产业化发展。

三是运用数字技术激活文化要素。无锡运用数字技术，推进“钟书房”优质公共阅读空间建设、“百宅百院”活化利用、“百匠千品”非遗传承创新等文化工程。无锡博物院整合官网、官方微博、微信公众号、App 等平台资源，建立了以虚拟展览、云上课堂、自主导览、信息发布为主要内容的观众服务体系。通过数字化手段创新展陈方式、营造智慧场景，使得文物、非遗等传统文化器物变得鲜活可触，极大提升了观众的观展体验。完成馆藏 3 万多件(套)文物信息采集，实现全市 464 个文物单位数据档案建设全覆盖，初步形成无锡特色文化数据库。推进乡镇企业博物馆、鸿山遗址博物馆等展陈数字化改造，让群众在互动体验中收获不一样的“无锡故事”。

(二) 文化产业与数字经济结合

文化资源与数字经济的结合推动文化产业现代化，促进文化产业数字化、网络化、智能化，不仅能够扩大内需、激活发展新动能与推动文化消费新的增长点，而且是提高区域文化产业竞争力、推进数字经济拓展应用的必然要求。

数字文化产业是文化和科技融合的重要内容，是国家文化数字化战略的重要动力。近年来，无锡加大扶持力度，鼓励支持数字文化产业发展，促进数字文化企业应用发展增强现实(AR)、虚拟现实(VR)、电竞产品、智能演艺装备等数字文化装备，推动引导今日头条、58 集团等数字文化平台企业在无锡落地生根。数字文化与线下场景互促互融，无锡文化云、无锡文化锡云、智慧旅游等平台上线上云，“百宅百院”活化利用工程、“百匠千品”非遗传承创新工程等压茬推进，线上线下齐发力，文化焕新出彩。从全国首个央视拍摄基地到国家数字电影产业园，无锡通过创造性转化、创新性发展，为城市发展插上文化和经济的“双翼”。2023 年，园区已聚集国内外 800 多家规模影视文化类企业，产业园总产值达 60 亿元。在文化产业的发展上，无锡以推动文化数字化转型为主攻方向，加快发展新型文化企业、文化业态、文化消费模式，赋能文化产业高质量发展；同时推动文化资源与现代生产生活相融合，促进文创产业和实体经济相结合，推动文化产业转型升级和文化产业高质量发展。无锡先后出台《无锡市“十四五”文化发展改革规划》《无锡市文化产业高质量发展三年行动计划（2022—2024 年）》《关于推动无锡市文化高质量发展的若干政策》等，形成涉及企业培育、项目招引、产业集聚、平台载体建设、资金管理、税收优惠、人才支持等内容的文化产业政策体系，为数字文化产业发展创造良好的政策环境。

文化产业与数字经济的融合还体现在围绕数字创新链布局数字文化产业链。一方面，拓展数字前沿创新链，加快布局文化元宇宙赛道。推进数字文化版权交易建设，落户落地中国（无锡）知识产权保护中心。紫砂版权交易中心通过多年的培育和发展，数字技术文化应用业、数字文化产品制造业均处于前列。宜兴打造了“紫砂元宇宙”，进一步拓宽了紫砂产业发展方向，借助元宇宙虚拟互联技术，体验者能以虚拟人身份“逛”紫砂文化街区，实现“云”参观紫砂展览、“云”定制紫砂壶。2023 年，宜兴已有上万件精品紫砂通过元宇宙、人工智能等数字技术进行在线展示和交易，超 20 万件紫砂珍品借助区块链技术实现“数字认证”。当地丁蜀镇的全国首个紫砂产业抖音直播基地，入驻商家超 8000 家、直接从业人员达 5.5 万人，近两年紫砂制品销售规模成倍增长。

另一方面，延伸数字文旅产业链。以重大项目为牵引，以历史文化为支撑，为意向入驻项目提供市场端口和应用展示场景。除了无锡，苏州也在推进文化产业与数字经济结合，推动文化产业数字化转型。数字化已成为苏州非遗文化走向广阔市场的重要引擎，苏州逐步构建数字化保护体系，2023 年已完成以古城为核心的 420 平方公里实景三维模型，让《平江图》加速实现数字孪生。这一数字化成果同样方便了市民，用户只需在"苏周到"App 上搜索"数字古城"，就能足不出户深度体验高度还原的园林景观。

（三）文化资源与数字技术融合

推动文化资源与数字技术的融合，有利于推动文化与文化产业现代化，构建内容多样、覆盖广阔的现代化文化产业链，促进文化新业态持续涌现，提高文化的表现力。VR 技术能够提升文化产业的表现力，AI 技术能够增强文化体验的交互性，5G 连接起海量的文化数据资源，大数据推动实现文化内容的图谱化和可视化，物联网使文化场景更具感知力。比如，数字扫描、影音设备等数字化手段可以将古籍文献等转化为数字信息，以图片、录像、动画模拟等方式进行保存和展示，易于储存，便于检索，还可以通过多种渠道展示传播并进行多元开发利用。数字化智能化的展柜展室系统，能将文物保存在最适宜的环境中，最大限度减缓文物老化过程，在展示利用的同时实现长久有效保护。①

以数字赋能提升文化的现代传播力。数字技术可以助力国家级非遗项目宜兴紫砂陶制作技艺走向世界，紫砂产业由此孕育出了一个个全新的"非遗＋"模式。在数字技术的推动下，数字影像、数字娱乐、数字设计、动漫游戏、网络文学、网络音乐等新型文化产品也层出不

① 张钟文：《推动文化科技深度融合》，《经济日报》2024 年 5 月 31 日。

穷，数字出版、数字演播、数字演艺、数字印刷等新型传播方式日新月异。锡剧、无锡精微绣、惠山泥人、无锡道教音乐等非遗文化影像资料库得到完善，工业遗产、历史文化名人、农耕文明遗址、古籍与传统知识保护等特色数据库也在建设之中。

搭建便捷高效的数字平台，提高文化产业的现代表现力。无锡通过系统化整合数据平台，依托城市运营管理中心和灵锡 App 等现有基础，汇集大运河、智慧文旅、文物安全管理、文明实践、理论宣讲等资源数据，结合文物保护、场馆运营、安全管理、热点分析等综合数据，打造集深度分析、智能应用、辅助决策等于一体的数据平台。此外，无锡还优化无锡文化云、灵锡 App 等平台功能，推进数字图书馆、数字文化馆、数字美术馆、网上剧院等“云端”场馆建设，推出“云上学习、梁溪艺谈、云上剧场”等云服务矩阵。苏州则通过整合传统文化资源与现代产业资源优势，强化文化产业发展的融合功能，在全省率先出台贯彻落实国家文化数字化战略的三年行动计划（2023—2025 年），立足苏州文化资源，全面开展苏州戏曲、文物、古籍、丝绸纹样、吴方言等地方特色文化数据库建设。苏州还运用数字技术推动历史文物“活”起来、博物馆“火”起来。截至 2023 年末，苏州拥有 5A 级景区 6 家、4A 级景区 36 家，全国重点文物保护单位 61 处、省级文物保护单位 128 处，全年共接待国内外游客 9922.81 万人次，实现旅游总收入 1863.35 亿元。前瞻布局数字文化产业，协同推动数字文化产品供给优化和消费升级。截至 2022 年末，苏州拥有规模以上文化企业 1286 家，实现营业收入 3380 亿元，其中数字及互联网相关的新业态文化企业实现营业收入 1051.35 亿元，增速高达 30.4%，占全部规模以上文化企业营收的比重达到 31.2%。

（四）传统文化与现代数字科技和谐共生

文化与数字经济融合有助于创新传统文化产品及其服务模式，拓展文化市场，促进传统文化产业的高端化、智能化和现代化转型。借助数字技术，传统文化产品得以创新，从而满足消费者日益多样化的需求。例如，数字艺术、数字影像等新的文化形式，使得更多人能够通过互联网来欣赏和体验传统文化，为其高端化发展提供了更广阔的市场空间。传统文化和数字经济之间不是对立关系，而是可以实现共生共创的关系。传统文化对数字经济具有指导和支撑作用，而数字经济为传统文化的传承、发展和创新提供了新的机遇，传统文化与现代科技和谐共生，共同推动文化产业现代化。数字化技术为文化产业提供了广阔的创新空间，将传统的文化资源转化为数字资源，不仅便于保存传承，也为后续的加工和创新提供了便利；同时，还可以通过数据分析和算法发现文化资源中的隐藏价值，为文化产品的创新提供灵感。总之，传统文化与现代数字科技和谐共生，可以将城市特色文化资源转化为现代文化产业，形成新型文化业态。

文化与数字经济的融合能够赋能城市经济。无锡数字产业园在物联网、AI、VR 等技术的赋能下焕发新机，加速迈进电影工业 4.0。墨境天合、倍视传媒等 800 多家影视文化企业落户，推出《中国机长》《人世间》《流浪地球 2》等一批影视佳作。当地还启动“华莱坞元宇宙世界”项目，打开“元宇宙＋数字影视”创新发展的全新局面。清名桥历史文化街区的“文化＋”旅游模式，持续擦亮江南现代文化品牌，将园林、古镇、博物馆等城市特色文化资源转化为城市“夜经济”的富矿。

以融合发展优化数字文化供给。数字新技术正渗透到文化领域的各个方面，催生新业态，激发创新力。随着数字文化产业的迅速崛起，以数字内容为代表的新兴文化业态已成为文化产业发展的新动能和新增长点。无锡着力丰富数字文化场景，在资源端上云，推进数字图书馆、数字文化馆、数字美术馆、网上剧院等“云端”场馆建设，与各大公共文化场馆相连，2023 年全市 800 多家农家书屋已经实现数字化建设的全覆盖。在技术端升级，鼓励引导名人文化展示场所应用数字化、元宇宙等互动方式和声光电等手段，以年轻化、现代化的表达，讲好无锡名人的故事。近年来，无锡以承办江南文脉论坛为抓手，系统梳理江南现代文化发展脉络、精准定位无锡江南现代文化特色，组织开展“名迹、名人、名居、名(镇)村、名城”等江南现代文化传承弘扬“五名”工程，让江南现代文化流动起来、传承下去。

从江南现代文化与数字经济融合推动文化产业现代化的经验来看，文化和数字经济融合催生了新的文化业态、延伸了文化产业链，也推动了文化和文化产业的现代化。文化与数字经济融合为文化新业态的培育注入了强大动力，推动新兴产业和未来产业的形成与发展，促进数字经济和文化产业的共同繁荣。无锡文化与数字技术高度融合的事实充分证明了文化和数字经济相互促进、交融发展是驱动社会进步的历史规律，数字科技创新是推动新兴文化产业形成和发展的内在动力，在网络技术、多媒体技术等高新技术的带动下，文化产业不断形成新的表现形式，如数字内容产业、网络文化产业、VR 和 AR 产业等。这些新兴文化产业通过大数据分析、云计算、AI 等科技手段，实现了文化内容的创新和传播方式的革新。同时，数字科技创新也加速了新兴文化产业的市场拓展和商业模式的创新，使其成为经济增长的新动力。

(五) 打造现代文化融合数字经济的新图景

文化是一个国家、一个民族的灵魂，科学技术是第一生产力。它们都是人类智慧的结晶，具有天然的联系。科技变革历来是推动文化发展的重要动力，而文化又为科技创新提供了源源不断的精神动力和创意源泉，二者在发展过程中相互影响、相互促进。面对新一轮科技革命，尤其是数字技术和 AI 技术的广泛应用，文化领域正在发生历史性的数字化变革。这些新技术既为文化创新提供了新形式和更多的可能性，也对文化领域提出了新的挑战。在新一轮科技革命浪潮中，推动经济高质量发展必须加快推进现代文化和科技深度融合，更好地以先进适用技术建设社会主义先进文化，重塑文化生产传播方式，抢占文化创新发展的制高点。

文化与数字经济融合的核心意义在于促进文化创新和科技发展，提升文化软实力和自主创新能力，实现文化产业现代化。数字技术的应用，可以激发文化创意，促进技术的成熟和应用创新，形成新的文化业态和商业模式，推动文化产业的高质量发展和现代化发展。文化与数字经济融合的根本动力在于文化与科技能够实现双向互动与赋能，而不是科技单方面对文化赋能。科技创新和突破为文化发展和生产变革提供了更强劲的动力和更优质的载体，而文化是科技进步的知识支撑和价值标准，文化产业为科技创新提供了更丰富的转化载体和应用场景。习近平总书记在长沙马栏山视频文创产业园考察时强调："文化和科技融合，既催生了新的文化业态、延伸了文化产业链，又集聚了大量创新人才，是朝阳产业，大有前途。"[①]这一重要论断，为加快推进文化和数字经济深度融合提供了根本遵循，指明了文化与文化产业现代化前进方向。

文化企业是文化与数字经济融合的微观主体，因此推动文化企业的数字化转型至关重要。搭建文化与数字经济融合的创新网络可自动形成创新链，让文化企业的需求与科技企业的能力高效匹配。文化与数字经济融合不仅提升了文化企业的创新能力，还促进了新型文化业态的发展，

文化与数字经济融合通过加强文化共性关键技术研发、完善文化

---

① 《习近平在湖南考察时强调　在推动高质量发展上闯出新路子　谱写新时代中国特色社会主义湖南新篇章》，《人民日报》2020 年 9 月 19 日。

数字化创新体系建设、促进文化和数字经济深度融合、加快探索文化和数字经济融合的有效机制等方式，推动文化事业和文化产业更好更快发展。这种融合有助于加速培育文化新业态，形成新的文化产业增长点，促进传统文化产业的高端化、智能化转型。文化与数字经济融合能够更好地鼓励跨界合作与创新，以数字化、网络化、智能化为技术基点，加强文化企业与高校、科研机构的合作，形成产学研用一体化的创新体系，通过科技创新，推动文化产品和服务的升级换代。文化与数字经济融合能够推动文化产业数字化转型升级。实施文化数字化战略，可以促进文化资源的优化配置和高效利用，提高文化产业的竞争力和可持续发展能力。制定数字化发展规划，明确文化数字化发展的目标、路径和重点任务，引导文化企业加大投入、优化布局，推动文化产业实现数字化转型和高质量发展。加快数字文化基础设施建设，提高文化领域的数字化技术应用水平，为文化数字化提供有力支撑。推进数据资源入表，以数字技术与数据要素为关键发展文化新质生产力，充分发挥数据要素乘数效应，释放数据要素价值，赋能文化产业发展。

文化产业数字化战略的关键在于构建文化大数据体系、激活文化存量资源、提升公共文化服务数字化水平，并推动文化体验场所的数字化升级，推动文化产业现代化。近年来，苏南地区的无锡、苏州通过新技术手段推动文化产业的变革，催生出沉浸式文旅等新兴业态。这些由声光电、人机互动等技术支持的体验，已经成为文化产品消费的新趋势。文化与数字经济融合打造江南现代文化与数字经济融合的新图景，要实施文化产业数字化战略，实现文化和数字经济双向的立体化融合：一是借助数字化进程提升产业发展质量。重点在如何利用科技手段支撑不同地区、不同发展阶段的高水平特色文化产业集聚，破除产业链梗阻，调整产业结构，优化营商环境，建设高水平产业发展共同体，增强文化内容创作的多元性和丰富性。二是建设与完善文化新基建。重点在具有自主知识产权的文化设备、文化服务技术标准、文化内容开发的软硬件产品研发、设计和制造上。三是促进文化与科技领域之间的有效沟通和合作。加强双方的沟通合作,通过举办跨界论坛、研讨会等活动,增加双方的交流机会。同时,利用现代信息技术手段,如大数据和AI,探索文化与数字经济融合的新模式。促进文化与数字经济的深度融合,通过高质量的文化创新引领科技发展,促使科技创新在更长远的未来持续产生影响。四是优化与提升文化消费的场景与消费者体验,要由表及里地将文化数字化与城市更新、乡村振兴的高质量发展结合起来,打造消费者喜闻乐见而又具有强大生命力的文化艺术产品。

文化与数字经济融合,本质上是高新科技向文化领域的选择性切入,文化与数字经济融合要充分利用已有的现代科技成果和技术积累,加强技术集成创新,提升文化领域的科技含量与技术水平,强化发展模式、服务模式、管理模式的创新,最终实现文化产业现代化。推动文化事业和文化产业更好更快发展,在努力培育文化产业新增长点的同时,更好满足人民精神文化生活新期待,增强人民群众的获得感和幸福感。促进文化和数字经济深度融合,打造江南现代文化与数字经济融合的新图景,要全面提升文化数字化创新能力,推出更多文化和数字经济融合创新成果。一是要加强文化共性关键技术研发。以数字化、网络化、智能化为技术基点,开发内容可视化呈现、互动化传播、沉浸化体验技术应用系统平台与产品,优化文化数据提取、存储、利用技术,发展适用于文化遗产保护和传承的数字化技术和新材料、新工艺。二是要构建以企业为主体、市场为导向、产学研相结合的文化数字化创新体系。鼓励不同区域根据其文化、科技资源禀赋和经济社会发展水平,构建各具特色的文化和数字经济融合的区域创新发展格局,加快文化数字化成果产业化推广,促进文化和数字经济融合成果产业化。三是结合地域特色和文化资源，利用数字技术和创新手段，促进文化和数字经济的深度结合，以提升文化产业的竞争力和影响力。推动文化企业科技创新、制定文化数字化战略、建设新型劳动者队伍以及构建适应文化新质生产力发展的新型生产关系，多措并举促进文化产业高质量发展。

在数字化浪潮下，文化与数字经济的深度融合推动文化产业现代化已成为不可逆转的趋势，打造江南现代文化与数字经济融合，形成文化与文化产业现代化的新图景，要全面提升文化数字化创新能力，打通文化和数字经济融合的通道。一是要把握文化数字化发展趋势，瞄准国际科技前沿。利用先进的数字技术手段，如 AI、大数据、物联网、云计算等，提升文化产品的生产效率和创新能力，激发各类主体创新活力，创造更多文化和数字经济融合创新性成果，为高质量文化供给提供强有力的支撑。二是要加强文化创作、生产、传播和消费等环节共性关键数字技术研究。开展基于数据智能的自适配生产、智能创作等文化生产技术研发。构建以企业为主体、市场为导向、产学研相结合的文化数字化创新体系，构建各具特色的文化和数字经济融合区域创新发展格局。三是加快文化数字化内容创新性产出。对现有艺术展品、文物藏品、非物质文化遗产等文化资源进行数字化转化和开发，推动公共文化资源多维呈现。利用互联网、大数据、人工智能等数字技术进行创意设计活动，开发数字文创产品，举办数字文创赛事，开办数字文创市集，丰富数字文创内容场景。同时，不断提升文化数字化产品的品质，向市场持续供给健康、多元、优质的数字文化产品，释放文化对科技自主创新、价值观培育、知识溢出与共享等软支撑作用。四是加快文化大数据体系建设。构建文化大数据应用生态体系，完善文化大数据基础设施和应用设施的装备配备。加快建设文化和数字经济融合创新领军人才和高技能人才队伍，加快复合型、创新型、外向型文化数字化跨界人才的培养。

文化与科技的融合已经成为促进文化产业现代化的关键力量，文化在推动科技进步中的作用也日益显现。文化与数字经济融合的机理在当前时代背景下变得更加复杂和深刻。打造江南现代文化与数字经济融合，形成文化产业现代化的新图景，要探索文化和数字经济融合的有效机制，实现科技赋能文化，形成更多新的产业增长点，促使文化与数字经济融合新业态不断涌现。一是构建文化和数字经济融合的大众平台。探索文化和数字经济融合的有效机制，必须把构建一个开放、创新、互动的大众平台作为关键任务，以满足人民群众日益增长的精神文化需求为核心，以现代信息技术为手段，实现文化资源的要素流通与配置优化。二是夯实文化和数字经济融合的体制机制。文化和数字经济融合机制是文化体制机制改革的重要内容，是激活文化活力和实现文化高质量发展的重要保证，需要完善文化与数字经济融合、互嵌、衔接的机制，激发文化创造创新活力。探索文化和数字经济融合的有效机制，就是要突出文化内涵的深度挖掘和科技支撑的关键作用。包括建立行业互融机制、完善资源共享机制、强化人才协同培育机制，形成文化和数字经济融合的政策支持体系，加大财政资金投入，鼓励企业、高校和科研机构开展核心技术研发，明确目标，集中力量突破关键技术瓶颈。健全并加强文化和数字经济融合领域的知识产权保护，为文化和数字经济融合提供政策和法律保障。三是完善科技赋能文化和数字经济创新服务体系。构建以企业为主体、市场为导向的文化和数字经济创新服务体系，汇聚文化产业和科技企业资源要素，促进二者的深度合作，发展新型文化业态，进而完善文化和数字经济融合价值链，培育发展新模式，提升整体竞争力。

（执笔人：任保平）

主要参考文献

一、经典文献

马克思恩格斯全集.第25卷.人民出版社,1974年

马克思恩格斯全集.第39卷.人民出版社,2022年

二、重要论述

习近平.之江新语.浙江人民出版社,2007年

习近平文化思想学习纲要.学习出版社,人民出版社,2024年

习近平.用好红色资源,传承好红色基因把红色江山世世代代传下去.《求是》2021年第10期

习近平.在全国科技大会、国家科学技术奖励大会、两院院士大会上的讲话.《人民日报》2024年6月25日

习近平.中共中央关于进一步全面深化改革推进中国式现代化的决定.《人民日报》2024年7月22日

习近平在湖南考察时强调在推动高质量发展上闯出新路子谱写新时代中国特色社会主义湖南新篇章.《人民日报》2020年9月19日

保护好中华民族精神生生不息的根脉——习近平总书记关于加强历史文化遗产保护重要论述综述.《人民日报》2022年3月20日

三、历史资料

至正《无锡县志》.明刻本

正德《姑苏志》.正德元年刻本

嘉靖《常熟县志》.嘉靖十八年刻本

崇祯《常熟县志》. 崇祯十二年抄本
康熙《苏州府志》. 康熙三十年刻本
康熙《长洲县志》. 康熙二十三年刻本
乾隆《江阴县志》. 乾隆九年刻本
乾隆《吴县志》. 乾隆十年刻本
乾隆《震泽县志》. 乾隆十一年刻本
乾隆《苏州府志》. 乾隆十二年刻本
乾隆《吴江县志》. 乾隆十二年刻本
乾隆《元和县志》. 乾隆三十一年刻本
乾隆《唐市志》. 道光十四年补辑抄本
嘉庆《无锡金匮县志》. 嘉庆十八年刻本
嘉庆《重修宜兴县旧志》. 光绪八年刻本
道光《光福志》. 1929 年铅印本
同治《苏州府志》. 光绪八年刻本
光绪《武进阳湖县志》. 光绪五年刻本
光绪《宜兴荆溪县新志》. 光绪八年刻本
民国《江阴县续志》. 1921 年刻本
陈瑚. 确庵文集.《四库禁毁书丛刊》第 184 册
陈其元. 庸闲斋笔记. 中华书局点校本,1989 年
丁福保. 畴隐居士自订年谱.《北京图书馆珍本年谱丛刊》第 197 册
范成大. 吴郡志. 标点本. 江苏古籍出版社,1986 年
故宫博物院文献馆编. 史料旬刊. 故宫博物院文献馆铅印本,1930 年
顾鼎臣集杨循吉集. 点校本. 上海古籍出版社,2013 年
顾公燮. 丹午笔记. 标点本. 江苏古籍出版社,1985 年
何时希. 何氏八百年医学. 学林出版社,1987 年
贺长龄. 清经世文编. 中华书局影印本,1992 年
黄印. 锡金识小录. 光绪二十二年木活字本

黄宗羲. 提学薛方山先生应旗.《明儒学案》卷二五

江苏省博物馆编. 江苏省明清以来碑刻资料选集. 生活·读书·新知三联书店,1959 年

李鼎. 李长卿集. 万历四十年豫章李氏家刻本

李维桢. 大泌山房集.《四库全书存目丛书》集部第 151 册

陆楫. 蒹葭堂稿.《续修四库全书》第 1354 册

明神宗实录. 校印本. 台北"中央研究院历史语言研究所",1962 年

裴大中等修,秦缃业等撰.(光绪)无锡金匮县志. 方志出版社,2012 年

钱基厚. 孙庵幼年塾课选辑. 1961 年稿本

钱穆. 八十忆双亲·师友杂忆. 岳麓书社,1986 年

钱泳. 履园丛话. 中华书局点校本,1979 年

清高宗实录. 中华书局影印本,1986 年

丘濬. 大学衍义补.《景印文渊阁四库全书》第 712 册

任道斌. 董其昌系年. 文物出版社,1988 年

沈德符. 万历野获编. 中华书局点校本,1959 年

盛隆. 人范须知. 同治二年刻本

王士性. 广志绎. 中华书局点校本,1982 年

吴宽. 匏翁家藏集.《景印文渊阁四库全书》第 1255 册

许仲元. 三异笔谈. 标点本. 重庆出版社,1996 年

叶梦珠. 阅书编. 上海古籍出版社点校本,1981 年

余象斗. 三台万用正宗. 万历三十七年刻本

袁栋. 书隐丛说.《四库全书存目丛书》第 116 册

张岱. 琅嬛文集. 岳麓书社标点本,1985 年

张瀚. 松窗梦语. 上海古籍出版社点校本,1986 年

张謇全集. 上海辞书出版社,2012 年

四、中外著作

陈晓燕,包伟民. 江南市镇:传统历史文化聚焦. 同济大学出版社,2003 年

陈学文. 中国封建晚期的商品经济. 湖南人民出版社,1989 年

陈真,姚洛. 中国近代工业史资料. 第一辑. 生活·读书·新知三联书店,1957 年

陈真. 中国近代工业史资料. 第四辑. 生活·读书·新知三联书店,1961 年

段本洛. 苏南近代社会经济史. 中国商业出版社,1997 年

范金民,金文. 江南丝绸史研究. 农业出版社,1993 年

范金民. 赋税甲天下:明清江南社会经济探析. 生活·读书·新知三联书店,2013 年

范金民. 科第冠海内,人文甲天下:明清江南文化研究. 江苏人民出版社,2018 年

范金民. 明清江南商业的发展. 广西师范大学出版社,2024 年

费孝通. 江村经济. 北京联合出版公司,2021 年

丰子恺自述. 上海三联书店,上海人民出版社,2021 年

龚方纬. 清民两代金石书画史. 宗瑞冰整理. 凤凰出版社,2014 年

洪银兴,孙宁华等. 长三角地区创新发展研究. 经济科学出版社,2022 年

洪银兴. 创新型经济:经济发展的新阶段. 经济科学出版社,2010 年

江苏省小城镇研究课题组. 小城镇大问题. 江苏人民出版社,1984 年

李凯,张子青. 古代中国文明文献萃编. 华夏出版社,2023 年

刘正伟. 督抚与士绅:江苏教育近代化研究. 河北教育出版社,2001 年

马俊亚. 规模经济与区域发展——近代江南地区企业经营现代化研究. 南京大学出版社,1999 年

马学强等. 沪上名校:百年大同(1912—2012). 上海辞书出版社,2012 年

梅新林. 中国文学地理形态与演变. 上海人民出版社,2014 年

钱穆. 中国经济史. 叶龙整理. 北京联合出版公司,2013 年

钱志新. 百年苏商. 江苏人民出版社,2013 年

荣德生文集. 上海古籍出版社,2002 年

荣德生自述.安徽文艺出版社,2014 年

上海博物馆图书资料室编.上海碑刻资料选辑.上海人民出版社,1980 年

上海市粮食局等编.中国近代面粉工业史.中华书局,1978 年

苏州博物馆等合编.明清苏州工商业碑刻集.江苏人民出版社,1981 年

孙宅巍,蒋顺兴,王卫星主编.江苏近代民族工业史.南京师范大学出版社,1999 年

孙宅巍,王卫星,崔巍主编.江苏通史·中华民国卷.凤凰出版社,2012 年

汤可可等编著.工商华章.江苏人民出版社,2006 年

汪长根.苏南农民企业家研究.江苏人民出版社,1994 年

王卫平主编.江南文化概论.苏州大学出版社,2023 年

王卫平主编.江苏地方文化史·苏州卷.江苏人民出版社,2019 年

无锡市地方志编纂委员会.无锡市志.江苏人民出版社,1995 年

吴承明.中国资本主义与国内市场.中国社会科学出版社,1985 年

吴良镛等.张謇与南通"中国近代第一城".中国建筑工业出版社,2006 年

吴仁安.明清江南著姓望族史.上海人民出版社,2009 年

无锡地方志编纂委员会.无锡地方资料汇编.第一辑.内部发行,1984 年

无锡县政府,无锡市政府筹备处.无锡年鉴.工业卷.1930 年

许经勇.中国农村经济制度变迁六十年研究.厦门大学出版社,2009 年

薛葆鼎编著.吴地经济学家.南京大学出版社,1997 年

严克勤,汤可可等.无锡近代企业和企业家研究.黑龙江人民出版社,2003 年

杨洲等.中国文化与中国精神.光明日报出版社,2016 年

叶世昌.近代中国经济思想史.上册.上海财经大学出版社,2017 年

叶舟.诗礼传家:江南家风家训的变迁.上海人民出版社,上海书店出版社,2024 年

庄若江主编.江苏地方文化史·无锡卷.江苏人民出版社,2021 年

[朝鲜]崔溥.漂海录.葛振家点注.社会科学文献出版社,1992 年

[美]道格拉斯·诺思. 经济史中的结构与变迁. 陈郁，罗华平等译. 上海三联书店，上海人民出版社，1994 年

[美]迈克尔·波特. 国家竞争优势. 李明轩，邱如美译，中信出版社，2012 年

五、报刊论文

白永秀，朱闪闪. 构建中国特色社会主义人文经济学.《福建论坛（人文社会科学版）》2024 年第 6 期

曹柏楠. "四千四万"精神提法的由来.《世纪风采》2023 年第 1 期

曹宝明，顾松年. "新苏南发展模式"的演进历程与路径分析.《中国农村经济》2006 年第 2 期

陈立旭. 理解人文经济.《浙江学刊》2024 年第 6 期

陈立旭. 人文经济多重维度与人文经济学研究对象.《浙江社会科学》2024 年第 6 期

陈忠. 人文经济学的世界文明意蕴.《苏州大学学报（哲学社会科学版）》2023 年第 6 期

陈忠. 人文经济学与中国式现代化苏州样本.《江苏社会科学》2023 年第 5 期

代玉启. 精神富有：人文经济学研究的重要维度.《浙江学刊》2024 年第 6 期

邓玉龙，吴静. 从政治经济学史看新质生产力理论的出场逻辑和科学意蕴.《经济问题》2024 年第 9 期

地方工业概况统计.《中国工业调查报告》，1937 年

丁宏. 人文经济学的"无锡样本"及其启示.《江南论坛》2024 年第 7 期

董晓宇. "苏南模式"的理论和实践 30 年回顾.《现代经济探讨》2008 年第 8 期

樊浩. 人文经济学到底是什么"学".《东南大学学报（哲学社会科学版）》2024 年第 1 期

范从来，巩师恩. 苏南共同富裕的示范及其推进策略.《江海学刊》2014 年第 6 期

范从来，路瑶，陶欣等. 乡镇企业产权制度改革模式与股权结构的研究.《经济研究》2001 年第 1 期

范从来，孙覃玥. 新苏南模式所有制结构的共同富裕效应.《南京大学学报(哲学・人文科学・社会科学版)》2007 年第 2 期

范金民，张学锋. 江南地域文化历史演进研究概述.《地域文化研究》2024 年第 2 期

冯立昇. 重新审视中国的重大发明创造——《中国三十大发明》述要.《科学》2018 年第 2 期

葛扬. 走共同富裕的中国式现代化道路.《经济学家》2022 年第 12 期

顾毓方. 无锡之工业.《实业统计特刊》1933 年 12 月

郭志伟. 中国人文经济学：内涵、出场逻辑、研究主线与构建路径——基于中国式现代化视角.《管理学刊》2024 年第 6 期

韩喜平，杨羽川. 文化与经济发展的内在关系论析.《社会科学战线》2024 年第 8 期

韩喜平，杨羽川. 新时代人文经济学的历史逻辑与建构路径.《武汉大学学报(哲学社会科学版)》2024 年第 6 期

洪银兴，陈宝敏. 苏南模式的演进和发展中国特色社会主义的成功实践.《经济学动态》2009 年第 4 期

洪银兴. 经济和人文共同繁荣：人文经济学的真谛.《群众》2024 年第 1 期

洪银兴. 论地方政府的职能转型——以苏南模式的发展为例.《经济学动态》2005 年第 11 期

洪银兴. 苏南模式的演进及其对创新发展模式的启示.《南京大学学报(哲学・人文科学・社会科学版)》2007 年第 2 期

胡承槐，顾青青. 人文经济学的概念、对象、方法及其实践性、科学性.《浙江社会科学》2024 年第 6 期

胡敏.在经济与文化交融互动中推动高质量发展.《人民论坛》2024 年第 14 期

胡于凝.新时代人文经济学的理论内涵与实践价值.《唯实》2024 年第 11 期

黄亚明.苏南民营企业诚信发展之我见.《江南论坛》2004 年第 8 期

李凤亮,刘晓菲.人文经济学视域下工业遗产转型的多维审视.《江苏社会科学》2024 年第 5 期

李建华,张响娜.论儒家思想文化与社会主义核心价值观的内在关联.《社会主义核心价值观研究》2018 年第 1 期

李晓乐.人文经济学:中国式现代化的文化自觉.《苏州大学学报(哲学社会科学版)》2024 年第 3 期

林伦伦."潮人文化"与"潮人"的身份认同.《韩山师范学院学报》2017 年第 1 期

陆草.论清代女诗人的群体性特征.《中州学刊》1993 年第 3 期

陆阳.民国无锡档案.《档案与建设》2018 年第 1 期

吕大良,蔡俊伟,张培等.中国制造年度实力榜——2022—2023 年中国行业外贸竞争力研究报告.《中国海关》2023 年第 12 期

欧人.论苏南经济发展模式与吴文化之关系.《现代财经(天津财经学院学报)》2004 年第 12 期

欧人.论吴文化与"苏南模式".《中国城市经济》2004 年第 11 期

浦文昌.对"苏南模式"的比较分析.《中国农村经济》1993 年第 1 期

任平.新时代人文经济学:新质生产力高质量发展的人文逻辑.《武汉大学学报(哲学社会科学版)》2024 年第 4 期

宋林飞.苏南区域率先发展实践与理论的探索——从"苏南模式""新苏南模式"到"苏南现代化模式".《南京社会科学》2019 年第 1 期

王国坛,郭宇潮.马克思劳动思想的人文意蕴.《浙江学刊》2024 年第 6 期

王文姬.中国式现代化语境下推进人文经济发展的理论逻辑与实践进

路.《河北学刊》2024 年 12 月 22 日

王志凯，史晋川. 苏南模式演进与发展.《上海交通大学学报(哲学社会科学版)》2024 年第 1 期

王忠，李小霞. 基于人文经济学视角的城市可持续发展路径.《南京社会科学》2024 年第 2 期

无锡工业调查(三)——无锡碾米厂调查报告.《统计月刊》1930 年第 2 卷第 7 期

无锡之实业.《中外经济周刊》1921 年 91 期

吴跃农. 百年锡商文化精神透视.《江苏地方志》2023 年第 2 期

向勇. 人文经济协同发展的有效性逻辑：框架与机制.《人民论坛・学术前沿》2024 年第 4 期

向勇. 人文经济学视野下中国式现代化的逻辑与关切——以人文经济学的“苏州样本”为例.《苏州大学学报(哲学社会科学版)》2024 年第 4 期

新华社新时代人文经济学课题组. 新时代人文经济学发展范式研究.《苏州大学学报(哲学社会科学版)》2024 年第 1 期

张勇. 以新发展格局推动高水平区域合作——基于中国和拉美的区域国别视角.《中共中央党校(国家行政学院)学报》2024 年第 3 期

张佑林，陈能军. 人文经济学溯源：文化引领经济高质量发展的逻辑理路.《烟台大学学报(哲学社会科学版)》2024 年第 3 期

张佑林. 人文经济赋能新质生产力：内在逻辑与实践路径.《苏州大学学报(哲学社会科学版)》2024 年第 5 期

张月友，凌永辉，徐从才. 苏南模式演进、所有制结构变迁与产业结构高度化.《经济学动态》2016 年第 6 期

周绍东，李靖. 人文经济学视阈下新质生产力发展研究.《商业经济与管理》2024 年第 5 期

周涛. 江苏“四千四万”精神的时代内涵与弘扬.《江苏商论》2022 年第 4 期

李静，夏明辉. 文化与经济的双向互动融合.《中国城乡金融报》2024 年 10

月 30 日

凌河.“四千四万”为何要重提.《解放日报》2023 年 3 月 17 日

以新发展理念引领经济高质量发展.《人民日报》2019 年 8 月 2 日

张钟文.推动文化科技深度融合.《经济日报》2024 年 5 月 31 日

陈为忠.转型与重构:上海产业区的形成与演化研究(1843—1941).复旦大学博士论文,2014 年

钱洁.长三角区域中心城市的演化与上海城市功能优化研究.上海社会科学院博士论文,2021 年

后　记

本书为习近平总书记关于人文经济学重要讲话发表 2 周年而作。

2023 年全国两会期间，习近平总书记在参加江苏代表团审议时指出：“上有天堂下有苏杭，苏杭都是在经济发展上走在前列的城市。文化很发达的地方，经济照样走在前面。可以研究一下这里面的人文经济学。”“人文经济学”提出后，学术界有不同的解读。有的从人文学科角度，有的从经济学科角度，强调建设相应的人文经济学学科。2023 年 7 月，习近平总书记在苏州考察时指出：“苏州在传统与现代的结合上做得很好，不仅有历史文化传承，而且有高科技创新和高质量发展，代表未来的发展方向。”根据习近平总书记关于人文经济学的重要讲话精神，我们的理解是，人文经济学不是学科概念，而是指人文与经济相互交融相互促进相得益彰的理论和实践之学理化表达。本书基于苏南地区尤其是对无锡地区的深入调研，初步探讨了江南人文经济学的理论与实践，试图揭示江南地区文化发达、经济繁荣的“密码”。

2024 年 5 月 31 日，无锡召开新时代人文经济学研讨会，在研讨会上，我做了关于人文经济学的报告。会后无锡市委杜小刚书记即委托我承担关于无锡人文经济学的研究课题。基于对无锡人文经济学实践成果的了解，我欣然接受了这一任务。随即以南京大学长江三角洲经济社会发展研究中心的名义，组成了由经济学和文史专家参加的课题组。课题组成员包括经济学者范从来、张二震、葛扬、任保平和王宇伟等教授，文史学者朱庆葆和范金民教授。课题组以习近平总书记提到的苏杭地区为调研对象，研究人文经济学的江南模样。尤其以无锡为重点解剖麻雀，从中揭示江南经济和文化共同繁荣背后的人文经济学。

课题组在无锡调研期间得到了无锡市委宣传部及相关部门和企业的认真接待。无锡市委政法委、市委研究室、市委党校、市发展改革委、市教育局、市科技局、市工业和信息化局、市人力资源社会保障局、市商务局、市文广旅游局、市统计局、市社科联等提供了相关总结报告和数据资料。下列单位和企业为课题组提供了调研便利，它们是(按调研顺序排列)：无锡惠山区阳山镇桃源村山南头文化艺术村、延安精神无锡学习天地、清名桥历史文化街区、无锡国家数字电影产业园、无锡深海技术科学太湖实验室、拈花湾小镇、中环领先半导体科技股份有限公司、国合环境高端装备制造基地、宜兴卓易文化版权中心(紫砂街)、宜兴市博物馆、朗新科技、华虹半导体(无锡)有限公司、江南大学、海澜飞马水城、天江药业、兴澄特钢等。

初稿完成后，无锡市委宣传部组织专家学者对课题成果进行了认真细致的审读，提出了宝贵的修改建议。这些专家是：无锡市委研究室郑立平、无锡市政府研究室罗安斌、江南大学马克思主义学院刘焕明、无锡文史学者汤可可、无锡市社科联社科研究部徐柯柯、江南大学人文学院韩宇瑄。在此一并表示深切的感谢。

江苏人民出版社在习近平总书记提出要研究人文经济学这个课题后就向我约稿，正好乘此次调研机会，将调研成果交付江苏人民出版社出版。

本课题的研究成果目前主要以苏南尤其是无锡为样本。我们清楚地知道习近平总书记提出的人文经济学的重要地区代表便是苏杭地区。因此,课题组对人文经济学的江南模样研究尽可能联系到苏州、无锡、常州和南通等地,但这还只是初步的,只是对人文经济学的研究开个头。下一步,对江南地区人文经济学的研究还要扩大到江南的其他地区,以全面充分反映江南地区人文经济学的生动实践,并上升到更为深入的人文经济学理论。

洪银兴

2025 年 1 月 20 日于南京大学